宋美齡

蔣介石的一號情報員

王丰 著

目錄

作者序

蔣介石當權的四十九年間（自一九二七年到一九七五年），是民國歷史最關鍵的一段漫長歲月。假使搞清楚了這段過程的來龍去脈，就等於搞清楚了民國歷史大半的真相。而我對宋美齡的研究興趣，也是植基於這樣的觀點。因為，從研究宋美齡的過程中，其實也等於從另一個面向更深刻理解到，蔣介石的所作所為、所思所念。換言之，在爬梳宋美齡歷史問題的同時，我們也同時更擦亮了觀察蔣介石的那面聚焦鏡。

從作者的角度而言，宋美齡也是母親那個世代的美好偶像，她們的話語同為吳儂軟語，她們的年代同為飽經憂患。母親的認同，也連帶使我自幼關切這樣一位謎樣色彩的第一夫人。這樣的想法，直至上個世紀九〇年代初，我有機緣進入蔣介石研究的領域中，終於落實為具體而微的對宋美齡真相的探索工作。

不可諱言，在我初期探索宋美齡真相的歷程中，不免帶著強烈的浪漫主義關照去書寫宋美齡。即便到了今天，我必須承認這樣的浪漫主義色彩依舊揮之不去，雖然它的成份因為隨著我的馬齒徒增滄海桑田，而逐步淡化。何況史學研究並不適宜摻雜太多的個人浪漫主義傾向。但我也不免要自我安慰，浪漫主義經常是人們持續做某件事情一種十分重要的驅動力。我慶幸這股驅動力它依舊在我花甲之齡的內心翻湧。

這本書的原稿將近五十萬字，但容納進台灣版的本書內容，實際上並不到這個字數。事實上，如果條件允許，我原本預備寫一百萬字，或者更長些。但是，字數的多寡並不是問題核心，真正的關鍵是，人這種動物的複雜度，並不是文字、圖像所能框限的，我們不可能要求單從一面景窗看清楚全世界，同樣的，我們也不可能奢求從一百萬字裡，盡窺一位像宋美齡這樣的複雜歷史人物。因此，出版社戛然而止地擇定這樣的字數規模，呈現在台灣讀者的面前，我認為誠屬明智之舉。雖然對一位作家而言，這樣戛然而止的割捨何其「冷酷」。

在我寫作這本書的途中，兩岸和台灣發生了許多事，它們偶爾讓我從寫作宋美齡的思緒中分心抽離出去，但我很快又回到宋美齡的情節中，回到寫作的軌道上，儘管我心仍驛動不已。在這斷斷續續的一年寫作歲月裡，有很多篇章段落靈感是我在晨間健走時想到的，有許多苦思不得其解的歷史死結，是我在踽踽獨行中豁然開朗的。在我擺滿了書籍案卷零亂的書案上，我一個人面對我的伴侶MAC電腦，孤獨蕭索地度過了我的六十歲生日。我想到了孔子的一句名言：「回也不改其樂」！

這本書能順利成書，首先要感謝城邦出版集團與商周出版的支持。我更要特別感謝兩位幕後功臣，商周出版的編輯同仁陳錦昌先生、彭子宸小姐。有他們兩位專業勤謹的投入編校工作，讓這本書增色不少。謹此致謝。

二〇一六年十一月二十七日 台北

第一章

傾慕姊姊慶齡革命婚姻，尋尋覓覓終生愛侶

一九一二年九月，孫中山接受全國鐵路督辦職務。此時，宋耀如因為健康狀況不佳，不克再擔任機要祕書，乃推薦自己的大女兒宋靄齡繼任。只是，宋耀如恐怕連作夢都不曾想過，他無心插柳的安排，竟為打造孔宋家族的金字招牌跨出了戲劇性的第一步。

第一節　宋氏家族的崛起

宋美齡的家族之所以會在民國史留名，源自於她父親宋耀如與孫中山的密切關係。而宋美齡之所以步上民國史的舞台，也是因為孫中山的緣故。在孫中山宣誓就任「臨時大總統」之後不久，宋耀如為了讓在美國的二個孩子分享共和成立的喜悅，與高采烈的特地郵寄了一幅民國的國旗——五色旗，給宋慶齡和宋美齡。

對此，美國作家席格雷夫（Sterling Seagrave）的《*The Soong Dynasty*》（宋氏王

朝）一書中寫道：「宋慶齡收到國旗之後，搬了一張椅子到牆邊，爬上椅子，撕下清王朝的龍旗，把新國旗用別針釘上去。」

另一位美國作家項美麗（Emily Hahn）於《*The Soong Sisters*》（宋氏三姊妹）一書中指出，遠在美國喬治亞州的宋慶齡，特地為祖國這場民主革命在魏斯里安學院（Wesleyan College for Women，或譯「衛斯理安女子學院」）的校刊《魏斯里安》上，發表了〈二十世紀最偉大事件〉一文，歌頌辛亥革命：「壓迫導致了這場奇妙的革命——一件看來是不幸，而實際卻是造福人間的喜事。因為辛亥革命這一非常光輝的偉績，意味著四萬萬人民從君主專制制度的奴役下，解放了出來。這一制度已持續四千多年；在它的統治下，人民毫無生活、自由和對幸福的追求可言。」並說中國這場推翻帝制的民主革命，是自歐洲的滑鐵盧戰役以來最偉大的事件，是二十世紀最偉大的事件；中國革命的成功還標誌著一個皇朝的覆滅，這個皇朝的強取豪奪和自私自利，使這個曾經繁榮昌盛的國家變得一貧如洗。滿清的傾覆，意味著惡貫滿盈、道德淪喪皇朝的毀滅和廢除。

宋慶齡對辛亥革命成功的反應，似乎較宋美齡來得多些。項美麗認為是因為宋美齡還很年輕。對於年僅十四、五歲，少女情懷總是詩年紀的宋美齡，學校仍是她的全部天地。儘管如此，姊姊洋溢著愛國主義情懷的形象，深深印刻在她的腦海裡，產生一種奇妙的化學反應。

雖然，基於政治現實，孫中山辭去了臨時大總統的職務。但這無損孫中山在宋耀如家族心目中的英雄形象。八月二十八日，宋靄齡和父親宋耀如，與這位民國大英雄、中國民主革命先行者一道到北京，在昔日天子腳下，出席袁世凱為孫中山應聘「全國鐵路督辦」舉辦的一場國宴。

由於這是自幼承受父親宋耀如的愛國主義教育的宋靄齡，頭一回遵從父親的意思，效命孫中山這位革命領袖。因而，宋靄齡的這一份差事，自然成為整個宋耀如家族矚目的焦點，更是宋氏三姊妹魚雁往返時，熱切討論的頭等大事。

一九一三年二月十一日，孫中山以「籌辦全國鐵路全權」的名義，赴日訪問；宋耀如和馬君武、戴季陶、袁華選、何天炯等隨行。此行的一場意外，也凸顯了孫中山和宋耀如家族關係密切。二月十六日晚上，孫中山的夫人盧慕貞、女兒孫娫，以及宋耀如的夫人倪珪珍和宋靄齡，乘坐的那部汽車撞上電線桿，車上多人受傷，所幸傷勢都不重。從這場小車禍，可見兩家已是非常親密的通家之好，關係菲淺。有些蜚短流長甚至傳言，孫中山對宋靄齡產生好感，譜出戀曲。

不可諱言的，二次革命失敗，自然也迫使宋耀如家族必須跟隨孫中山，亡命日本。討袁失敗的孫中山，於八月十八日經台北至日本神戶。宋耀如也帶了宋靄齡和宋子良、宋子安二個小兒子到法租界。在午夜時分，乘洪門的一艘汽艇順江而下，在長江深水錨地上了洪門的一艘輪船；在下一次漲潮時，啟航駛往神戶。好不容易，宋耀如一家和孫中山在日本重逢。宋靄齡又回到孫中山身邊服務。孫中山真正和宋耀如家族患難與共、水乳交融，便是在流亡日本這段期間。而宋耀如家族會成為影響民國史的一個偉大家族的關鍵時間點，就在此時。

一個美好的姻緣降臨到宋藹齡身上。發覺孔祥熙這位青年的是宋耀如。有一天，宋耀如去中華留日基督教青年會館閒逛，因為這裡是反袁黨人必去的聚集場所。他見到了一位長相十分俊秀的青年，打探之下，得知這位青年叫孔祥熙。

孔祥熙係由王正廷推薦，擔任中華留日基督教青年會東京分會總幹事。他到日本有二個目的，一是傳福音，一是宣傳革命。三十三歲的孔祥熙，抵達東京之後，首先會見了孫中山。他告訴孫中山，青年會是敬仰革命黨的年輕人聚集場所，可以藉此吸納更多留日的基督教青年，也可以向教會信徒籌募經費。

項美麗說，兩人相識那天，孔祥熙告訴宋耀如，他早在美國紐約的一次社交聚會已經結識宋藹齡了；宋耀如便邀請他到家裡聚餐。宋藹齡對孔祥熙的印象也很滿意，雖然孔祥熙的元配才過世不久，但是續絃並不違背基督教義。宋藹齡有意於婚後辭去祕書工作，但宋耀如認為革命領袖不能一日沒有祕書處理密務，從而促成了宋慶齡與孫中山的一段奇特姻緣。

宋慶齡在自述中，談及她與孫中山初見面，陪父親與孫中山往還的情況：「從我父親與孫博士的交談中，我得悉我們的民國處在很大的危險之中，因為袁世凱想推翻它。一些國家在道義和財政上支持著袁世凱，因為他們被其狡詐的外交手腕，及其手下陰險毒辣的宣傳所欺騙。我國民眾之聲被壓制，革命事業似乎無望。孫博士的某些追隨者在絕望中，把革命事業看做失敗的事業，而放棄了。僅僅為了滿足一個自欺欺人的虛榮心，而把我們的民國倒退到君主國的想法，對我來說，是絕對不能容忍的。我想起國勢岌岌可危，非常痛切，決心為我們的事業而工作。我決定在美國攻讀新聞系，以便使自己了解中國的真正事實和形勢。」

對此，宋慶齡的祕書張玨回憶，宋慶齡告訴過她一段自己的往事：「一九一三年，宋慶齡自魏斯里安學院畢業，本想再留在美國多讀兩年書，但父親宋耀如來信告知，姊姊宋藹齡要和孔祥熙結婚，不能再做孫先生的祕書工作，因為父親宋耀如有肝病，不適合長時間蹲踞坐在日本矮桌子邊，從事寫作，所以緊急電召宋慶齡去日本見他。」

宋慶齡於是離開美國，動身前往日本與家人相會。並在寫給一位老師的信上，喜悅溢於言表地說：「美國此間敬仰孫先生的人，託我帶一箱加利福尼亞的水果給他，我還將榮幸地替他們轉交一封給孫博士的私人信件。」

途中，宋慶齡給她的老師霍爾女士寫了一封信，說：「還有五天，我就要在橫濱見到父親，也許見到全家人了！時間過得真慢，他們從那麼遠的地方來接我，太好了！從橫濱到上海要一個多星期，但我不在乎這個。國內的局勢變得嚴重了起來，我們也許得在日本逗留一段時間，因為連『不許插手』的上海也亂了。」

八月二十九日，宋慶齡抵達日本。

宋耀如與宋慶齡父女連袂會見了孫中山。去國多年的慶齡，上回見到孫先生還是個稚齡的孩子，而今已是一名亭亭玉立的淑女了。日本外務省的特務機關在刺探、監視孫中山的同時，也詳實記錄了他和宋慶齡久別重逢的情景。監視報告指出：「宋慶齡從橫濱登岸之後，搭火車抵達東京的新橋車站，當晚夜宿東京赤阪區靈南阪町孫先生的下榻處。」

孫中山與宋慶齡重逢，兩人頗覺生分，畢竟太久沒有見面。在輩分上，宋慶齡還當孫中山是長輩，所以必然是聽話多過發表意見的時候。在父親宋耀如與孫中山交談時，更只是洗耳恭聽而未置一詞。宋慶齡表示，宋耀如當時另一項重要任務，是為孫中山募集革命經費。初時，她每天由父親陪同去東京赤阪區靈南阪町二十六號工作。宋耀如很快就教會她工作時的原則與細節。此刻的宋慶齡，陷入一種急切與焦慮的過程中，她把所有心思都投注在幫助孫中山的事業上。

魏斯里大學時期的宋美齡

宋美齡也面臨了新的改變，從喬治亞州梅肯市（Macon）的魏斯里安學院，轉到麻州的魏斯里大學（Wellesley University，或譯「衛斯理大學」）。之前的魏斯里安女子學院，是一所非常重視宗教教育的學校。年輕人感覺枯燥無味的宗教課程，曾經在宋美齡腦海深處留下印記。她在爾後的回憶中寫道：「我記得奎瑞博士每天十五分鐘的教堂講話，有時對我們是件苦事——學期裡每天早晨，必須默默背起的十字架。這好像是昨天的事。然而回想起來，他那些談話確為正心、力行及端正舉止的金玉良言。無疑地，他有許多寓意深長的精短證道，辭塑造了我們的觀念和思想。」對奎瑞博士的這些訓話，宋美齡的總結是，「他告誡女士們應當如何高尚、賢淑。」

在魏斯里安學院，宋美齡加入過一個姊妹會，她回憶：「我清楚記得在魏斯里安校中平靜、歡悅的日子裡，我們約有二十人，多數是梅康市的女孩子，如何組織了我們自己的俱樂部，採用我們當時認為莊嚴、崇高、富有理想，而回想起來亦含深意的格言『實事求是』。當時，我們幼稚的心裡認為，最大喜悅、最大成功便是，有一天我們被邀請加入校中的一個姊妹會。」

在魏斯里安學院唸書的最後一年，一九一一年十月，遙遠的祖國爆發了辛亥革命，宋美齡的生活依舊平靜無波。一九一三年，十六歲那年，宋美齡進入魏斯里大學就讀。學校規定所有的學生都要住在校區，所以，她一年級時住在魏斯里村，二年級就搬到校園裡的木村。

這所學校距離哥哥宋子文就讀的哈佛大學比較近，宋美齡曾經去找他。有一次，宋美齡在繪圖室等待宋子文的時候，一位中國留學生一直忘情地凝視著她。項美麗形容，那時的宋美齡姿容秀麗、體態豐滿、膚色健康，背後還拖著一條嫵媚的長辮子。宋美齡的同學也認為，她是一位舉止適度、待人熱情，深得人緣的好女孩。

魏斯里大學在一九三八年二月號的校刊，描述了宋美齡在校時期的情況：

「她是一個很有才華的學生，主修英國文學，選修哲學。據說她特別喜歡圓桌武士故事中的激烈戰鬥場面。……在整個四年中，她學了法語和音樂（理論、小提琴和鋼琴），還選修了天文學、歷史、植物學、英文寫作、聖經史和講演。她還在一九一六年的夏天，在佛蒙特大學（University of Vermont）選修了教育學分。在大學四年級，她榮獲『杜蘭特學生』的稱號，這是學校授予學生最高榮譽的稱號。」還寫道：「她的英語不但說得非常地道，寫得也很流暢。她講英語時總是帶有一些美國南方的口音，而毫無東方人的腔調。據說，開學的第一天，因為不喜歡魏斯里大學，她曾走進校長室宣稱：『唔，我估計，我在這裡不會呆太久。』」

宋美齡的運動神經顯然不是太發達，但她對游泳和網球似乎情有獨鍾。在社團活動方面，宋美齡也很熱衷，參加了一個叫「T.Z.E」的在地組織，其活動以音樂和藝術為主。學校一位老師記錄了宋美齡的學業表現：「她對每件事都加以思考，她總是提出各種不同的問題，一天她提問文學的定義，一天她又詢問宗教的意義。」這位老師認為，「宋美齡經常思考道德上的議題，對一些傳統觀念，偶爾也堅持其既定的看法，對這些問題，宋美齡似乎並無意去向任何人請教。如果老師把傳統的偏見硬塞給她，她會顯得十分生氣。」這位老師回憶，「當年大家都很喜歡宋美齡，大家總是不把她當成外國人看，我們讚美她，不是因為她的美麗，而是因為她對事物帶有一種熱情。」

她的一位同班同學說要不是宋美齡的幫助，她不可能通過魏斯里大學的哲學考試。因為她對這門學科感到茫然，失去了好學的信心；坐在她隔壁的宋美齡主動上前幫助，建議她買一本老師卡爾金茨（Mary Whiton Calkins）小姐寫的書，好好讀一讀，並說：「有不懂的地方，晚上到我這裡來問。」就這樣，這個美國姑娘通過了考試。

魏斯里大學時期的宋美齡，總是穿著和美國同學一樣的長裙和皮鞋，上身則是中國式的短衫。同學印象裡的宋美齡，臉和身材都是圓滾滾的，額頭上蓋著頭髮，臉部因而顯得比較短。嚴格說，宋美齡稱不上美麗，但是，鄰近的哈佛大學經常有人慕名到魏斯里大學來看她。她的一個朋友說，「總有一、二個漂亮的中國青年，停留在宋美齡住所門前的石階上。」

第二節

愛國主義之思想體系歷經二十年養成

在宋慶齡與孫中山的婚姻中，宋美齡表現出義氣相挺的立場，似乎隱約透露出年輕時的宋美齡與中國同儕不同的愛情觀。一九一五年，宋慶齡因為與孫中山形影不離，甚至表態要與孫中山廝守，遭到包括父親宋耀如在內的長輩，一致堅決反對。宋慶齡寫信向宋美齡透露自己的決定，急欲從妹妹那裡得到精神上的支持。正如宋慶齡所期待的，宋美齡果然回信鼓勵、支持宋慶齡的決定。她告訴宋慶齡，婚姻原本就是自己的終生大事，當然要以自己的意願為首要考慮，其他的人沒有權力否決。

婚後，宋慶齡在給宋美齡的信上，這樣寫著，「我從來不曾像現在這樣快活過。這是我從小姑娘的時候起，就想做的一件事。如今我已經進入革命運動的中心。」宋慶齡告訴妹妹，和孫中山一起工作，是她唯一的快樂；也告訴妹妹，她之所以會選擇和孫中山廝守終生，不是因為兒女私情，而是出自一種少女對偉人的羅曼蒂克崇拜的念頭。如果能為救中國而出力，而且能夠幫助正在積極努力奮鬥救中國的孫中山，完成他的愛國事業與理想，是她求之不得的。

宋慶齡的偉大情懷，深深感染著宋美齡。當宋美齡透過信箋洋溢的真情辭彙，了解到姊姊的內心世界，她的心中起著深深的共鳴。宋慶齡恐怕作夢也沒想到，自己的妹妹有朝一日也由於英雄崇拜，選擇了舉世矚目的世紀婚姻。

宋慶齡和孫中山結婚那年，宋美齡十八歲，已經在美國受教育八個年頭了。在西方，女孩子向來擁有自主婚姻的合法權利，容不得任何人為其包辦婚姻，因而，當宋美齡聽到宋慶齡決心和孫中山結婚的消息，她當然毫不猶豫就支持姊姊的抉擇。不為別的，就是不認同二十世紀還有包辦婚姻，或憑媒妁之言、父母之命的封建婚姻。更教宋美齡同情的是，當宋慶齡決心要與孫中山在一塊時，正是孫中山領導的討袁行動最低潮的階段，雖然還談不上眾叛親離，卻也是門前冷清車馬寥落。宋美齡欣賞二姊的有情有義，認同她的自由婚姻理念，年輕的宋美齡是宋家唯一支持宋慶齡的人，足證宋美齡年輕時的滿懷正義與血性。

宋耀如為女兒婚事與孫中山翻臉

宋耀如與孫中山之間的幾封信函，表達了宋耀如內心，對孫中山與宋慶齡婚戀之事的想法，與微妙的心理反應。七月下旬，宋耀如寫信給孫中山說：「我極為意外地從您那裡聽說，羅莎蒙黛（宋慶齡的英文名）應允並且期待結婚。此點，您從未對我說過。此前，她告訴您，一旦她去上海，將結婚，並和她的丈夫一起回到東京，從事可靠的工作。關於她未來的打算，她從未對我說過一個字。一些時候以前，您寫信並且詢問我，羅莎是否將和我一起去美國，我立即覆函奉告：『據我所知，她將留在家裡陪伴母親。』現在，您告訴我一件十分新奇，而難以置信的事情。我傾向於認為，這是一個天大的玩笑。它聽起來如此奇特，如此可笑，這是超出於我的想像之外的小孩兒的玩笑話。」

從這封信可以窺知，宋耀如是在七月中從孫中山處，得知女兒宋慶齡打算和他結婚。宋耀如覺得非常震驚，簡直難以置信。宋耀如給他的老朋友孫中山的信上繼續寫道：「我的親愛的博士，不要相信一個年輕女孩兒的小說語言，她喜歡給自己開玩笑。我能向您保證，我們是如此高度地尊敬您，永遠不會做任何事情，去傷害您和您的事業。『大叛逆者』是我們大家永遠的敵人，羅莎像您一樣，極為憎恨這種人，所以，不會有和這種壞人結婚的可能危險。加上我們是一個基督教家庭，我們的女兒不會為任何人作妾，哪怕他是地球上最偉大的國王、皇帝，或者是總統。我們可能貧於『物質』，但是我們既無貪心，更無野心，不大可能去做違背基督教教義的任何事情。您似乎擔心她打算當皇后，這是不會的。我要再次表示，在這個世界上，沒有任何事情能夠引誘我們去做任何事情，用任何方式去傷害您，或者您如此熱愛，幾乎全心全意地為之獻身的事業。我將不會看到此類事情發生。您可以相信我，我將履行這一方面的承諾。我像您一樣，是個一往直前的人。不希望欺騙我的朋友。我難以置信，她會投身於我們共同的敵人腳下這種想法。她恥於和妾談話，怎會想讓自己成為這樣的人。您知道，在熱海的時候，她甚至從未和張靜江的二房說過話。此外，不論是誰，我們不會允許女兒去和一個已有家室的人結婚。對我們來說，好的名聲遠比榮譽和面子重要。」

宋耀如並強調，「我的親愛的博士，請您記住，不管情況如何糟糕，我們都是您的真正的朋友。我可以斷言，在中國人中間，沒有人比您更高尚、更親切、更有愛國心。明智而又有良心的人如何會反對您？我們寧可看到宋慶齡死去，並且埋葬，而不願意看到她為我們的大叛逆者作妾，即使是妻子。您可以放心，我們將上天下地，竭盡全力防止任何此類事情發生。」

宋慶齡在晚年時回憶：「一九一五年秋天，我離開東京歸國，向父母提出要跟孫中山先生結婚的請求。父親面露不悅之色，母親流了眼淚。藹齡居然也介入這件事，要我跟另一個人訂婚，不讓我跟孫中山。我當時暈倒過去，不知是怎樣被人抬上樓的。至今想起這件事，還直想掉淚。」遠隔重洋，宋慶齡無法當面以言語向宋美齡表達，自己在面臨抉擇時的急切、焦慮之情。

遠在美國的宋美齡，透過書信了解到宋慶齡與孫中山結合的全般過程。這對於爾後宋美齡與蔣介石的姻緣，也形成了一定程度的影響。它固然未必是一種「有為者亦若是」的模仿，但至少起了一種「開路先鋒」的作用，讓宋美齡在一九二七年，遇到同樣的情形時，可以毫不遲疑地做出合乎自己心意的抉擇。

孫中山請好友朱卓文到澳門，同妻子盧慕貞談離婚的事；還寫了一封信，詳細、委婉說明，他將同誰結婚，以及為什麼有這個打算。盧慕貞看了信之後，對朱卓文表示，她理解丈夫的心思，並說她既不會講官話（國語）又不會講英語，還纏過足，連走路都不利索，無法像宋慶齡那樣幫贊孫中山。一九一五年九月二日，孫中山將她從澳門接到東京，親自向她說明並商量離婚的事。經過幾天的詳商，孫中山和盧慕貞談妥了離婚協議事宜。

作家埃德加．斯諾（Edgar P. Snow）引述宋慶齡的說法，她起初並不清楚孫中山已經辦了離婚協議。孫中山表示想同她結婚，擔心如果不這麼做，會讓她被稱做是他的妾，如此一來便會損害革命。宋慶齡表示，她同意了，而且從未後悔。

這時，孫中山再請朱卓文及其女兒慕菲雅（Muphia），到上海探望宋慶齡。慕菲雅和宋慶齡是青梅竹馬的好朋友。宋慶齡得知孫中山已經離婚，並收到其親筆信證實此事，便決定離家出走，與慕菲雅一塊去日本找孫中山。

宋慶齡逃家，和孫中山在東京完婚

日後宋慶齡說：「我明白我父母決計不答應我的婚事，所以我接受不經過他們同意而結婚的意見，如此，我在孫博士和他的一位最親密好友，及其女兒的陪伴下，一起乘船去了日本。」談起這段往事，宋慶齡告訴埃德加．斯諾，她在女傭的幫助下，從窗戶爬了出去。

宋慶齡在逃家前，寫了一封信給宋美齡，說：「在前幾封信上，你大概已經知道我早就希望回到日本，而父、母親卻表示反對的事了。母親所以不許我去，是因為反對孫先生。而父親所以不許我去，是因為他要我詳細的考慮，而要我得到相當的把握！我已經等了好久，可是母親的意志仍舊不會改變。」並說：「你接到這一封信的時候，我恐怕已經到了日本，而和孫先生在一起。我走時是那樣的迅速、祕密，而又不會通知任何人。」

十月二十四日，宋慶齡抵達日本。日本外務省特務的跟監記錄顯示，下午一時十分，孫中山乘車到東京車站，接到來自上海的「宋慶林」和另外一位同行的中國婦女，約二時三十分一同乘車回家裡。第二天，十月二十五日，宋慶齡與孫中山一塊在東京牛道區袋町五號，在日本著名律師和田瑞的寓所舉行婚禮。在場觀禮、證婚的有廖仲愷及其日本友人山田純三郎。再由和田瑞律師為他們簽訂婚姻〈誓約書〉，去東京市政廳辦理結婚登記。宋慶齡和孫中山各存執照一張。

十月二十七日，宋耀如、倪珪珍夫婦急匆匆地從上海趕到日本阻止。宋慶齡在埃德加．斯諾筆下《Journey to the Beginning》（復始之旅）一書中說道：「我父親到了日本，狠狠地說了他（孫中山），企圖解除婚姻，理由是我尚未成年，又未徵得父母同意。他失敗了，於是就與孫博士絕交，並和我脫離了父女關係。」

雖然如此，事過境遷，過了些時，宋耀如還是接納了女兒和好朋友的這樁婚事；補送了一套講究的傢俱、一條繡著百子圖的被單給女兒。倪珪珍也送了早年她嫁給宋耀如時，穿過的錦緞長袍。它們成為宋慶齡珍藏大半輩子的寶物。

照西格雷夫的講法，宋美齡和她的哥哥宋子文在美國接到宋慶齡離家出走，同一位年齡可當他們父親的男人結婚的消息時，已經是幾個月後的事情了。這個令宋家兩老憒恚莫名的大消息，宋耀如顯然不想以電報通報美國的孩子們，以免影響宋子文和宋美齡平靜的求學心情。

總而言之，宋慶齡逆反父母之命，逃家與孫中山結婚，的確在宋家內部造成相當程度的震撼。西格雷夫敘述，宋美齡得知二姊逃家與孫中山結婚，造成家族危機，使得她為自己日後歸國可能面臨包辦婚姻感到憂心，而惶惶不可終日。不久，宋美齡「宣布」她和一名叫「李彼得」的中國留學生訂了婚。

「李彼得」是來自江蘇的哈佛大學學生。令人不可思議的是，這段猶如兒戲的婚約只維持不過幾個星期，待宋美齡的恐懼感淡化之後，她就自動解除婚約。對於宋美齡此一「私下訂婚事件」，項美麗輕描淡寫的說法，也點出了類似的情節：「宋美齡害怕回國後父母為她包辦婚姻，因此和一個中國留學生訂了婚，當然，這門親事後來並未成功。」

學成返國

當中國的形勢仍膠著在狂烈的國內鬥爭時，宋美齡在美國的最後一年即將過去。宋慶齡在一封寫給友人的信中提起美宋齡：「想想小美齡今年六月就要從學校畢業，七月就要回國了。時光過得真快，她是個討人歡喜的小姑娘，她的大學生活過得充實而愜意。」

一九一七年，年方二十的宋美齡結束了美國的學業，回到上海。宋美齡在日後的演講中承認，留學美國對她的影響深刻：「我在孩提時代前去美國，那在現在看來，似乎距這個危機時代已是十分遙遠。我是來自一個最悠久文明古國，去學習你們仍然年輕但是發展驚人的美國生活與方式。」

因此，她和許多小留學生回國之後一樣，必須耗費若干精力和時間，加強學習中國固有文化，尤其是早已荒疏的中國官話和中文。宋美齡離開中國時不過十歲，在美國十年，日常生活根本沒有機會使用普通話和中文。即使和兄姊在一塊，說普通話的機會也是屈指可數。所以，宋美齡幾乎已經把普通話忘光了，養成日常用語夾雜英語和上海話，「華洋摻半」的說話習慣。

此時的宋美齡，除了身體髮膚是中國人，她的思維方式毋寧是個不折不扣的美國人。倪珪珍為女兒宋美齡找了一位私塾先生，專門教導、強化她的國學基礎。項美麗說，儘管她憑藉孩提時代的記憶，稍加練習就恢復了上海話的吳儂軟語，但那畢竟只能講些生活用語。宋美齡對自己說話和理解中文能力的不夠敏捷，感到非常不滿意。如果她想成為地道的一名中國知識分子，適存於中國的上流社會，她勢必得在中文讀、寫能力方面再下苦功。宋美齡堅持學習了好多年，才讓自己擁有嫻熟的中文運用能力，並且在日後各種重要場合中，嘗試著用帶著濃濃吳儂軟語腔調的普通話，對大眾發表洋洋灑灑的演講。也奠定了宋美齡爾後幫贊蔣介石文書密笏工作的基礎。

宋美齡的談話或文章，對其父親的著墨似乎不深，事實上，宋耀如對她的思想、言行舉止都有著深刻的影響。在宋耀如當大家長的「革命家庭」中生活，每天耳濡目染、灌輸革命愛國思想，加上一旁冷眼靜觀父輩友人議論國是，看著孫中山的同志在家裡穿進穿出。即使返國之初，宋美齡對中國政局尚未全然掌握，對父輩議論之事，尚因語文障礙無法通透、明瞭，但在克服了語文障礙，逐步填補去國多年的空白之後，她的思維很快就趕上中國政治和社會的步伐。

於此同時，宋美齡也在最低程度上，參與了滬上地區的若干公眾社會活動。民國肇建不久，婦女解放已經從口號進入實踐的階段，婦女已不再是大門不邁，二門不出。婦女即使還不能撐起半邊天，社會也已逐步接納，她們可以外出拋頭露面，參與公眾活動了。宋美齡被允許外出，參與基督教女青年會的一些公益活動。她訓練了一批從農村地區來的小姑娘，結訓後，讓她們回鄉去教育農民。從課程的編排，到教材和教授方法，宋美齡都親力親為。她採用美式的教育方法，把在美國學到的某些理論，牛刀小試，應用在基督教女青年會的若干課程裡，得到意想不到的成功。滬上地區，許多學校聽聞了宋美齡的教學成就，紛紛請她去教書。然而，宋耀如和倪珪珍並未允准，認為宋美齡初回國不久，應該全心全意把中國文化的根柢打穩，有了紮實的中國文化基礎，方可擴及事業的其他層面。

換言之，在她返國之後，直至與蔣介石結縭的這十年光景，正巧給予宋美齡對中華民族整體歷史文化，乃至近代以來中國人面臨的內憂外患惡劣環境，有一個全面體認與從新溫習省思的機會。

宋美齡花了十年光陰在美國學習。學成歸國之後，結婚之前，又花了十年時間，對祖國文化從根本之處進行一番「補習」。這二十年歲月可謂是宋美齡的「黃金廿年」。綜而言之，去國十年，加上歸國十年的這二十年，恰恰為宋美齡陶鑄了一個完整的愛國主義思想體系。

第二章

宋美齡和蔣介石的婚戀傳奇

宋美齡在一九一七年回國，適值雙十年華的她，清麗脫俗，氣質出眾，且學識豐富、家境優渥，有緣得識佳人的男士都不免一見傾心。在眾多追求者中，蔣介石有幸雀屏中選，成為宋美齡的白馬王子，誠為民國史上一大盛事。

第一節

蔣介石加入孔宋家族

縱使滿清王朝已經覆滅六、七年了，但所謂的「民國」，實則並未真正建立起來，正被一幫以權謀私的軍人所把持，孫中山的革命力量仍然十分薄弱，不成氣候。然而，宋家的憂患卻蓋過了國家的隱憂。因為，宋耀如罹患了胃癌，這在當時無異宣告死刑，宋家籠罩在一片悽風苦雨中。一九一八年五月三日，宋耀如病逝上海，葬於滬西萬國公墓。

宋氏家族因此頓失所倚，宋子文縱使繼承了宋耀如的事業，宋家第二代畢竟還不能振翅高飛，不論是商場歷練、和外國人打交道的人際網絡，或者是政治舞台上的風雲詭詐，都還不能與宋耀如相提並論。但現實已經擺在眼前，宋家第二代還得靠努力與機遇，來決定是否能夠將宋耀如打下的基業發揚光大。

宋子文這時在上海的漢冶萍煤鐵廠礦有限公司工作。他於一九一七年獲得美國哥倫比亞大學經濟學博士學位，同宋美齡一起返回中國；透過父親宋耀如，進入盛宣懷家族經營的漢冶萍煤鐵廠礦有限公司擔任祕書，實際上是盛宣懷的第四子盛恩頤的副手。宋子文幼承庭訓，很有商業頭腦，加上留美的背景與流利的外語，讓他在滬上地區的外商圈子如魚得水。至於家裡的事情就全部交給待字閨中的宋美齡了。

這段辰光，孫中山、宋慶齡夫婦，孔祥熙、宋藹齡夫婦，以及宋子文都在廣州，宋家兄弟姊妹基本上都在粵活動。宋美齡則是上海、廣東兩地時相往還，一則在家照顧及陪伴母親，一則偶至廣東省親，與兄姊相聚。

一直要到母親倪珪珍從喪偶之痛回復平靜，宋美齡才有機會再度接觸外面的世界。她受邀出任「童工委員會」委員。因為，在上海公共租界（Shanghai International Settlement），東、西方列強開辦的那些工廠，特別是英國人管理的，可謂「血汗工廠」，中國童工每日工作達十二小時，且工安、環衛惡劣到駭人聽聞的地步。

一九二七年十月九日，日本大阪的《每日新聞》記者畑谷在日本訪問宋美齡。這時宋美齡已經決定委身北伐軍總司令蔣介石。畑谷問道：「蔣先生曾對外表示，初見

（宋）女士時，已認女士為其理想之伴侶，但不知當時女士做何感想？」

宋美齡聽了之後，四兩撥千斤答道：「此乃五年前事，當時我未注意它。」

畑谷結束訪問時，直接問宋美齡：「女士婚姻何以遲遲至於今日？」想聽聽宋美齡說明她之所以晚婚的原因。

宋美齡答稱：「因為沒有找到相愛之人的緣故。」

宋美齡於二十一歲學成歸國，二十九歲才尋到如意郎君蔣介石，令人不無疑惑。以滬上社會風氣之開放，男女交往如此公開、頻繁，宋氏家族在十里洋場又是知名大戶，人際網絡之盤根錯節，寧非一般市井小民所能想像。宋美齡秀外慧中，難道這九年間，其情感世界完全平靜無波，沒有任何一點紅塵姻緣？即使宋美齡所言屬實，難道這九年間完全未接觸年齡相近的名門士紳？

坊間傳說，多把蔣介石與宋美齡的結合界定為「政治婚姻」。最普遍的說法是，蔣介石、宋美齡的結合係出自大姊宋藹齡深謀遠略的刻意安排。把宋藹齡誇大形容成能預卜天下事，能預先為歷史布局的奇人。事實上，蔣宋婚戀是自由戀愛的結果，與一般人婚戀毫無二致。

故事於一九二二年十二月某日，在上海法租界莫利愛路二十九號*的孫中山公館揭開序幕。宋子文在此舉行了一場基督教的讀經祈禱晚會，蔣介石也應孫中山之請到家裡來。原來，孫中山早先向美國採購的一批槍械，已經運到福建，召來「討賊軍參謀長」蔣介石的目的，是要他參與討論這批軍火運用事宜的會議。蔣介石提早到了，就在祈禱

*今香山路七號。

晚會散會，孫、宋、孔三家親人三三兩兩走出的瞬間，蔣介石瞥見宋美齡，但見宋美齡氣質幽雅，秀外慧中。此時，蔣介石只是靜靜凝視著宋美齡的身影，了不起在與宋美齡四目相交時報以禮貌性微笑。何況蔣介石才於去年十二月五日與第三任妻子陳潔如，於上海永安大樓結婚呢！因此，說蔣介石對宋美齡留下深刻印象，容或有之；若說一見鍾情，甚或為之驚豔，而失去了他的身分與分寸，恐怕也太富於想像力了。

有一坊間說法，聲稱蔣介石在祈禱晚會與宋美齡第一次見面時，彼此除了交談，還交換了住址、電話。殊不知民初社會，即便禮教束縛已經不像前清嚴格，不再格於男女之防，不再男女授受不親，兩性交往也比較開放，但也還沒開放到第一次見面就直趨身邊問地址、電話的地步。況且，宋美齡畢竟是孫中山的小姨子，蔣介石即便「色膽包天」，也還不敢如此粗魯無禮地去找宋美齡搭訕；乃至要電話、住址，而這也絕非蔣介石的行事風格。所以，比較合乎當時社會禮儀規範的情況，應該說蔣介石第一次見到宋美齡，對宋美齡留下深刻印象，暗暗鍾情於她，為日後追求宋美齡預留伏筆，才是最合理、符合現實的。

更令人匪夷所思的說法是，蔣介石在祈禱晚會後，不久即向孫中山吐露自己愛上宋美齡，希望孫中山居間介紹，佯稱自己已經和元配毛福梅仳離，和侍妾姚冶誠也沒有什麼關係了。甚至還說孫中山回去之後，和宋慶齡透露此事，宋慶齡聲言就算她死去，「也不願見到三妹（宋美齡）嫁給蔣介石。」這個說法更把孫中山當成健忘症的患者，忘記蔣介石一年前才當新郎倌的。即便蔣介石如此性急，如此俗不可耐，也不至於把孫中山當成健忘症病人或孩子般耍弄吧！事實上，蔣介石與陳潔如結婚即便報紙未加報導，亦是中國國民黨內眾所周知的事情。黃埔軍官學校建校之前，陳潔如即已跟隨蔣介石到廣東，黃埔子弟人盡皆知，孫中山更是知之甚詳，怎麼可能慎重其事地告訴宋慶齡說要代為說媒的事？

比較可靠的說法是，蔣介石真正對宋美齡展開熱烈戀情攻勢，是在北伐順利展開期間的事。的確，以蔣介石看重宦途的習性觀之，蔣介石、宋美齡之戀，比較合理與符合實際的時間點，應該是在孫中山去世之後。換言之，一九二七年是最可能的婚戀醞釀成功之年。

不過，宋美齡起初對蔣介石的熱烈追求無動於衷，之所以會改變態度，慢慢接納蔣介石的追求，似乎與北伐的進展神速成正比。此時，蔣介石不再是孫中山身後的小跟班，一名官拜上校，凡事唯唯諾諾的小小參謀長，已經是個指揮千軍萬馬，威儀棣棣，堂堂國民革命軍總司令。

一九一七年三月二十一日，蔣介石在《愛記》中有這麼一句話：「今日思念美妹不已。」「美妹」就是宋美齡。同日，蔣介石領導的北伐軍攻克上海。《愛記》又記載蔣介石在三、四月間經常與宋美齡通書信，感情益發增進。

令宋美齡根本改變對蔣介石的看法的關鍵是，她在上海時，讀到四月四日那期的《*Time*》（時代）雜誌，這份名聞遐邇的美國新聞雜誌竟以他——國民革命軍總司令蔣介石的鉛筆肖像做為當期的封面人物。封面下緣印著幾個英文字「GENRAL

CHIANG KAI-SHER」和「Rose out of the sunset」，意思是說蔣介石將軍在孫（中山）殞落之後升起。滬上中外名流圈因此將蔣介石視為中國的明日之星。看炯炯有神的蔣介石被刊登在國際媒體上，令宋美齡與有榮焉。當年，能夠上《*Time*》封面人物的中國軍政領袖屈指可數。宋家姊妹都崇拜英雄，宋美齡尤其和宋慶齡一樣唯英雄是尚。

蔣介石第一次下野

催化蔣介石、宋美齡之間情愛，進展快速的關鍵事件厥為蔣介石下野。

蔣介石去職以後，寫了一封情深意切的情書向宋美齡告白：「余今無意政治活動，唯念生平傾慕之人，厥唯女士。前在粵時，曾使人向令兄姊處示意。均未得要領，當時或因政治關係。顧余今退而為山野之人矣，舉世所棄，萬念灰絕。曩日之百戰封疆，叱吒自喜，迄今思之，所謂功業，宛如夢幻，獨對女士才華容德，戀戀終不能忘，但不知舉世所拋之下野武人，女士視之，謂如何耳？」徹底表露自己的心意。

宋美齡明白當代中國大勢，蔣介石只是暫時的歸隱，未來的北伐軍權仍非蔣介石莫屬。宋美齡終於打開心扉，接受蔣介石的追求。這封信也間接否定坊間傳說蔣介石託孫中山居間介紹的說法。因為蔣介石這封情書已經講得很清楚，「前在粵時，曾使人向令兄姊示意」，他能「使」之「人」顯然不是孫中山，是另一個與宋藹齡、宋慶齡、宋子文關係良好的朋友。

此後，蔣介石與宋美齡幾乎天天有函電往來。縱觀蔣介石這時期的動態，無論是

《蔣介石日記》還是函電檔案的記載，左右蔣介石思維的只有二件，一是在國民黨內的權位之爭，一是與宋美齡的愛情發展。前者，攸關蔣介石能否鞏固其在黨內之權力、地位；後者，關係著蔣介石此生最後一段男歡女愛。因此，一九二七年的九至十月，實在是改變蔣介石畢生命運的二個月。

九月下旬，蔣介石到日本考察前夕，是他與宋美齡深情繾綣、難分難解的一段甜蜜時光。接連幾天，蔣介石除去會見黨政軍要人的酬酢場合，幾乎都和宋美齡膩在一塊。

九月二十二日，蔣介石在武嶺學校師生的夾道歡送下，從奉化老家坐轎到百丈沙，輾轉到寧波港。下午三時，搭乘寧紹商輪股份有限公司的〈新寧紹輪〉前往上海。隨行的有北伐軍總司令部總參議張群等。張群是蔣介石留學日本振武學校時的同窗、結拜兄弟。蔣介石擔任黃埔軍官學校校長時，張群更是片刻不離，誠有焦孟不離之誼。蔣介石和張群在船上徹夜長談，商量此次去日本的計畫。蔣介石儘管對外宣稱下野，但從他與張群安排離職期間的工作交接狀況，根本不像是下定離職決心的模樣；包括政治、黨務、軍事、宣傳、黃埔同學會等工作，都指定相關人等負責，並分派好了一塊前往日本考察的隨員名單。

訂婚

九月二十三日七時，抵達上海，迫不急待的他即至宋家探視宋美齡，《蔣介石日記》上記載，「敬慕已久」的宋美齡與蔣介石兩人見面、說話，情意殷切。蔣介石並在日記感慨地說，他和宋美齡相憐相愛，唯有如此，才稍稍得到人生的樂趣啊！趁著花前月下，氣氛最浪漫的時刻，蔣介石當面向宋美齡求婚，宋美齡同意嫁給蔣介石。

兩人隨即訂婚，由王正廷和馮玉祥的夫人李德全擔任介紹人。九月二十六日晚上，蔣介石到宋家，說訂婚的時候是他人生最快樂的時刻。第二天，蔣介石至孔祥熙公館，宋美齡已在那裡，兩人與孔祥熙、宋藹齡夫婦全家合拍了幾張照片。當晚，蔣介石在出席了宴請蘇聯軍事總顧問加倫（Vasily Konstantinovich Blyukher）將軍的晚宴之後，又再到宋家與宋美齡談天說地，直到半夜一時才回去。之所以談那麼晚是因為蔣介石第二天要到日本考察。

九月二十八日一早，蔣介石前往宋家向宋美齡告別。兩人依戀，不忍離別。他告訴宋美齡說，不只外人不知道她的性情，就連他也是到今天才知道，她是一位非常重感情的女性。上午七時許，蔣介石登上日本輪船〈上海丸〉。下午，蔣介石就在船上發了一封電報給宋美齡。訪日期間，蔣介石幾乎每天都有一封電報給宋美齡。

十月一日，蔣介石在日記中自道：「不知三妹這幾天情況如何，十分想念。」

十月三日，蔣介石抵達日本。對此，十月五日的《時報》報導：「當九月下旬，宋子文來日，先至雲仙，繼到神戶，……時蔣已經下野，忽聞宋家人之後亦來雲仙，九月廿八日，蔣偕參謀長張群、南京市長劉文島*、祕書陳舜壽，並衛兵五名，在滬祕密上船，送行者祇日本領事清水氏一人而已，日本駐滬記者非常注意，《大阪朝日》、《每日》駐滬記者均隨之出發，……蓋蔣係中國近代偉人，其一舉一動，極為世人注目，何

*按：應係劉紀文之誤。

況聞其又有一段姻緣，更足做新聞資料也。」

宋子文的政治精算

稍後即與宋子文同車往有馬溫泉，拜訪宋太夫人，即宋美齡的母親倪珪珍。倪珪珍這趟日本之行，主要是到日本有馬溫泉養病。蔣介石說，他到日本之後，倪珪珍的病已經好了大半。是日的《蔣介石日記》中寫道「今日三次往謁」。什麼事要一天之內去見倪珪珍三次？當然是好事囉！因為，倪珪珍「面允婚事」，答應蔣介石當她的乘龍快婿。高興之餘，蔣介石一天內去了三次。而倪珪珍則是「意甚愉快，頻頻注視」蔣介石，「愛重之意，形於顏色」。值得注意的是，陪同蔣介石去見倪珪珍的，不是坊間傳說中促成宋美齡與蔣介石婚事的宋藹齡，反而是先前一度與宋慶齡站在同一戰線，與蔣介石唱反調的宋子文。

一九二三年，宋子文被孫中山延聘為中華民國陸海軍大元帥大本營的英文祕書。四月，孫中山在廣州成立中央銀行，有鑒於宋子文與資本家之淵源，加之在大學攻讀經濟學，乃命他負責籌備章程條例，並任副行長；十月二十七日，任兩廣鹽務稽核所經理。一九二五年，任國民政府財政部部長。

宋子文心裡那把鐵算盤，算計的不是宋美齡與蔣介石的兒女私情，而是自己的政治前程。從蔣介石下野以來，各方函電交加。八月十六日，國民革命軍第二集團軍總司令馮玉祥電；八月十七日，國民政府電；八月二十日，國民黨中央黨部電；九月八日，國民革命軍北路軍總司令閻錫山電；九月二十一日，國民政府通電促蔣中正、胡漢民諸同志返京，交相籲請蔣介石重新出山。宋子文在黨內權力核心打滾了近十年，看南北各方將領、黨政兩界群相敦促已蔚為聲勢，哪裡不曉得這是蔣介石宦途即將節節上漲的前奏，乃自忖不必逆勢而為，何妨做個順水人情，日後管保水漲船高。對此，不論是宋靄齡，乃至不過問政治的倪珪珍，也會真心認同宋子文精心計算的政治謀略。因為，蔣宋聯姻不僅有利於宋家，也會連帶施惠孔家，誰會反對大夥皆大歡喜的事？

審時度勢的宋子文，在日本恰巧扮演了宋美齡與蔣介石的「月下老人」，也為自己的美好前程鋪平了成功坦途。在宋子文的遊說下，基於「誰人不望子孫賢」的心態，倪珪珍當然也樂得來個三喜臨門。一則，蔣介石轉回上海，與宋美齡成婚，馬上有了一位國民革命軍總司令的金龜婿。二則宋子文渴望到手的財政部部長，可謂唾手可得。三則宋靄齡、孔祥熙夫婦也能仰仗蔣介石，一起同享官祿。宋子文的政治精算果然要得。

倪珪珍告訴蔣介石，婚事定下來，但宋美齡不必來日本。身為母親的倪珪珍知道宋美齡容易暈船，擔心她受不了顛簸之苦，所以不希望宋美齡到日本來。蔣介石聽到倪珪珍不讓宋美齡到日本，心裡頗感失望。雖然如此，他心裡還是感到十分快慰，畢竟倪珪珍總算答應了女兒和自己的婚事。倪珪珍從一開始不贊同宋美齡嫁給蔣介石，到軟化態度，最終點頭同意，這一方面固然是蔣介石的真誠感動了倪珪珍，一方面也是宋美齡表現出她的堅持。當母親的人都是看在女兒衷心喜歡的分上，最後演變成「丈母娘看女婿，愈看愈有趣」的情境。

這時的蔣介石真的恨不得馬上就見到宋美齡，和她好好慶祝一番。在見過倪珪珍後，他給上海的宋美齡發一紙電報，向她解釋自己不能很快回到上海的原因，希望她盡速到日本一趟，並透露倪珪珍答應婚事的好消息。

翌日，蔣介石即接到宋美齡的回電，說她不打算到日本。這讓蔣介石內心十分悵惘，但更讓他煩心的是他的出國計畫，在見過倪珪珍之後，蔣介石陷入頓時兩難。因為他原計劃出國一年，為了宋美齡，這下得縮短為一個半月，在日本就掉頭回中國。從一九二二年，與陳潔如尚有婚姻關係時，私衷暗懷追求宋美齡之心，到一九二七年春夏之交，終結與陳潔如千絲萬縷的關係，光明正大地對宋美齡展開熱烈追求，好不容易在九月二十三日當面向宋美齡求婚，獲致宋美齡含笑應允。當然，宋美齡點頭，還不表示宋家會同意。而今，出乎意料之外的，倪珪珍居然答應了蔣介石的提親。但是，宋家畢竟不是尋常百姓家，丈母娘中意女婿，更在意女婿的政治前程。蔣介石此刻是閒雲野鶴，無官一身輕，縱使倪珪珍的想法與官場無涉，她的兒女，除了宋慶齡之外，無不希望倪珪珍利用這門親事，使蔣介石改變遊歷各國的心念，直接從日本回滬上，返回政治舞台。

蔣宋聯姻，互蒙其利

一般以為蔣介石不出洋而改道回國，是因為「英雄難過美人關」，實則宋美齡是一個最美麗的「餌」；骨子裡，蔣介石回國與宋美齡結婚，只是迷惑市井大眾的一枚煙幕彈，其真實目的則是，藉著蔣宋聯姻讓他重回權力舞台。一旦蔣介石重新坐上國民革命軍總司令寶座，不僅有利於蔣介石個人政治前途，對蔣介石鞍前馬後的孔宋家族勢力更有錦上添花、如虎添翼的加分效果。

當然，為了愛情，蔣介石傳家幾代的宗教信仰也一朝改弦易轍了。宋美齡於抗戰時期寫的〈我的宗教觀〉一文中說：

我母親的宗教精神給了蔣委員長很大的影響，我於是想到，我在精神方面不能鼓勵我的丈夫，實在覺得萬分遺憾。委員長的太夫人是熱心的佛教徒，他的信仰基督教完全由於我母的勸導。為了要使我們的婚約得她許可，委員長允許研究基督教義，並且誦習《聖經》。

證諸《蔣介石日記》，蔣介石在八、九月間，也就是他剛下野那段時日，由於心緒煩亂，壓力大到無法承受，為求得心靈解脫，乃邀請太虛法師到奉化，化解他內心的迷霧。九月八日下午，家裡賓客很多，他未見客，反而去雪竇寺與太虛法師會晤。入夜之後，蔣介石與吳忠信談天，說他這幾天性情浮躁，心特別急，如果不趁現在靜養心性，以後勢必更艱難。九月十日，蔣介石與太虛法師同往千丈巖之下，察看仰止橋、中山庵的位置，太虛法師還特地作詩贈予蔣介石。是日適值中秋節，蔣介石特地請太虛法師在樂亭講解《摩訶般若波羅蜜多心經》，蔣介石認真聽經。

也就是說，截至倪珪珍同意他娶宋美齡那天，蔣介石都還是一位虔誠的佛教徒，至少尚未做好改信基督的心理準備。為了追求宋美齡，蔣介石不惜改變自己的宗教信仰，不但使倪珪珍深受感動，連宋美齡也為之感動不已。雖然蔣介石沒有立即受洗，只答應將努力研讀《聖經》，但倪珪珍覺得夠誠意，終於同意蔣介石與宋美齡的婚事，還送給他一本《聖經》。

所以，要說蔣介石與宋美齡的結合純係「政治婚姻」，是不盡然正確的。雖然蔣介石是當代中國舉足輕重的軍事強人，國民黨能否北伐成功須仰賴蔣介石，而宋美齡的二個姊姊又是中國另外二位政治領袖的妻子，宋美齡步其後塵，似是理所當然。但是，相較於孫中山、孔祥熙這二位宋家女婿，蔣介石的確是好事多磨。掐指算來，蔣介石與宋美齡這場「愛情長跑」足足跑了五年才修成正果。

之後，接受日本媒體訪問，說明此行心情及未來計畫，蔣介石說：「余回顧過去一年間在戰場上之光景，令人感慨無量，今日能優遊於雲仙快樂之鄉，蕩滌戰

蔣介石緣何熟識太虛法師？

其與黃郛有關。太虛法師在一篇追悼黃郛的文章中回憶，「一九二七年秋天，蔣先生電邀太虛前往奉化，相約討論佛學和陽明哲學，太虛覺得奇怪，以前蔣先生不認識他，蔣先生是怎麼得知太虛的呢？太虛經過一番打聽，方知是黃郛向蔣介石推荐太虛。」原來，蔣介石對黃郛倚重之深，不只政治上的應對進退，事事要向這位曾在北洋政府做過外交總長、教育總長、內閣總理的老官僚討教請益，竟連精神範疇的宗教信仰，乃至哲學思想，都要通過黃郛介紹高人，指點迷津。

塵，胸襟不覺一快，至於漫遊歐美與否，現尚未決定。與宋女士結婚問題，今日亦不能對各位表白，請諸君推測可也。」

十月八日下午，蔣介石竟抑鬱寡歡了起來，感慨自己之前總以為只要下野，即可置國事於度外。沒想到無事一身輕沒多久，反倒希望能參與政事，因為，內心有理想卻無從施展抱負，比在職時備受各方擠壓、攻訐更讓他痛苦不已。蔣介石忽感一陣莫名寂寞與失落，不禁悲從中來，不勝感傷之至。

十月十日，陰曆九月十五日，其陰曆生日，蔣介石已四十一歲。這天，他對下野的態度起了戲劇性變化。張群特地從東京來跟他會合，轉述東京各界友好對他的期許，希望他能改變心意，肩負起中國革命的職責。宋子文隨後也來見蔣介石，此刻，這位未來的大舅子的意見，格外受到蔣介石的重視。宋子文勸告蔣介石盡早出山。國內，蔣介石的老朋友，國民黨四大元老之一的張靜江和李石曾等，也先後打電報給他，要他趕緊回國，繼續領導北伐。這天，蔣介石也收到了宋美齡的電報。人逢喜事精神爽，黨國各界人士頻頻催駕，要他改變心意，蔣介石內心深處其實早已想走回頭路，享受過權力尊榮的他，何能一天沒有權力。蔣介石在這一天的日記上寫道：「以國家如此衰落，待機不如奮鬥也。」點明了他未來的動向。

蔣介石忽然從下野失權的人生谷底，命運頓時翻揚，從原本已經幾乎一無所有的狀態，猶如鯉魚躍龍門一般，瞬間再度擁有權力與愛情，榮華富貴與猶如幻夢般的愛情，兼而有之。這一切的變化是來得這麼突然，那麼極端戲劇化，蔣介石該如何走他的下一步？不僅國民黨上下緊盯不捨，上海的孔宋家族也唯蔣介石之進退為念。

蔣介石在日本待了一個半月，除了遍訪日本朝野人士，加深與日本官紳的關係，更重要的是，深化了他與倪珪珍的關係，同時爭取了宋子文的政治與親族結盟，更堅穩地確定了與宋美齡的婚約。

十一月十日，蔣介石回國，登岸後的第一件事，就是去看臥病之中的宋美齡。久別重逢，卻見宋美齡形容纖瘦，滿臉病容，蔣介石不禁憂慮、揪心不已。無奈要趕赴與李石曾、張靜江、戴季陶、朱紹良等見面，議論國事。雖然如此，蔣介石根本無心政事，滿腦子想的都是病中的宋美齡，無人可以言宣。

稍晚，蔣介石趕回宋家，赴孔祥熙、宋子文當晚的約會，與未來的大舅子和連襟商議政務。這場家族聚會別緻、熱鬧，也揭開了民國史的另一頁。孔宋家族於這天注入新血輪，除了刻意遠走、缺席的宋慶齡，所有的孔宋成員都酷似注射了雞血，分外興奮高亢。因為，中國當紅，手握最強大軍隊的軍事強人蔣介石，在這一天加入孔宋家族的行列。財富加上無上的權力，再加上捍衛、確保財富和權力的槍桿子，這三股巨大的力量結合在一塊，一個新的金權帝國儼然成形。

在宋家吃完晚餐後，是蔣介石和宋美齡小倆口的時間，《蔣介石日記》上說，他與宋美齡久別重逢，敘談間不覺悲喜交集。與宋美齡一直談到深夜十二時才告別，返回寓所休息。

十一月十三日，蔣介石直接面對中外記者，暢談政事及與宋美齡的婚戀之事。不過，在記者會之前，蔣介石與宋美齡先見了面，以宋美齡之精明、幹練，自然會對下午的採訪給蔣介石提綱挈領的建議。

宋家三姊妹分別幫贊了孫中山、孔祥熙、蔣介石，這三位民國史上舉足輕重的大人物，當他們三人扭轉乾坤、改變歷史時，真正在他們背後發揮巨大影響力的是宋家三姊妹！如今宋美齡正與蔣介石熱戀之際，而且距離婚期不遠，宋美齡自然會把祕書任務視為其責無旁貸的工作。因此，當天蔣介石答覆記者的內容，足可視為宋美齡、蔣介石共同商議之結果。

記者的提問十分踴躍，或問蔣介石是否復職，或說：「據說蔣先生新婚之後有新大陸之遊？」蔣介石答稱：「個人始終誓為黨服務，只要各前輩、同志能一致團結，我必以黨的命令是從。至於近日有人勸我再出山擔任總司令，我絕對不會動搖辭職的念頭，如果我有再當總司令的意念，當初我又何必辭職呢？」至於結婚之後去什麼地方遊歷，「尚未決定。」

十一月十四日，蔣介石陪倪珪珍、宋美齡前往孔祥熙公館，孔宋家族成員連袂前往宋耀如墓祭拜。這象徵著倪珪珍已經視蔣介石為女婿。但是，值得注意的是，宋慶齡並不在行列之中，緣因宋慶齡已於二個月前，遠赴蘇聯考察。宋慶齡選擇這個時間遠行，是為了逃避寧漢分裂，蔣介石清黨分共的尷尬情境；抑或正如坊間傳言，宋慶齡聽聞宋美齡有意下嫁蔣介石，一怒之下放言聲稱：「寧可見到美齡死，也不願意見到美齡嫁給蔣介石」。宋慶齡是不是以缺席，表達她沉默的抗議，以及內心對宋美齡與蔣介石婚戀的堅決反對？

十一月十六日，蔣介石於上海總商會，向國民黨員發表演講。會中，蔣介石對他之前出洋考察的計劃沒能成行自圓其說的表示，他到了日本之後，原本預定要再繼續前往美國，從美國再去歐洲。後來之所以又轉返中國，是因為日本有一批老同志及時阻止了他，說他如果自認是革命者，就萬萬不能離開中國，不能遠遊歐美，一定要回國去。蔣介石聲稱，「中正是一個中國人，是一個革命者，聽到這樣的忠告，哪能不發生感想呢？」

蔣介石之所以要出洋考察，這有一段淵源。四月，蔣介石清黨，引發國民黨內自孫中山死後最嚴重的一次內訌；八月，北伐敗戰，黨內反對勢力乘機逼他下台，蔣介石萌生下野的念頭。對此，他的二哥*黃郛也認為他暫時退避一段時間比較好；吳稚暉、張靜江則主張堅持不退，即使絕裂也在所不惜。這時，原本很矛盾的蔣介石，頭腦反倒分外清醒。他曉得眼下自己的情勢是四面楚歌，沒有籌碼恣意而為，如果和左派絕裂，反而給中國共產黨機會。因此決定退讓，保住一線生機。蔣介石並去見宋慶齡。

由於宋慶齡始終堅決反對清黨，更直言蔣介石這種作法完全背叛了孫中山，所以她對宋美齡這位「男朋友」的印象本就惡劣至極，此時此刻更是深惡痛絕，自然不會有什麼好臉色看。她勉強耐住性子見蔣介石，最後，告誡蔣介石：「你還是出洋考察去吧！不必留在國內了。」

八月十二日，國民黨中央執監委會議後，李宗仁、白崇禧要他「自決出處，以避目

*蔣介石參加革命時，與陳其美、黃郛結拜交換蘭譜，以陳英士為大哥、黃郛為二哥。

標」。蔣介石毅然決計引退，發表〈下野宣言〉，申明他之所以「反共」的經過，同時提出武漢要員來寧、繼續北伐、肅清共產黨等三項條件，並稱仍將以黨員身分努力黨務。當晚十二時就離開南京去上海，翌日下午搭「新江天輪」返鄉掃墓。

八月十六日，蔣介石從奉化溪口發了一通電報給國民政府：

「國民政府鈞鑒：中正自愧譾陋，無補時艱，一年以來，北伐不成，主義未行，徒使黨務糾紛，部屬犧牲，而民生凋敝，國計困窮，尤甚於昔。清夜捫心，益滋惶惑！伏懇准辭國民革命軍總司令職權，並請重治中正以失職之罪，是為至禱。蔣中正叩」

黃郛知道之後，發了一封電報給蔣介石，這也是黃郛給蔣介石這個小老弟最客觀、最忠實的建議：「茲託岳弟帶上（李）協和來電一通、剪報一頁，乞察閱。事已至此，大不足以經綸國家，小不足以整理地方，萬無輕易再出之理。處此局勢，惟有力持『淡泊寧靜』四字，以與各方相周旋。語云：『收帆須在順風時。』此次下野，弟享『為國犧牲』之名，人受『篡竊犯上』之罪，幸為保持此令譽。否則方寸稍動，久誘即來，草率再出，試問外交、財政、軍事、政治有何把握？天授忠實篤摯者以好機，然僅能一次，不可再也。幸自重、自慎，拿住一個『定』字，一個『靜』字，千萬勿為甘言所惑，捐客所誘為要！餘請岳弟面詳。」

由此可知，蔣介石第一次下野，幕後為他出謀劃策的厥為黃郛，也唯有黃郛的意見能被蔣介石放在心上，所以，蔣介石初入官場能夠平步青雲，與黃郛背後指點迷津有關。

蔣介石原本計劃出洋考察一年，到日本學習軍事、經濟，德國學習哲學、軍事學，法國學習政治與社會學，英國學習政治經濟與海軍，美國學習哲學與經濟，義大利學習社會、政治，到土耳其學習革命歷史。

八月二十四日，蔣介石寫信給黃郛，說：「弟決先赴日本，但須與其當局約明二事：一、對中正行動絕對嚴守祕密，新聞記者及各團體概勿准招待、訪問。二、留日約一個月，即須遊歷歐洲。此第二事與其聲明，不必約也。兄如贊成，或請兄先行更好。否則兄在滬主持一切，而弟做一年環球之遊也。如此，則下星期即行，請代探船期，以便屆時到滬也。並囑聖禪兄（徐桴）預兌日金一萬元，隨身帶往，岳軍當同行，其餘祇帶一、二人，不另帶人也。」

豈料，蔣介石才到日本，且僅一個半月就回來。因為，倪珪珍指定十二月一日，是女兒宋美齡嫁給蔣介石的黃道吉日。愛情的力量是偉大的，泰水大人指定婚期更是無法違抗，蔣介石當然得打道回府。

與蔣介石完婚

十一月二十六日，蔣介石在上海各大報刊登〈擬節婚禮費用建設廢兵院〉啟事，說：「中正奔走革命，頻年馳驅戎馬，未遑家室之私。現雖辭職息肩，惟革命未成，責任猶在，袍澤饑寒轉戰，民眾流離失所，詎能恝然忘懷，尤念百戰傷殘之健兒，稱愧憂樂與同之古訓。茲定十二月一日，在上海與宋女士結婚，爰擬撙節婚禮費用及宴請朋友筵資，發起廢兵院，以完中正昔日在軍之私願。宋女士亦同此意，如親友、同志厚愛不棄，欲為中正與宋女士結婚留一紀念，即請移節盛儀，玉成此舉，無任銘感，凡賜珍儀，敬謹璧謝。婚儀簡單，不再柬請（廢兵院規劃當與同志、賢達詳商，現託浙江軍事廳金誦盤君籌備）式布區區，惟希公鑒。」

愈接近婚期，蔣介石、宋美齡二人的生活步調亦愈緊張，心情更加複雜。十一月二十八日，距離結婚還有二天，宋美齡約蔣介石一同遊車河*。蔣介石進宋家像進自家門也不過幾個月時間，但宋美齡已經把宋家的資本主義生活習慣，點點滴滴教給了蔣介石。尤其在婚前這段最甜蜜的辰光中，他早就不再避諱旁人的異樣眼光了。宋美齡和蔣介石乘坐美國汽車，穿梭在外灘和上海公共租界的通衢大道上。不會有人認得出坐在車上的這個光頭男人，就是二、三個月前那個收復南京、上海的北伐軍英雄，在清黨過程中大搞白色恐怖的軍事強人；也不會有人認得出戴著大草帽的年輕貴婦，就是孫中山的小姨子宋美齡。

十一月三十日，結婚前一天，蔣介石寫了〈我們的今日〉一文，這篇浪漫之作其實就是蔣介石、宋美齡結婚宣告與愛情宣言。

「余今日得與余最敬、最愛之宋美齡女士結婚，實為余有生以來最光榮之一日。自亦為余有生以來最愉快之一日。余奔走革命以來，常於積極進行之中，忽萌消極退隱之念，昔日前輩領袖問余，汝何日始能專心致志於革命，其他厚愛余之同志亦常討論，如何而能使介石安心盡革命之責任。凡此疑問，本易解答，惟當時不能明言。至今日乃有

*按：夫妻攜手遊車河，日後亦成為蔣介石、宋美齡夫妻每日規律作息的一部分；此一生活習慣一直延續至蔣介石一九七〇年代初期臥病為止。

圓滿之答案，余確信余自今日與宋女士結婚以後，余之革命工作必有進步，余能安心盡革命之責任，即自今日始也。余平時研究人生哲學及社會問題，深信人生無美滿之婚姻則做人一切皆無意義，社會無安樂之家庭則民族根本無從進步。為革命事業者，若不注意於社會之改革必非真正之革命，其革命必不能澈底。家庭為社會之基礎，欲改造中國之社會應先改造中國之家庭，余與宋女士討論中國革命問題，對於此點實有同一之信心。余二人此次結婚，倘能於舊社會有若何之影響、新社會有若何之貢獻，實所大願。余二人今日不僅自慶個人婚姻之美滿，且願促進中國社會之改造，余必本此志願努力不懈，務完成中國之革命而後已。」

宋美齡與蔣介石的婚禮時辰，擇定十二月一日下午三時。下午一時許，宋美齡、蔣介石先到孔祥熙公館換禮服；下午三時零五分，到西摩路一三九號*的宋家舉行基督教婚禮。

宋家原本即已富麗堂皇，為了迎接宋美齡的婚嫁，更布置得喜氣洋洋、美輪美奐。禮堂設置在西首花廳，這裡是宋家重大慶典、聚會的場所。花廳中央掛了一幅宋耀如的遺像。客廳到花廳間擺滿了滬上各界名流致贈的花籃。然後在中華基督教青年會全國協會總幹事余日章牧師的主持下，舉行婚禮，新郎、新娘宣讀誓詞。

蔣介石的結婚誓詞是：「我蔣中正，情願遵從上帝的旨意，娶宋美齡為妻，從此以後，無論安樂患難，健康疾病，一切與妳相共，我必盡心竭力的愛妳敬妳，保護妳，終身不渝，上帝實臨鑒之……。」

*今陝西北路三六九號。

宋美齡接著也宣讀誓詞：「我宋美齡，情願遵從上帝的旨意，嫁你蔣中正，從你為夫，從今以後……。」

讀完誓詞，兩人交換戒指。蔣介石將戒指套在宋美齡的手指上時，低著頭對宋美齡莞爾一笑，宋美齡亦報以一笑，彼此濃情蜜意，盡在不言中。

1927年12月1號，蔣介石與宋美齡在上海結婚。

第三章
蔣介石戰場的後勤司令

杜甫〈垂老別〉一詩中，如此刻劃戰爭的慘烈——

萬國盡征戍，烽火被岡巒；
積屍草木腥，流血川原丹。
何鄉為樂土？安敢尚盤桓！
棄絕蓬室居，塌然摧肺肝。

在慘烈的戰場之外，統帥往往依賴靈活、幹練的後勤司令，為他在後方遙相策應，源源不斷地供應攻守之所需。

第一節

運糧調錢，蔣介石忠誠不二的幕後支持者

一九二八元月五日，原本下野的蔣介石在這一天復任國民革命軍總司令，並通電馮玉祥、閻錫山及中國國民黨各重要將領，準備北伐，也就是所謂的「二次北伐」。

但是，蔣介石突然在這時節生病了，還發高燒呢！他給宋美齡寫了一封短信，隨即以電報發出：「蔣夫人：三日來均未電，未知妹病如何？王軍醫毫無衛生智識，可歎！兄病，今略癒但未退熱。兄中正」。

可知當時在上海的宋美齡也病了，雖然如此，他仍心繫宋美齡。說的也是，蔣介石和宋美齡結婚才一個月，新婚燕爾就相隔兩地，難免有不勝依依之慼。但離開溫柔鄉的蔣介石此時正鴻運當頭。

元月八日，國民政府任命他為北伐軍總司令。二月七日，國民黨第二屆中央執行委員會第四次全體會議，推蔣介石為「軍事委員會主席」，共主中樞。國民黨此舉明顯是為了完成北伐，因而給蔣介石加官晉爵，讓他抓牢了槍桿子。二月十一日，國府令軍事委員會「限期完成北伐」。

蔣介石將北伐各軍編為四個集團軍，自兼第一集團軍總司令。馮玉祥、閻錫山、李宗仁分任第二、三、四集團軍總司令。何應欽為參謀總長。全部共四十多個軍，七十餘萬人。而當面的敵軍主力為張作霖的「安國軍」，有兵力四十萬。

二次北伐行動於四月七日揭開序幕。

開戰前的四月六日，蔣介石在前線徐州，用「國民革命軍總司令部用牋」寫了一封短信，以電報發給宋美齡。「前方傷兵藥必不夠，請再多購一倍，派員解來前方，直接補充，以免流弊。」

七天後，四月十三日，蔣介石又再發電報給宋美齡。

「蔣夫人親鑒：（祥密）前數電接閱否？甚念。此次戰鬥勝利，但傷兵亦多，今日已到有千名。各病院病衣、褥套皆不照發，觸目傷心*1，藥品請速寄來，並須多聘好醫來。為盼！」

五月五日，宋美齡也以鋼筆橫書一信，以電報發給蔣介石。

總司令鑒：（密）

頃聞紅會某西醫到徐，忽被拘禁，其隨從竟被用笏油燒死，此事影響於救護頗大，請兄即查辦，並令日後須力護紅會醫士。又有中、西數醫來徐。妹現盡力羅致名醫，請勿顧慮。江電悉。妹本請廖夫人同往寧慰勞傷兵，但彼以管理過煩，不願擔任。下次家兄赴寧，妹以辦理醫院事將同行，但家兄常不在寧，妹豈能久留。

宋美齡跟蔣介石告狀，說「紅卍字會」一名醫師到北伐軍總司令部所在的徐州，忽然被拘禁，其隨從竟被潑油*2燒死，因此要他查辦並下令保護醫師、護士。而她現正盡力羅致中、西醫師到前線徐州，還在後方南京慰勞傷兵，雖然國民黨婦女部部長廖仲愷的夫人何香凝擺老前輩的架子，不願擔任。

可知，在蔣介石結束第一次下野，重新取得軍權並致力於二次北伐時，宋美齡與之分工的重點在後勤、醫護方面，以支持丈夫的革命事業。

之後，蔣介石也一直讓宋美齡扮演「戰場的後勤司令」的角色。她不但要思慮及丈

*1按：原稿上有「見之心躁，請在後方多購禾草或」等字，但被蔣介石塗改。
*2按：「笏油」二字應是上海話「潑油」之意。

夫個人的生活所需，更要思慮到丈夫所部千萬弟兄的生活所需，所以她的工作是鉅細靡遺，不能稍有疏漏的。

例如，中原大戰期間，一九三〇年六月三日，蔣介石打電報請她，「另購肉類及筍菜類與糖類小罐頭食品各十萬個、毛巾十五萬條，與避疫藥水一併專車送來前方慰勞將士，為盼。並請從速。」這件差事可以想見是如何不簡單。但是二天後，宋美齡即「萬急」回電：

蔣總司令鑒：

犒賞品經子良費盡方法勉力辦就，請立派黃仁霖或厲志山即來取運，以免途中之意外也。

美齡

沒想到，宋美齡這樣一個「小留學生」出身的金枝玉葉竟然辦到了。這批數量龐大的慰勞品，從蒐集、比貨、比價、採辦、包裝、運送、押運到點交，才一個多月就大功告成。不只這樣，期間，她還貼心地適時為丈夫準備吃食，百里加急地送去。例如，其於七月一日的信上寫道：

蔣總司令鑒：

二日未得電，天氣極熱，兄好否？甚念！昨日送上水蜜桃與西瓜等鮮果。　妹美七月十九日，蔣介石自徐州的「陸海空軍總司令部」發電報給宋美齡，說：「各師、各處慰勞品均分送，皆屬代謝。德顧問且有專函感謝也。」可知，宋美齡不但澤及國軍，連蔣介石的德國軍事顧問也雨露均霑。這些德國人在齒頰留香之餘，自然也是滿懷感激的。當然，蔣介石也不忘分享捷報，說：「昨日以來，逆軍已無力反攻，反形沉寂，而逆軍此次傷亡已確在一萬五千人以上也。」而宋美齡的一顆心也才真正放下。只是，這麼一樁趕辦勞軍用品的事務，蔣介石信不過國府的後勤部門，而是走自家府內「專供」、「特供」的套路，由此可以窺見蔣介石、宋美齡之間夫婦一體同心的機微了。

不但軍需物資少不了宋美齡的供給、調配，舉凡天上飛的、水裡游的，也都要盡全力滿足蔣介石及其軍隊的要求。她就三番兩次應丈夫之請，準備飛機載送客人和重要的軍事情報。宋美齡在九月十七日「萬急限刻到柳河」的電報裡提及：

蔣總司令：（鈞密）

銑電轉庸兄，刻已與飛機公司商借一架大號穩適客飛機來兄處，此機有四座位，但最快一小時只能飛一百英里，不知其較他機緩行，而致敵人注意，或有妨礙否？妹待電復，即當照辦。

妹美篠印

事實上，終蔣介石、宋美齡一生的夫妻生活，宋美齡無時無刻不在扮演蔣介石的後勤司令的角色，而且永遠是蔣介石最堅定、忠誠不二的幕後支持者。

不過，像這樣的後勤司令也不是好做的差事，宋美齡除了要協調外部關係，家族內部的溝通也絲毫馬虎不得。例如，蔣介石的郎舅、宋美齡的哥哥、主管國府財政和軍費的財政部部長宋子文，他便因受不了蔣介石不斷催要軍費、補給，而掛冠求去。搞得蔣介石還要寫信回家，央求宋美齡前往安撫、請託。

一九二八年五月二十一日，蔣介石就發了一通機密電報給宋美齡，說孔祥熙和宋子文「昨到徐面晤後即回，未多談也。妹函均悉。此時，兄專注精神於軍事，後方事祇有任其自然，蓋等北伐完成，無從辦理也。子兄辭職事，彼並未提，請妹代挽之，以舒兄後。」宋美齡只好動用兄妹之情，向兄長好言相勸。

第二節　兼充蔣介石的外交代表

宋美齡又得兼充蔣介石的外交代表。例如，一九二八年，日本為了給軍閥張宗昌撐腰，突然出兵干涉，悍然發動「五三慘案」（或稱「濟南慘案」），造成濟南城內民眾及北伐軍六千多人死亡的不幸事件。蔣介石為免事端擴大，乃極度隱忍，下令部隊退出濟南，繞道渡黃河繼續北伐，並派兵保護西方國家的公使、外交人員。這時，在後方的宋美齡也沒片刻閒著，即得代表蔣介石與英、美外交人員往還。

十月四日，蔣介石打電報給宋美齡，說：「英、美領事均由我方派兵保護，一切平安，請轉告其滬領事。」

有時，宋美齡又有點像是前清負責承上啟下的「軍機大臣」，轉達蔣介石的命令給兄長宋子文（財政部部長）、孔祥熙（工商部部長、實業部部長）。

例如，在中原大戰期間，蔣介石於一九三〇年四月二十五日電告宋美齡說：「兄定今日往駐馬店前方勞軍，約廿八日回漢。」並交代她說：「請轉子文兄，唐克車*已定之十二架者，何日可到？另有一種專為拖砲用之唐克車，亦請子文兄購定十二架。」

五月十四日，由於「法公使南來，」蔣介石發電報給宋美齡，除了要她做他的外交代表，請她「優禮之。」最重要的是，「並屬子文兄，多給蒙藏委員已到京者之費用，以示優待。」當然，也與之分享喜訊說：「前方戰況極佳，中昨到馬牧集，夜仍回徐。」

此後一直到抗戰時期，由於國府完全被孔宋家族和蔣介石把持，也讓宋美齡這位「軍機大臣」可以十分便利就把輔佐丈夫的工作做好。

不過，在兵荒馬亂、內外交困之際，宋美齡還要設法穩住國府內部要員，甚至家族

*按：即坦克車

重要成員猶疑、浮動的人心。

例如，由於蔣介石動輒向宋子文需索鉅額軍費及軍需。在國府金庫枯竭、財源短缺的景況下，宋子文不是峻拒，便是以辭職相逼，抵死不從，時常逼得前線的蔣介石焦頭爛額，不知如何是好。這時只有宋美齡出馬，方能解燃眉之急。

一九三〇年八月十六日，蔣介石打電報給宋美齡，說：「濟南確於昨日克復，至此更有勝算，惟前途多艱，不能因此小勝而自矜也。現在最要者為四十萬件之衛生衣與本月下旬之軍米。枕琴老實，不敢與子文催促，請約枕琴與子文協商。此衛生衣與軍米於此月一星期內必須辦妥，解來前方，不致以饑凍而崩潰也。」

「枕琴」即周駿彥，蔣介石的軍需官。他的孫子就是後來擔任蔣介石機要祕書的周宏濤。蔣介石嫌他人太老實，不敢跟宋子文催要，所以請宋美齡押著周駿彥跟宋子文當面協商，而且一定要在一星期內辦妥。

打仗是最花錢的，軍隊花錢何止比流水來得兇，量入為出的財政部部長宋子文對前線不斷催逼糧餉，當然感到萬分厭煩。宋美齡可能也沒法子向遠在前線的蔣介石講清楚。為了苦勸宋子文撥下錢糧，她不知費盡多少唇舌，說盡多少好話。殊不知就在一個月前，宋美齡已經和宋子文大吵了一架。因為蔣介石屢屢向宋子文要軍費，宋子文擔心國府財政崩潰，拒撥費用。宋美齡情急之下，把她名下的房產、積蓄全交由宋子文變賣，並說：「如果軍費沒有著落，導致戰爭失利，蔣介石必定死在前線，如是，我宋美齡不如也跟著去死算了！如果我不跟他一起殉死，還有什麼氣節可言。」聽到妹妹講得如此決絕，宋子文知道這事苟且不得，只好立即設法籌錢。

從這裡，我們也可以理解，在蔣介石剛掌權的那段時日，他的權力有效行使範圍，僅限於軍隊。南京方面還需要，宋美齡這個「總司令夫人」遙相策應幫襯。

第三節 孔宋家族在上海灘的實力與影響力

宋美齡再怎麼能幹，也需要幾個得力助手幫忙。

例如，一九三〇年六月三日，蔣介石請宋美齡「購肉類及筍菜類與糖類小罐頭食品各十萬個、毛巾十五萬條，與避疫藥水一併專車送來前方慰勞將士」，而且要快。二天後，宋美齡就回電說：「犒賞品經子良費盡方法勉力辦就，請立派黃仁霖或厲志山即來取運，以免途中之意外也。」

宋美齡之所以能夠巧妙扮演蔣介石「後勤司令」角色，從採辦到運送，自有一條井井有條的體系在運作，負責採辦的孔宋家族成員宋子良便是其中一位。

在日後若干員工的回憶中，都說宋子良做事實幹、努力，組織能力強，平常沉默寡言，沒有一般紈袴子弟的不良習氣。只是一般人對他所知有限，其實他是一個十分精明、幹練的人才。

宋子良對國家最大的貢獻，也最被人所忽略的是，在抗戰時期突破日軍封鎖，為抗戰救國的物資運輸做出重大獻替。其中最值得稱道的是，招募華僑機工回國，為抗戰基地運輸補給物品。

由於中國東部及東南沿海幾乎全被日軍封鎖，無論是軍用還是民生物資均得不到海外的補充，為了長期抗戰與日偽進行無休止的鬥爭，蔣介石任命宋子良為軍事委員會「西南進出口物資運輸總經理處」主任。在抗戰打得最激烈，中國戰場與全世界反法西斯戰場聯成一氣時，蘇聯、英國、美國贈送了一大批大卡車給中國。國府期望運用這批大卡車，透過滇緬公路、中印公路等對外聯繫孔道，運送軍用物資到重慶，乃至全國各地需求孔急的抗戰火線上。

但是，光有大卡車，沒有司機和維修的機工

宋子良

宋子良，小宋美齡二歲，在宋家六位兄弟姊妹中排行老五。十九歲從上海聖約翰大學畢業後，就留學美國的范德堡大學（Vanderbilt University）。一九二九年，回國之後的第一個職務是外交部祕書，之後升任外交部總務司司長。一九三一年到一九四九年間，任中國國貨銀行總經理，後為中央銀行監事。一九三四年，任中國建設銀公司總經理。一九三五年四月，任交通銀行常務董事。一九三六年七月，任廣東省政府委員兼財政廳廳長，將廣東省一些銀行納入政府控制；十二月，創辦中國汽車製造公司。抗戰勝利後，任國際復興建設銀行代理理事兼中國銀行、交通銀行董事，以及中央信託局理事、國際貨幣會議中國代表。

也是枉然。腦子動得很快的宋子良提議，東南亞有廣大的華僑青年會英文，看得懂英文的使用說明書，既可修車亦會開車，並立即要該處駐新加坡分處處長陳質平，找華僑富商陳嘉庚幫忙。在陳嘉庚就地登高一呼之下，許多華僑青年司機和技工紛紛響應，組成「南洋華僑機工回國服務團」，解決了運輸人才奇缺的難題。從而解決了軍用物資運輸的難題。

當然，宋子良是所有國府官員中最重視華僑機工的，不但身兼「西南運輸總處機工訓練所」所長，還擔任「華僑機工互助社」理事長，非常關心他們的生活。更難能可貴的是，滇緬公路正式開通時，宋子良甚至自告奮勇，冒險親自擔任押運第一車的工作。宋美齡口中這個「勉力辦就」的宋子良，其實代表了當時盛極一時的孔宋家族，在上海灘的實力與影響力。試想，有辦法在短短幾天內解決蔣介石十數萬軍隊所需的，絕非泛泛之輩，若不是有相當人脈、管道，以及工作力度能量的，絕難辦到。

勵志社

但是，備辦妥當了十萬大軍的犒賞品，接下要怎麼運送去呢？如何從上海灘輸送到北方軍隊的集結地點，更是一樁巨大、繁瑣的工程。在上海這種大商埠，要買這麼多的食品、日用品，只要有固定渠道，還不是什麼犯難之事。但是，在那個內陸運輸並不稱便，常有盜匪打劫的年代，要「專車送來前方」，那就是一件十分艱鉅的任務了，而這也要宋美齡設法克服、解決。還好，無論如何艱難、險阻，宋美齡這個「後勤司令」動動腦筋也就給它辦成功了。

她請蔣介石「立派黃仁霖或厲志山即來取運，以免途中之意外也。」因其事關丈夫所部千萬弟兄所需，不能稍有疏漏。蔣介石隨即回電，說：「黃仁霖、勵志山均不在徐州，聞已回京，請親迎催來。」

厲志山

厲志山，英文名Leech，浙江寧波奉化人，東吳大學法學院畢業，是勵志社最早一輩的工作幹部。一九三二年，已做到事務科主任幹事的他思索著，再繼續做下去也是為人作嫁，未來不會有什麼大出息的，於是辭了勵志社的工作，回去幹他的老本行，擔任「上海公共租界捕房律師」。令人啟疑的是，他在勵志社幹得好好的，也沒有犯大錯，何以說不幹就不幹?這多多少少也有蔣介石的意思在裡面吧!是年十月十七日，中國共產黨創黨元老陳獨秀，被租界總巡捕房逮捕，送交江蘇高等法院第二分院。經推事趙鉦鏜簡單訊問，厲志山說明破案經過，認為這是「危害民國」的案件。即根據上海市政府的意見，將其轉交南京衛戍司令部。抗戰時期，厲志山又復出，擔任戰地服務團成都區辦事處主任，勝利後又任勵志社副總幹事，官至特種勤務署少將副署長。所以，厲志山可說是勵志社當中，官位僅於黃仁霖的重要人物。

宋美齡為何要蔣介石立派黃仁霖或厲志山來，他們就能保證中途不出意外嗎？這又要歸功於宋美齡的遠見安排和巧智鋪排。因為，蔣介石已在宋美齡的協助下，建立了一套十分穩妥的物資運輸系統，從而建構了國軍後勤配送體系。而其須歸功於一個新興機構，即在北伐完成後成立的一個半祕密單位——勵志社。當時其主要負責人為黃仁霖和厲志山。

蔣介石創設勵志社的發想點，是日本的偕行社。光緒三十四年（一九〇八），蔣介石赴日就讀振武學校，當時日本有一個行之有年的軍事服務機構，叫「偕行社」。偕行社是日本於一八七七年二月創立的，以之為高階軍官休憩與社交的場所。戰時，日軍各師團司令部所在也都設有偕行社。至今，日本還維持著偕行社的設置。它的性質有點像迎賓館或集會場所，除了休閒的功能，凡將校或准士官等會員，可以在偕行社內就軍事方面，舉凡戰略、戰術、兵器、戰史……等做學術研討；戰時陣亡的，也在偕行社舉行祭拜儀式。

勵志社最早叫「黃埔同學會勵志社」，是蔣介石於一九二九年一月一日在南京創立的，並自兼社長。「勵志社」一名可能與厲志山有關，蔣介石應該就是由他的名字的諧音聯想到「勵志」，深覺「勵志」的意思很好，而取名「黃埔同學會勵志社」。

黃仁霖更是勵志社少不了的靈魂人物，幾乎就是勵志社的代名詞。

宋美齡之所以那麼倚重黃仁霖，與他的資歷、能力、性情有關。黃仁霖本籍江西安義，但是，從他的父親黃幹臣那代起，便因為做官的緣故而定居蘇州，所以父子二代都能講一口道地的吳儂軟語。因為話語通曉，和講寧波話、上海話的蔣介石、宋美齡一見如故。黃幹臣在前清鐵路電務局擔任科長，娶了蘇州望族譚氏為妻。前清官場中人多有抽鴉片的癖好，當黃仁霖當上勵志社的高官，受命帶頭提倡新生活運動時，黃幹臣迫不得已戒了鴉片。

黃仁霖受知於宋美齡的一個重要因素，是他的英文能力好。他出生上海，小學就讀工部局立育才公學，這所學校厲行斯巴達教育，凡背不出英文課文者，一律罰站在巍巍高樓的窗台邊，是故學生個個都努力背英文。之後就讀的上海青年會中學、東吳大學也都跟教會關係密切。這看在宋美齡眼裡，和她的父親宋耀如的背景、閱歷都有些許因緣，更對這個後進多了幾分親切感。而黃仁霖讀的這些學校，無論從數學、物理、化學到歷史、地理，無論

黃仁霖

傳記文學出版社在出版《黃仁霖回憶錄》時，對黃仁霖做了如下之點評：「如所周知，黃氏受知先總統蔣公，眷遇甚隆，信賴有加。舉凡蔣公生平提倡之軍中勵志運動、民間之新生活運動，均指定黃氏為負責推動之主持人。當抗日戰爭期間，黃氏奉命組織戰地服務團，派隊馳赴前線，展開各種服務與康樂工作，以激勵士氣，並代表政府負責接待陳納德將軍飛虎隊及其後數達五萬以上之來華美軍，此項工作對中美聯合作戰及抗日戰爭勝利尤有重大之貢獻。」

是自然科學還是人文科學，十之八九都是外國先生用英語教學，是以英語猶如他的母語，流利曉暢。大學畢業之後又到美國的范德堡大學、哥倫比亞大學攻讀政治經濟學。他等於從小到大受到英、美有系統的教育。如此優越的教育條件，無怪乎會為宋美齡所青睞。

勵志社成立之後，對宋美齡究竟起了什麼作用？要回答這個疑問，勢必要從核心去理解這個組織的情況。

蔣介石成立勵志社的主要目是的，要砥礪軍人的精神和氣節，期許國民革命軍在北伐成功之後，能保持黃埔建軍時的革命精神，不被勝利沖昏頭而逐步腐化。他還訂定了一句格言：「立人立己，革命革心」，頒布《十大戒律》：一、不貪財；二、不怕死；三、不招搖；四、不驕傲；五、不偷懶；六、不嫖賭；七、不吸煙；八、不飲酒；九、不借錢；十、不說謊。

規定要入社的人都要在他的肖像前宣誓恪遵，勵志社的員工就更不在話下了。所以，勵志社早期，是蔣介石讓軍官和軍校學生「養志」的地方，一個端正軍中風氣的場所。

黃仁霖即言：「勵志社是對黃埔軍官和學生灌輸道德，提高精神而設立的。」

雖然如此，蔣介石畢竟政務繁忙，哪能把心思全部擺在勵志社。勵志社的實際權力和運作，因而完全操縱在掌握主要人事權的宋美齡及蔣介石的連襟孔祥熙的手上。在宋美齡和孔宋家族的主導下，勵志社變成一個充滿濃厚基督教色彩的團體。

勵志社首任總幹事是在孔祥熙部長任內，擔任實業司司長的朱懋仁上校，不久就交給了黃仁霖。

黃仁霖是宋美齡嫡系中的嫡系，這可以從他的出身窺知。黃仁霖的岳父為余日章牧師，他曾經為蔣介石、宋美齡主持婚禮。當時，宋家本請衛理公會江長川牧師主持，但因衛理公會規定，牧師不得為離婚者主持婚禮，只好折衷請中華基督教青年會全國協會總幹事余日章主持。余日章慨然應允。因緣際會，黃仁霖成為余日章的女婿。之後，宋美齡投桃報李，義不容辭地負起照顧黃仁霖的責任，報答他的這份恩情。

不過，他自己在《黃仁霖回憶錄》中寫道：「很多人以為我參加政府工作，是經由蔣夫人介紹的，但是，實際上，我只在慕爾堂裡認識她，孔祥熙博士才是提攜我進入政府工作的人。」

他說：「就在那一晚，我搭火車到南京。我有少數幾位朋友，以前是青年會的幹事，現在孔博士的部裡工作，他們立即把我帶進去晉見部長，如我所料，孔博士很高興的接見了我。我告訴了他，我的一些遭遇，他很誠懇的告訴我說：『仁霖，我想青年會的工作範圍，不足以供你去發展你的才幹，我要告訴你一個新的機會，在那裡，你有極廣大的領域可以發展。蔣總司令要創辦一種運動，名叫「勵志社」（英文簡稱OMEA，即「軍官道德勵進會」）。這是總司令的一個觀念，因為在軍事作戰中，征服一些城市和省份並不難，但要改變人心卻很不容易。他想要發起一個運動，以此來改變他的軍官和學生們的心理和行為。』孔博士說，總司令正要他找一個人到軍營裡推動這個運動。

他說：『我想，你做這個工作非常適宜，而且你可以全無拘束的放手去做這項工作，而且發展前途無可限量。』」

黃仁霖是基督徒，也曾經在基督教青年會工作，所以，奉派到勵志社任職，對蔣介石提出那些和基督教的清規、戒律相似的規矩，履行起來並沒有很大的困難。加上黃仁霖的留美背景，因而在做法上更是洋派十足。用今天的話來說，就是「很有創意」——因為他的洋作風與眾不同，自是創意十足了。

在勵志社，許多軍官和學生終於學會如何遵守禮儀和現代的生活習慣。例如，為了改掉隨地吐痰的壞習慣，黃仁霖交代下屬在每扇門後都放一支拖把，只要有人進了勵志社大門又是一口濃痰吐在地上，便將其拖乾淨，並勸誡之。日子一久，再也沒有人在勵志社吐痰了。

黃仁霖知道蔣介石、宋美齡夫婦十分重視軍官的衣著是否整齊，因此特地在勵志社的門口放置一面鏡子，旁邊還懸掛了一則標語：「整衣冠」，提醒勵志社的朋友修整衣冠，不可損軍人威儀。

為了服務軍官和軍校學生，黃仁霖的確花了很多心思和功夫在有關的工作上面。他引進不少美國式的新事物，例如，把在美國留學時看到的「自助餐」用餐方式引進勵志社，使這種各取所需的餐飲成為時尚，日漸風行。還引進淋浴，在勵志社的浴室裡，製作裝著五加侖清水的桶子，讓軍官和學生淋浴。

一九二九年，勵志社還躬逢其盛，承辦了「孫中山先生移靈南京奉安國葬大典」的任務，負責將孫中山的靈骨從北京西山碧雲寺，移葬南京紫金山中山陵。移靈是當時全國矚目的一件大事，在勵志社的全力以赴下，任務圓滿達成。總其成的固然是黃仁霖，「總理奉安委員會」辦公室總幹事則是孔祥熙。蔣介石要孔祥熙辦理此事，除了因為他和勵志社的這層關係，更緊要的是，孫中山臥病北京時，孔祥熙曾隨侍病榻旁。孔祥熙因此還自掏腰包付了五萬大洋，為孫中山購置了一口紫銅棺。

外界為何會把勵志社視為蔣介石的內廷供奉單位，及其夫婦私人的御用機構呢？這多多少少和當時特殊的政治環境背景，以及勵志社的主事者希望討好蔣介石夫婦有關。侯鳴皋在《蔣介石的內廷供奉機構：勵志社內幕》一書中說：「聽說蔣、宋有一次看見黃仁霖帶著幾個幹事在搞衛生，黃親自在刷洗一個搪瓷馬桶，認為黃仁霖有苦幹實幹精神，當即提升黃為總幹事。後來，蔣、宋家裡中的庶務工作，也交給勵志社去辦了。」並且，「勵志社從官邸的庶務工作開始，後來逐漸擴大到文化娛樂工作。」

「如蔣、宋要看電影，即由勵志社派電影放映隊去。蔣、宋外出拍攝的照片和電影，都由勵志社派人操辦，別的單位是插不上手的。蔣、宋的油畫肖像也由勵志社的人負責畫製；另外，蔣、宋兩人平常的吃食，固然由官邸廚房供應，可是，若欲兩人要宴客時，就由勵志社的中、西餐部負責包辦宴客所需的一切飲食，宴會場合則由勵志社的戲劇股、音樂股來負責。」

「因為要為蔣、宋兩人備辦種種私事，所以，黃仁霖就擁有權力，可以直接進出蔣的官邸，而不用像一般官員晉見蔣、宋，還得通過侍衛人員，更不必約定時間。」

在宋美齡的主導下，勵志社於抗戰時進入全盛時期。由於時代的變遷和戰時環境的需要，勵志社也隨之改變，組織型態和工作內容都起了根本的變化，服務對象和工作目標也由國軍轉為盟軍（蘇軍與美軍）。由於宋美齡和美國關係密切，加之中國亟需外援，而勵志社是服務盟軍的第一線機關，所以，它的重要性亦形重要。

第四章

為蔣介石打下半邊天下

一九二九年，蔣介石在日記裡寫道：「結婚二年，北伐完成，西北叛將潰退潼關，吾妻內助之力實居其半也。」由此可知，蔣介石自己也承認，他的天下，有一半是靠宋美齡給打下來的。

第一節 砲彈與銀彈交織打拼的中原大戰

中原大戰是一場閻錫山、馮玉祥與蔣介石統領的中央軍之間的爭戰，主戰場在河南，次要戰場在山東。三方部隊沿著平漢、隴海、津浦這三條鐵路激烈鏖戰。

表象上，他們是在沙場上比拼飛機、槍砲的實力，實際上並不僅止於此。在各路兵馬混戰的節骨眼，有一幕沒有槍砲聲、沒有硝煙味，只有銅臭味的戰爭，在另一個舞台上演。砲彈與銀彈交織打拼，成為一九三〇年這場戰爭的特徵。

少年時代在上海十里洋場打滾過的蔣介石心裡有數，如果想自中原大戰中高奏凱歌而歸，光是在沙場上比劃拳頭、較量彈頭，是不可能輕易取勝的。要勝出，除了要比拼軍隊的實力，更要在銀彈的較量上更勝一籌方可。蔣介石明白這個道理，閻錫山、馮玉祥也不笨，自然也懂得「有錢能使鬼推磨」的道理。關鍵是，誰能調度最豐沛的資金，在這場砲彈與銀彈齊飛的戰場上一擲萬金，誰便是最後的贏家。

其次，錢要往何處砸？是李宗仁還是張學良？在天平兩端的砝碼勢均力敵的時候，閻錫山和馮玉祥當然清楚，唯一能讓天平失衡、決定勝負關鍵的是張學良，唯有他能左右天下大勢。於是，蔣介石、閻錫山、馮玉祥的說客與使者絡繹於途，都想方設法地要說動張學良。

可是，閻錫山、馮玉祥兩方似乎阮囊羞澀。據說，馮玉祥給去遊說張學良的代表的活動費，只有四百大洋。閻錫山派出的代表的口袋裡只有一千大洋。他們的開銷都須先向馮玉祥、閻錫山請示。相對的，蔣介石這邊光是遊說張學良的人就兵分三路。第一路是國民黨中央執行委員吳鐵城，他懷著鉅額活動費，在東北大宴賓客、酬酢官員。第二路是蔣介石的心腹張群，他帶著還墨漬未乾的國民政府陸海空軍副司令委任狀和剛刻好的官印，以及蔣介石的承諾：爾後華北地區的行政權力完全歸張學良。第三路是更管用的一路人馬，由國民黨另外一位大員李石曾為代表；只要張學良出兵，蔣介石就讓國府匯給張學良「出兵費」五百萬大洋。蔣介石這三帖猛藥終令張學良動搖，對蔣介石伸出友誼之手。

不過，這三帖猛藥也不是「藥到病除」這麼神妙，實際上是歷經了一段苦心擘畫、謹慎醞釀、運籌帷幄，與耐心等待的冗長過程。其中尤以吳鐵城的深入虎穴，以蘇秦、張儀的舌粲蓮花周旋各處、上下打點、悉心遊說最具戲劇張力，與決勝關鍵奇效。

話說在張學良承諾易幟，向南京靠攏之後，北伐大業已基本完成。此前，馮玉祥、閻錫山乃至李宗仁等加入北伐陣營，無非是為了保存自身實力。也就是說，其仍如昔日軍人擁兵自衛、分割地盤，根本不理會中央的號令。更令國府難以負荷的是軍費的負擔，全國軍隊有二百二十萬人，軍費支出占國家總收入的百分之八十五，如果繼續維持這麼龐大的軍隊，國府財政遲早要垮掉，何況這些部隊也不是國府指揮得動的。

用銀彈和權勢栓住張學良

個性強悍的蔣介石自不能忍受這種情況長此下去，乃於一九二九年一月一日至二十五日舉行「國軍編遣會議」，解決裁軍問題。李宗仁、馮玉祥等認為不公平，先後起兵反抗。

一九三〇年二月十日，閻錫山發表〈蒸電〉，反對武力統一，聲稱為了公平起見，約蔣介石共同下野，以息黨國紛爭。這項建議當然被蔣介石峻拒。雙方以電報相互攻訐、較勁，打了一個月的「電報戰」。

五月十一日，中原大戰爆發。

這時，遠在關外，暫未表態的東北軍政領袖張學良，成為雙方爭相拉攏的對象。在硝煙四起的緊要關頭，蔣介石派出他身邊最通曉東北事務的吳鐵城。當時吳鐵城並沒有顯赫的官銜，此前為廣東省政府委員兼建設廳廳長。他之所以會被蔣介石圈選為到東北遊說的欽差，最重要的原因是，他在一九二八、一九二九年二次被派赴東北工作。第一次是為東北易幟，去向張學良遊說。第二次是為「中東路事件」，前往長春、吉林、哈爾濱、札蘭諾爾、博克圖，向東北軍表達國府的宣慰之意。由於東北軍在中東路事件中大敗，東北當局損失重大。國府為了給予財政上的支持，事件後允諾挹注經費。由於東三省兵工廠是當時中國在武器製造最精良者，吳鐵城因此建議以向其軍購的方式變相予以支援。雖然東三省兵工廠所製武器，售價比日本同型武器貴上一倍，但為了拉攏張學良，吳鐵城在國府的授權之下，向東三省兵工廠採購了大批的野砲、山砲、砲彈和手槍。儘管如此，仍不足以支撐其搖搖欲墜的財政，扼止奉票急貶。

是以，蔣介石透過吳鐵城向張學良承諾，一旦東北軍入關，卡斷閻錫山的「第三方面軍」的退路，開拔當天，即匯第一筆出兵費五十萬大洋。四月五日，遼寧國民外交協會召開「追悼抗俄將士大會」，追悼中東路事件陣亡將士。閻錫山、馮玉祥都派代表參加，蔣介石不但派代表致祭，明令褒揚殉難將領韓光弟、魏長林、張季英、林選青……等十二人，還匯五十萬大洋給張學良。吳鐵城更代表國府頒發青天白日勛章給張學良、王樹常、胡毓坤、于學忠、鄒作華、沈鴻烈。六月三日，張學良生日，蔣介石更命吳鐵城利用張學良暖壽的機會，對張學良大獻殷勤，並對其部屬大行賄賂。六月十日，蔣介石以電報通知吳鐵城、李煜瀛，另一筆出兵費二百萬大洋已匯出，希望張學良依約盡速出兵。那段期間，吳鐵城對張學良的巴結、討好，可說已到了無所不用其極的地步。

值此雙方關係打得火熱之際，蔣介石再於六月二十一日任張學良為陸海空軍副司令。並派他的把兄弟，即上海市市長張群，將委任狀和印信送到瀋陽，對張學良「曉以大義」，希望他出兵入關，事後並許以華北五省三市全權及予東北軍系四個部長的位子。但張學良口風仍緊，仍未表態要出兵助蔣介石。

這時，蔣介石終於下重手了。他聽從吳鐵城的建議，準備不惜巨資，在張學良身上砸下重金。於是，吳鐵城專程回了一趟南京，拿著蔣介石寫的條子找到宋子文。宋子文也明白茲事體大，攸關張學良未來動向，一反過去「小氣財神」的脾性，眼睛眨都不眨一下地就撥給吳鐵城六百萬現大洋。國民黨還因此特地調蕭同專門保管這筆巨資。吳鐵城明白這次任務只許成功不許失敗，因而帶上了最精明幹練、最擅長甜言蜜語的小妾楊慧珍一同北上瀋陽。

史學家簡又文根據吳鐵城隨員的回憶，在《馮玉祥傳》裡描述了吳鐵城在東北涉險遊說的傳奇故事。

「方豫省大戰時，中央代表吳鐵城等在瀋陽與張學良磋商合作事。吳挈其擅長交際、善於辭令之愛妾及大量金錢與俱。二人施用闊綽的、機巧的外交手段，周旋於奉軍『少帥』張學良夫婦與高級文武幹部之間，大奏奇效。聞有一回，張在一個公開場合私對其妾作戲言：『你倆膽敢來這裡作說客；假使我將吳鐵城槍斃了，又怎樣？』她面不改容，從容鎮靜的含笑答道：『少帥，別跟我開玩笑！像少帥這樣英雄人物，哪會幹出這卑鄙狠毒的事呢！』張聽了，哈哈大笑道：『果然說得妙！來！乾一杯。』另一日，吳大排山珍海味最貴最盛的筵席，遍請張總司令高級人員與軍官赴宴。其妾周旋期間，恭敬招待。堂前設了十幾桌麻將，請各人就席娛樂一下。每人面前抽屜內各置鈔票大洋二萬元，輸贏一計，勝者進入私囊，負者也無損失。於是人人樂不可支，與他都成為好朋友。同時閻、馮亦派代表賈景德與薛篤弼兩個『老實頭』到瀋極力運動，無如囊慳術鈍，與吳鐵城等相較，在在相形見拙，居於下風，即送三千元也要去電請示匯款方濟。」

蔣介石、閻錫山、馮玉祥、李宗仁孰優孰劣、成敗利鈍，至此已見分曉。雖然汪精衛拉著閻錫山、馮玉祥、李宗仁等在北平另組「國民政府」，一時間聲勢浩大。但是，國民黨大員李石曾卻和張學良在北戴河密會。雙方談定，只要張學良出兵，蔣介石就讓國府匯給張學良出兵費五百萬大洋。另外，國府還答應給東北當局一千萬大洋的公債。

是以，蔣介石即於九月十七日以「陸海空軍總司令行營」的信紙，寫了一封密電給宋美齡，說：「張漢卿通電，大意主張息爭、和平，一切問題能候中央解決，並言中央對於國是必有辦法云。另電已派人赴北京勸汪離平云。請催文兄，速電匯出兵費五百萬元，勿延，以免變卦也。」宋美齡立將電報轉予宋子文，第二天，即匯予張學良一百萬元。九月十九日，宋美齡回覆蔣介石，說：

蔣總司令鑒：

來電已轉文兄，彼昨匯張學良一百萬元，並每日陸續照數匯，勿念！昨夜東方通

信社云，閻已下野，確否？ 妹美

真的！匯款當天，張學良即發表〈巧電〉，「籲請各方即日罷兵，以舒民困。……凡我袍澤，均宜靜候中央措置。」東北軍亦大舉入關。

這一年，三十三歲的宋美齡固然談不上久經世故，多少也從此更加深刻體悟到銀彈的巨大作用。這份電報在在證明了中原大戰除了打子彈、砲彈，比拼軍隊作戰能力，最緊要、有效的武器莫過於銀彈。而宋美齡確實在關鍵時刻幫了蔣介石大忙。至於五百萬個袁大頭是多大的數目呢？當時警察一個月的薪水是九個袁大頭，五百萬個袁大頭可以養活五十五萬五千五百五十五名警察。

蔣介石接到電報後立即回電：「皓電敬悉，閻下野消息，奉天亦有來電，但未徵實。」

九月二十一日，「已占領滎陽、須水，離鄭州只十餘里，即日可以克復」的蔣介石打電報給宋美齡，問說：「汪精衛確已離平否？聞日人言，有昨日已往太原之說，其報載電文是否正式宣言，有否言明離平下野？請查復。」

這往覆電文說明了宋美齡在中原大戰中縱橫捭闔的角色。兵荒馬亂中，蔣介石、宋美齡、宋子文等與張學良之間用銀彈串成一副紐帶。正所謂「有錢能使鬼推磨」，張學良的愛國主義與通電息爭，在錢與權的運作之下，形象似乎顯得分外扭曲。

用銀彈和權勢栓住這個對華北局勢一言九鼎的「東北王」張學良，讓蔣介石領導的國府可以在形式上成為「共主」。因此，宋家對蔣介石可說是恩同再造，宋美齡更是居功厥偉。所以，蔣介石早就看出宋美齡對他的「革命大業」帶來的好處，在一九二九年的日記中即寫道：「結婚二年，北伐完成，西北叛將潰退潼關，吾妻內助之力實居其半也。」也就是說，他的半邊天下是夫人宋美齡幫他拼搏出來的。

蔣介石這話說得很公道，如果沒有宋美齡在背後當他的後勤司令，沒有孔宋家族當他的後勤司令部，他的江山怎麼可能穩當？如果不是有錢能使鬼推磨，如果不是張學良通電息爭和平、支持蔣介石，汪精衛就有可能動搖蔣介石在國府中的領導地位。由於張學良出面力挺蔣介石，不過一個星期，汪精衛等人鑼鼓喧天、粉墨登場的國民政府瞬間煙消雲散。腹背受敵的閻錫山、馮玉祥也迅即土崩瓦解，十一月四日即聯名通電下野。蔣介石終於獲得了中原大戰的勝利。

第二節
與張學良的初次見面

東北和張學良的影響力在民國政局中的位置，稱得上是觀照全局的「支點」。無論是從東北易幟、復歸統一，還是蔣介石坐穩江山、號令天下的角度思考，莫不如此。就因為張學良的角色太濃墨重彩了，戲分太吃重，因此，除了贈以重幣、賄賂，宋美齡更在張學良身上做了很多細緻的工作。若論宋美齡與張學良的關係淵源，更甚蔣介石與張學良。

張學良與宋美齡認識於一九二五年。

是年，由於日本在上海設立的內外紗廠鎮壓工人罷工，打死了工人顧正紅。嚴重的勞資衝突及國族歧視引發遊行示威，英國巡捕開槍鎮壓，導致數十人死傷之流血事件，是謂「五卅慘案」。

消息傳出，震驚中外。當時操持北京政府的張作霖，因此捐款二萬大洋，奉系各省督軍每人捐款五千大洋，並委派張學良率領二千多名學生軍於六月十三日至上海。張學良個人亦捐二千大洋，表示支持上海工人罷工運動。另說張學良是「奉命調查滬案真相」。張學良在上海待了十多天，不到二個禮拜。在美國駐上海領事館的一次雞尾酒會上，張學良認識了宋美齡。初次見面，彼此印象極好，張學良讚美宋美齡「絕頂聰明」，宋美齡則稱張學良是「萊恩河畔的騎士」，淑女、紳士，彼此頗有共鳴。

張學良日後在美國接受台灣媒體記者訪問時透露，「我認識蔣夫人比蔣先生早……蔣夫人很喜歡我，那時候她還沒有出嫁呢！還是姑娘呢！她年輕的時候不是很好看，越老越好看。」張學良更不諱言當年「若不是已經有太太（于鳳至），我會猛追宋美齡。」

一九二九年，東北爆發「中東路事件」。七月，蔣介石特地至北平密會張學良。蔣介石第一次見到張學良，那天，蔣介石帶著太太宋美齡到場。「Peter, how are you?」見面時，宋美齡以英語打向張學良招呼。張學良也喚宋美齡的英文名字，彼此寒暄。

蔣介石當場為之一怔，「怎麼？原來你們彼此認識。」

宋美齡回答：「我認識他比認識你還早呢！」蔣介石這才曉得，早在他瘋狂追求宋美齡之前，張學良和宋美齡就相熟了。

就因為宋美齡與張學良之間有這麼一層特殊的關係，加上民國軍頭之間盤根錯節的利害糾結，蔣介石在軍事強人的權力天平上，自然占有一分先天上的便宜。張學良先是在一九二九年主動於東北易幟，宣示效忠國府，復在一九三〇年拍發〈巧電〉，在中原大戰中明顯倒向蔣介石。宋美齡的善於周旋、細緻的社交手腕，為蔣介石爭取張學良起了決定性的正面作用。

中原大戰後，蔣介石與宋美齡聯名邀請張學良、于鳳至夫婦到南京。張學良夫婦的專車才抵達，于鳳至一跨下列車，宋美齡便快步趨前與于鳳至熱情擁抱。當晚，宋美齡即在寓所為張學良夫婦接風洗塵。宋美齡的高明之處在於，她不是以官式禮節、酬酢款待張學良夫婦，純粹以家庭形式，拿出女性的柔美手段來款待這位鼎助丈夫的遠方貴客。宋美齡的熱忱、細膩使得張學良夫婦大受感動，尤其是原本即不太善於官場交際、應酬的于鳳至，很快就對宋美齡產生了親密感。這幾天，于鳳至和宋美齡親熱得不得了，甚至已經到了穿梭交往、形影不離的地步。

宋美齡以客為尊、個案處理的高明交際手腕，自然贏得了張學良和于鳳至的心。何況還有孔宋家族的成員從旁幫襯，把張學良和蔣介石牢牢地聯繫在一塊。例如宋美齡的母親倪珪珍，見女兒同于鳳至親暱如姊妹，加上于鳳至文雅、嫻靜，愈看愈討喜，因此決定認于鳳至為契女。宋美齡、于鳳至兩人歡天喜地結拜為乾姊妹，正值蜜月期的蔣介石、張學良兩人也同時結成蘭譜兄弟。

第三節
共同政治理想的革命婚姻

對於宋美齡與蔣介石婚姻、情感，許多人批評其不過是一場「政治婚姻」。殊不知政治領袖的婚姻原本就離不開政治，但是，若說蔣宋聯姻只有政治沒有感情，這是一種言過其實的扭曲。如果以二次北伐、中原大戰時期，蔣介石在戰場上給宋美齡寫的一封封情溢乎詞的書信、電報，可以反證這種所謂「政治婚姻」的武斷之詞並非事實。

統兵出征，蔣介石和宋美齡聚少離多，但從書信、電報往還得證，蔣介石、宋美齡之間的情感卻是益愈彌篤。從他們夫妻雖久別數月，但函電交馳可以得出此種印象。例如，一九二八年五月十四日，蔣介石準備回南京，於是打電報給宋美齡，說他「現派王副官帶車來接約，刪辰可到浦口，請即駕來。」

征戰沙場，生死攸關，身為軍事統帥的妻子，宋美齡也不免經常為蔣介石在戰場上的安危而擔心受怕。宋美齡發於五月二十七日十九時四十分的一封電報說：

蔣總司令鑒：

密。此間外報載兄受傷及我軍二萬被俘，確否？乞速詳復。並請兄勿疏於禱告。母病昨日增劇，謹聞。

美齡，感

可見這時的宋美齡既要照料病中的母親倪珪珍，又要擔心蔣介石的安全。蔣介石接電之後，明白這是後方誤傳消息的結果，當然也感受到妻子的憂心如焚，連忙回電以安妻子之心，說：「逆軍連日來攻，皆被擊潰。我軍日內即可反攻。兄甚安，勿念！母病加劇無任系慮，盼時告大姊想健康也。」

宋美齡對蔣介石身體的照拂、關切亦是無微不至。她於一九三六年十一月二十九日，西安事變前夕一通發到洛陽的電報，對此表露無遺。

蔣委員長親鑒：

儉來電悉。妹病略輕，臂仍痛，現用電療。風塊仍服范藥，午晚略有熱度，妹自知保重，請兄放心。聞兄腿痛，想係風寒，明日飛機連衣服寄上，擦藥一罐請試用。

妹美叩

蔣介石對宋美齡的愛意、關懷也時時在函電中表露。例如，十二月一日是他倆結婚九週年紀念，在外波奔的蔣介石特意發電報「敬祝至愛康健，上帝護佑我夫婦，靈修隨結婚紀念年年增長，為禱」。

又，一九四二年十一月二十九日，蔣介石打電報給遠渡重洋到美國訪問的宋美齡，說：「明日為我們結婚十五年紀念。東西遠隔，此為一生最大之殘念而已，惟祝玉體康健，上帝特別保佑我夫妻共同完成革命大業。」

注意到了嗎？夫妻互祝豈會強調「共同完成革命大業」呢？莫說尋常百姓，即便官宦也未聞有人如此。那麼，宋美齡接到這封以「共同完成革命大業」相勉的電報又如何回覆的呢？

介兄：

今日十二月一日，為兄妹十五年結婚紀念日，遠隔重洋，不能與兄共處一地，為悵。此十五年中，同甘共苦，佐兄建國，望未來之十五年中，更能與兄同心協力，為國家、民族之幸福謀劃，願上蒼特加佐護吾兩人。舉杯遙祝我夫君康健平安，臨電神馳。

妹齡

蔣介石期許「共同完成革命大業」，宋美齡則是遙祝「為國家、民族之幸福謀劃」。所以，蔣介石、宋美齡這一對夫妻的婚姻並不是政治婚姻，而是「基於共同政治理想的革命婚姻」。

這個「基於共同政治理想的革命婚姻」會變質嗎？抑或只是一種政治掛帥的假象呢？

當姊姊宋慶齡不顧父母反對，執意要與孫中山結合時，還在美國讀書的宋美齡是宋家唯一支持宋慶齡的。宋美齡之所以支持姊姊突破傳統觀念的樊籬，或多或少存在著英雄崇拜與愛國主義的成分在裡面。或許從那時起，她就想有朝一日可以效法姊姊宋慶齡成為孫中山的賢內助，成為另一位國民黨領袖的賢內助，長相左右，協助夫婿從事政治工作。

職是之故，宋美齡打從和蔣介石結婚後，便一直扮演著蔣介石最得力助手、機要祕書、參謀長、執行官、後勤司令，甚至偶爾扮演蔣介石影子、分身、貼身機要密笏，各種角色融於一體，別人無法取代。她也的確是一個精力旺盛、強幹多能、全方位思考的一位當代女性與第一夫人。

宋美齡全面地、深刻地介入蔣介石的政治生活，不但是宋美齡的主觀意願造成的，更是蔣介石從客觀需求上促成的。這可以從蔣介石於一九三六年元月十一日密函江西省主席熊式輝，希望「牯嶺租界收回後之中、西顧問中可加入內子美齡，俾後與西人合作。」充分說明蔣介石自己在政治上完全離不開宋美齡的輔翼。如果沒有她從旁大力幫襯、穿針引線，在與西方帝國主義或西洋朋友互動、過招時，蔣介石將完全陷於盲人騎瞎馬的惶惶無助狀態。

第五章

在祖國的大西南

宋美齡在一篇文章裡說：
四川是我們中國最富省份之一，但是被歷來貪婪無厭的軍閥剝削，自飽私囊，反把四川攪得民窮財盡。他們所以敢如此猖狂，病根就是在他們不知「愛國」為何事！

第一節
遷都重慶

除了夫妻情深意切，宋美齡既扮演蔣介石的後勤司令，亦扮演蔣介石的機要祕書，角色多重。一九三五年八月二十五日，蔣介石打電報給宋美齡，將「存滬重要書籍與日記，請此次帶川，凡歷史有關之件皆不宜藏滬也。」印證了蔣介石對宋美齡在機要方面的重度依賴。

值得一提的是，這封電報另有一個歷史意義，這也相當程度地意味著，蔣介石至晚在一九三五年，就警覺到抗戰之不可免，因此開始預做若干鋪排；於公、於私都有安排，包括遷都。宋美齡即協助他將重要文件、書籍、日記等搬離上海寓所，遷移到四川去。這是蔣介石想以四川為抗日根據地、遷都重慶的一個明顯跡證。

蔣介石尋找抗戰根據地的過程漫長而艱難。

國民政府第一次面臨被迫必須遷都的戰爭威脅，是一九三二年的日寇入侵上海「一二八事變」。第三天，國府就發布了〈國民政府移駐洛陽辦公宣言〉，稱「政府為完全自由行使職權，不受暴力脅迫起見，已決定移駐洛陽辦公。」以免受到上海的戰火波及，影響到當局政務運作。

蔣介石在一二八事變期間的日記指出，「余決心遷移政府於洛陽與之決戰，……否則隨時受其威脅，必作城下之盟也。」

三月六日，中國國民黨第四屆中央執行委員會，第二次全體會議決議訂洛陽縣為行都，以陝西省長安縣為陪都，定名「西京」。行政院院長汪精衛還召開「國難會議」，決議以西北做為國府抗敵最後的長期抵抗根據地，以克服這個自民國成立以來最嚴重的危機。

蔣介石的抗戰意識起源於「九一八事變」，尤其是隨之爆發的一二八事變，但他卻決定忍辱。其中原委，可從一九三七年年十一月十九日，他在國防最高會議上所做的〈國府遷渝與抗戰前途〉這個講話中瞭解。他說：「自從九一八經過一二八以至於長城戰役，中正苦心焦慮，都不能訂出一個妥當的方案來執行抗日之戰。關於如何使國家轉敗為勝，轉危為安，我個人總想不出一個比較可行的辦法，祇有忍辱待時，鞏固後方，埋頭苦幹。」

因為，「在四川根據地沒有建立以前，那不僅上海不能作戰，就是在南京、在漢口亦不能和敵人抵抗。回想民國二十四年夏間，敵人是如何的凌逼我們，那時我們忍辱負重，將黨部遷移，命中央軍隊退出，這種空前的侮辱不是常情所能忍受的。那時節，後方沒有確實的基礎，軍事還沒有完成必要的設備，又值夏間水漲之時，敵人的海軍溯江而上，一直可以到宜昌，甚至小軍艦可以到重慶，如果輕易開釁，國家不堪設想。因之無論如何，祇好忍痛下去。如果在九一八當時、一二八當時，以及民國二十四年敵人在平津橫暴侵逼的當時，我們祇要有十分之一的把握，在戰局上稍有運用的機會，老實說，我們亦毫不遲疑的起而抗戰了。但彼時一切均無把握，徒然將國家、民族犧牲，於心實有所不忍。」蔣介石分析道。

但是，隨著剿共戰爭形勢的轉變，蔣中正與國府對於遷都的見解，有了不同的看法與更好的選擇。這個更好的遷都選擇地點，就是四川。在第五次圍剿之後，中共中央和中國工農紅軍第一方面軍主力突圍西走，國民黨軍一路追擊並因之入川。

「二十四年入川剿匪之時，」蔣介石說：「到川以後，我才覺得我們抗日之戰一定有辦法。因為，對外作戰首先要有後方根據地。如果沒有像四川那樣地大物博、人力眾庶的區域做基礎，那我們對抗暴日祇能如一二八時候，將中樞退至洛陽為止，而政府所在地仍不能算做安全。所以，自民國二十一年至民國二十四年入川剿匪之前為止。那時候是絕無對日抗戰的把握，一切誹謗，只好暫時忍受，決不能漫無計劃地將國家犧牲，真正為國家負責者，斷不應該如此。到了二十四年進入四川，這才找到了真正可以持久抗戰的後方。所以從那時起，就致力於實行抗戰的準備。」

所以，「國府遷渝並非此時才決定的。而是三年以前，奠定四川根據地時所早已預定的。」

也就是說，入川剿共，雖然沒有達到追擊共產黨的戰略目的，但是，國府的實質影響力卻因此隨之進入，讓蔣介石把手伸進了四川。

蔣介石插手川政

當時，四川主要控制在第二十一軍軍長劉湘的手上。一九三三年，蔣介石任命劉湘為「四川剿匪軍總司令」，以堵截入據川北的紅四方面軍。一九三四年十一月二十日，中央紅軍剛往西挺進時，劉湘奉召至南京面見蔣介石，商討「追剿大計」。行前，劉湘顧慮重重，似乎已經預視到自己未來的命運——如果他遵令剿共，仗打贏了，只怕落得和紅軍兩敗俱傷。如果不幸打敗，那更是兩頭吃虧，四川必然不保。如果紅軍入川的目的僅止於路過，中央軍卻趁機入川，這麼一來，劉湘苦心經營的四川必將成為國府的囊中物。

果不其然，十二月十八日，國府決議改組四川省政府，並命劉湘為四川省政府主席；一九三五年元月十二日，蔣介石即以追擊紅軍為由，派遣「軍事委員會委員長行營參謀團」浩浩蕩蕩進駐重慶，人數多達二千餘人。這是蔣介石插手川政的開始。

三月二日上午，蔣介石乘專機抵達重慶珊瑚壩機場。當天，他穿著玄色斗篷，威儀棣棣。宋美齡也隨行到來，跟隨走下舷梯的，有陳誠、顧祝同、楊永泰。

自此，蔣介石實地體認到，四川天府之國這個富庶之地在以「空間換取時間」的持久抗日戰爭中，具有無可取代的重要性。宋美齡也見證了蔣介石改以重慶做為抗戰陪都的歷史時刻。

誠所謂「生不離川，死不離灣」，與蔣介石後半生最密切的地方有二，一是四川，一是台灣。四川尤其和蔣介石榮辱與共、命運相繫。除了故里浙江之外，四川也是蔣介石最依戀、鍾情的一個省份。

一九二〇年九月二十二日，斯時在上海的蔣介石，接到孫中山的電報，說支持護法的四川靖國軍獲得勝利，孫中山有意把廣州的中華民國軍政府遷到四川，且一度屬意蔣介石去四川發展，也有意命蔣介石去考察革命後的蘇俄。

孫中山提供三個機會讓蔣介石選擇，一是留在廣東，二是到四川發展，三是去蘇俄考察。

蔣介石明白孫中山私底下比較傾向他留在廣東。他回覆說，如果去廣東，對孫中山有利，但與他個人之意願相違。如果去蘇俄，由於同行的人不是與他契合的人，他對此有所保留。讓他挑選的話，他寧願選擇去四川。無奈廖仲愷拉著他，強要他留在廣東，但蔣介石對四川始終念念不忘。一九二一年，他在給孫中山的信裡提及，非要把四川導入革命的勢力範圍不可，並將蜀、粵併稱；在給粵軍總司令陳炯明的信上也說：「四川為西北與西南之重心，更不可不急圖之。」

北伐完成後，一九二八年十月十日，蔣介石甫任國府主席，十月三十一日即組織四川省政府，旋即成立「川康裁編軍隊委員會」。蔣介石主張裁減四川的地方武力、原定之軍隊編制不得再任意擴張、兵工廠一律停辦，其他關於民政、地方行政制度、財政、幣制、教育、民團、司法等亦有新的規範。他說這是整理川政最低限度的計劃。

雖然如此，四川仍處於軍人各自盤據為政的狀態，國府力量仍然進不了四川。南明兵部職方司郎中歐陽直，在其著作《歐陽氏遺書》中曾言：「天下未亂蜀先亂，天下已定蜀未定。」因為，四川軍人只是形式上響應北伐，第二十軍軍長楊森、第二十一軍軍長劉湘、第二十二軍軍長賴心輝、第二十三軍軍長劉成勛、第二十四軍軍長劉文輝、第二十八軍軍長鄧錫侯、第二十九軍軍長田頌堯、獨立第十三師師長曾述孔，雖然先後下令改掛青天白日旗幟，但獨霸一方的心態仍未改變。雖美其名為「防區」，實際上就是各自劃定勢力和利益範圍，關著門當土皇帝；不但有自己的軍隊，還有自己的兵工廠、貨幣；更隨心所欲地徵稅、刮地皮。其中又以劉文輝與劉湘實力最強。一九三二年，「二劉之戰」爆發，劉湘取得勝利。

是以，三月四日，蔣介石第一次在重慶公開演講時，強調：「此次入川，除督剿殘匪以外，首以解除四川同胞之痛苦為唯一目的。」也要使全川的軍隊本著「親愛精誠」的精神促進團結、共同一致，「為國家、民族盡到軍人保國衛民的天職」。他企圖打破過去四川軍人之間樊籬分明的防區，讓四川歸順國府。

八月二日至二十四日，並辦理「峨嵋軍官訓練團」，調訓四川、雲南、貴州的軍事幹部，以及行政人員和團警幹部，先後二期。

半年間，蔣介石基本完成了「川政統一化、川軍國家化」的目標。

第二節
開發四川，提倡國民經濟建設運動

夫唱婦隨，宋美齡自然也與四川結下不解之緣。結束留學生涯，回到中國之後，宋美齡的生活半徑不出上海、南京，或廣東的黃埔、廣州這些城市，鮮少涉足其他省份。但是，自從蔣介石開始為抗戰尋找後方基地之後，宋美齡的活動區域開始擴大到西南的偏遠省份。從她早年的論述之中，也可找到她偕同蔣介石共赴四川及西南省份，巡行見聞的一鱗半爪。

深入內地目睹一般人民困苦狀況的宋美齡，在一封寫給國民革命軍遺族學校學生的信上，提及她遊歷貴州、雲南、四川的旅行見聞。她寫道：

貴陽是貴州的省城。貴州這個省幾乎全是大山，向來是很窮苦、不容易交通的地方，舊時是很難到達的，現在已經有一條汽車公路從廣西到了這裡，不久又有一條從長沙，另一條從四川重慶築成的新公路均通到此處。航空郵政現在已可以寄信到此間了。不久之前，到這裡來，是要在小石路上行走，登山越嶺，甚為困難。從此間到重慶要費十七日的路程，到廣州或到雲南大約也要十七日，不是坐轎就須步行。這裡處處皆山，一望都是些起起伏伏、連綿不絕的山阜，奇形怪狀，十分好看。我們從重慶飛來的時候，看見這種山阜很長的排列著，好似一個巨魔將他們擺列著頑耍似的，又好似小孩子做的無數的小沙堆。這種山如何造成的，我不太明瞭，或者火山爆發之後，地面凝結，才成了這個形狀罷。貴陽城就是坐落在山谷裡面，四周都被這些奇形怪狀的山圍住。地面比南京高出三千多尺，所以到現在仍然很冷。你們住在南京的人大概已經覺得夏天快要來了，但是這裡的樹木才生出青葉，飛鳥正在建築牠們的巢窠，啁啾交鳴呢！這裡的風景與你們在南京所見的既是不同，人民生活的情況也是迥然有異了。

提及她和蔣介石乘著飛機，翱翔貴州、雲南的情景：

我們住貴陽約六星期，就與這座山城離別了。我們到清鎮飛機場坐飛機，飛過許多高山，往雲南的省城，即現在的昆明。在離開貴陽約三百里的地方，我們看見一條川流，向懸崖絕壁間沖下，約有兩百多尺高，這條水叫做鎮寧白水河，是很名的瀑布。我們由天空望下去，水勢更覺雄偉。我們知道，水力是很好的動力，將來這道水很可以用來發電。這個地方，山是很高，山峽是很深，再望下去，有一條古老的鐵索橋，是用鐵鍊造成的，從前通雲南、貴州的舊道是要走這條橋的，交通不發達的時候，行政是多麼困難。到了曲靖，我們在叢山峻嶺的上面飛，下面就是雲南的境界了。這個地方泥土是紅色的，種植十分繁盛，我們在飛機上很清楚看見幾條很好的公路及正在修築的公路，不久可以與貴陽聯絡。從貴陽到雲南已經有一條路向西修築，差不多到達雲南邊界了。在深谷裡面築路是困難的，但是限定了時間，一定可以築成的。希望在十月間，可以從上海坐汽車直達貴陽、昆明，並且由貴陽到成都，以及到廣西或別處地方。

宋美齡也描述了雲南軍事強人龍雲，迎接蔣介石的盛況：

在紅土的上面飛過，我們已到了雲南平原了，就看見一排一排的樹木緣伏在地上，宛似長龍一樣，這些樹木所在的地方，標明四、五百年前明朝的沐英將軍所掘的運河，這條河現在仍能供給不少農田的水利。到了昆明的上空，望見省公署在城內一座小山上，雲南大學在近旁另一座小山上，這是一座淡紅色的房子。我們在雲南的時候就住在這所大學裡。最後我們降落在巫家壩飛機場，那裡搭著一座綵棚，龍主席及龍夫人率領雲南的男、女學生和各界同胞來歡迎我們。我們坐汽車進城，街道兩旁排列著一群一群穿白制服的學生，其中也有穿藍色的，進了城門，即見人山人海，塞滿了街道，家家戶戶的門首飄揚著國旗，街坊上高懸著燈綵。這種熱烈的表示，使我們異常感動。昆明市的街道很整潔、有秩序，房子都是一色的，頗壯觀瞻，比較在他處所見雜亂無章的房子好得多了，街上行人分著左右，進退很有秩序。

宋美齡和蔣介石在雲南過了一段悠閒的山居歲月。雖然這期間也難免和雲南的地方首長有密切的官式互動，這段山居歲月，頗似神仙眷侶般的生活。宋美齡描述著這段可貴的時光：

我們住在雲南大學的前院，在一小山上，正對著翠湖，地位甚好，空氣新鮮。雲南雖居熱帶，但昆明地方離水平線有六千尺高，所以我們覺得空氣比較稀薄。雖然初夏的太陽照射著大地，好在常時都有一陣陣涼風在吹著，使人們感覺涼爽而舒適，那地方的氣候確實勝過貴陽。貴陽的天氣既潮濕，又鬱悶，而且有時候特別寒冷。當我們到昆明的第三天晚上，全市各學校有數千小朋友們特地為歡迎委員長舉行一次提燈會。參加的男、女學生每人都提著一架美麗而別緻的燈，排成整齊的行列，一個一個的經過大學前院的台階，向右邊退去。幾千個活潑的兒童、幾千盞各種形式的燈彩，甚是好看！這些燈的形式各各不同，有各類各色的飛機，有魚，有蟹，有蝦，有小兔，有小馬，同各種怪獸。女學生所提花籃最多，製作尤為精巧。此外有水桶、雀鳥，還有最別緻的，有以菜蔬為標本，竟像一枝肥美的白菜。這是很長的行列，許多時間才全部走完，年幼的學生們爬登很高的石級，不覺汗流氣喘，但是他們很快樂、很高興。

蔣介石雖是基督徒，但他年少時常隨母親王太夫人走訪各大叢林。所以，即使受洗，仍雅愛走訪寺廟，在西南各地漫遊途中，也不忘到處遊歷名山古剎。宋美齡也陪著蔣介石一塊去尋訪深山古寺的閒情野趣。

昆明附近有一座大山，名「西山」，山頂與山腰有許多莊嚴、華麗的大廟宇。山腳下有一個很深、很大的湖，這便是有名的滇池，是中國最大的淡水湖。有一天，我們到西山去遊覽，先坐汽車到山腳，然後登山。上山下坡，穿過許多竹園、松林，就在一座名叫「華亭寺」的寺廟裡，我們參觀了一間殯葬室，裡面放著一壜一壜的，都是和尚們圓寂後的骨灰。這是佛教的規矩，尸身燒化成灰，便裝在壜內。有的單獨做墳墓，這裡是合葬的，叫做「海會塔」。原來「塔」是佛教僧徒墳墓的名稱。這個殯葬室裡藏著幾百壜骨灰，很整齊的用磚砌成架子，一排一排的保存著。火葬恐怕比土葬好，尤其是在中國，因為許多可貴的土地都被墳墓佔去了。中國中部，尤其是東南各地方，把死人葬在田裡，這種習慣是不好的。因為種植的土地都變成無田的墓地，生產當然要減少。四川、貴州的百姓比較聰明些，他們大都利用不能耕種的山坡做葬地。許多墳聚葬在一處，成一個大墳場，每一個墳前有一塊石碑。這樣可以省下許多有用之地，卻是一個聰明的辦法。和尚們更是聰明，因為他們用火葬，將尸灰裝在磁罎內，藏在殯葬室裡，又簡單又潔淨，又可以保持長久。

講到入川後的情況，宋美齡也有一段描述：

我們到重慶的那一天適值天雨，自離南昌以後，這算是第一次。我們住在一座大的房子裡，我和委員長都不喜歡這座房子，因為這房子是用人民汗血造成的呀！四川是我們中國最富省份之一，但是被歷來貪婪無厭的軍閥剝削，自飽私囊，反把四川攪得民窮財盡。他們所以敢如此猖狂，病根就是在他們不知「愛國」為何事！

宋美齡表示她與丈夫正努力意圖要開發四川的「富源」：

四川的人民有很大的機會可以復興，因為這個地方的物產是最豐富的。但是，四川與別省犯著一樣的毛病，就是無人擔起這復興的責任，這也就是整個中國貧弱的原因！倘若你們考查世界上的大國，就知道他們強盛是因為能開礦產、興工業，製造他們所需要的一切物品，並且使人民有職業。中國人民大半只知道墨守舊法，所以我們要耗費許多金錢向外國購買大宗的舶來品。這種法子是不對的，所以，委員長與我正努力提倡一種新運動，要來開發富源、倡辦工廠，製造我們所需要的東西；改良農業、增加生產，使我們的民食從此充裕。這種運動就叫做「國民經濟建設運動」。

第三節 蔣介石的四川時代

四川之於中華民國史，差可說「沒有四川，就沒有中華民國」。所以，一九三五年八月十一日，蔣介石在峨嵋軍官訓練團以〈川滇黔三省的革命歷史與本團團員的責任〉為題的講演中說：「辛亥革命雖然是起義於武漢，但是武漢起義之先還有一個革命發端的引子，這個引子就是在四川。當時四川一般革命黨黨員在我們總理指導之下反抗滿清，他們就藉川漢鐵路官辦商辦的問題來宣傳主義，激動民眾共同一致的從事於推翻滿清的革命運動。……所以辛亥革命雖然是起義於武漢，實則發端於四川。四川保路的風潮實為辛亥革命的導火線。」並以之鼓勵說：「四川既為革命的發祥地，就應該做革命永久的根據地，革命之花，既由四川而放，亦要由四川來收革命最後成功之果，澈始澈終完成革命的使命，方得為革命的軍人！」

抗戰也是。一九三七年，四川與西康整軍完成，適值七七事變，四川勇往直前、義無反顧地組成了第二十二、第二十三、第二十七、第二十九、第三十、第三十六等，六個集團軍出川抗日。籍隸四川華陽的國府大員張群日後表示，八年抗戰期間，四川省一共徵集了三百萬壯丁，投入抗日戰爭。

十一月十九日，國府發表〈國民政府移駐重慶宣言〉：「茲為適應戰況，統籌全局，長期抗戰起見，本日移駐重慶。此後將以最廣大之規模，從事更持久之戰鬥。」並電告前線戰士，政府將遷都重慶。於此同時，四川省主席劉湘率師出征。一九三八年一月二十日，劉湘病逝漢口，蔣介石以張群繼任，但武漢戰局緊急，張群不克返川，國府命令王纘緒代理四川省主席職務，三個月後真除。

一九三八年十月二十五日，武漢淪陷，四川黨政軍要員聯名電請蔣介石到四川主持大計；十二月八日，蔣介石由桂林飛重慶，開啟了蔣介石的四川時代，也使四川成為國府抗日的精神堡壘。

對於蔣介石的經歷，一般多會忽略了一項歷史紀錄——一九三九年十月七日，蔣介石兼任四川省主席。惟因軍政事務繁忙，而於一九四〇年十一月交卸予張群接任，歷時一年一個月又十天。蔣介石之所以會兼任四川省主席，其中一個原因是，四川軍人為搶省主席的位子，彼此傾軋，因而發生「七師長倒王事件」。斯時，川軍留駐四川的部隊有九個師，其中的謝德堪、楊曬軒、彭煥章、周虎臣、劉樹成、劉元塘、劉元琮等七人聯名通電，攻訐省主席王纘緒各種軍政措施不當，逼他辭職。其實，這七位師長是受其所屬軍長劉文輝、鄧錫侯、潘文華的指使。蔣介石看王纘緒與之鬧得如此不可開交，只好把他調回湖北前線的第二十九集團軍總司令原職，自己親自披掛上陣，兼理川政。

十月十日雙十節，蔣介石在成都主持閱兵典禮；十月十五日，發表〈告四川省同胞書〉，揭示了三個施政重點。「其一，願全省賢達與智識人士領導社會、轉移風氣……。其二，今日川政要務厥在休養生息，然休養之道決非姑息、苟安，而生息之本乃在勤勞、嚴肅。其三，為拯救川民，誓必厲行禁政，肅清煙毒，此為中正所欲特別申言，而願我全省軍民切實遵行之一事。」因為「煙毒為我民族最大之禍患，尤為我川省同胞刻骨切膚之大毒！蓋川民之勤勞、優秀實甲於他省，而至於今日，乃形容憔悴、體格羸弱、精神頹喪，馴至百事廢弛者，實以煙毒之普遍蔓延，為斷喪元氣之主因，此患不除，任何設施均無裨益。」

其實，早在一九三五年夏，蔣介石和宋美齡即曾努力要消除重慶的鴉片煙館。對此，宋美齡寫道：

四川、貴州及其餘西區省份的民眾都被鴉片煙弄窮了，不良的官吏使他們種煙、吸煙，以便大飽私囊。煙禍若不掃除，中華民族就要滅亡！所以我同委員長無論到何處，都要大聲疾呼掃除煙禍！設法訓練民眾、禁止吸煙，免得我們的民眾淪為奴隸。

在重慶的時候，我們勸告官吏將煙館一律關閉。現在我又設法使婦女們也組織起來，共同來肅清煙禍，可惜她們毫無訓練，對於組織、開會等儀式一點都不知道，做起來實在困難。

無奈功虧一簣。其問題所在，蔣介石非常清楚，與四川的軍閥和官僚在幕後操縱有密切關係。所以，這次他特別聲明，「無論中央、地方，決不以禁煙收入之分文為財政之抵補，所有徵存特稅，應悉以撥充戒煙之經費。」並警告說：「如有地方有司誤解政府意旨，妄謂『寓徵于禁』而陽奉陰違，對禁政執行不力者，必依法嚴懲，不稍寬貸。至於軍人職責，首在保國衛民，更須知煙毒流傳足使種族絕滅，如有軍隊官兵包運煙土、私行販售，皆當視為首惡，懲其上官，並已授權各清剿部隊執行區內肅清煙毒之職責。務期軍政社會一體協作，絕此戕賊川民之大患，雪我民族、國家之奇恥！」

武漢淪陷以後，戰爭煙硝很快就擴散到大後方四川。

一九三九年五月三至四日，一連二天，日本出動四十五架九六式轟炸機，對重慶連番濫炸，包括人口密集的商業中心、住宅區，乃至中立國的領事館及外國人開設的教堂、醫院都受到無情的「無差別轟炸」，造成三千九百九十一人死亡、二千三百二十三人受傷。警報解除後，蔣介石即偕同宋美齡赴市街視察，慰問瓦礫堆中的災民。

一九四一年，日軍在發動太平洋戰爭前，集中力量發動「一〇二號作戰」，以逾三千架次飛機空襲重慶，每次均在三小時以上。最嚴重的一次空襲，於八月三十日下午一時前後，蔣介石在黃山官邸召開軍事會議，侍衛官通報有敵機來襲，蔣介石、宋美齡才準備要進入防空洞，即已聽聞沉重的引擎聲臨空，蔣介石判斷這次來襲的敵機數目多於以往。走進防空洞時已地動山搖，敵機輪番炸射，歷時數小時。

在敵機離去的空檔，蔣介石走出防空洞，遠眺重慶市區，但見一片濃煙烈焰，蔣介石憂形於色，不勝悽愴。二小時後，敵機再次臨空猛炸。當天，黃山官邸有三名侍衛人員不幸殉職，另有數人受傷，蔣介石為之悲慟不已。

九月一日早上七時，蔣介石前往國府視察，並在被炸毀的禮堂原址搭設帳篷，照舊舉行總理紀念週。致辭時，蔣介石指出，「因住室被震，夜雨方知其漏，幾不成寐，以此推想，重慶全市之同胞，其精神與體力之苦痛艱難更不堪設想矣！國民遭受此種艱危，不止一次，而且四年有餘，如此犧牲殉難者，已不計其數，然其為禦侮而死，固心安理得，瞑目以逝，而未死者，尤其老幼孤寡，顛沛流離，其將何堪。言念及此，悲傷莫知所止。」

這段與重慶市民一塊躲警報，面對敵人無情炮火洗禮，同生共死的經歷，培養了蔣介石與四川人刻骨銘心、生死與共、永誌不滅的感情。

一九四五年八月十五日，日本宣布無條件投降。蔣介石從國府前往勝利大廈發表勝利廣播，並接受民眾歡呼、致敬，沿途擠滿了歡慶勝利的人潮，當大家看見蔣介石，更是歡聲雷動，爭相擠近蔣介石面前與他握手。此際人民心目中對蔣介石的擁戴程度可謂空前。

日軍對重慶大轟炸後，宋美齡和蔣介石步出防空洞。

蔣介石與四川的感性記錄屢見不鮮。一九四六年四月二十七日，蔣介石在還都南京前夕發表了一篇〈告別四川同胞〉演說：

「中央政府遷都到重慶已經八年了。現在抗戰勝利，還都在即，中正在離川以前，此次特來四川的省會成都，和各位父老同胞辭別，要將四川在國民革命歷史上的地位，四川在此次抗戰期間對國家的功績，以及四川在今後建國時期的重要性與四川同胞對於建國所負責任的重大，加以說明，做為本人對於各位和川省全體同胞的臨別贈言……。

在這次抗戰期中，我們四川的武裝同志，自李總司令家鈺、王軍長銘章、許師長國璋以下各級官長和士兵，為守土衛國而犧牲的更是不勝枚舉。所以，本人以為這次抗戰的勝利，我們四川同胞的輸財輸糧、徵工徵兵的數量和成績都在各省之上。」

豈料，戰後各種複雜的因素，以及蔣介石、國府當局諸多政策的錯誤，導致國共內戰，人民離亂，生靈塗炭。國族分裂之悲劇終不可免，國府兵敗如山倒，政權不保的命運，亦不可挽回。

再見重慶，揮別大陸

一九四九年十一月十四日，蔣介石、蔣經國父子搭〈中美號〉總統專機到重慶。殊不知，這是蔣介石最後一次的重慶之行。

在重慶盤桓了二個禮拜，蔣介石知重慶勢不可為，打算從林園官邸坐車至白市驛機場，離開重慶。豈料，公路上擠滿了敗兵和難民，還有好多部軍車拋錨，橫在馬路中，阻擋了去路。迫不得已，蔣介石只好下車步行，走過好長一段泥濘不堪的公路，才又上車，直奔機場。

抵達白市驛機場，蔣介石萬千愁緒湧上心頭，一時之間竟又不捨得離開重慶。蔣介石座機駕駛衣復恩回憶：

蔣介石、蔣經國、顧祝同、俞濟時、陳良、吳嵩慶等一行趕到白市驛機場時，已是十一月二十九日午夜時分。蔣介石一言不發登上飛機，進了艙房，即行就寢。隨從們原本以為等蔣氏父子抵達，就準備起飛離開重慶，哪曉得蔣介石心情壞到極點，未做任何交代，也沒人敢去詢問。這時，隨從人員得到情報，距離機場不遠的江津地方，已有中國人民解放軍的先頭部隊活動的跡象。白市驛機場那時僅剩一個警衛營留守，還特地派了一個警衛連去搜索。警衛連到江津時，曾經打電話回白市驛機場，不久即失去音訊，顯示機場周圍已暴露在危機之中。時間緊迫，不允許再稽延。參謀總長顧祝同示意衣復恩，去向蔣介石請示行止。在這節骨眼上，連蔣經國都不敢去驚動他父親，以免討挨罵。衣復恩悄悄步上座機，正要輕敲蔣介石的艙門時，發覺他剛起床，正在洗臉，衣復恩趕緊請示：「現在情況危急，要趕快起飛，以免影響安全。」

蔣介石面無表情地低聲回答：「好吧！」衣復恩趕緊啟動飛機引擎，停在跑道上的好幾架飛機全部尾隨開啟引擎。破曉時分，蔣介石離開了重慶這個與他榮辱與共的戰時陪都。

蔣介石依依不捨四川，他猶存一線希望地來到成都。專機在城北的鳳凰山機場降落，機場有條小路直通蔣介石計劃前往的成都國民黨軍校。豈知到了軍校，更多的壞消息紛至沓來，稍早還手握四十萬大軍的胡宗南從西安撤到了西昌，宋希濂守不住鄂西與川東，雲南的盧漢也在十二月九日起義投共。

萬念俱灰下，十二月十日，蔣介石和蔣經國，在十多名侍衛人員扈從之下，直奔機場。

當專機起飛後，衣復恩形容，「我們從此離開大陸，飛向台北，千山萬水，不勝依依。這一飛，竟成蔣總統與這塊土地的最後一別！」

第六章

籌備抗戰

台北士林，蔣介石官邸二樓。通過一道長長的迴廊，再撩過一道簾子，就是宋美齡的書房。她的書房牆上掛著二幅畫，一幅是國畫，一幅是西畫；國畫是戎裝的「香妃」，西畫是「少女讀書圖*」。人們可以玩味體悟女主人掛這二幅畫的根本道理。「少女讀書圖」象徵著宋美齡的好學與知性。「香妃」應該是清代畫作，描繪的是一身武藝的西域女武人伊帕爾罕。

宋美齡在自己臥房掛這二幅畫，充分反映了她的內心想望，希望自己成為允文允武、德業兼備、有歷史使命感的巾幗英雄。真實的世界裡，在她生命最輝煌的歲月中，宋美齡又是如何實踐其內心世界的愛國主義思維，印證她是一個真正允文允武的巾幗英雄？

*按：筆者當年訪問那位女士時，曾問她這幅畫的外文名字，她不清楚。因為當時沒有手機也不許拍照。依推理而言，很可能是福拉哥納德的「讀書的少女」的複製品。

第一節

蕭特殉難事件與國府空軍的萌芽

一九三二年的一二八事變，可說是宋美齡和愛國主義事業聯結的起點。九一八事變之後不久，日本陰謀建立偽「滿洲國」，因此特別在中國南方發動一場讓中國政府猝不及防的戰役——一二八事變，以策應其在東北的侵略罪行。

在這場實力懸殊的戰役中，日本與中國空軍展開了第一回合的交手，數度發生空戰。而協助中國抗日的美國志願飛行員，也協同中國空軍，首度與日本空軍交戰，從而產生了中國的第一代空軍英雄。同時也搓合了宋美齡與中國空軍的因緣。

故事的原委和美國飛行員羅伯特·蕭特（Robert McCawley Short）有關。蕭特原本是美國陸軍航空隊預備役中尉，因為一次「炸彈」誤投事件被撤職。

一九三二年，一二八事變爆發。

當時上海的英文報紙大幅報導了日本海軍、陸軍以地毯式轟炸的手段，把閘北夷為平地，觸目皆是血肉模糊、支離破碎的屍塊，外灘的江面上每天都有屍首漂浮著。

極富正義感的蕭特，看不慣日本拿手無寸鐵的中國老百姓做為屠戮的對象。出於同情弱者的天性，他打從心底希望幫中國做一點什麼事。二月十九日，機會來了！由於虹橋機場屢遭轟炸，蕭特於是將國府訂購的一架波音XP-925A型戰鬥機開往南京疏散，卻在上海北部的南翔上空，和從日本航空母艦「鳳翔丸」起飛的三架三式艦載戰鬥機「不期而遇」。早就對日本軍機心懷恨意的蕭特，出其不意地向其開火，當場擊傷了一架日軍戰鬥機，另外二架見勢不妙，灰溜溜地逃之夭夭。這是蕭特第一次在中國小試身手。

日本的飛行員因此意識到，乃至警覺到，上海至南京上空有一空中獨行俠正伺機發動攻擊。所以，他們也刻意在附近空域等待捕捉蕭特的時機。三天後，也就是二月二十二日，下午四時許，單槍匹馬巡自飛到蘇州的蕭特再遭遇日本軍機。其中三架為三式艦載戰鬥機，三架為十三式艦載攻擊機。他毫不猶豫地猛撲上去，拉開了這次空戰的序幕。

這六架日本軍機其實來自不同的戰鬥單位，一二八事變爆發不到一個月，日本第一航空戰隊的飛機，即從航空母艦「加賀丸」轉移到日本人在上海楊樹浦開設的公大紗廠內的機場起降。見勢不妙，六架一塊急朝左轉彎，拉高到一千五百公尺高度，三式艦載戰鬥機隨即向下俯衝，並向蕭特開火。但是，蕭特的目標是那些狂轟濫炸中國老百姓的十三式艦載攻擊機。他加大油門往上爬升，在追上十三式艦載攻擊機一號機的那一瞬間，即猛力死扣機槍扳機，擊斃率領該機的投彈手小谷進大尉，電信員兼射手的佐佐木節郎一等兵則重傷。然而，蕭特也被二架三式艦載戰鬥機擊中，波音XP-925A型戰鬥機即在烈焰中朝右方傾斜，墜落在河裡，英勇的蕭特當場壯烈犧牲。

這場空戰過程前後僅僅二分鐘，二十七歲的蕭特為一個陌生的國家獻出寶貴的生

蕭特的炸彈事件

這事件很有意思：一九二八年二月，蕭特在加州河濱市（Riverside）的馬奇（March）空軍基地接受飛行訓練，調皮搗蛋的他，在最後一次飛行前，扛了幾個西瓜上機，準備拿西瓜當炸彈。沒有人知道他是不是蓄意的，但和蕭特比較親近的人從他的言談中發現，拓落不羈的他不喜歡軍中枯燥無味的單調生活，更厭惡軍中一切莫名其妙的規定束縛。他早就打算好了，只要湊滿飛行時數，隨即拍拍屁股走人。那天下午，他順著地面一條產業道路的方向低空飛行，看見遠遠的農地上有幾部農民的卡車，並以為這些空蕩蕩的卡車上肯定沒有人，舉起西瓜，準備來一次投擲「炸彈」演練，往那些卡車一個一個砸了下去。幾乎所有的西瓜都掉進田裡，唯獨其中一個不偏不倚地正中一部卡車的車頭，並穿破擋風玻璃，砸得副駕駛座瓜液四濺、瓜肉橫飛。坐在駕駛座的農民雖然毫髮無傷，但顯然被這從天而降的大西瓜嚇得臉色慘白。再往天空一望，這下子可惹毛了那位農民，氣憤沖天地衝進空軍基地理論。農民指證歷歷，而且卡車給西瓜砸得一片狼藉。結果不必多說，上級判定蕭特嚴重違規，下令予以撤職。

之後，蕭特做過試飛員、航空知識教官、有錢人的飛行員……，都和飛行有關，但都做沒多久。倒楣的是，他碰到美國有史以來最嚴重的經濟大蕭條，根本連一份糊口的差事都找不著。有一天，他在報上看到一則廣告，中國航空郵政在招募飛行員。一九三一年，蕭特千里迢迢地來到中國，一看，發現交通部郵政總局的飛機破舊到不行。他不願意冒險，寧可選擇別的工作。然後就在經銷美國波音飛機（Boeing Airplane）公司的美信洋行（L. E. Gale Company）擔任推銷飛機的飛行員。這時，國民政府正準備成立空軍，要招募一批有經驗的飛行員來教導航校的學員，他因此和剛成立的中國空軍結下緣分，在軍政部航空學校兼任教官。

命。

蕭特的殉難，震撼中國輿論。國府追授其空軍上尉銜，更邀請他的母親和弟弟到中國出席他的葬禮。四月二十四日，以隆重軍禮厚葬他。

財政部部長宋子文代表當局致辭敬悼，說：「在中國抵禦日本侵略者最為黑暗的時刻，中國人民的好朋友——羅伯特．蕭特，從異國他鄉遠道而來，在中國的藍天與日寇作戰，獻出了自己寶貴的生命……。中國人民十分驚佩他的勇敢、無畏和敢於犧牲的精神。」並在包括蔣介石、宋美齡等國府高級官員做禮拜的上海沐恩堂教堂，為他舉行基督教追悼儀式。

一二八事變進一步曝露了日本侵略中國的狼子野心，逼使蔣介石無法迴避「中日終須一戰」的問題，必須積極地祕密準備抗戰，更加重視航空建設。而蕭特的殉難也為宋美齡日後積極招募外國志願飛行員，播下了一粒種子，俾為建立中國空軍，以及強化、鞏固中國空防做出貢獻。

第二節 蔣介石將中國空軍權交給宋美齡

在宋美齡參與空軍的肇建和整合前，中國空軍事實上已經歷了二十餘年的醞釀和籌組過程。

一九一五年，提出「航空救國」理念的孫中山和廖仲愷保送陳慶雲、黃光銳……等二十名青年至柯蒂斯（Curtiss，或譯「寇帝斯」）飛行學校受訓。一九一七年畢業歸國，孫中山剛好護法南下，乃開闢廣州東郊珠江畔的大沙頭為水陸飛機場。一九一八年，孫中山在大元帥府下設航空處，並命陳慶雲到福建，組織援閩粵軍飛機隊。一九二〇年，為「完成北伐，掃除軍閥，統一全國」，將航空處擴大為「航空局」，轄有飛機第一、二隊，由陳慶雲任航空大隊長。一九二三年，孫中山以宋慶齡的英文名字Rosamond音譯「樂士文」，為廣州飛機製造廠製造的第一架飛機命名。黃埔建軍階段，國民革命軍的創建者孫中山，便已預知航空部隊必然會在未來中國的內部戰爭中扮演關鍵角色，乃於一九二四年九月創辦「廣東軍事飛機學校」。

國府有正式的空軍，嚴格說是在完成北伐，形式上全國復歸統一之後的事。

筧橋中央航空學校的成立與發展

一九二七年五月，國民革命軍總司令部設航空處，這是國民政府建立空軍的開端。八月，航空處改隸軍事委員會。一九二八年六月八日，國民革命軍攻克北京，接收北京政府的航空機構，統一全國航空行政；航空處改組為航空署，隸屬軍政部。十月，蔣介石在南京的中央陸軍軍官學校附設航空隊，培育飛行人員。一九二九年六月，改組為航空班。

就蔣介石的中央軍而言，航空部隊第一次被他放在戰場派上用場，是一九三〇年的中原大戰。蔣介石編組了五個航空隊，另以航空班學員成立一個偵察隊，飛往前線，轉戰於隴海鐵路和平漢鐵路沿線，迭奏戰功。其立體作戰無與倫比的優勢，不僅讓蔣介石瞠目結舌，更讓他的敵人望風披靡。這個全新的兵種縱使沒有在戰場上發生毀滅性的效果，但是它巨大的震懾作用，無疑已給蔣介石一種截然不同的戰場感受，使他對成立空軍志在必得。

一九三一年七月一日，航空班擴編為「軍政部航空學校」，並於十二月二十八日遷至杭州筧橋。

美國空軍顧問

蔣介石也聘請了一支以裘以德（John H. Jouett）總顧問為首的美國空軍顧問，包括飛行教官、機械教官。裘以德是美國陸軍航空隊退役人員，蔣介石授其上校軍銜。裘以德任職之後，進行了一系列的改革措施，一心一意想把中央航空學校改革、建立成美國倫道夫空軍基地（Randolph Air Force Base）的翻版。裘以德的第一道指示，是改善基地的廠房設施，同時下令空軍所有的飛航指令都用英語。中央航空學校使用的訓練輔助教材、技術手冊、指令手冊全都改成英文。裘以德對飛行員的訓練非常嚴格，每個月必須完成一百小時的飛行訓練。如此，到一九三四年，已有二百名學員受過初級飛行訓練；

二二六空戰

在西方軍事觀察家的筆下，此時中國空軍猶處於相當稚嫩的萌芽狀態。軍事委員會所管轄的空中武力，只有五名合格飛行員可以駕駛各種類型的飛機，另有二十名正在逐步訓練的飛行員只會開教練機。是以，在一二八事變中，除了蕭特的壯烈犧牲，最知名的紀錄厥為「二二六空戰」。二月二十六日，日本六架轟炸機在九架戰鬥機的掩護下，企圖空襲喬司空軍基地。前來支援抗日的廣東空軍第二中隊三架戰鬥機立即升空迎戰，激戰十餘分鐘，雖擊落一架轟炸機，但是隊長石邦藩也受重傷，飛行員趙甫明甚至傷重殉國。中國空軍完全處於挨打的地位。

西方軍事觀察家對中國空軍在一二八事變期間整體的作戰成果，看法、評價並不理想。一般認為，中國以包括德國容克斯飛機與發動機製造廠（Junkers Flugzeug- und Motorenwerke AG）的K-47型戰鬥機、英國布萊克本飛機〈Blackburn Aircraft〉公司的林考克III式〈Lincock III〉輕型戰鬥機、美國韋科飛機公司（WACO，Weaver Aircraft Company的縮寫）的240A輕型戰鬥機，以及法國、蘇聯、義大利產製的約二百架飛機，對抗日本三百多架艦載飛機，戰果顯得「很糟糕」。

一二八事變結束後，蔣介石記取教訓——因為空軍弱勢吃的虧，決心要建立一支足以捍衛領空的部隊。因此在簽訂了《淞滬停戰協定》之後，即加大改革力度，首先擴大航空署編制，派葛敬恩、徐培根為正、副署長。

八月三十一日，航校奉軍事委員會之令擴大組織，九月一日正式更名為「中央航空學校」，校長蔣介石，副校長毛邦初。但是，之後二年，中國處在一連串的內憂外患之中，戰爭頻仍。

到一九三五年八月合約期滿為止，裘以德為中央航空學校培育了一百多名飛行員。

蔣介石還派葛敬恩兼任中央航空學校代理校長。葛敬恩接到這項派令時頗生猶豫，所幸裘以德勸說葛敬恩：美國的航空學校校長也不是航空出身的，葛敬恩才釋懷上任。

義大利航空顧問

十月，孔祥熙也奉蔣介石之命，以「實業考察專使」的名義赴歐。中國向來是歐洲軍火商的大客戶，因此，中國大腕到訪，義大利特意安排總理墨索里尼（Benito Mussolini）親自會見，允諾出售費亞提*的BR-3偵察轟炸機，在杭州就地裝配。並將派遣顧問來華，為中國培訓工程師；更承諾在江西南昌建立一座飛機製造廠。

一九三三年夏，義大利派遣空軍少將勞第（Roberto Lordi）組成義大利空軍顧問團到中國，其人員全為現役軍官，包括四十名空軍飛行員、一百名工程師和機械士。國府以「航空顧問」的名義禮聘他。

蔣介石建立空軍的戰略意圖

不過，蔣介石建立空軍的另一個戰略意圖，顯然與他意欲清剿江西的中央蘇區的中國共產黨有關。一九三三年二月，蔣介石設南昌行營，自兼「剿匪總司令」，開始對河南、湖北、安徽、江西、湖南的蘇區，實施最猛烈的軍事行動，這當然也包括了空中攻擊行動在內。

*FIAT，Fabbrica Italiana Automobili Torino／義大利杜林汽車製造廠的縮寫，今譯「飛雅特」。

據學者劉鳳翰的研究，中國空軍與航空委員會的發展，主要成形於蔣介石在南昌行營督師剿共時期。蔣介石心想，與其以正規的陸軍部隊和來無影去無蹤的共產黨游擊隊，打一場捉迷藏式的迷糊仗，不如以高來高去的空中武力馳騁天際，決勝於千里之外，諒共產黨插翅也難飛。這當然是蔣介石「唯武器論」的一種浪漫想法，事實證明，即便是長了鐵翅膀的空軍，又是機槍又是炸彈的，猶如老鷹凌空展翅攻擊地面，也解決不了共產黨問題。陸軍加上空軍，窮追猛打，還是讓共產黨從手指縫裡溜了出去。共產黨二萬五千里「長征」，國府空軍一路狂轟濫炸，但共產黨晝伏夜出，只傷其皮毛而未損及筋骨，無補於蔣介石的剿共大計。為了方便自己指揮、利用飛行部隊，八月，蔣介石把在軍政部下面的航空署改由軍事委員會直接管轄，如此方可全面操控這個新興兵種。

一九三四年三月，蔣介石為了更有效地對深入江西山區的紅軍發動空中轟炸，以及前線指揮的便利性，把航空署遷往南昌。五月，再將航空署擴編、改組為「航空委員會」，自兼委員長。空軍自此成為獨立軍種。轄下航空隊的飛機數目和作戰隊伍也擴充到八個隊。為積極培植飛行員人才，年底，又在距離前線較遠的洛陽，成立中央航空學校洛陽分校，專辦初級飛行教育。

到了一九三五年，空軍已經擴編到十四個航空隊，全面投入剿共戰爭。

蔣介石重用空軍，固然是為了剿共，不能否認的，也為爾後中國建立抗擊日本帝國主義侵略的空中武力，做出了「無心插柳」的貢獻。

蔣介石對航空興起雄心壯志，除了出於剿共戰爭的目的之外，對各地亂事的平定也是個關鍵的目的。宋美齡曾經在美國的《論壇》（Forum）雜誌發表了一篇題為〈閩邊巡禮〉的文章。據信，這篇文章是一九三五年二月，宋美齡跟隨蔣介石到各地督師的遊記，她說：

「在福建不上兩月，我們就打勝了，一部份由於近代航空的力量。我草此文時，江西方面勝利也就在目前了。……軍隊已盡了他們的責任，其成功得力於現代航空之處極多，如今輪到更需毅力的工作了。」

局部的失利讓蔣介石夫婦神傷，局部的勝利也讓他們領略了，以先進武器攻伐所顯現的成果。

不過，蔣介石的空軍強軍計畫與前清自強運動犯了同樣毛病。儘管禮聘了裘以德等外籍顧問來華協助改革、建立新的空軍，但是國府上下形成的官僚封建、貪瀆積習不改，以至抗戰前數年，把很多精力浪擲在相互爭奪利益的過程中，原本意欲建立強大空軍的目標，反而被模糊掉了。上下交征利的結果，是把整個空軍搞得污七八糟，這也是蔣介石後來刻意要宋美齡摻和其中的原由。

葛敬恩上任之後，發覺空軍內部派系林立，顯與理想差距甚大。尤其因為蔣介石的政策，要大肆採購軍機及航空設備，在國府一貫的官僚體系運作之下，人人都看中其肥厚油水，無不爭相分食一杯羹。愈是油水豐厚，政出多門、趨之若鶩的情況就愈形嚴重。甚至連外國勢力也為了爭食軍火利益，而分成幾股勢力相互較勁。

蔣介石在軍事上迷信德國；宋子文是留美派的，堅信美國人的飛機工業與空軍比較高明。所以在採購上，形成兩派人馬相互拉鋸的形勢。在兩派人馬相互爭奪軍火利益的情況下，很難不滋生事端。再加上蔣介石統治集團核心組織，乃至孔宋家族與蔣家內部的家族矛盾，益發使得抗戰前後的國府空軍武器採購事務，呈現治絲益棼、複雜難解的局面。

按照蔣介石的頭號愛將吳國楨的說法，孔宋家族內部「據說分成兩派：孔夫人（宋藹齡）、蔣夫人（宋美齡）和宋子良為一方。宋子文、孫中山夫人（宋慶齡）和宋子安為另一方。當孫夫人與孫中山結婚時，子文對孫家有很大影響。但蔣掌權後，蔣夫人總是聽她姊姊孔夫人的，於是長期的不和自然延續下來。另外，在三〇年代初期，子文被撤掉財政部長，是孔夫人策劃的，並由孔祥熙取而代之。」

宋美齡日後被蔣介石拉進航空委員會，擔任祕書長，除了是枕邊人的因素，受到宋家大姊宋藹齡的鼓動，也是大有可能的。蔣介石在消極上固然有意引進宋美齡制衡空軍內部的利益惡鬥，另方面也是向宋美齡、宋藹齡的一種妥協、靠攏，好讓宋藹齡和孔祥熙在空軍整軍經武的過程中，增加一隻上下其手的黑手；在積極上，蔣介石此舉亦讓太座有服務黨國的機會，以宋美齡的國外閱歷、愛國熱忱，成為挹注國府建軍備戰的一股助力。

蔣介石任命葛敬恩很大的一個理由是，著眼於他的廉潔。葛敬恩在上任之始亦確思有所作為。然而，建設空軍的重點未必在主其事者是否廉潔一端，而在能否秉諸專業，拿出大魄力，選擇一種真正對建軍備戰有利的武器系統，而不宜為了面面顧到各路人馬，盡當好人。以一二八事變為例，中國空軍機種繁多，飛機生產國家包括有美國、英國、法國、蘇聯和德國、義大利……等，而對手日本則已經升級到可以製造飛機了，並且以統一規格的國造武器系統，應對中國種目繁多、產地雜亂、管理不易的「聯合國」式雜牌機隊。中國空軍在先天就存在致命的弱點，焉可在戰場奢求其取勝？吃了武器系統混亂、人員訓練不足的大虧之後，蔣介石雖然力求萬全準備以雪前恥，但武器系統品目繁多，儼如小聯合國的缺失卻是積重難返。

葛敬恩主持航空署，對外採購仍舊以美國、義大利、德國三管齊下的策略，而採購管道則是政出多門、各行其是。不但存在著國府內部派系的鬥爭角力，更處處可見德國、美國軍事顧問各為本國利益，爭得頭破血流的場面。例如，航空署為成立防空部，從德國採購了二十門高射砲，以及拖砲的牽引車和探照燈，沒想到因受《凡爾賽和約》*的限制，德國人竟以農耕用的拖拉機，混充高射砲牽引機賣給中國，被裘以德戳穿，鬧了一個大笑話。

孔宋家族搶奪空軍採購的龐大利益

孔宋家族內部也為了空軍採購的龐大利益，各自占住地盤，以虎狼之姿蠶食鯨吞。例如，財政部部長宋子文未與航空署磋商，便兀自以財政部名義，向美國佛利特飛機公司採購了十架教練機，交給航空署。裘以德驗收之後，很不開心地抱怨說：「這款式的

*全稱《協約國及參戰各國對德和約》／Treaty of Peace between the Allied and Associated Powers and Germany）

教練機質量是比德國貨好多了，但是你們買的價錢太貴了。你們國家不該白白浪費多餘的錢，我為你們感到遺憾。」

其實，真正感到不開心的是，中央航空學校副校長毛邦初。他把話帶給葛敬恩，為了潔身自愛，葛敬恩便把這事向財政部反映，宋子文竟回覆道：「飛機市場變動不居，早晚價格不同，何必大驚小怪。」

另一樁則牽扯到孔宋家族的另一要角——孔祥熙。他於一九三二年十月向義大利採購費亞提BR-3偵察／轟炸機。表面上看來，孔祥熙和義大利當局談的條件是不錯的，既可協助中國空軍建軍，兼可根植中國的航空工業。

從中國的角度審視，基本上應該不是一門賠本生意。然而，站在裘以德的立場，那就令他分外吃味與不自在了。這二十架費亞提BR-3偵察／轟炸機運到中國後，裘以德以總顧問的身分參與驗收。他以放大鏡的眼光打量後，堅決主張悉數退貨。他振振有詞地提出理由：「這批飛機明顯看來就是倉庫裡的舊東西，大家看看它們砲管裡的來福線（膛線）都已磨光，如何能派上用場？」葛敬恩聽美國總顧問這麼一說，不禁吃了一驚。他不能不理會裘以德的專業意見，可是又不敢冒犯孔祥熙的官威，只好上報蔣介石。蔣介石當即說道這事一定要查辦，查辦了老半天依舊不查不辦，這事也就不了了之了。

又，一九三三年，義大利空軍顧問進駐中央航空學校洛陽分校。這種美式、義式雙軌的訓練模式，為中國空軍製造了無窮麻煩。洛陽分校在義大利式管理風格下，管理鬆散，學員訓練採「寬進寬出」原則，學習成績不良一樣輕縱過關，學員訓練不盡嚴謹、紮實，造成飛行員素質無法提升，飛行員即便在臨戰狀態下，亦無法以嫻熟之駕駛技術與戰技超越日本飛行部隊。辦事極不確實，一心牟取軍火重利的義大利人，帶來的災難還不止如此。例如，江西南昌的義大利飛機組裝廠，根本是騙人砸錢的錢坑；義大利賣給中國的飛機經常是舊品，甚至有報廢無法飛行的，也被充當新機，還被國府貪墨的官吏當做新機，登記在軍政部的武器裝備清冊裡。國府空軍於抗戰前夕存在令人髮指的作假帳歪風，甚至連蔣介石也莫可奈何。

由於對義大利半吊子的辦事態度，差勁的飛機性能失去了所有信任，所以在裘以德擔任空軍總顧問期間，國府大量向美國採購軍機。在航空器材項目，向美國採購了三千二百萬美金，尤其是在一九三三到一九三四年間，這也是宋美齡介入空軍採購的初步階段，一年間，中國就向美國進口了二千三百三十三萬美金的飛機。

一九三三年四月，柯蒂斯·萊特（Curtiss-Wright）公司派遣著名特技飛行員杜立德（James Harold "Jimmy" Doolittle）到中國表演，試飛霍克II戰鬥機。表演結束之後，中國隨即採購了十五架。從一九三三年起，中國進口的飛機有百分之九十來自美國，在總金額五百六十三萬美金的進口軍火中，光是軍機就達二百一十五架。飛機的種類包括諾斯洛普（Northrop）公司的A-16攻擊機、道格拉斯飛行器（Douglas Aircraft）公司的BT-2A中級教練機、波音281型戰鬥機，以及偵察機、飛船、運輸機、輕型轟炸偵察機。

是以，從遠因來觀察，蔣介石之所以把航空委員會交給宋美齡來督導，多多少少有一種交給枕邊人總比交給外戚要來得放心的用意。

第三節 宋美齡官拜空軍少將

〈閩邊巡禮〉一文，不只可以讓人感受到宋美齡躍然紙上的家國之愛，更可以從這篇隨筆體會到，她之所以會對航空點燃希望之火的根本原因。她說：

「近代航空於中國有何意義，在從來沒有旅行過中國內地的人，是怎麼也想像不出的。有了飛機，從上海到九江，三小時便可到達，不必再要三天了。從上海寄信到長江上游三峽以西的重慶，以前要二星期的，現在只要二天了。新疆的西北邊陲，從前非四月不能到達，現在也只需三天。在中國，現在有六千英里以上的航空線，可供郵件寄遞和旅客往來。世界上再沒有別的國家像中國這樣，彷彿由中古的傳奇裡，一步就跨進了二十世紀航空發達的現代。」

蔣介石曾經對航空發表過各式各樣的看法與講演，諸如：

「如果不努力，做有效的航空防務，則中國必亡，而東方文明亦不能夕存。」

「我們要挽救國家、復興民族。要將國家、民族從萬分艱難危急中救轉來，非趕緊建設與發展空軍。」

「空軍對於國家、民族前途的關係如此重大，所以本委員長自己負起責任來，直接領導大家共同努力。」

「現代國家的生存發展，全靠空軍的力量做中心基礎……。」

可知蔣介石在抗戰前夕，眼看著國家、民族面臨日本強大空軍的威脅，一種深重的危機感，以及欲從根救起中國航空的企圖心。所以他不但試圖影響國軍的觀點，在航空軍事方面的觀點也深刻地影響著宋美齡。

一九三六年一月，剿共正式告一段落，航空委員會即從南昌遷到南京。由於航空委員會的階段性任務已經完成，蔣介石乃於四月修訂編制，增設祕書長一職，由宋美齡擔任，做為「襄贊航空發展」的一名超級助手。一個月後，宋美齡再做了一次局部的人事改組，把她所信賴的周至柔，提拔為航空委員會主任。原來的辦公廳主任陳慶雲*，則調任中央航空學校校長。陳慶雲不但堪稱是中國空軍元勛，更在蔣介石北伐成功、奪得大位之後，為草創國軍的空中武裝力量立下了汗馬功勞。這頗有「高鳥盡，良弓藏」的味道。

此時，蔣介石主要的心思，在如何把地方軍閥的空軍武力收編到自己麾下，不費吹灰之力收編地方的空中武力，是蔣介石撥的如意算盤。此前，各個軍閥的航空部隊基本

* 陳慶雲，號天游，廣東翠微南溪人。三歲時隨父母僑居日本，青年時代於橫濱結識孫中山。他對中國空軍的建軍有巨大的貢獻，可惜官運不濟，空有一身本事與抱負，卻沒有機會一展長才。

上都已經向蔣介石輸誠，唯獨廣東空軍不受蔣介石節制。

最早在中國空域發揮戰力的不是國民革命軍，而是一度與蔣介石為敵的廣東空軍。廣東和廣西的空軍實力強大，兩廣事變時，陳濟棠、李宗仁要是真和國府對抗，國府空軍還未必是對手，勢必使之元氣大傷，蔣介石當然視之如芒刺在背。為防患未然，蔣介石、宋美齡夫婦特派陳慶雲，去和兩廣空軍接頭。幾番勸說之下，七月二日，廣東空軍第二隊的黃居谷、岑澤鎏、蔡志昌等，由廣州天河機場駕三架波音281型戰鬥機。鄧華高、黃志剛、譚卓勵、陳崇文、羅承業、馬為棟、黎廷萱等，由從化機場駕四架達加拉布輕轟炸機飛往南昌。另十一名飛行員分別從廣州乘火車或輪船去了香港，轉赴南京。七月十八日，廣東空軍司令黃光鋭令所部駕機，北飛投蔣介石，廣東空軍第一、四、五、六、七隊共六十九架飛機，於七月十九、二十日飛到南昌。黃光鋭等則分駕三架教練機赴香港。八月一日，黃光鋭率領全體飛行員和機械員飛到杭州。兩廣空軍力量便如此悉數瓦解，中國空軍終於「統一」。

經過多年的努力，中國空軍終於大一統。蔣介石藉著他太太宋美齡的雙手，把空軍牢牢掌握在手掌心裡。宋美齡也開始在蔣介石政府的權力舞台上嶄露頭角，爭得一席之地。「航空委員會祕書長」是宋美齡邁向權力之路的一個奠基石。

「獻機祝壽」運動

何邦立先生在《筧橋精神：空軍抗日戰爭初期血淚史》一書中指出，空軍長官私下談論，說宋美齡的一顆翡翠鈕扣就能買二架寇帝斯霍克Ⅲ戰鬥轟炸機……。這一野史被人們津津樂道。

事實上，蔣介石、宋美齡夫婦的生活很節儉，完全不奢侈。一九三六年，蔣介石的五十華誕，全國掀起一波祝壽風。但宋美齡表示，與其祝壽，不如大家去支援部隊的軍械裝備，所以發起「獻機祝壽」運動。當年南京一共捐了好幾架飛機。

又，除了蔣介石和宋美齡家族成員，鮮少有人曉得宋美齡有暈機的毛病。但是，宋美齡在出任航空委員會祕書長之後，對中國的航空事業與空軍建軍都介入相當深，日後甚至被譽為「中國空軍之母」，可謂其來有自。因為，當年中國空軍從採購、延聘外國飛行員與專家、研究空軍戰術、各種戰略會議的組織與召開，她都扮演著舉足輕重的角色。

中國空軍之母

一般人鮮少知悉宋美齡擁有空軍少將軍銜。一九三三年，正值蔣介石的剿共打得忘形的時刻，國府空軍在此前後成軍。但是，中國這支空中武裝隊伍也與世界各國空軍成軍之初，遇到相似的難題，就是都必須度過一段由外行領導內行的尷尬期。

當時中國鮮少空軍專門人才，主要幹部都是由陸軍轉入。蔣介石為了提高空軍的地位，施行空軍人員新官階，原有陸軍官階的人員一律降二級改敘，以示區別。所以，剛開始的時候，整個空軍只有四位將官。居首的是蔣介石，他兼任航空委員會委員長，官階中將。

其次是航空委員會祕書長宋美齡，雖是榮譽職，但比敘官階為少將。

再來是航空委員會主任周至柔，官階少將，但他始終只掛上校。另外一位名正言順的空軍軍官，便是當代唯一的空軍少將黃光銳。

空軍草創初期最重要的工作之一是軍購，尤其是新式飛機。軍購勢必涉及鉅額的經費，蔣介石非常擔心，如果把這個至關重要的空軍建軍採購權力交到一個不信任的人手裡，不知會貪墨到什麼程度，從中揩多少油水。況且，軍購需要相當的專業知識，在蔣介石值得信賴的空軍幹部當中，既有航空專業知識，不至於在軍購時被外國人欺瞞，又不貪墨，操守乾淨，具備這些起碼要件的人實在是絕無僅有。蔣介石思來想去，最後把採購軍機的重責大任交給宋美齡，便是基於以上二點思考，尤其是操守，國民黨上上下下值得蔣介石信任，而又能肩負軍購專業職責的，當然只有他的枕邊人宋美齡一人了。

宋美齡在她丈夫賦與她籌辦飛機的職權之後，一肩挑起了為中國這支新的武裝力量採購飛機、延聘外國飛行員和航空專家，並且研究空軍戰術、參加各種戰略會議的職責。雖然中國空軍並不是始於宋美齡，但是，由於宋美齡特殊的身分背景和風雲際會，她被冠上了「中國空軍之母」的稱號。抗戰時更被援華的美國飛虎隊譽為榮譽隊長。航空委員會在宋美齡擔任祕書長期間，還頒給她一枚金銀質的中國空軍軍徽。宋美齡在各種公開場合講演時，總會驕傲地稱呼「我的空軍」。

一九三三年到抗戰爆發的三、四年間，宋美齡自學航空理論知識，研讀一些飛機設計和比較各種廠牌飛機、零件的技術刊物，在她的主導下，乃至親自和外國的飛機廠商直接洽談，訂購了價值二千萬美金的航空器材。這些都被用在中國空軍的草創和抗戰的建軍備戰工作上。原本對航空一竅不通的宋美齡，直接介入軍機、武器的採購，除了防堵內部無所不在的貪瀆，也是基於軍購過程中，國府屢遭外國人欺瞞、詐騙的慘痛經驗。

在宋美齡真正接管航委會，乃至對外採辦空軍軍火之前，中國空軍的飛機市場，事實上是被義大利整個壟斷包辦的。時任顧問的陳納德（Claire Lee Chennault）在回憶中指出，在義大利人的幫助之下，中國建立的是一支徒具形式的「紙上空軍」。許多無恥的官僚利用民眾的愛國心，在「航空救國捐款」的名目之下，甚至還鼓吹以募款所得的地點為飛機取名，以此鼓勵各地民眾踴躍捐輸；事實上，到各地展示的飛機老是那一架，只不過在機身上噴塗不同的地名。也就是每換一個地方，便塗掉油漆，漆上新的地名；以此魚目混珠，愚弄各地不明究理的愛國民眾。更糟的是，這根本沒有增加一架新飛機的「真詐財、假造機」，卻在國府的統計資料上，列上又「購買」了若干架新飛機。

所以，在來華不久的某日，陳納德在宋美齡、毛邦初等人的陪同下，在江西廬山會見蔣介石。一陣寒暄之後，蔣介石用極為嚴厲的口吻質問毛邦初，「空軍到底有多少架飛機可以參戰？」

毛邦初說：「報告委員長，九十一架。」

蔣介石聽到這個數字差點沒昏倒。「九十一架嗎？航委會的帳面上數字寫的是五百架。毛邦初，我要槍斃你！」一旁呆立的毛邦初嚇得臉色慘白，不知如何是好。蔣介石氣沖沖地走到陳納德跟前，說：「陳總顧問，你的調查數字也是九十一架嗎？」

陳納德謹慎的說：「毛將軍說的是實話。」

宋美齡也從旁鼓勵陳納德，繼續把他所見所聞一五一十地說出來。聽完實況簡報氣得蔣介石臉色發青，搖頭太息。這便是蔣介石把空軍從向義大利一面倒，轉為朝美國一面倒的關鍵。

陳納德的中國空軍考察之旅

陳納德是怎麼進入蔣介石、宋美齡的眼界中，成為國府組建新空軍的頭面人物呢？

當時，除了大量採購飛機，周至柔並透過中央信託局的美籍顧問郝爾布魯克（Roy Holbrook）致函美國空軍上尉陳納德，請陳納德引介美國的退職飛行員，國府願意高薪禮聘他們到中國服務。一九三六年八月，一支由陳納德引介的美國空軍離職人員，專業項目包括飛機組裝、飛機維修等，全部抵達杭州。

時隔五、六年的生聚教訓，加上廣東空軍歸順國府，中國和日本的空軍戰力到底孰優孰劣？中國空軍究竟是不是日本人的對手？經歷過西安事變，身為統帥，既已允諾國共第二次合作，共同抗日，蔣介石必須在各方面更能知彼知己，方可做出是否能與日本一戰的決策。中國與日本到底是戰是和？必須找一位客觀而專業的空軍顧問，做全面而超然的評量。可是，到哪裡找尋這麼一位合宜的顧問，蔣介石自然又把這個責任交付給宋美齡了。

一九三七年春節後不久，當蔣介石把這項任務交給宋美齡時，她想起陳納德引介了一批美國空、地勤人員到中國服務的事情。宋美齡明白陳納德是一位十分恰當的人選，當下就請郝爾布魯克寫信給陳納德，邀請他擔任國府的顧問，聘期三個月，評估中國的空軍戰力。他擔任顧問期間，月薪一千元美金，外加一部專用汽車、專屬廚師、譯員，且有權使用中國空軍的所有飛機。陳納德接受了宋美齡的邀請。四月三十日，他安排好家事，第二天在舊金山搭上「加菲爾總統號」（President Garfield）輪船前往中國。陳納德的簽證上註記赴中國旅行目的為「考察農業」。

加菲爾總統號中途停泊在日本神戶，已於前一年中到中國擔任中央航空學校顧問和高級教官的老朋友「比利」麥克唐納二世（William C. McDonald Jr.），偽裝成一個娛樂集團的副總經理，在碼頭迎接他。他倆便利用輪船停靠的那幾天，飽覽日本的風光。然而，與別的旅客不同的是，陳納德和麥克唐納二世不去旅遊勝地觀光，而是專門搜集日本港口、機場、軍事設施的情報資料，憑一個飛行員的精準眼光，揹著照相機、望遠鏡，快速瀏覽日本各地可能的攻擊目標。他們以長外套做掩護，拍了無數張照片。陳納德和麥克唐納二世造訪了京都、大阪，還看了瀨戶內海，沿途他們觀察航道、兵工廠，以及其他潛在目標，將這些不計其數的資料記錄下來。最後他們在九州略作停留，之後便從那裡搭船，越過黃海，六月初，抵達上海。

一個悶熱的下午，郝爾布魯克來到陳納德下榻的旅店，陪同前往宋美齡在上海法租界的住宅。宋美齡給陳納德的第一印象是活力充沛、行路輕快、熱情洋溢，見面那天穿了一件長披風。陳納德在那天的日記，記錄了見面時他所見到的宋美齡：「她講著非常流利的英語，帶著濃濃的美國南方口音。」她的美貌、柔和的話語，強烈地吸引著陳納德。其中最令人印象深刻的一句話是：「她將是我永遠的公主」。

在宋美齡的支持之下，陳納德展開了為期九十天的中國空軍考察之旅。考察結果讓他很不滿意。由於多年來疏於管理、缺乏值得信靠的領袖，中國空軍長期處於極度混亂的狀態。裘以德為中國建立的美國空軍的教育訓練模式，由於拒絕協助國府以轟炸手段鎮壓福建叛軍而告終。裘以德離開中國後，義大利順勢壟斷中國的飛機市場，提供中國空軍質量檔次比較差的飛機，以及比較不上軌道的航空教育訓練。經過查核之後，陳納德更驚覺中國空軍明明只有大約一百架飛機，但是官員的清冊上卻謊稱擁有五百架飛機。惟陳納德的考察尚未全部完成，蘆溝橋已經響起了日本侵略的砲聲。

陳納德僅僅用了三十多天的時間，只不過是宋美齡原定時限的三分之一，就大致考察完中國空軍的整體情況。在考察過程中，陳納德自己駕駛飛機，針對中國空軍的管理、訓練，飛機的數量、性能、實戰能力和飛行員素質，做了一份完整而周延的評估，在一九三七年八月初，他上廬山向蔣介石、宋美齡夫婦作了詳細的口頭報告。陳納德指出，中國的「五百多架」作戰和非作戰飛機，絕大多數沒有作戰能力。陳納德的報告結論顯示，中國空軍並未做好戰爭準備。

當蔣介石問起陳納德，評估結果究竟如何？中國有沒有一戰的能力？和當年中國官僚的習氣全然不同的是，他實事求是地向蔣介石提出了他的考察結果。蔣介石吃驚地聽到陳納德說出了「不」字。這個「不」字，當然是蔣介石極不情願聽見的。但是，陳納德說實話的個性，充分贏得了蔣介石對他的信賴。

縱使陳納德的初步評估，全然否定了中國空軍的作戰能力，然而敵人的鐵蹄魔掌已經兵臨城下，戰爭如箭在弦，中國除了起而戰鬥，沒有其他的選擇。

所以宋美齡在向美國友人講述，中國空軍肇建過程時表示，在抗戰初期：

「當時我國空軍甫經改組，而可用之飛機，其數量之少，殊令人驚異而難以置信——總計其數不足三百架。其中戰鬥機與轟炸機，不滿百架，餘均供高級與初級教練之用者。而在日本方面，作戰飛機約五千架。」

第七章

抗日救國，死裡逃生十一次

在與日本帝國主義殊死鬥爭的八年抗戰中，宋美齡不畏性命交關、死亡威脅。蔣介石的侍從人員計算過，宋美齡於抗戰時期，至少有十一次面臨生死存亡的危難關頭。儘管如此，她從來不膽怯、退縮。

第一節
雖九死而不悔的愛國主義熱情

一九三七年，七七事變爆發，天津、北平相繼淪陷。面對日本的侵略，宋美齡是如何與她的丈夫併肩作戰，履行她的抗戰救國職責呢？

就在劍拔弩張的當下，宋美齡登高一呼，八月一日在南京組織了「中國婦女慰勞自衛抗戰將士總會」，並於成立大會上說：

諸位同志：

我們今天在這裡開會，正當強鄰壓境，可以說是歷史上最嚴重、最危險的時機。因為戰爭是凶險、可怕的，我們不得不在戰爭的陰影之下集合，實是萬分遺憾的事情。

這次戰爭，我們必要犧牲很多將士、無數無辜的平民，和損失國家無窮的財產與富源。眼看我們十年來埋頭苦幹的建設，要被這十分殘暴的敵人摧毀了。但為了國家的生命，有時我們需要這樣極度的犧牲。我們政府的態度現在已經明白表示，凡是自愛的民族所能忍耐的，我們已經忍受了，我們不能再遲疑，要勇往直前，用盡我們全副力量來救國家的危急。我們與全國同胞只有絕對的服從政府命令，共同一致，來求民族的最後勝利。

因此，她高聲疾呼：

我們要保全國家的完整，保護民族的生命，應該盡人人的力量來抵抗敵人的侵略。我們婦女也是國民一份子，雖然我們的地位、能力和各人所能貢獻的事項各有不同，但是各人要盡量的貢獻她的力量來救國。什麼地方有適合我們的工作，我們就得爭先恐後的來擔任。今日西班牙婦女同男子一樣站在火線上；歐洲大戰的時候，各國的婦女都盡力幫助她們的國家實現勝利。我們中國的女同胞比起他國的姊妹們來，不論智力方面、體力方面，以及愛國的勇氣與情緒方面，並不稍遜；這次戰爭正是我們向世界表現的機會。你們今天在這裡集合，已足夠證明了你們已給高度的愛國情緒所鼓動，所以我毋須再諄諄請求……。

我知道已有若干婦女團體開始組織，預備做我們要做的工作。我希望大家能聯合在一個組織之下，使我們的力量更加雄厚，因為真的團結便是力量。我們永遠不要忘記，前線將士的勇氣全靠後方的支持。還應該牢牢記著，國家的最後勝利，無論延遲到那一天，終究會達到的。總有一天，我們能掃清重重疊疊堆在我們日曆上的國恥，和煎滌數年來低首下心的恥辱。

全國婦女也熱烈響應，迅即成立了四十二所分會、五十四所支會，並展開各項服務。在呼籲國人共同奮起抗倭的同時，宋美齡也向國際疾聲高呼。十月六日，她以英文寫了一篇評論文章，發表在澳大利亞某刊物，控訴日本侵略中國。其內容鏗鏘有力、擲地有聲，她說：

日本軍閥一向是厚顏狡獪、欺蒙世人。她說她統治中國的政策是無可非議的，並且有利於中國人民。同時，在她的宣傳中，硬說中國混亂糾紛，只有日本才能援救她。世界上或許有人會相信這種誣蔑，然而現在鐵一般的事實，揭露了日本的野心，大家總能看清楚了吧！

並堅定地表示：

我們中國將盡可能地長期抗戰下去，若使我們不幸而失敗，那是光榮的失敗。而且，中國的失敗將為世界的損失。

同時描述了中國軍民的堅苦奮鬥與戰鬥不懈：

戰士為了衛國、衛家在前線作戰，婦女在後方輔助。後方照例比較安全，可是我國的婦女所感受到的死傷危險，與前線並無分別。戰壕裡的死亡原在意中，所以也可以說後方比戰壕裡還要危險。若干地帶，當然有防空設備，可是中國面積太大，多數偏僻的城市村鎮就沒法有這種設備。距離戰區很遠的民眾，他們決料不到死傷會落到他們身上，他們也不明白一向賜給他們福祉的天空，為什麼會降下可怕的炸彈來，那樣的酷烈，那樣的兇猛，把他們送到了另外一個世界去。成千累萬的非戰鬥員和婦孺，就這樣地被屠殺了，這樣地被傷害了，而這種屠殺與傷害還在繼續進行，凡是轟炸機所到的城市，每所醫院都有人滿之患，全國的醫藥用品也感到供不應求。

雖然如此，宋美齡說：

我們沒有眼淚，沒有傷感。中國應付國家災難和個人禍患的哲學態度，只有埋頭苦幹。

十月十二日，她接著又在美國的《論壇》雜誌，發表了一篇題為〈中國固守立場〉的文章中，說：

我一方面執筆寫作此文，一方面坐待著日機的前來空襲。一刻鐘前已鳴過警報了。我每當空襲，循例要出去觀察，尤其注意我方怎樣地從事抵抗，等一會兒敵機到達的時候，我將把所見所聞記錄下來。日本在上海啟釁到今已經二個月了。二個月來，我國人民所受的慘痛，簡直不是筆墨所能形容的。據外籍軍事專家聲稱，我們英勇而軍備較遜的軍隊，受到有計畫而殘酷的日本炸彈和砲火摧殘的厲害，他們在任何地方都沒有看見過。即如今日的西班牙戰事，以及過去的世界大戰，也趕不上牠的兇猛。他們並且說，不明白為何人類血肉之軀，能像我國軍隊這樣固守著陣線，至今仍屹然不動。

很明顯的，在宋美齡寫作此文的當下，淞滬會戰正進行到最後、最激烈的階段，劣勢的中國空軍正和敵人先進的戰機，在長空中血戰不懈。她在文章寫道：

世界大戰的時候，空軍根據地往往距離前線有數百英里，假使轟炸機不受對方的猛烈抗拒，每天只能往返一次。可是如今在上海，我們沒有飛機去抵抗他們，他們的飛機根據地，距離前線至多不過五英里，因此可以從容往返，從容地重行補充彈藥和燃料。只要自保於我們少數高射砲射程之外，就可以自由地飛翔在我軍陣地之上，投擲大量炸彈。讀者或許會懷疑，我們為什麼沒有空軍來抵抗這四百餘架日本飛機呢？（這數目是指上海方面而言，他們共有三千餘架）可是你得知道，中國空軍的歷史還不到五年，最初又因為缺乏駕御這新式武器的經驗而空費了許多歲月。因此，我們還缺乏精勁的空軍，當遭遇到侵略的時候，我們不得不仰賴美國和其他各國，向他們訂購大批飛機，希望他們能迅速地滿足我們的要求。日本的行為是吾人意料所及的，然而，我們即使用最悲觀的態度來推測，也想不到美國……。

我們此刻看到日本的轟炸機了。小傑迷的目光非常銳利，所以我時常把他帶在身邊。他高聲喊道：「三架……六架……九架。」

這是下午的二點四十二分。天氣很晴朗，天上有幾朵白雲，靜止地停留在高空之中。三架日本重轟炸機在雲層罅隙的青空裡，自北向南，冉冉而來。尾後還有三架，高射砲向前面三架密集射擊。現在後面三架也受到高射砲濃煙的包圍了。後面又來了三架，所以總共是九架。高出於雲層的上面，我聽到了驅逐機聲，我所在的地方近軍用機場，這是敵人轟炸的目的地，所以高射砲的炮火非常猛烈，若干火花在我的面前閃爍地爆裂。幾架我方的驅逐機出現了，他們是在雲層後面飛來的。我的上面，已聽到機關槍聲，雙方空軍正在雲中角鬥。那九架轟炸機以蹣跚的進展越入城市，倘使他們要擊中目標，必須保持著他們的陣線，前列三架現在已抵城南的上空了。

經歷過許多次空襲危難的宋美齡，在空襲過後，總是一馬當先趕去巡視損害情形，這次亦不例外。

下午三點二十分，此刻空中連飛機引擎的聲音都沒有了，空襲約在三點四十分結束。按著向例，我要出去觀察有什麼損害，以及調查空戰的勝負實情，我就驅車往飛機跌落的地方去。街頭的人民鎮靜得像不曾發生什麼意外事情，那裡的婦女和小孩聽到了空中燃燒的怒吼，看到了附近一家房屋的傾圮，從容地也不覺驚惶。消防員正用皮帶和水龍努力救火，火勢接著就熄滅了。我越過了煙霧瀰漫和焦木縱橫的幾個門戶之後，有人告訴我，飛機殘骸就在那裡，但已損毀得難於認識。並且有人告訴我，日機師殘餘的首級也在那一片焦炭之中，可是我沒有去看，我所急欲知道的是同胞有沒有損傷，可惜大家還不知道。一位警察對我說，須待清理之後才能發現。我回到家裡，知道擊落了三架日機，上午還有二架，那二架是中途就被截攔，沒有到達南京。參加空襲的敵機，計雙發動機重轟炸機九架（每架載空軍六人）和六架驅逐機，我方的損失計二架被迫降落，機師四人受傷，一人犧牲了生命。

宋美齡更在為美國媒體寫的這篇文章中，控訴美國的不公不義。

當我的文字中途被空襲所打斷的時候，我正說到，我們即使用最悲觀的態度來推測，也想不到美國竟會禁止船舶運輸軍火來華，並且拒絕須發赴華美籍教練員的護照。然而我們的抗戰完全出於自衛，完全想抵禦強暴無理的侵略者。

宋美齡呼籲的標的，是美國的社會大眾，為了喚起他們對中國獨力抗戰的同情與關注，她說：

現在我們的生命已受到控制；……我們的海岸已被封鎖；我們的鐵道全線受到轟

炸。而最可怖的，日本轟炸機把殘殺我無辜平民做為日常工作，無數的家室慘遭摧毀，成千累萬的人民同時死傷。鐵道的被轟炸、公路船舶的被機槍掃射和一切事業阻滯的結果，凡是把轟炸這件事不放在心上的人們，最後都將毀滅。

第二節

瀕臨死亡至少十一次

在與日本帝國主義殊死鬥爭的八年抗戰過程中，宋美齡不畏性命交關、死亡威脅。蔣介石的侍從人員計算過，宋美齡於抗戰時期，至少有十一次面臨生死存亡的危難關頭。儘管如此，她從來不膽怯、退縮。

宋美齡第一次與死神擦身而過，是在「淞滬會戰」爆發一個多星期後，某次與蔣介石巡視前線的途中。

一九三七年八月二十五日，蔣介石祕密前往淞滬地區，巡視前線部隊。陪同前往的重要首長還有副參謀總長白崇禧。為防日軍飛機轟炸，隨從人員選擇於天黑之後出發，其座車沿著京滬國道，一路摸黑到蘇州安定，會晤將領，再到崑山。

一行人在前線盤桓了一天。八月二十六日晚上，又一路摸黑回南京。果不其然，當蔣介石還在前線時即有消息傳來，說英國大使許閣森的座車，在蘇杭國道上被日本軍機以機槍掃射，以至其身受重傷的不幸事件。

這事件令人感到不可思議的是，英國大使不只平時有外交豁免特權，在戰時也是交戰各方保護的對象；況且，許閣森搭乘的這部車，不但插有英國國旗，頂篷也覆蓋著大幅英國米字旗，從空中看下來非常明顯、醒目。所以，日軍不會不知道這是英國大使的座車，但卻明知故炸，顯然存心要置之於死地。

蔣介石的警衛張毓中，在其親筆的《滄海拾筆：追憶侍從蔣介石的特勤生涯》一書中指出，「第二天，我看早報，看到英國駐華大使於昨日上午乘汽車沿京杭國道，向蘇州行駛時，突被日本戰鬥機沿途追逐，連續以機槍掃射座車，以至大使身受重傷，車翻田野。英國政府提出嚴重抗議，也引起了國際的震驚和譴責……。因英國大使的座車和隨從車，跟領袖平時用的座車和敞篷車很像；同時，兩車出現的時間、地區和車向又相同，所以我們認為敵方一定得知領袖有蘇州之行。由於我們偽裝得宜，再加上英國大使車背上蓋有非常明顯的英國國旗，日方一定認為是我們的偽裝，而誤以為是領袖的座車，就毫無顧慮的狠下毒手了。」

宋美齡第二次與死神擦身而過，是在十月二十二日。而且直接遭逢性命交關，險些不幸遇難。

《蔣公侍從見聞錄：侍從人員史》一書記載：「其時，日本軍司令部察知蔣夫人常赴前線，遂下令空軍與砲隊隨時注意對蔣夫人攻擊。十月二十二日，夫人正馳車至上海前線慰問將士，司機為逃避敵軍砲火，行車速度乃增至每小時六十英里，而公路多已損毀，在急轉時，有一車胎損壞，汽車隨即衝入附近水溝，夫人因而翻車受傷。當此消息傳抵領袖身際時，不禁焦急淚下。侍衛人員對於夫人此一不幸事件之發生，憂戚與不安之情，歷久不已。」

不過，該書僅說宋美齡「翻車受傷」，沒說她傷勢如何。倒是蔣介石的一封電報透露了進一步的情況。他在十月二十六日拍發到上海，給在中央銀行的外甥孔令侃，請他轉交宋美齡的電報中說，孔祥熙「來京，聞吾愛面部受傷，甚念！滬戰不利，恐交通被阻，如能行動，務星夜回京，俾得安心調護。」可知，其除了女人最在意的面部受傷之外，身手可能也受影響。

宋美齡第三次與死神擦身而過，是於十月二十八日。

因為日軍突破國軍大場陣地，蔣介石因此偕宋美齡前去巡視。為行軍安全，避免暴露，侍衛長王世和特別

許閣森（Sir Hughe Montgomery Knatchbull-Hugessen）爵士，英國外交官、作家。一九三〇年，任英國駐愛沙尼亞、拉脫維亞和立陶宛公使。一九三四年，任英國駐波斯大使。一九三六年，任英國駐華大使。據說日軍突襲事件中，他的背骨受創、肝部中彈，送醫急救之後，才勉強從鬼門關被搶救回來，差一點就全身癱瘓了。

將原本隨行在蔣介石座車、後面的二部黑色隨從車輛，改為敞篷車；行駛於前，手持望遠鏡，時時對空瞭望，敵偵察機蹤影，以便隨時應變。同時派出特務組人員，率同軍統局、特警人員，在沿途各地祕密護衛。蔣介石、宋美齡夫婦於是日拂曉時分出發，近午時分抵達蘇州留園的京滬警備司令部，約見前線將領。到了黃昏，光線微暗時，再往蘇州車站，轉搭小型火車赴崑山前線，視察、慰問國軍，並連夜返回，當晚十二時回到蘇州車站。

就在這時，突發狀況，只聽得天空中轟隆隆的，明顯是敵軍的轟炸機臨空了！這個時間點，正巧就在蔣介石扶著宋美齡的手走下火車的瞬間！敵軍如果不是得到情報，實在很難讓人相信，這單純只是巧合。當下，侍衛人員個個面露驚惶之色。蔣介石畢竟是軍人出身，站在二列專車月台上的他，約莫遲疑了二秒鐘，就扶著宋美齡快步走進另一「專列」裡。這時，侍衛人員都焦急的不得了，雖然都分散在專列周圍警衛，但唯恐這時敵機發現專列，投下重磅炸彈。更糟糕的是，車站的燈火管制不夠徹底，敵機都已經臨空了，還有燈光未熄滅。日本的轟炸機轟隆隆地飛過專列上空，朝南京方向飛去。大家翹首張望，是十五架編隊整齊的轟炸機。所幸沒被發現，僅僅虛驚一場。否則，蔣介石、宋美齡夫婦恐怕很難全身而退。

就像這樣，宋美齡一次又一次，總共十一次，走在生死邊緣，但她始終往前，毫不退卻。可知，她的愛國精神不光坐而言，更起而行，徹底的落實，是腳踏實地去做的。有關宋美齡冒險犯難的事蹟，也將在接下來的篇章裡，陸續介紹。

第八章

兩場大病，兩度改寫民國歷史

蔣介石官邸醫官熊丸，在評說蔣、宋的身體狀況時說，宋美齡固然比蔣介石長壽，其實她的身體健康情況並不好，體弱多病。換言之，她能活一百零六歲，享有天年，實在是她的命好。她的身體底子並不見得好。

第一節

金枝玉葉，體弱多病

宋美齡這一生大小病痛不斷，史不絕書，從《蔣介石日記》、各個名人回憶錄，到政府正式或非正式的檔案記錄，有關宋美齡病痛的次數與情況不下一百次。茲列舉幾個重大病痛事例，印證宋美齡的「金枝玉葉」與體弱多病。

小產

宋美齡沒有生養小孩，原因複雜，但最重要的是，她歷經過幾次流產，導致她無法正常生育。這毋寧是蔣介石、宋美齡夫婦最大之遺憾。關於宋美齡小產的記錄，可以《蔣介石日記》及其祕書參閱相關函電令告，並節抄他的日記，編撰而成的《蔣中正總統檔案·事略稿本》等第一手檔案為證。一九·一九年七月二十六日的《事略稿本》記載，蔣介石寫了一封信，給中國國民黨中央黨部祕書長陳立夫，說：「中到滬，……家人小產病劇，故須告假數日。」洩露了宋美齡流產的祕密。

五十肩

宋美齡的身子骨不佳，從她流產之後似乎就沒有改善過，而且毛病不少。一九三六年十一月二十九日，西安事變爆發十二天前，宋美齡打電報給蔣介石，關心彼此的病情。當時，蔣介石人在洛陽，下一站就是西安，以部署第六次「剿匪」。

洛陽，蔣委員長親鑒：

儉未電悉。妹病略輕，舉臂仍痛，現用電療。風塊服藥，午、晚略有熱度，妹自知保重，請兄放心。聞兄腿痛，想係風寒。明日飛機連衣服寄上擦藥一瓶，請試用。

妹美叩。豔午印

由這封不滿百字的電報可知，宋美齡的身體狀況真的不佳，困擾著她的毛病不少。其中之一是手臂疼痛，舉起來會疼，這很像是俗稱「五十肩」的徵候。宋美齡當時還不到四十歲，會得五十肩，恐怕係她平日案牘勞形，坐辦公桌過久，幫蔣介石處理私人文件過勞所致。宋美齡說她現以電療之。

蕁麻疹

困擾著她的另一個毛病是「風塊」。風塊，又名「風疹塊」、「風團」、「風癲」，亦即蕁麻疹（Urticaria）。因為犯這毛病時，患部皮膚會形成一塊一塊紅腫狀態，奇癢難耐，無奈愈抓愈癢，哪怕是搔抓到皮破肉爛也無法止癢。所以，宋美齡只能吃藥控制。這毛病不只讓宋美齡吃足苦頭，且困擾她一輩子。抗戰爆發前夕，宋美齡健康情況依舊時常出狀況。例如宋美齡在寫給蔣介石的一封家書裡說：

夫君愛鑒：

別來數日想念為勞，頃奉手書，並子安弟來此得悉一一，至慰至慰。妻抵港翌日，已請此處最著名之醫大教授英人會同葉君診治，研究結果斷為，與一般之風癲症截然不同。其原因係由於一、操勞過甚為神經之影響。二、皮膚細弱為暑氣所侵，是以前此之醫法均無效果。故除改用新藥外，並須在適當環境注重養息。

從宋美齡的這封親筆信可以得知，她曾經到香港治療這個痼疾。當時，包括香港大學醫學院的英國教授在內的專家即確認了，宋美齡的身體狀況，主要在神經系統和皮膚兩方面出現問題，與一般蕁痳疹不同。抗戰期間，宋美齡仍然持續受此痼疾纏身之苦，乃至珍珠港事變前，甚至冒險自重慶祕密前往香港就醫。惟其依舊反覆發作，十分困擾她。一九四三年十二月十八日，《蔣介石日記》說宋美齡「皮膚病復發，其狀甚苦，至深夜二時方熟睡。」可見，蔣介石也因枕邊人皮膚病奇癢難耐，輾轉反側，被她吵得一夜不得安睡，大半夜還被吵醒。

精神衰弱

另一個如影隨形，十分困擾她的毛病，是嚴重的精神衰弱。九四三年十二月七日，《蔣介石日記》載：「妻近日心神不安，故目疾。痢疾交發，痛苦甚劇。」

第二節　胃病以致西安事變

宋美齡最常因為胃病臥床，竟至痛不欲生。在《蔣介石日記》及《蔣中正總統檔案．事略稿本》裡，有關宋美齡胃病，蔣介石致電或寫信慰問的情況屢見不鮮。殊不知，宋美齡的胃病甚至改寫了民國歷史。

張學良晚年，回顧西安事變時，曾經不無感慨地說，事變當天，要是宋美齡也跟著蔣介石到西安，諒必不會發生兵諫事件了。無奈，自事變前半年以來，宋美齡即苦於胃病，久久不癒。

茲舉二、三則西安事變前夕蔣介石、宋美齡之間的電文，印證張學良所言不虛。

一九三六年九月二十五日，蔣介石從廣東打電報，給在廬山牯嶺養病的宋美齡，問她：「胃氣如何？甚念，請即派機來粵。為盼。」回到上海之後，宋美齡打算做個詳細的檢查，看看胃部出了什麼毛病。所以，十月二十四日，蔣介石又去電關切，問道：「貴恙是否胃病，照X光線結果如何？」

雖然尚在等候檢查報告，但宋美齡為了讓蔣介石釋懷、安心，因此在十月二十六日打了一通電報給蔣介石，說：「敬已電悉，照光結果，妹病係胃口上生瘤，醫云須謹慎調治。」

這則電報凸顯了民國時期，上海、南京的有錢人家，身體似乎都不怎麼好。當年不比今日各種儀器、設備一應俱全，X光透視攝影機已屬最先進的了，也大概只有像宋美齡這種有錢有勢的富家千金，才花得起錢照X光。照射之後，醫師發現宋美齡的胃部長了一個「瘤子」，即息肉之類的病徵，所以經常讓宋美齡覺得胃部不適。

以現代醫學科技之發達，無論是開刀或以內視鏡儀器切除，都是小手術；但是，在二十年代的中國，還不是這麼流行動刀割治的。這對當年末及「不惑之年」的宋美齡而言，生這種「怪病」，也不能算是小病痛了。只是，除了在家靜養，也沒有什麼更好的醫治方法。否則，以宋美齡那麼愛陪著丈夫，到處巡行的習慣，怎麼可能閒得下來。之前蔣介石巡行各地時，宋美齡總是夫唱婦隨、跟前跟後。而張學良和宋美齡是交情比諸蔣介石還要深遠的老朋友，加上她善於穿梭交際，當時她若在場調和、折衝，必可化解張學良、楊虎城、蔣介石三人硬碰硬之死局。

換句話說，要不是因為宋美齡犯胃病，臥病上海，無法跟隨蔣介石巡行西安，也不會搞到一發不可收拾，爆發張學良、楊虎城兵諫，綁架蔣介石事件。可知宋美齡胃裡的這一小顆息肉，改變了民國史，甚而影響國共兩黨日後爭雄天下，的確令人嘖嘖稱奇。所以說宋美齡的胃病改變了民國史，一點都不誇大。

從蔣介石、宋美齡之間的函電往還內容可以窺見，抗戰前後十餘年間，宋美齡仍然為胃病所苦，進進出出醫院不知凡幾。

一九三七年五月二十六日，胃病復發，在上海養病的宋美齡於病榻上給蔣介石寫了一封信。

夫君愛鑒敬覆者：

大函奉悉，聞貴體大有進步，欣慰無既。妹近日胃病復發甚劇，現仍延醫診治。兼以近日著作甚忙，《西安半月記》及回憶錄之英文本前日已出版，中外人士爭購一空，有添印不及之勢。外國各報評論一致讚美，印象不能再好。英、美各國輿論對此亦時有良好評論，寄來閱之，殊為愉快，想吾兄亦必樂聞也。牧先生今日來滬接洽新運工作。英大使關於英、日談話覆函已寄到，茲特譯就呈請鈞閱。另寄上譯文四件，請一併核閱為盼。天氣寒燠不常，貴體初愈，務望謹慎珍攝為望，專此頌請安。

美齡手啟　五、廿六

宋美齡這封以鋼筆寫的親筆信，是用抬頭印有「Generalissimo's Headquarters Of The National Forces」字樣的，蔣委員長辦公室專用英文信紙。宋美齡信中開頭寫的「貴體大有進步」，指的是蔣介石在西安事變遭叛軍追捕時，爬上圍墻，縱身下跳，跌進牆外溝裡，以至腰部受傷那件事。

在抗戰前後，蔣介石、宋美齡歷次魚雁往返中，可以窺見信中噓寒問暖，多是在關切彼此的身體健康，情溢乎詞，令人共鳴。尤其宋美齡的身體可以說是迭出狀況，健康情形不佳，屢為蔣介石憂心。在戰爭年代，那就更不用說了，只要生活稍微緊張一點，胃部疼痛或不適症狀即反覆發作，令宋美齡不勝其擾。

當時任職侍從室電話監聽員，專門負責蔣介石與軍政機關電話轉接，與監聽工作的王正元，晚年在接受媒體訪談時，曾描述了宋美齡久受胃病之苦的情狀。王正元說，宋美齡胃部不舒服，蔣介石的侍從醫官吳麟孫，給她看過幾次。宋美齡吃他開的藥之後，一直未見起色。後來又找了重慶的一些名醫來診治，也沒有效果。病情沉重時，宋美齡整天臥病在床，只能吃點流質食物，苦不堪言。令宋美齡為難的是，蔣介石軍政事務繁忙，天天都會接見外國訪賓或者外國顧問，蔣介石英語不靈光，雖有翻譯官陪同，蔣介石又未必滿意，宋美齡經常得撐起病體，抱病從公。

為了照料宋美齡，從娘家時期就一路服侍她的貼身女傭「蔡媽」蔡阿金（又名「蔡祺貞」）天天衣不解帶。見女主人整天病懨懨的，英文女祕書陳純廉每日還毫不放鬆，追著宋美齡請示公務，讓蔡媽看了著實心疼。有天見宋美齡臥床呻吟，狀似痛楚，蔡媽眼裡忍著淚水，用揚州話說：「我就不相信西醫！」宋美齡躺在床上，無精打采地看了蔡媽一眼。

身材壯碩高大的陳純廉，也在一旁應和說：「夫人何妨試試中藥？」蔡媽說她的母親和姨媽吃了中醫師開的藥方之後，多年胃病痊癒。陳純廉因此向宋美齡推薦了「金陵四大名醫之首」的張簡齋，「請張大國醫來看診，病情必有轉機。」並說他「現已從南京逃難到重慶」。

宋美齡那次胃病大概實在太難受了，遍訪西醫又屢屢無效，只好姑且一試，請人去重慶瓷器口找張簡齋。受命去找張簡齋的陳希曾，帶著警察，好不容易找到張簡齋家，殊不知張簡齋有抽鴉片煙的惡習，一直找到臥室裡，這才把蜷縮躲在被窩裡，嚇得全身直發抖的張簡齋給「請」了出來。張簡齋之所以這麼害怕，是誤會警察去抓抽鴉片的毒鬼。曉得陳希曾的來意後，只好跟著去一趟蔣介石寓所。說也奇怪，宋美齡吃了張簡齋的兩帖藥以後，便止住了胃疼；再服了二帖藥，就好久沒再發作過。據說，宋美齡知道張簡齋雅好「阿芙蓉」，縱使她與蔣介石在推行「新生活運動」，極力禁煙，看在張簡齋為她解了胃疼之苦，竟然「網開一面」，特意交代警察局「關照一下張醫師」。言下之意，以後張簡齋抽鴉片煙時，警察就睜一隻眼閉一隻眼吧！

不過，中醫再怎麼神奇，有些痼疾仍舊無法一次根除。恐怕張簡齋也沒真正把宋美齡的胃病完全根治，宋美齡依然未脫離病痛之苦。

一九四〇年二月十七日，宋美齡從香港致電給重慶的蔣介石，說：「新藥俟詢醫生，購就即寄。妹日來頗感不適，昨日轉劇，嘔吐六次，心跳慢弱，今日已略好，諒無大礙，請釋遠注。」

看起來，宋美齡仍然是受胃病所苦。

蔣介石隨即打電報給香港中央銀行的孔令儀，請轉宋美齡。孔令儀是孔祥熙的大女兒。說：「貴恙如何？甚念。最好能入醫院靜養也。」不過，宋美齡並未聽從蔣介石的意思，因為她早已打聽過了，香港幾家英國人開的醫院設備條件都不夠好。住在醫院裡，生活諸多不便。所以她情願待在香港寓所裡養病。她在給蔣介石的電報上說：「篠電奉悉，病已好轉，此間英式醫院不合宜，在家靜養較妥，請勿念。」

蔣介石接電後，也隨即回覆宋美齡說：「復病痊甚慰，兄擬即日回渝。」惟其病況愈來愈嚴重，最後迫不得已，必須繞過半個地球，到美國求醫。

第三節

赴美治病，竟成正式訪問

在宋美齡心裡始終有個揮之不去的死亡陰影，因為當年醫師告訴她「胃口上生癤」，但這癤子是不是癌症？醫師不敢確定。這讓宋美齡乃至蔣介石為之憂愁不已。這種心情在一九四二年十月二十九日的《蔣介石日記》中展露無遺：「妻體弱神衰，其胃恐有癌，甚可慮也。」

宋美齡之所以鎮日疑神疑鬼，懷疑自己恐怕得了胃癌，是因為她的父親宋耀如在一九一八年五月三日因胃癌過世。她杯弓蛇影了這麼些年，只要腸胃不適，就聯想起當年纏綿病榻的父親，聯想起胃癌，擔心自己會不會也「遺傳」到了。畢竟，以三十年代的醫學技術，得了癌症無異宣告死刑。蔣介石也為此憂愁得無以復加。加上美國總統羅斯福已多次盛情邀請宋美齡訪美。隔二天，他「決定（讓）妻飛美醫病，恐其有癌，不如早割也。」是以，十一月十八日，宋美齡飛美就醫。

十一月二十七日，宋美齡至紐約的哥倫比亞長老會醫學中心，第二天就給蔣介石發了一通長電報：

大姊譯轉。

介兄：

妹感（二十七日）由機場逕入Harrness Pavilion醫院，當在機場迎迓有羅總統代表Hary Hopkins陪至醫院，彼即告羅夫人擬妹下榻後來訪，並謂羅氏派伊招待如有任何效勞之處，直接告知，彼當為辦理一切。除表示申謝外，及告因航途辛勞，約羅夫人翌晨十時來談。今晨，羅夫人準時到院，妹表示此次來美儘以私人看病，對美國政府並無任何要求。彼即謂美國朝野人民異口同聲對妹極為仰慕，均認妹為全世界女界中第一人物，即彼與羅總統亦素欽慕。

接著又說：

此次能有機會相晤，竊心慶幸。魏剛對遠東問題完全欠有認識，但對兄妹二人則頌揚滿載，彼續謂羅氏正苦無法與兄討論各種戰後問題，故今鈞座如此機會對諸關係方案，均可透澈作談，盡量交換意見，兄現正其時。若妹在戰後來美，明日黃花尤嫌太晚。彼又詢我對英態度，妹不做表示，反詢彼對英印象。據告此次赴英觀察，英國人民之努力實可讚美。若無英國之一階段抗戰，美情況或較現在必差，彼對丘吉爾則認為徒可為英戰時領袖，戰後恐不足在領導地位。妹隨即問丘吉爾曾謂彼決不做帝國鎔解最強首相，則當做何解釋？羅夫人則謂，彼對英守舊派之不能隨世界趨勢進化，已做定見矣。

宋美齡這封電報之所以會著墨英國，自然也是蔣介石的事前交代。自七七事變以來，英國除了扮演調人之外，對中國始終不夠友善。再者，蔣介石更關心戰後英國在亞洲，乃至中國，是否亟思繼承戰前的殖民利益，意圖繼續宰制亞洲和中國。所以宋美齡接著表示：

Bevin（倍文）曾告彼，戰後英仍不放棄帝國政府。但羅夫人則認為戰後民族思想定布全球，任何一民族亦決不甘受他人來制配。彼繼即詢印度問題，並告彼曾有意去印度做就地考察。但羅斯福提出要求，不期誤會，乃就作罷。繼即詢印度問題，並謂印度之困難尤為宗教及階級。妹告此固為其最大問題，但英在中作祟，尤增其嚴重性也。又告在甘地及尼赫魯未入獄前數日，我駐印交涉使來電報告，印已準備接受克利浦斯條件，惟只要求兄與羅氏做擔保，但因甘禁事寢，兄亦則來電羅氏。羅夫人遂謂應如何改變美人態度，而使美人感激我抗戰對美之貢獻。妹即謂中國之抗戰乃為全人類而犧牲，今羅夫人既與余不謀而合，真亦稱忠。彼聞後極感動，即自動來親妹頰，並謂希能做妹私人朋友。最後又告羅總統擬派現在共和黨之主席Edward Flynn（愛德華・富林）為美駐華大使。彼與羅已有二十五年之歷史，且羅對彼甚是信任，雖Flynn（富林）氏對遠東問題完全不諳，但此人尚屬可教。例如彼以前對婦女工作之重要毫無關及，今已能體會其重要。臨行又允下星期再來訪，並擬帶Flynn（富林）來見，請彼酌定。惟妹因醫生不准見客，故紐約最重要之詐欺家欲來訪問，恐均不能見。今日共談一小時半左右，所談極洽。

蔣介石接到宋美齡這封電報之後，十二月五日隨即回覆她，說：「近日身體有否進步？甚念，儉電末句所說『不能見』者指何人？望明知。如總統問及中英同盟之意如何，則可問其高見如何而後再答，其當電兄詳商，不可有拒絕之意。本日星六，甚冷落，更念也。」

撇開兒女私情不論，蔣介石這封電報彰顯了二層意義。其一，蔣介石關心中英同盟在印緬戰場上，共同抗擊日軍的問題。他希望宋美齡代表他，探探美國人對中英同盟的意向。因為，國家不能做兩邊不得利的賠本買賣。其二，蔣介石給宋美齡下了一步指導棋，教她不必急切回答羅斯福方面的提問，先按下不表，預留迴旋空間。

接到蔣介石的電報之後，宋美齡趕緊回電，告訴蔣介石說：

妹將來與美國當局做談話時，唯有取十二分誠意，在平等、互惠原則下曉諭中美之利益，此雖為妹在美時深願完成者，但我在彼等心目中只為伸手索物者，此兄定已諒察。無論如何，妹抵美宗旨以代表社稷及兄，當盡力為之，惟決不肯失國家及兄之尊嚴。

宋美齡所謂的「美國當局」，指的自然是羅斯福。宋美齡非常清楚，這趟美國之行，至關重要的目的就是，代表蔣介石會見羅斯福。這段話可以說明宋美齡是一位有政治智慧的女性，她說：「我在彼等心目中只為伸手索物者。」但是，這個「伸手索物者」不是乞丐，而是一個有尊嚴、有人格與國格的中國人。宋美齡接著說：

妹到美後，民眾自動熱烈歡迎，情緒正可感人。亦妹素來盡心培植者，今乃見其收穫。到後千緒萬端，尤感缺乏助手，文件一項，已感隨從人員不敷，況內外交接，均由妹一人負擔，終日應付，尤感精神、時間之不足，故盼兄能催請大姊及文兄從速來美，以分妹之勞頓。為公為私，均有利益，盼兄對之特別出力，贊其成行。如何？盼復。

妹美齡

這段內容正是宋美齡致電蔣介石的重點。宋美齡深知，她即將面臨爭取美國支持的重頭戲，在會見羅斯福的期前準備工作，工作力度必定很大，工作分量必定更重，如此巨量的工作，必然不是靠一個宋美齡和少數隨從人員能應付得來的。況且，見過羅斯福之後，她勢必隨之進到美國參、眾兩院，和美國國會議員正面接觸。如果要爭取美國政府對中國抗日戰爭源源不絕的支持，首先必須做好和美國總統（白宮）與國會的遊說工作。宋美齡深切了解到，以駐美國大使館現有人力，做好日常外交行政庶務已經差可自保，更遑論要協助宋美齡、當她的助手，恐怕完全派不上用場，況且宋美齡打心眼裡也看不上這些職業外交官。

也在這前後，孔令偉打電報給蔣介石，說：「據醫生檢查後，具體報告謂，姨母因多年之勞致影響神經，今用種種考驗，知悉常人所用藥品均不能施用，因服藥及注射後反應極烈。此種神經系之病態極為複雜，故醫生令其多休息，不准見客。觀姨母近數日無精神，甥在旁奉侍亦苦束手無策也。」印證宋美齡來美之二大目的，一是治病，二是代表國府爭取美國奧援。同時也說明宋美齡的身體狀況的確不佳，除了胃病，神經系統毛病則是抗戰時期的宋美齡的另一心腹大患。

宋美齡經七十餘日之療養，漸見康復，加上宋美齡到訪美國的消息，在美國媒體偵悉、披露之後，引起美國民眾的高度關注與興趣。宋美齡乃藉著這個機緣，以「蔣介石夫人」的身分，展開正式訪問。為期七個半月的訪美行程，堪稱是宋美齡畢生事業與榮耀的巔峰時刻。外界鮮少得知，宋美齡此行竟也與她的病痛有關。

這趟美國之行，固然是羅斯福基於美國自身戰略利益之考量，希望結合中國，共同對付亞洲的大敵——日本帝國主義者——而主動與國府當局接觸，並多次盛情邀請促成的。殊不知宋美齡會首肯，根本的理由是，希望藉著赴美訪問的機會，到美國的醫院做一次徹底的檢查，以解開內心縈繞多年的心結，弄清楚自己是否真的罹患胃癌。所以，宋美齡這趟締造民國外交史上最璀璨、光輝一頁的美國之行，完全是「無心插柳柳成蔭」的因緣際會，完全出乎蔣介石、宋美齡意料之外。而這又是由於宋美齡的病痛，改寫民國史的一例。

《大溪檔案》（現稱《蔣中正總統檔案》）詳細記載，宋美齡這趟訪美之行的全盤經過，也揭露了許多鮮為人知的祕辛。首段說明宋美齡應邀前往美國訪問的緣由。

「太平洋戰爭爆發後，中、美兩國間之關係日益密切，三十一年七月，美國總統羅斯福派其行政助理居里來華，為盟軍戰略飛機供應與戰後政治等問題，與蔣委員長廣泛交換意見。居里返美後，羅斯福總統曾於九月十六日致函委員長，除對居里歸報各項表示興奮外，並謂：『福與內子重行熱烈邀請蔣夫人來訪美國與白宮，福等必能為彼盡除外界之攪擾也。』未幾，羅斯福總統又派威爾基氏代表來華，與蔣委員長商討，加強中美合作與戰事善後等問題。歸後，羅斯福總統復於十月六日致函委員長，懇切表示其與羅斯福夫人，深望能有一日歡迎蔣夫人之來美云。」

次段說明宋美齡除了正式訪問的任務以外，去美國的目的主要是去醫病。

「是年十一月，蔣夫人經委員長同意，遂有訪美之行。美國朝野人士極表重視，咸信蔣夫人將藉其崇高之理想與真摯之熱情，加強中美合作及盟國之各項作戰努力。夫人此行，一方面係應羅總統迭次之邀請，一方面乃為治療其五年前所受之舊傷。因抗戰之初，夫人曾親赴淞滬前線視察，當其所乘汽車通過日方猛烈砲火轟炸之下，車胎突然炸裂，車身翻轉，夫人猛跌於地；以後五年半間，夫人因忙於戰時工作，未嘗有療養之機會，至是始聽從醫生之勸告，赴美就醫。」

第三段在說明美國當局基於國家利益考量，給予宋美齡最優待的醫療服務，蔣介石特意致謝。

「當蔣夫人決定赴美，行將起啟之際，蔣委員長特於十一月十六日致書羅斯福總統，略謂：『內子之病承蒙鼎力協助，得以提前赴美，早日就醫，至為感謝，並得乘此訪問閣下與貴夫人，代中親致敬意，尤覺快慰。內子非僅為中之妻室，且為中過去十五年中，共生死同患難之同志，對中意志之明瞭，當非他人所能及，故請閣下坦率暢談，有如對中之面罄也』」

「蔣夫人於十一月日離渝，經歷非洲之阿斯馬拉阿克拉，及巴西之納塔爾，於十一月二十六日晨抵達美國南部之佛羅里達州，二十七日到紐約。羅斯福總統派其祕書霍浦金斯到機場迎接，並陪夫人進入Harrkness Pavilion醫院。二十八日，羅斯福夫人親至醫院訪問，並謂羅斯福總統正苦無法與蔣委員長討論各種戰後問題，今得此機會，對諸關係方案均可透澈暢談，盡量交換意見云。」

在《大溪檔案》原件中，關於宋美齡從重慶啟程，搭乘飛機前往美國的確切時間是空白的。大溪檔案室並特別在宋美齡訪美的案卷上註：「夫人赴美日期約為十一月十七日以後，二十日之前。但無資料可資確證，故暫留空以待續考。」所以，宋美齡從重慶出發的具體時日，一般多半以十一月十八日為主要之說法。

此外，宋美齡座機飛往美國的航程，也是一有趣問題，從重慶坐飛機前往美國，竟然花了八天時間。之所以花費這麼長時間，與當時的戰爭背景有關。宋美齡的飛機之所以途經非洲、南美洲的巴西到美國，主要是因為抗戰乃至太平洋戰爭爆發之後，中國東部沿海和西太平洋盡為日軍占領、控制，從重慶往美國的航線被阻斷，被迫以繞遠路的飛航方式，繞過大半個地球，花費八天航程才飛抵美國。

下面這段則是記載宋美齡赴美醫病，經過初步之診治，發現她一身是病，而且病況十分複雜。尤其值得注意的是，她罹患了神經系統方面的毛病，這個病甚至延燒到二年之後，演變成一次嚴重的大發作。

「蔣夫人蒞美後，報章雜誌紛載歡迎之詞，並競傳夫人事蹟，朝野對之備致尊崇。蔣夫人在院經醫生檢查後，知多年辛勞致影響神經系統，病情頗為複雜。醫囑須多事休息，然夫人因愛國心之驅使，雖在養病期中，仍以國事為重，不時將在美見聞電告蔣委員長，以供外交上之參考，其抵美之初，即抱定將來與美當局進行談話時，惟有取十分誠意，在平等互惠原則下，兼顧中美二國之利益，並決以國家及委員長之尊嚴為重。」

《大溪檔案》揭露的另一項隱密是，宋美齡的訪美之行，光是在醫院裡就待了七十多天，儘管花了那麼長時間的療程，可是她的病仍然只是治了標，而未治本。

「夫人經七十餘日之療養後，漸見康復，醫生仍以節勞相勸。羅斯福總統夫婦因請移居海德公園（Hyde Park）總統之別墅中，再事靜息。夫人感於美總統夫婦之盛意，乃於一九四三年二月十二日前往海德公園小住，並準備在美國各地訪問與演講之程序。是時美國國會正式邀請夫人前往演講，夫人為此事曾以預擬講辭之要點，電請委員長核示。委員長遂於二月十二、十三兩日連續致電詳予指示。

「蔣夫人在環境清幽之海德公園中靜居一週後，健康更見進步，遂於二月十七日赴華盛頓訪問白宮。當日下午抵華府，羅斯福總統夫婦親至車站迎迓。

「二月十八日中午，蔣夫人由羅斯福夫人陪往國會，先在參議院做十五分鐘之演講，其要點有三：『(一)貴、我兩國之傳統友誼有一百六十年之歷史，余感覺貴、我兩民族所具相似之點甚多，余並相信具此感覺者不僅余一人，此種相似之點即是吾人友誼之基礎……。(二)余在幼時曾來貴國，認識貴國人民，並曾與之相處，余在貴國度過余心身長育之時期，余操諸君之語言，不但操諸君內心之語言，且操諸君口頭之語言，故今茲來此，亦有如見家人之感……。(三)諸位友人，余感覺吾人不但應有理想，並應宣布此種理想，而且應以行動實現此種理想。』

宋美齡的康健與否，竟然可以影響左右民國史，可想而知，她在民國史上的關鍵地位。只是，一九四四年，宋美齡又再出國，遠赴巴西治病。《蔣介石日記》中提及，宋美齡依舊擔心得了胃癌，可以證明絕症的陰影一直在她的心頭揮之不去，時時刻刻擾動她的心志，讓她鎮日心神不寧。

第九章

離家出走，學司馬懿 裝病整蔣介石

三國時代，司馬懿裝病得天下。
宋美齡未必有當女皇的野心，但卻裝病惡整蔣介石。

第一節
流連香港，稱病不歸

上海淪陷之後，因為孔令侃派駐香港，孔宋家族即在香港置產生根，在這南方樂園找到暫時棲身之地。因此，在珍珠港事變之前，香港，這個英國殖民地成為過慣上海紙醉金迷生活的孔宋家族的「小上海」。在那裡，既可以繼續過著上海的資產階級舒服日子，還可以在英國殖民主義皇冠頂上這顆東方明珠，就近「關心」孔宋家族金融炒作的「國家大事」，公私兩便。宋美齡因而多次以「住院看病」的理由，前往香港。

估計宋美齡因為香港住著孔宋家族一大家子的親屬，加上這裡萬商雲集，街市繁華，有吃有喝，熱熱鬧鬧，而且香港有亞洲地區最好的英國醫院，可以供宋美齡在那裡安心調養，療治一九三七年十月的那場轟炸意外磅傷；還可以在香港躲避日軍沒天沒夜的疲勞轟炸，免去每天躲警報、跑防空洞的危險與緊張。宋美齡因此流連香港，稱病不歸，每每要蔣介石函電交馳，乃至低聲下氣，三催四請，好不容易，宋美齡才施施然移駕回國。

宋美齡和孔宋家族成員是什麼時候去香港的呢？《大溪檔案》中一封孔令侃呈轉宋美齡致蔣介石的電報可以揭曉謎底。

民國廿七年一月十二日

發電地點：武昌 限即到開封

委員長蔣：密。妹今日午後五時平安抵港，請勿念。

妹美，真酉印

香港中央銀行孔祕書令侃：

轉三姨。電悉，到港，甚慰。

兄中

這一來一往的二封電報，說明了宋美齡是在一九三八年一月十二日，上海、南京相繼淪陷後，國府遷至武漢辦公的這段期間，與孔宋家族成員去香港的，估計宋美齡離國的地點應該是武昌。

宋美齡這趟香港之行，停留的時間應該不久，但她的離去卻為身陷戰火、戎馬倥傯的蔣介石心頭，投下了巨大的陰影。可想而知，方方面面離不開宋美齡的蔣介石，沒有她的相伴，其內心是何其徬徨不安。蔣介石惟恐宋美齡就這麼一走了之，長住香港去了。這段期間，孔令侃自然成為蔣介石、宋美齡電報往返的居間轉達者。一月二十五日，原定這幾天要回漢口的宋美齡，打電報跟蔣介石提出延期返回的要求：

國民政府軍事委員會辦公廳機要室電報摘由箋：夫人

來處　無線　菡有電

一月二十五日（民國二十七年）

妹本定近日返漢，現因大姊偶仆，微傷肋，故擬再留數日。行期有定，即當電告，請釋念！

宋美齡明白蔣介石公私兩忙，離不了她，偏偏不湊巧，宋藹齡跌了一跤，傷了肋骨。宋美齡便以這個「不是理由」的理由，延後返回。雖然如此，蔣介石仍於一月二十八日覆電，要宋美齡「早回漢。」並請代為表示關切之意：「大姊病，甚念，請代候。」但是，宋美齡的歸期，還是從元月底一直拖延到二月中。當時，蔣介石大概再也忍不住了，連番去電，催請宋美齡回來。畢竟，在抗戰情勢這麼緊張的狀況下，委員長夫人竟然滯港不歸，如眾所皆知，香港是「小上海」，這對口口聲聲高喊要「抗戰到底」的蔣介石而言，終究有損顏面。所以，他先是於二月三日打了一通電報給宋美齡，好聲好氣的說：「貴恙甚念，請安心調治，勿慮。」表示關心。二月十一日，即再去電，說：「貴恙諒痊，望速回漢。盼復。」二月十四日，以「航會改組事重要」為由再去電，「請即回漢為盼。」以那時國難方殷之際，眾目睽睽，宋美齡自然不能再以任何理由推托，只好整理行裝，回到漢口，丈夫的身邊。

事實上，整個八年抗戰期間，宋美齡幾乎每隔幾個月，就會找理由到海外，暫別蔣介石，暫別抗戰陪都的硝煙，暫別瀰漫死亡陰影、哀鴻遍野的祖國，到國外去過幾天安逸無憂的日子。尤其是英、美控制區，除了比較安全，兼可享受那裡的醫療服務。然而，宋美齡的離國、離家，僅僅只是為了治病、為了暫時舒緩心情，僅此而已嗎？

例如，一九三九年三、四月間，宋美齡藉口醫治牙疾，特意前往香港，盤桓逾二個月。只是，才到香港沒幾天，蔣介石即於三月十八日打電報給她，交代她說：「英大使信請速寄出。軍事如常，無變化。大姊電已接到，甚慰。」惟戰局惡化，三月二十一日，他又打電報給宋美齡，「請告大姊，凡上海、香港重要物品，應速移重慶為要。」其所謂「重要物品」，主要是指涉及家族之公私重要文件、函電，以及值錢的家底、財物之類的。

不可諱言，宋美齡雖然在遠離砲火的香港燕居、治病，但她並未忘情在重慶的若干重要公務，如航空委員會、新生活運動委員會、婦聯會等的運作事宜。三月二十二日，宋美齡從香港拍了一通電報給蔣介石，說：「英大使信即日可寄出，勿念。牙醫廿一日抵港。據文兄曰彼并未電汪。請問黃仁霖女學生何日抵渝。盼復。」

可知宋美齡即便人在香港，表面上是安逸、悠閒，實際上，她還是得抽空處理蔣介石交辦的重要公務。例如，寫英文信給英國大使。而她之所以滯留不歸的合理藉口，是孔宋家族從國外聘請的牙醫，一直到昨天才抵達香港。

抗戰時期，戰況瞬息萬變，身為百萬大軍統帥的蔣介石，軍務繁重自不在話下，而攸關戰爭與和平的涉外事務，更是忙得不可開交，這些涉外事務原本都有宋美齡協助操辦。曩昔一刻離不開宋美齡的蔣介石，在她暫別陪都近十天後，終於耐不住性子，隔天，三月二十三日，立即打電報催宋美齡趕緊回重慶：「黃談女學生約下星二、三可到渝。牙齒何日可醫痊？望速回渝，為盼。」但宋美齡似乎樂不思蜀，甚至還有幾分任性的成分，她就是不依、不理蔣介石的遙遙頻相催促。

三月二十七日，蔣介石在電報上用幾近央求的口吻說：「近日南昌戰事甚烈，吾愛何日回渝？盼即復。」希望宋美齡早日賦歸。跟著，蔣介石又發了一封電報給宋美齡，說：「母親誕辰不克親祝，甚歉。唯有禱告上帝，佑吾妻康健、平安耳。」想藉此打動宋美齡的歸心。

不過，不知為何，儘管蔣介石連發二封電報給她，她硬是不回電，拖了五天，才在四月二日回覆蔣介石說：

承賀敬謝。牙疼未愈，不克如期回渝，歉甚，一俟醫妥即返。子良弟本擬赴河內，醫云有六牙已壞，須補好再行，但良弟性急，亟欲離港，經囑其安心修補，約十日可好，即首途，乞不必來電，催其動身。

宋美齡對蔣介石的祝賀，竟然冷淡以對，用「承賀敬謝」四字答覆。而且，宋美齡明明已經看過牙了，卻仍推說「牙疼未愈」，意思是說恐怕還要再看牙醫，看到不疼為止。所以「不克如期回渝，歉甚」，雖說「一俟醫妥即返」，可何時「醫妥」？天曉得！不只這樣，更要蔣介石不要一再去電催促。何況，不但她本人牙疼還沒好，她弟弟宋子良也有六顆蛀牙要醫治，大概要十天才會弄好。言下之意，等孔宋家族眾親族成員牙齒全弄好再說吧！

有意思的是，雖然宋美齡交代他，別再一個勁地催了，蔣介石還是照催不誤。隨即回了一封電報給宋美齡說：「望早日回來，有事，急待處理者甚多也。歸程經安南為妥。」見宋美齡施施然猶不動身，蔣介石又在四月六日去電香港，說：「英大使將於刪日前到渝，請愛速回，并不可與其同行。何日動身？盼復。」

奇怪的是，宋美齡是一八九七生的，到一九三九年，也才不過四十初度，風華正茂，年富力強，怎麼可能因為一點點牙疼的小毛病，而影響到她的行動，以至遷延歸期，滯留在香港呢？甚至蔣介石三催四請，依舊不為所動，還明示蔣介石「乞不必來電」。這必然有一個蔣介石、宋美齡彼此之間，都難以言宣的「大事」，可是彼此卻又不便扯破臉皮講開來。

宋美齡這種「習慣性」的「離家出走」，並且「習慣性」的「裝病」而逾期不歸的情形，以一九三八年到一九四三年間，最為頻繁嚴重。令蔣介石痛心疾首，可是又對她無可如何，只有徒呼負負。縱使在抗戰最艱困、危險的時刻，身處山川阻隔、交通不便的四川重慶，宋美齡火氣上來，時常不顧一切，即叫喚蔡媽等侍從人員拎著箱籠，掉頭就走。這等狂烈、剽悍的個性，即便是蔣介石亦奈何不了她。

固然宋美齡有時真的是因為身體違和，必須到香港尋醫治病，但也有許多次純係和蔣介石鬧彆扭，身體根本好得很，宋美齡刻意滯留不歸，以惡整蔣介石，務必整到蔣介石「馴服」、低頭為止。最典型的案例是，一九四〇年二月十二日，宋美齡到了香港之後，給蔣介石打了一通電報：

重慶

蔣委員長 委座鈞鑒：八時半平安抵港，請勿念。

妹美

蔣介石接電之後即予回覆，說：「文電悉復，抵港甚慰。原有安眠藥無甚效用，如另有新藥，望便人帶來為盼。」從電報看來，其夫妻之間情緒平緩，看不出有不愉快的跡象。這次，宋美齡的確是到香港治病，所以隔天宋美齡給蔣介石的電報裡說明了她近日的病況：

重慶

蔣委員長鈞鑒：

慧密寒電奉悉。新藥俟詢醫生，購就即寄上。妹日來頗感不適，昨日轉劇，嘔吐六次，心跳慢、弱，今日已略好，諒無大礙。請釋遠注。

妹美

「貴恙如何？甚念。」蔣介石除立即覆電表示關切，還勸她「最好能入醫院靜養也。」只是，十七天後，蔣介石險些在一次空襲中遇難。二月二十九日，他打電報跟宋美齡說：「此次在柳州會議，敵機照中時間與地點大轟炸，幸賴天父保佑，除衛士十二人受傷外，其他毫無損傷。惟會議結果甚好，收穫必大，本日已安回渝。勿念。貴恙如何？甚念。」

豈料，宋美齡竟然無動於衷。到了三月十一日，蔣介石仍等不到宋美齡回重慶，心中不斷打鼓，興起懸念之意，索性再打電報給她，說：「相別已一月，吾愛生日亦到，望速回，為盼。」催她回來。

四天之後，蔣介石仍舊等不著宋美齡。於是，函電交馳，說：「今日已二月七日，望速回，為盼。」希望可以兩夫婦一塊慶祝宋美齡生辰，無奈宋美齡屢屢遷延回程，蔣介石也莫奈之何。三月十九日，只好電報祝生：「今日為吾愛生日，敬賀康健，并禱天父祝福。近日要事待商甚多，且參政會月杪開會。望速回來為盼。」由於蔣介石催宋美齡回家的電報迭迭不休，搞得宋美齡無力招架，只好回電表示：

重慶

蔣委員長鈞鑒：

辱承電賀，無任感謝。已電囑經國留渝侍奉，以待妹回，務望保重。

妹美齡

蔣介石仍然不放棄催駕的努力，仍然再三函電：「近日外交、經濟重要事甚多，望速回渝。盼復。」勸宋美齡早日回重慶團聚。但是，從宋美齡的覆電可窺知，她根本沒有移駕返國的意向。蔣介石只好遙望雲天，除了長嘆，拿不出任何辦法。

第十章

疑忌經國、緯國身世，大鬧蔣家

蔣介石、宋美齡究竟是為什麼，以至閨房起勃谿，搞到宋美齡「離家出走」、「裝病」？而她處心積慮裝病，到底是為了那樁？是怨蔣介石過去妻妾成群？還是氣蔣介石背地裡搞外遇？

第一節

蔣經國自蘇聯回國

一九三八到三十年間，接連四個年頭，宋美齡幾乎年年出訪，理由多與治病有關，或胃痛，或神經系統的毛病，或皮膚過敏、蕁麻疹，或牙疼……。老實說，這些病痛，有的的確不是一、二天就能完全斷根的，但也都不是什麼了不得的大病，均不足以影響其日常活動。毋寧說是宋美齡的心病導致她「裝病」，其「離家出走」，名為治病，實則是心病發作，想遠離令他產生「心病」的丈夫蔣介石。何以至此呢？

著名的民國史學者楊天石教授認為，引爆蔣介石和宋美齡之間矛盾的關鍵因素之一是，蔣緯國的身世之謎，他特地引述《蔣介石日記》為證。一九四〇年九月二十一日，蔣介石在日記裡夫子自道：「妻工作太猛，以致心神不安，腦痛目眩，繼以背疼、牙病，數症併發。渝無良醫，亦不願遠離重慶，以被敵機狂炸之中，如離渝他往，不能對人民，尤不願余獨居云。此三年來，戰爭被炸之情形，其心身能持久不懈，實非其金枝玉葉之身所能受，不能不使余銘感更切也。」

蔣介石這段日記，固然只有短短百來字，卻道盡了蔣介石、宋美齡夫妻共處的最初十三、四年間，所歷經的顛沛流離，戰爭年代難以言狀的各種磨難痛苦；以及在戰爭陰影下，宋美齡切身遭逢承受的身心創痛，箇中酸甜苦辣，訴說不盡。

綜觀《蔣介石日記》的字裡行間，許多內容固然都是蔣介石的靈魂自省，日常工作過程中成敗利鈍的自我對話與夫子自道，在遭逢歷史挫折時固不乏蔣介石的自圓其說、自我開脫、自找台階的「曲筆」遁詞。但是，蔣介石、宋美齡的生活私密，恩怨情仇，千絲萬縷，細密繁複，糾葛不清。畢竟人情世故內心世界何其抽象，何其難測。蔣介石與宋美齡之間的情感糾結，更難以一言蔽之，絕非三言兩語所能道盡概括。是以即便千言萬語，仍不免有意在言外，難以言宣者，須多方深入推敲爬梳，方不致於偏離旨趣太遠。

例如，「渝無良醫，亦不願遠離重慶，以被敵機狂炸之中，如離渝他往，不能對人民，尤不願余獨居云。」之言就未必符合事實。從一九三八年初到日記這天，宋美齡遠離人民和蔣介石，「離渝他往」，出訪香港的次數至少就有三次之多，而且一去短則個把月，長者二、三個月，要不是蔣介石函電交馳，不斷催駕，宋美齡還遲遲不願回重慶。例如，一九四〇年二月，她因為近日「頗感不適，昨日轉劇，嘔吐六次，心跳慢、弱」而到香港，二月十七日即「已略好，諒無大礙」，表示她的病還不至於不治療，就會有性命之憂。令人費解的是，才拿治病當藉口，寓居人稱「小上海」的南方十里洋場一、二個月，初春回到重慶。半年光景不到，九月，宋美齡又拿治病當理由，再度前往香港治病。

宋美齡何以屢屢以治病為由，不辭舟車勞頓，不畏半途病情惡化，千里迢迢的，從重慶搭機到香港。九月的這趟香港「治病」之旅，更長達近五個月之久。究竟治療什麼「大病」需要耗時五個月？在這漫長的五個月，一百五十個難挨的日子裡，《蔣介石日記》的字字句句，透露出這位強人內心的孤寂無奈，苦不堪言。例如，因為沒人陪他吃晚飯，所以「晚餐與布雷*共食，以妻赴港養病未回也。」連蔣介石與宋美齡最重視的十月三十一日（蔣介石生日）也是，乃「令緯兒來見，以今日為余陽曆生辰，陪余晚餐。妻本約今日回來，尚未見到，亦無函電，不知其所以也。」

宋美齡生日，如果她在外地，蔣介石必會致電祝賀；蔣介石生日，宋美齡居然未置一詞、一電不發，這太不合乎夫妻常情。宋美齡與蔣介石之間為何出現了裂痕？

《蔣介石日記》又言：「經、緯兩兒在港得皆見其母，回渝父子團聚，此最足欣慰之一事。如西安事變殉國，則兩兒皆未得今日重見矣，實感謝上帝恩惠不盡也。惟愛妻抱病在港，不能如期同回，是乃美中不足耳。」然則，宋美齡果真像《蔣介石日記》中

*筆者按：布雷即蔣介石文膽，侍從室第二處主任陳布雷。

所說的「抱病」嗎？抑或純屬「裝病」？

到了十一月三十日，因為宋美齡依舊藉故不回，蔣介石又在日記上唉聲嘆氣，寫道：「愛妻不能如期回渝，是乃美中不足耳」。

十二月二十四日，是西方人和基督徒最重視的平安夜，蔣介石寫道：「三年來，聖誕前夜，以今日最為煩悶，家事不能團圓，是乃人生唯一之苦痛。幸緯兒得以回來陪伴，足慰孤寂，得聞家鄉情形，聊以解愁。」

十二月二十八日，蔣介石寫道：「昨夜為中共與家事憂不成寐。」想想看，能讓蔣介石煩心到睡不著覺的就二件大事，一件是中共問題，一件是宋美齡拒不返家的問題，可見影響與創痛之巨大。

一九四一年一月二十六日，宋美齡離家已四個多月，第二天就是農曆新年了，蔣介石精神近乎崩潰地在日記上寫道：「本夕為舊曆除夕，孤單過年，世界如此孤居之大元帥，恐只此一人耳。」五天後，又在日記上寫道：「妻滯港未歸，子入團就學，故時以寂寞、孤苦為憾耳！」

宋美齡的負氣離家，給蔣介石這位不可一世的強人於精神上莫大之打擊。宋美齡以「離家出走」、「裝病不歸」為手段，與蔣介石進行的這場「神經戰」，直到二月十二日才告一段落。

宋美齡習慣以「離家出走」，做為她和蔣介石冷戰的武器。宋美齡這齣戲碼久不久就要重演一回，自然引起蔣介石內心極端不悅，被宋美齡惹煩了，蔣先生難免也有情緒反彈的時候。但可憐的是蔣介石的這種情緒反彈，卻又不好明目張膽傾洩出來，長期壓抑積鬱在心裡，難免演變成一種心理扭曲，甚至找下人出氣，讓下人承擔頂罪的情況。

日後，蔣介石的侍衛長王世和*告訴家人一段祕辛，正可印證蔣介石的潛意識裡，對宋美齡「離家出走」冷戰手法的「反彈」。一九四四年間，宋美齡又為某事與蔣介石大發脾氣，一氣之下跑到美國。之後不久，宋美齡怒氣漸消，通知蔣介石說，她將於某日返回重慶。王世和身為侍衛長，有職責向蔣介石彙報行程安排。在宋美齡返國前數日，王世和特意提醒蔣介石，說夫人將於某日某時返國，請他排出時間前往接機。蔣介石聞言不置可否，王世和忖度蔣介石可能還在生宋美齡的悶氣。宋美齡回國當天，蔣介石派座車前往機場迎接宋美齡，但蔣介石本人卻是紋風不動。王世和深知蔣介石的脾性，亦不敢主動提起。

宋美齡從機場返回官邸，怒問蔣介石為何不去接她。蔣介石不消分說，竟掄起枴杖，朝王世和打去，並責問：「為何不告訴我夫人今天要回來！」

王世和受蔣介石這麼突如其來一杖，猛然之間還弄不清楚自己犯了什麼錯，當下心想，「我不是好幾天前就報告過了委員長您嗎？」可是這話此刻又不便明講，只好啞巴吃黃蓮，硬是為蔣介石揹下了這口又黑又重的大黑鍋。

楊天石認為，蔣介石、宋美齡夫妻之間矛盾的引爆點，是蔣緯國的身世之謎，是沒錯。然而，宋美齡心細如髮，其實她在乎的事情尚不止於一端。其實，蔣經國、蔣緯國

*王世和和蔣介石有血親關係，照輩分是蔣介石的表侄。

兄弟，最初都曾經被宋美齡視之為眼中釘、肉中刺。這一點，和蔣介石、宋美齡共處數十載的王世和完全看在眼裡。

王世和日後回憶，一九三七年四月，蔣經國自蘇聯回國之初，為了會見父親蔣介石，曾在上海、杭州等地等候多時，卻無緣即刻得見，內心不無遺憾。其實，蔣介石並非不愛蔣經國，只是深知宋美齡個性的他，唯恐表現得過於急切，太早接見蔣經國，反而會害蔣經國遭宋美齡忌恨。為免宋美齡不高興，蔣介石交代蔣經國，先回鄉讀書，暫不見面。這些內情，王世和看在眼裡，洞若觀火。

王世和對身邊的人說：「夫人（宋美齡）對經國、緯國初期心存芥蒂。」但這本不足怪，畢竟她當初也曾希望生育一男半女，擔心蔣經國、蔣緯國獨占了蔣介石的子嗣之愛，所以竭盡可能離間其父子，這是年輕時的宋美齡「多一個心眼」的算計。

五、六月間，蔣經國返回奉化後，蔣介石命毛福梅在豐鎬房，為蔣經國、蔣方良補辦中國式婚禮。蔣介石思慮周到，唯恐蔣經國婚禮太過招搖、張揚，引起宋美齡不悅、「傷心」，故私下命王世和回鄉操辦雜務；並要毛福梅單獨主婚；自己隱身幕後。儘管婚禮十分低調，沒想到，依然被遠在南京的宋美齡察覺。這場在奉化舉行的婚禮，像一根鋼針似的，不斷扎刺著她纖細敏感的心房，宋美齡的心終究被這根鋼針刺傷了。

第二節

蔣緯國自德國歸來

歐戰爆發後，一九三九年，蔣緯國自德國輾轉回國。蔣緯國的身世問題，曾經成為報章花邊新聞渲染的焦點。消息靈通的宋美齡得知當年有一本新書名叫《Inside Asia》，特闢一章，描寫蔣緯國的身世之謎，直言戴季陶才是蔣緯國的生身父親。乃託人從國外買回這本書。看了之後，宋美齡感到極度不悅。她質問蔣介石，蔣緯國究竟是不是他的親生兒子？如果蔣緯國不是蔣介石的親生兒子，而是戴季陶的骨肉，那麼，蔣介石為什麼要代為照管？如果是親生兒子，生母是不是帶大蔣緯國的姚冶誠？如果生母不是姚冶誠，那麼，蔣介石是不是還有別的女人，沒有向宋美齡交代清楚？宋美齡質疑蔣介石，違反基督教「十誡」中不說謊的戒律。

宋美齡這一連串質問，令蔣介石一時為之語塞，無從給宋美齡圓滿的答案，自然更讓宋美齡火冒三丈，益發不信任蔣介石的說詞。

話說回來，有關蔣緯國的身世，蔣介石確有難言之隱。但人就是這樣，愈是神秘兮兮，愈是激發人們打破沙鍋問到底的好奇心。王世和嘗與人云，蔣緯國尚在兒少時期，就常由姚冶誠帶來廣州，到黃埔軍校探望蔣介石。黨內大員的夫人均甚喜愛蔣介石這位眉清目秀的二公子，茶餘飯後，不免閒談起八卦來。某日，吳忠信的夫人王唯仁、居正的夫人鐘明志等姊妹，一起打麻將。

四個女人七嘴八舌，一塊閒聊，談論蔣緯國的母親是不是姚冶誠。鐘明志說蔣緯國的生父不是蔣介石，而是戴季陶，生母自然更不可能是姚冶誠。眾女追問，她是聽誰說的，她說是姚冶誠親口告訴她的。

鐘明志所言不虛。當年，蔣緯國的日籍生母重松金子，千里迢迢地抱著蔣緯國來到中國，將孩子交給蔣介石。但蔣介石一個大男人忙於奔走革命，哪能照顧蔣緯國，故託付姚冶誠照管。蔣介石常令王世和往返蘇州，為姚冶誠及蔣緯國送錢帶信及採辦生活用品，代為照料生活雜務。宋美齡明知王世和係奉蔣介石命辦事，但仍把忌恨之氣出在王世和身上，視他為眼中釘。

是以，宋美齡早就得知蔣介石有二個兒子。老大蔣經國，早在蔣介石、宋美齡結婚之前，便遠赴蘇聯讀書。宋美齡於一九二七年十二月與蔣介石結婚，到一九三七年四、五月，其間相隔十年，才有機緣見蔣經國第一面。老二蔣緯國，則一直由蔣介石的侍妾姚冶誠代為照管。蔣介石處理蔣緯國的態度，讓宋美齡主觀上覺得神祕兮兮的，一直到蔣緯國結束德國留學生涯回國，才得見宋美齡。

蔣緯國在他的傳記《千山獨行：蔣緯國的人生之旅》裡，如是陳述第一次見宋美齡的情景：「蔣緯國在哥哥的陪同下，終於和宋氏媽媽見面了。他回憶，當時見面非常自然而且親切：『我喊她Mother，並且在她頰上吻了一下，因為出國四年，一些禮節就很歐化了：她親熱地問我，在國外好不好等等。我們談話的氣氛，可以說一點都沒有第一次見面的尷尬。她給我的印象，就好像長輩看見自己的孩子回來一樣。』宋美齡與蔣中正結婚之後，過了十三年，才第一次和次子見面。她不禁有些感慨：『我幾次問你父親，想把你接過來，可是你父親不贊成，總是說以後再說。』但她接著話就一轉：『可是我現在想想，愈想愈覺得你父親對。我是個喜歡孩子的人，你要來的話，一定會被我慣壞！所以你父親讓你單獨在外頭念書，對你爾後自立自強很有幫助。同時對姚媽媽來說，這也是很公道的。』」

宋美齡的書房裡，的確有那本有言及蔣緯國身世之謎的書《*Inside Asia*》（中譯為《亞洲內幕》），蔣緯國說：「他在書房裡看到一本相當厚的書——《*Inside Asia*》，作者為約翰．根瑟（John Gunthur）。他相當好奇，就借了回去翻閱，翻著翻著，就看到裡面有段文字寫著，『蔣介石的第二個兒子蔣緯國少尉，是國民黨的一位部長級官員所生，後來為了某種原因，過繼給蔣介石』。文章裡沒有明指是誰，但可以看得出，是影射親伯戴季陶。」

宋美齡會把自己書房裡的藏書借給蔣緯國，而且這本書「正巧」就是在談蔣緯國的身世之謎，這難道是出自宋美齡的一種「巧妙」布置與安排？看蔣緯國《千山獨行：蔣緯國的人生之旅》一書的描述，是他主動看見宋美齡書房架上有這麼一本書，出於好奇，主動向宋美齡借閱的。這豈非是「天意」？

再者，蔣緯國口述的這本《千山獨行：蔣緯國的人生之旅》，說宋美齡會見蔣緯國的神情與氣氛「非常自然而且親切」。如果蔣緯國所言屬實，那麼，楊天石認為，蔣介石、宋美齡夫妻之間矛盾的引爆點，是蔣緯國的身世之謎的立論，就不太站得住腳了。蔣緯國的身世之謎，反而不是蔣介石和宋美齡之間鬧矛盾冷戰，造成宋美齡數度「離家出走」香港，甚至遠赴美國，不回國與蔣介石團聚的重點了。換言之，蔣緯國本身並不是宋美齡「介意」的重心焦點，讓宋美齡「離家出走」的，顯然還有其他不足為外人道的原因。

問題在蔣緯國、王世和、鐘明志的回憶裡，聽不到宋美齡內心世界的吶喊與深沉的困惑。當「繼母」宋美齡第一次見到蔣緯國，面對這位帥氣俊秀、身長挺拔的年輕繼子，她的心裡升起了哪些想法？這孩子的生母究竟是誰？他長得一點也不像姚冶誠，那個出身煙花里弄的粗俗女子，萬萬生不出蔣緯國這樣器宇軒昂氣質不凡的孩子。蔣緯國的母親必定出身上流社會，縱使不是名門之後，至少是書香門第，知識份子。蔣緯國的生母不可能是像姚冶誠、毛福梅，那種掙扎於舊社會底層的尋常婦道人家，因為蔣緯國的氣度和談吐，與之相差太大。那麼，蔣緯國的生母究竟是誰？她難道是……。

第十一章

疑心生暗鬼，為陳潔如暴跳如雷

蔣緯國的生母究竟是誰？宋美齡的腦海裡升起了一個模糊而纖瘦的女子身影，那個早在宋美齡與蔣介石結婚前三年，曾經被黃埔軍校師生尊稱為「校長夫人」的瘦高女子；那個婚後一度盤桓在宋美齡靈魂深處，揮之不去的幢幢魅影。難道是陳潔如？蔣緯國是陳潔如的孩子嗎？

第一節
蔣緯國生母之謎

美麗、端莊的陳潔如，加上高帥、俊秀的蔣緯國，這一「合理」的聯結，令宋美齡內心澎湃翻滾的醋海波濤久久無法自已，她滿腔的憤怒鬱積，成為之後半世紀多蒙蔽理智的心頭陰影。而蔣介石之後怕見蔣緯國，蔣介石甚至忌諱蔣緯國頻繁出入官邸，惟恐蔣緯國的身影讓宋美齡聯想到某個女人的形影，即肇因於此。

陳潔如，長著一張與蔣介石極為神似的「夫妻臉」，而且留學美國，是一個具備新時代女性特質的知識分子，一個器宇非凡見識不俗的上海名門閨秀，這些客觀條件幾乎跟宋美齡一樣。

這位「前任蔣夫人」和「現任蔣夫人」，即使同時出現在公眾面前，比肩齊步一決雌雄，陳潔如也絕不會比宋美齡絲毫遜色。這個女人，她是真正可與宋美齡匹敵，真正可能搶走蔣介石的女人。陳潔如會不會再與蔣介石死灰復燃、重溫舊夢、再續前緣，威脅宋美齡「第一夫人」的地位與光環？果真陳潔如「重出江湖」，這將會是宋美齡惡夢的開始，也將是孔宋家族崩解的最後一根稻草？這將是一場不可收拾的恐怖夢魘。

宋美齡與蔣介石之間鬧得不可交的癥結點，究竟是什麼？這光是在《蔣介石日記》，以及他和宋美齡間的往來函電裡，恐怕不容易找到確切答案。看過《蔣介石日記》的學者，都有一個共同經驗，即現存美國史丹佛大學的《蔣介石日記》，基本上已經被蔣家人把一些比較「不堪」的字句與段落都做了「適當處理」，被遮蔽塗抹掉了。不讓外界看見太讓蔣介石與其家族顏面無光的私密內幕。然而，天底下沒有密不透風的門窗！

如果從事件發生時間的因果關係來分析，蔣介石的第三任妻子陳潔如的問題，恐怕真的是宋美齡與蔣介石鬧矛盾，吵得不可開交的另一個重大因素。

與陳潔如面對面交鋒

其實，早在孫中山在世時，宋美齡就已經知道陳潔如的存在。孫中山主政時期，宋美齡曾與大姊宋藹齡連袂到廣州，探望二姊宋慶齡，停留不算短的一段日子。就在廣州長住的這段期間，宋美齡縱使不曾與那時的蔣介石夫人陳潔如共處一室，也曾經在各種場合與陳潔如打過不止一次的照面，而且還有過數度交手與互動。

蔣介石第一任侍衛長王世和，先後服侍過陳潔如、宋美齡，他對前、後任兩位「蔣夫人」有過一段精簡的概括性比較。王世和曾私下對人說，「陳潔如個性篤厚，沒有心機，不搞權謀，事事為蔣先生設想，照料蔣先生可謂無微不至。對待下人則和善、慈悲，從不疾言厲色。相較之下，宋美齡巧於智謀，工於心機，且處處流露出千金小姐的驕矜、霸道。對下人的脾氣很大，公館的服務人員都十分畏懼她的威嚴。」

在情節真偽莫辨的《陳潔如回憶錄：蔣介石陳潔如的婚姻故事》一書裡，宋美齡與陳潔如被刻劃成，為了爭奪蔣介石，而短兵相接、激烈競爭、不共戴天的情敵。書中就有一段宋美齡與陳潔如，高手過招的文字敘述。這固然不能證明在現實世界裡，陳潔如、宋美齡兩女之間果真有過這麼一段戲劇化的交手，但也足以間接印證，宋美齡的內心世界自始至終存在著這麼一個情敵的陰影鬼魅，而且終其一生揮之不去。

在書中的「初識宋家姊妹」這一章，敘述陳潔如的遭遇。那時，陳潔如還是蔣介石名正言順的髮妻：「我們在新居度周末時，介石周六晚下班回家突然告訴我說：『孔夫人（孔祥熙的夫人宋藹齡）明晚請我們吃飯。她告訴我說，她將為你、我特別準備一頓鴿子餐，她希望我們在三點鐘到她那兒。但你可從這裡先去，因為我要在下午五點下班後，才能從軍校脫身。』他一邊說，一邊十分興奮地在室內走來走去。他的喉嚨似乎因緊張而收縮。『邀請！』他反覆地自言自語，『我從來也沒有想過，現在你和我終於有機會接近這位大人物，這真是太好了。』他像一隻孔雀似地在室內昂首闊步，不願坐下。他很少如此坐立不安。」

寫到宋美齡出場的段落，該書如此展開它的渲染文句：「客廳與餐廳是相連的，僅以一座漂亮的烏木嵌花大屏風相隔。整個裝飾和這棟住宅本身一樣的典雅，有優美的家具、波斯地毯、古老的瓷器和半截式的厚紗窗布。女主人和她的妹妹穿著顏色鮮艷的上海最新式樣絲質旗袍。她們的一頭烏髮梳成瀟灑的貴族髮式，在後頸處挽了一個髻，看起來真像是上海時裝圖冊中的人物。」如此模擬陳潔如眼睛所見的主觀畫面。

「她打量著宋藹齡和宋美齡這對姊妹：『那麼大熱天跑來，真難為你了，蔣夫人。』」這裡的「蔣夫人」當然是指那時身為黃埔軍校校長的蔣介石夫人——陳潔如。接著寫道：「孔夫人大聲地說：『今天又是個大熱天，熱得難受。但是你卻看來若無其事，你是怎麼學會這種功夫的？』她用她的絹帕輕拭額頭的汗珠。她和她的妹妹，站在放在側几上的三台電風扇前面，像兩位戲中的女主角似地注視著我。宋美齡一直在搖著一把雕花象牙骨的大型絹面扇，顯然她是在惺惺作態。」

宋美齡和她姊姊宋藹齡與陳潔如之間的話語交鋒，《陳潔如回憶錄》是這麼展開彼此的熾烈砲火的：「因為介石還沒有來，我就微笑著坐下。陳友仁則走去和廖夫人（何香凝）聊天。宋靄齡和宋美齡顯得坐立不安，她們不知道我是否已聽到她們的談話。她們像在品評一名女學生似的從頭到腳地打量我。最後孔夫人問：『你買過很多首飾嗎？蔣夫人，你知道你是買得起的。』

「『人家一直問我，國家統一後，我將買些什麼樣的首飾和什麼樣的衣服？』我回答說：『但這很難說，我將等到有此需要時再說，事未成熟時，不能過早樂觀。』

「『孩子，你很聰明，』廖夫人對我說：『只有鑽石和白金，才能配一個偉大領袖的妻子。』

「孔夫人以一種公爵夫人的口氣說：『我不會要其他的東西！』

「宋美齡睜大了眼睛，故作陶醉之狀說：『我喜歡白金和單粒的大鑽石，它們太迷人了！』然後她轉向我問道：『你喜歡白金嗎？蔣夫人，我覺得黃金太俗氣，看起來太沒有價值。』

「『我根本不在乎首飾。』我冷冷地回答：『黃金、白金或鑽石對我都沒有特別的吸引力。』」

《陳潔如回憶錄》形容的宋美齡，是一個充滿了陰險、拜金的勢利女人。在聚焦女人的首飾問題之後，話題又轉移到吃食。當天晚上的主餐是鴿子大餐。在那天餐桌座位的次序方面，宋美齡和宋靄齡頗費了一番算計。

「入座時的位置，是介石被安排在孔夫人和宋美齡之間，我則坐在陳友仁和廖夫人的中間。這是一頓西式的晚餐，第一道是濃湯，然後是炸魚，接著是一道大鴿子。每隻鴿子都以鑽石形的烤麵包墊底，周圍飾以西洋菜和炸薯片，分別裝盤，每人一隻。這些金黃色的鴿子，看來十分美味而令人饞涎欲滴。開始進食之前，宋美齡發表了一篇談話，我們大家都注視著她。『吃鴿子就像吃芒果，只適合在浴室中，單獨用手撕著吃，』她告訴我們說：『但因本宅的浴室太小，只好請各位在餐桌上默默的吃。不過，我要警告你們，在吃完鴿子之前，任何人都不能說話或看別人！有沒有意見？讓我們開始享用吧！別忘記，只能看你們的盤子，不可四顧張望。不然情況會很窘。』我們遵奉她的警告，默默地埋頭吃鴿子。我不但覺得鴿子很嫩，甚至連骨頭也是酥的。」

書中描繪的宋美齡、陳潔如初次交手，刻意凸顯宋美齡極力刺探蔣介石、陳潔如夫妻的互動相處。「宋美齡問陳潔如：『據孫先生（孫中山）說，介石稍不稱心就暴跳如雷，是真的嗎？』宋美齡見陳潔如沒有答腔，就繼續說道：『當然我並不相信。但一個壞脾氣的男人總比一個沒有脾氣的男人好，你覺得是嗎。』」

宋美齡繼續試圖打探陳潔如家事根底：「『告訴我們，他的太太毛夫人反對你嗎？她為難你嗎？她對你很壞嗎？』」陳潔如回答：「『毛夫人是我所知的最賢淑的妻子。』『她是虔誠的佛教徒，不理俗事。當然，介石在和我結婚前曾徵得她的同意，和她分居。』」其刻意凸出宋美齡愛打探蔣介石、陳潔如生活私密的形象，描述宋美齡的提問：「『那麼，他的二太太姚夫人呢？你曾經見過她嗎？』『她是個怎麼樣的人？』」陳潔如形容：「『姚夫人住在蘇州，我不曾見過她。她是個比較保守的人，喜歡打麻將。在我們結婚之前，她同意接受五千元以放棄介石以及對她的贍養。不過，介石每個月仍給她少數的津貼，現在我們把她當做一個親戚，介石談到她時，稱其為阿姨。』」

這是宋美齡第一次與陳潔如面對面交鋒，但這只是她們二人為了爭奪蔣介石，狹路相逢、爾虞我詐的開端。

蔣介石要求陳潔如「退讓五年」

從知己知彼的「敵情意識」而論，宋美齡是對陳潔如做過詳細的「功課」的。由於宋美齡對蔣介石、陳潔如是「知根知底」，沒有什麼可以瞞過宋美齡的，蔣介石自然只有選擇誠實以對，方得娶得美齡歸。為了表現自己的決心和「自清」，一九二七年九月二十八日，接連三天，蔣介石特意在與宋美齡結婚前二個多月，花錢在上海《申報》刊登了一則〈蔣中正家事啟事〉，說：「一九二一年，元配毛氏與中正正式離婚。其他兩氏，本無婚約，現已與中正脫離關係。現除家有二子外，並無妻女。」更進而在十二月一日，兩人結婚的當天，又補充刊登了另一則啟事聲明：「毛氏髮妻，早經

《陳潔如回憶錄》問世之後，儘管有許多人質疑這本書的真確性，甚至認為它的內容很多都是向壁虛構。筆者認為，這本回憶錄雖然犯下很多不該犯的史實錯誤，但還是具有觀察歷史關鍵人物的參考價值，只是不宜盡信。該回憶錄原本是以英文寫成，全書應係集體創作的產物，作者除了陳潔如本人，還有李蔭生和李時敏，一共三人。李氏兄弟固然不是訓練有素的學院派史學家，也不是經驗豐富的業餘歷史作家，書中難免夾雜著諸多史實謬誤，但書裡關乎陳潔如的個人經歷，則絕對有其參考價值。

仳離，姚陳二妾，本無契約。」蔣介石的意思不辯自明，是要取信於宋美齡，同時亦期待藉此杜朝野攸攸之口。

陳潔如是被蔣介石連哄帶騙地騙到美國去讀書的，理由是要她為了蔣介石的前程著想，「暫時退讓五年」。按照《陳潔如回憶錄》書中的講法，蔣介石與宋藹齡在長江的一條遊艇上，闢室密談了二十四小時。宋藹齡為蔣介石分析，北伐初期中國國民黨黨政軍權力結構的大形勢，以及蔣介石所處的危急處境。其如臨現場般詳細寫下宋藹齡說的字字句句：

「『你是一顆正在上升的新星，你願意讓你這顆新星，下沉得和上升一樣的快嗎？你願意讓共產黨的陰謀，把你排斥在外嗎？今日鮑羅廷的陰謀，是企圖篡奪你的權力，把它交給加倫將軍，你將註定被消滅，那只是時間問題，那是一定的。你願意不戰而屈嗎？我願意老實告訴你，你擁有為國民黨目標奮鬥的精神，但無獨力完成此一大業的魄力。單憑精神無濟於事，要完成解救中國，重建中華和制定憲法的大業，需要巨大的勢力、金錢、魄力和特權。對於這些，你現在一無所有。你的周圍盡是些自私的懦夫和女子。他們只求一己的目標，而並不為你著想……。我願與你談一筆交易，那就是我不但將影響我的弟弟子文，令其如你所願的脫離漢口政府，並將更進一步盡量聯合上海的大銀行家，以金錢做你北伐的後盾，供應你必須的經費和購買軍火。我們有一切關係。你自己明白，漢口政府再不會以金錢支援你，至於你這方面要做的是，你須同意和我的妹妹美齡結婚，並答應在南京政府成立時，任我的丈夫孔祥熙為行政院長，我的弟弟子文做財政部長。』」

陳潔如回憶錄最讓人詬病質疑的地方就在這裡，陳潔如焉知蔣介石、宋靄齡的晤談細節？合理的解釋是，蔣介石把宋靄齡和他的對話，告訴陳潔如，目的是要她「成全他」。陳潔如如果真的愛他，就答應「退讓五年」，讓他能和宋美齡結婚，俾使他能換取孔宋家族的協助，完成北伐，為他樹立事業成功的第一塊基石。

在該書戲劇化的鋪陳中，蔣介石與宋美齡的結合，被打造成如同商場買賣般、討價還價式的「政治婚姻」。這場充滿了拍賣場銅臭味的婚姻裡，明顯缺乏一種以至誠、至愛為基本元素的人性特質。在陳潔如的回憶錄中，蔣介石與宋美齡這二位配角，活像是二個被上帝用針筒從血管裡，抽乾了至愛、真誠的「機械人」。雖然如此，其似乎又為了讓故事的佈局，情境的打造，能與如夢似幻的虛構做一明顯區隔；所以，不但刻意採取小說體的對話式寫作體裁，陳潔如更被刻劃成一個全知全能的「神」，隱身在一切場景中，洞若觀火看到所有劇中人物的內心暗黑世界，成為全部故事情境中，唯一有血肉、有情感的「真人」。該書營造的蔣介石、宋美齡的「政治婚姻」情節，在邏輯、推理上固然言之成理，也在小說意境裡，刻意充填了人造戲劇張力的生化元素，但這種缺乏「人味」的婚姻型態，明顯被扭曲變造成一種「機械式」的婚姻，無從與真實的人間現實世界聯繫起來。

不管怎麼說，蔣介石要求陳潔如「退讓五年」，的確是一個事實，此一事實也成為蔣介石與宋美齡建構「政治婚姻」的「基礎工程」，更是蔣宋聯姻的大前提。而陳潔如究竟是出於什麼心理因素，「成全」了答應了蔣介石開出的「退讓五年」的條件。陳潔如內心世界那個謎團，迄今無人能解。

第二節 陳潔如赴美

《陳潔如回憶錄》以近乎小說體裁的寫作方式，把一部回憶錄性質的著作加諸太高比例的想像對話，與意境情緒的成分，容或是這部回憶錄的敗筆。惟其講述的故事真實性，固然因之受到若干耗損，但並不會否定或推翻史實本質的存在意義。尤其具有寫實價值的若干內容，例如，該書附錄中，收錄魯潼平寫的一篇〈我所認識的陳潔如〉。魯潼平是受過學院派新聞記者訓練的作者，文章既印證了陳潔如是如假包換的蔣介石夫人的身分背景，同時也映照出陳潔如這位「下堂妻」的鮮明角色，以及被宋美齡硬生生拆散她與蔣介石夫妻姻緣的悲劇結局。

魯潼平文章裡說：「我之認識陳女士，是在六十年前一個偶然的機會中……。陳和我，以及大批青年留美學生，同船來美。四年前，丁卯年，柳無忌兄和我都已從北京清華學校畢業六十周年，我們兩人分別在台灣新竹母校刊物上，寫了本人的回憶。無忌一篇文章標題是「清華畢業六十年：環視前後」，其中提到陳女士：『在橫渡太平洋的〈傑克遜總統號〉頭等艙內（清華畢業生持外交護照坐頭等艙），遇到三位比我們更重要的人物：陳潔如女士與陪伴她去美的鄭毓秀……與海倫張（張靜江的大女兒，我只知她英文名字）。海程時間長久，在船上，我們油印了一個小刊物，好像就叫「海上」。與我同任編輯的有魯潼平等諸人。為了這個機會，我們認識了這三位女士，並在刊物登出一篇陳女士的訪談，可能就是讀新聞系學校的潼平兄的大作。』」

針對柳無忌的文章，魯潼平在〈我所認識的陳潔如〉裡，還做了一些事實的澄清與校正：「但我為存真起見，曾告訴柳兄，魏道明夫人鄭毓秀並未在船上，陪陳女士赴美的，為張靜江先生的兩位令媛，大小姐蕊英和五小姐倩英；另外一位則為王正廷先生之令妹敏慎。蕊英女士曾留學巴黎，擅美術，在《海上》刊物上曾為潔如女士作一速寫像，頗為逼真。」魯潼平在文章中，介紹自己的學習背景，「我想先說明認識陳女士的動機，我畢業後立志學習新聞，六十多年前去國外學新聞的人不太多，何況我於民十五年夏，又曾經在上海《申報》館實習一個時期，因此結識了上海新聞界人士，如史量才、張竹平，以及留美的汪英賓和陸梅僧等……。從新聞工作角度而言，第一個條件就是要留心時事，當一九二七年八月十六日〈傑克遜總統輪〉自上海啟碇後，我也如其他乘客一樣，以好奇心理觀察各種設備和環境，也好像劉姥姥進了大觀園，或愛麗斯闖入奇異世界，目不暇給。但我除了適應環境和海上新生活外，另懷一個目的——找新聞題材，輪中乘客大部分係清華同學和一些自費生，男多於女。我注意到乘客中，有三、四位女性，其服裝態度都頗為雍容華貴，屬於上流社會；但又孤芳自賞，似乎無意與其他同舟乘客接觸。我被好奇心驅使，就毛遂自薦，與其中一位攀談。張蕊英女士，在張家為大小姐，西文名為德麗絲（Therese），係法國拼法，她有一般中華女性的嫵媚，但溫柔、熱情、和易近人，因為隨其父親久居巴黎，所以也具有法國女人的社交風度。她告訴我，這次旅行是奉命陪護陳伯母去美國紐約……。好奇怪的事，王小姐不稱『陳伯母』，就稱她為『陳潔如先生』；因此我以後就習慣了稱潔如『先生』。後來事實證明，這樣做是很合理的，她既不是女士，也不是夫人，就是說身分不明。」

魯潼平文章繼續寫道：「德麗絲小姐替我介紹了陳潔如先生。她和我握手，很和藹，也很親切。這是夏天或者初秋，在海上涼風習習，她長身玉立，像少婦，也有著女學生和大家閨秀的風度。我說了些恭維的話，其中之一：『潔如先生，您似乎比我見到的照相中的豐容，更為漂亮。』她笑了，長長的面孔似乎有點羞澀。我一提起照片，她就似乎意識到我已經知道她的底細了。那是一年多前，蔣介石總司令在北伐前，一列火車前的新聞照片；其中坐者為張靜江先生，陳潔如女士則立於蔣之左方，還有俄國顧問鮑羅廷和蔣緯國在內。憑這一張富有歷史性的照片，就可以證明她和蔣先生的關係了。因此自蔣宋結婚後，此一照片就被排出任何歷史文件或被改頭換面，這是後話。」

魯潼平接著敘談，他和陳潔如一行人在船上密切互動的種種。「她會講上海及蘇州話，吳儂軟語頗有吸引力，她又有些學術風度，對於中國的文化傳統似乎頗有領略，她是愛國女校的高材生。我暗地裡想，『愛國女校似乎比較江南女子體專還勝一籌。』江南的校長為陸禮華女士，該校有些學生名氣頗濫，有的作交際花草，所以我就說愛國是一高級學校。她不諱言她和蔣的關係，沒有一點抱怨的詞氣，我也不便侵入別人的隱私。她說去美國是為進修，我也深信不疑。這幾位同船女士們，似乎對我特別信任，因為我也透露了些我個人的人事關係；就在那年的七月中，因為離放洋還有一段時間，我曾經去武漢拜訪我的堂兄滌平先生（那時他是武漢衛戍司令）。……我和陳潔如一行人在〈傑克遜總統輪〉中談得很投契，有些人就疑我別有用心，或是機會主義者。其實她們既有我這男士照顧，就毋須煩勞他人。我如何訪問陳先生，或者是否寄出通信，已無法記憶。張五小姐年輕、活潑、娟麗。可當得〈傑克遜總統輪〉上的一朵鮮芭。但她洋派十足，外國話又高明，一般同舟青年學生皆自慚形穢，不敢高攀，她那時大概才十四、五歲。」

魯潼平人到了美國之後，仍舊從新聞媒體中，繼續關切陳潔如的動態：「但據說陳女士剛到美國，就變成了新聞人物，因為美國報紙已獲得蔣介石先生將與宋美齡女士結婚的消息。據傳，蔣先生以贈送求學及生活費用美金廿萬元，為脫離關係條件。蔣先生又託老友張靜江的兩位女公子護送，似亦頗近人情……。據報導，當陳女士抵美之日，即蔣先生赴日本長崎，向宋老太太請求與三妹結婚之時。另有一點，就是在我與潔如先生接近的一些時間，她顯得開朗、愉快，毫無隱憂。我想這是她做人的曠達處，也許這是因為她與蔣先生間立有一項諒解，始終不渝，這也是後話。」

事件朝戲劇化的方向急轉直下，是在陳潔如抵達美國之後發生的。當時一則電訊報導，蔣介石在上海接受某新聞記者訪問時說：「關於那位最近前往美國的年輕女子和我前妻新聞，都是有心人為了破壞我與宋女士的婚事而傳播的。」並說：「我在一九二一年和我的前妻已經離婚。另外的兩個妾，我已經和她們脫離關係。」

臨去美國之前，蔣介石答應陳潔如說：「到了美國之後，如果遇到什麼問題，可以找中華民國駐紐約總領事館，他們可以為妳代轉國內寄給妳的信件。」以及匯寄給陳潔如的錢款、生活費等等。但到了紐約的第十天，陳潔如到國府駐紐約總領事館接洽，辦事人員非常冷漠地通知陳潔如說：「領事館是公家機關，不代轉妳的信件和錢款。妳的母親也接到國內的通知，以後信件和錢款，將寄到妳的私人地址：紐約北河區大道三百一十號。」

陳潔如明白，從這一天起，她永遠失去了「蔣夫人」的冠冕，她將這頂后冠，拱手相讓給了宋美齡。

或謂《陳潔如回憶錄》刻意採取小說體的對話式寫作體裁，減損了對它的公信價值。我們不妨從具備較強史料意義的《蔣介石日記》中，觀察陳潔如在蔣介石早年革命生涯中呈現的角色樣貌。

第三節

「總司令夫人」陳潔如

陳潔如和蔣介石的親密關係，一共維持了五年有奇。照《陳潔如回憶錄》的講法，陳潔如嫁給蔣介石，是在一九二一年十二月五日，結婚地點就在上海永安大樓的「大東旅館」。大陸著名民國史專家楊天石教授查證了《蔣介石日記》，發現蔣介石在民一九二一年十二月五日這一天不在上海，而是老家溪口。不過，《蔣介石日記》卻記載，十二月十三日「投宿大東旅社，璐妹迎侍。」這裡所說的「璐妹」就是陳璐。陳潔如原名「璐」。兩相印證，關於蔣介石和陳潔如結婚這檔子事，陳潔如並沒有扯謊，只不過可能記錯了結婚的日子罷了，和《蔣介石日記》記錄的日期有八天的落差，但結婚這件事情肯定是有的。

在《蔣介石日記》裡也記載著，陳潔如陪著蔣介石去了廣州，還一同參加了一九二四年的國民黨第一次全國代表大會。這期間，由於蔣介石的侍妾姚冶誠帶著蔣緯國來到廣州。這事讓陳潔如醋海生波，和蔣介石大大吵鬧一場，最後索性跑回上海，逼得蔣介石趕緊找老大哥張靜江出面代為緩頰、說項。

天底下鴛鴦蝴蝶分分合合，都是同一個模式。陳潔如吃姚冶誠的飛醋，盛怒之餘，離家出走。日後宋美齡也吃陳潔如的飛醋，和蔣介石大鬧一場之後，乘機遠走高飛，離開蔣介石好一陣子，再返家言歸於好。

一九二五年四月十八日，蔣介石當時的身分已經是黃埔軍官學校校長。這一天，陳潔如從上海回到廣州，蔣介石的身邊，黃埔軍校師生均以「校長夫人」稱呼陳潔如。北伐戰爭爆發，蔣介石任國民革命軍總司令，陳潔如也「升格」為「總司令夫人」。

就以大陸國務院總理周恩來為例，他在一九六一年十二月設宴，款待專程北上的陳潔如。當天作陪的還有中共中央統戰部部長徐冰（刑西萍）及廖承志夫婦*。周恩來在黃埔軍校服務時期，就與當時的校長夫人陳潔如相識，對這位待人和藹的校長夫人始終頗為敬重，因此，席間即以「師母」尊呼陳潔如，備極禮遇。

陳潔如與蔣介石長住廣州之後，蜜月期關係逐漸生變。一個很要緊的原因是，蔣介石、陳潔如二人年齡相差將近二十歲，蔣介石這時已經年近不惑，而這位年輕的校長夫人還不滿二十歲，非但彼此價值觀念不盡相同，許多為人處世、應對進退的道理，陳潔如也還似懂非懂，即便是家務也做得不盡如人意。所以，蔣介石在給張靜江的一封信上，便抱怨陳潔如種種不夠嫻淑的地方：「潔如之遊心比年歲而增大，既不願學習，又不知治家，家中事紛亂無狀。此次行李應用者皆不檢點，而無用者皆攜來，徒增擔夫之苦。請囑其不管閒事，安心學習五年，或出洋留學，將來為我之助。如現在下去，必無結果也，乃害其一生耳！如何？」

同樣是男人，張靜江何嘗不知道這位小老弟心裡頭，究竟是怎麼盤算的。張靜江應該心裡有數，蔣介石肯定是另有新歡，而喜新厭舊了。這方面，蔣介石是前科累犯，而

*按：黃埔軍校黨代表廖仲愷與陳潔如亦是舊識，是以廖仲愷的公子廖承志也是陳潔如相熟的晚輩。

且他一向以怪罪妻妾生活習慣不好，做為「下堂」休妻的藉口。例如，蔣介石自己年輕辰光雅好方城之戲，但與姚冶誠關係惡劣之後，卻以厭惡姚冶誠喜歡打麻將為詞，對其下休妻之令。我們可以從《蔣介石日記》找到許多蛛絲馬跡。

例如，蔣介石於一九一九年四月十三日在日記中寫道：「上午，以妾貪，怨怒並集。」七月三十日，又寫道：「上午，七時前醒。房門大敞，可恥。」這都在怪姚冶誠太愛打牌，輸了錢，急著想翻本，還吵了蔣介石睡覺。十月十八日，《蔣介石日記》直言：「冶誠賭博不休，惡甚，惱甚。」十月二十一日，又寫道：「姚妾無禮，恨何以堪。」忍到一九二〇年一月，蔣介石快受不了了，復在日記上痛貶姚氏：「早晨未起床時，曝見樓下電燈尚明，甚恨冶誠不知治家法，痛罵一場。娶妾之為害，實不可勝言。終身為我累為襄敵者，一則家眷，二則鄉友也。如無此輩，則客氣與虛榮心自必銳減若干，求字可不入吾之字典矣。」甚至怪罪和姚冶誠生活毫無樂趣。蔣介石在日記裡自責不該娶妾，可是，納妾是前清與民初的普遍民俗，況且是蔣介石自己的抉擇，怪不得人。

蔣介石怪陳潔如「治家無方，毫無教育」的原因之一，也是嫌她愛和黃埔軍校的一些官太太作方城之戲。更甚者，陳潔如用每個月七十二元大洋的代價，租了一幢大房子，好方便三朋四友聚會打牌。「年少婦女，不得放縱也。」得悉情況之後，蔣介石大為光火，在日記裡批評妻子「招搖敗名」，成為他與陳潔如攤牌的導火線。所謂「愛之欲其生，恨之欲其死」，形容一對怨偶雖嫌過分，但對照剛結婚時鰜鰈情深、你儂我儂的景況，何嘗不令人浩嘆？

陳潔如在《陳潔如回憶錄》中，敘說其於上海永安大樓大東旅館大宴客廳，舉行婚禮的情景仍歷歷在目。陳潔如講得明明白白，蔣介石送給她的結婚禮物，是一部明信片大小的柯達（Kodak）照相機。她送給蔣介石的是，一只刻了名字的華爾頓（Waltham）金質懷錶，還帶有金鏈。當天，她穿著鑲金銀花淡粉色禮服，頭髮上戴著珍珠頭飾。蔣介石則穿著一身深藍色長袍，外頭是黑緞馬褂。大宴客廳很寬敞，裡頭掛滿了各式鑲有彩龍的大幅紅綢喜幛，入口四盞大紅燈籠高高掛著，洋溢著喜氣。

和天底下所有女人一樣，陳潔如把結婚當天每一個細節牢記在心，一輩子都忘不了。行完大禮，完成了婚禮的所有儀式，喜宴席散，親友鬧完洞房。陳潔如和所有舊式新娘一樣，鳳冠霞帔，安坐在新房裡，一動不動，蔣介石輕手輕腳關上了房門，將她緊緊摟在懷裡。她感覺自己的心臟，幾乎快從心窩裡迸跳而出。夜，出奇的靜謐，但心臟狂跳竟然怎麼都止不住。那個奇妙的夜晚，在陳潔如腦海烙下終生難忘的深刻印記。

那年，蔣介石不過是孫中山麾下，閩粵軍總司令部作戰科主任，籍籍無名。在軍中，蔣介石飽受粵軍將領的排擠、霸凌，抑鬱不得志。廣東待不下去了，只好返回老家。後來又流連上海，和張靜江、陳果夫、戴季陶等人，在十里洋場炒炒股票。成天遊手好閒、酒色財氣。要等到隔年「陳炯明叛變」爆發，蔣介石聞訊疾赴廣東挺身救援孫中山，共赴危難。孫中山銘感蔣介石「忠誠」、「義氣」，不次拔擢才逐漸平步青雲，踏上平坦仕途。此時的陳潔如，固然已是蔣介石明媒正娶的妻子，但外人稱呼陳潔如為「蔣太太」，還沒到尊稱她為「蔣夫人」的位階。

陳潔如自美歸來

宋美齡習慣以「離家出走」、「裝病」和蔣介石「冷戰」，而「冷戰」的癥結點，就在宋美齡腦子裡有揮之不去的陳潔如陰影。她也清楚蔣介石曾與陳潔如有一段「五年之約」。宋美齡最大的擔心是，陳潔如退讓五年之後，假使重返中國，會不會和她來搶奪蔣介石，這是宋美齡一直以來的心頭夢魘。

蔣介石與陳潔如的「五年之約」轉眼期滿，蔣介石內心暗自焦慮不已。一九三一年六月十九日，陳潔如從美國寫了一封信給他，探詢蔣介石對自己歸國的看法。偏偏天底下就有這麼不湊巧的事，據說蔣介石收到這封信，心頭一震，忐忑不安地撕開封口，疾步走進書房閱信。正尋思該怎麼對付眼前這樁麻煩事時，不巧宋美齡蓮步輕移走進房間，蔣介石閱信過於入神，猛然驚覺宋美齡將要近身，慌亂之中，竟然將陳潔如的信一把撕碎。這個「此地無銀三百兩」的過激舉動，引起了宋美齡的警覺。宋美齡氣急敗壞，暴跳如雷。第二天晚上即離開南京返回上海娘家，與蔣介石嘔了好久的氣。楊天石指出，蔣介石急如星火，連忙向宋美齡和宋藹齡去信解釋，千解釋萬解釋，打躬作揖，陪禮道歉，好不容易才得到這位「正宮」蔣夫人的諒解。

面對陳潔如行將返國的問題，蔣介石陷於進退維谷的處境，擔心陳潔如回國之後，給他添來不必要的麻煩；可又無法制止陳潔如回國，他尤其擔心弄不好，陳潔如把前塵往事向新聞界合盤托出，這無異免費提供政敵扳倒他的絕佳藉口。蔣介石被迫採取「疏解」的方式，而非消極「防堵」。至於如何「疏解」與調處，當然還是得老大哥張靜江出面，請杜月笙等上海「有辦法」的人替他調解。

蔣介石瞞著宋美齡，看陳潔如來信，卻被抓個正著，受了這次的「驚嚇」之後，對於陳潔如的安排，蔣介石自是分外小心謹慎。自然，陳潔如在上海，也會有親人協助她回國後的安頓生活；加之蔣介石已經是「蔣委員長」，除了黨政方面，還有胡漢民、汪精衛等人與他平分秋色，基本上他已經儼然是國民政府的第一把手。他自然不可能再貿然與陳潔如直接聯繫，安排、照顧她的生活，這些自有張靜江、杜月笙等代勞，毋須勞煩他本人操心。

除了張靜江、杜月笙這兩位患難之交與江湖至友，他的二個兒子蔣經國、蔣緯國，也是與陳潔如低調維持一種藕斷絲連關係的紐帶。陳潔如歸國，蔣介石在上海灘的朋友顯然十分巧妙地安排妥當。從一九三二年陳潔如歸國，到一九三七年抗戰爆發，這四、五年之間，陳潔如猶如隱形人，隱沒在十里洋場。

蔣介石心虛「撕信事件」過後似乎雲淡風清，表相上看來，蔣介石與宋美齡之間又恢復了昔日的平靜，宋美齡繼續幫贊蔣介石撐持著半邊天。如此船過水無痕、平靜無波，這應該與蔣介石、陳潔如之間完全沒有互動聯繫有關。

陳潔如隻身祕密逃到大後方

回國之後，陳潔如非常低調地定居在上海法租界的巴黎新村，一直到一九四一年十二月中旬，才因為一樁突發的戲劇性事件，迫使陳潔如緊急遷地為良，奔赴大後方重慶。原來，陳潔如與她的弟媳婦連袂去上海南京路「惠羅公司」購物，不料與從重慶叛逃到上海，投靠日本軍閥，準備籌組漢奸政權的汪精衛太太陳璧君，及汪精衛的密友褚民誼，在電梯裡巧遇。在廣州時期，陳潔如還是「蔣校長夫人」的那段日子，陳潔如與陳璧君是相熟的，但是，此刻陳璧君已是大漢奸，褚民誼的身分則是汪偽政府行政院副院長兼外交部部長。陳潔如心中絕對無意和這兩個大漢奸有任何牽扯，無奈見面三分情，攀談之下，陳潔如沒有迴旋閃避空間，便在陳璧君等人的簇擁之下，走到對面的匯中飯店敘舊共餐。

沒想到這麼一敘舊，敘出了困擾；陳璧君三天兩頭到陳家串門子，並且明目張膽地要陳潔如一道「曲線救國」，甚至還放長線，準備引人上鉤，說已安排汪偽政府的僑務委員會副主任虛位以待。陳璧君的這一「盛情邀請」，當即被陳潔如婉拒。心中懷抱強烈民族大義的陳潔如，驚覺租界此一「孤島」勢必已經待不下去，她毅然決定隻身祕密逃到大後方。

估計陳潔如應該是在一九四二年初抵達重慶。她之所以能夠成功脫離虎口，必定也是杜月笙等的悉心安排、護持。嚴如平教授有文指出，陳潔如被蔣介石的拜把兄弟、蒙藏委員會委員長吳忠信，安置在距離陸軍大學蔣介石官邸不遠的吳忠信公館裡。從此，蔣介石便與陳潔如舊情復燃云云。終於有一天，宋美齡的耳目捕捉了蔣介石的行蹤，宋美齡抓著了蔣介石的小辮子，自然是大發醋勁，盛怒之下，蔣介石的「臉都被宋抓破了」，「致使宋無法接見外國來賓」。宋美齡對蔣介石膽敢舊情復燃十分氣憤，難以諒解，遂於十一月出走美國。

這個充滿戲劇張力的說法，固然有時間、地點、人物，還有情節，不過恐與實情頗有一段差距。例如，宋美齡於十一月赴美，眾所周知，她是應美國政府的邀請，前往進行正式訪問。更精準一些的說法，宋美齡此行目的之一，是去美國治病。正式訪問，是見到美國輿論反應不錯，她才在出院後，展開正式訪問，這算是「無心插柳」。更何況那趟美國之行，蔣介石、宋美齡之間幾乎天天函電交馳，在私情方面，相互噓寒問暖，真情流露；談論公事時，娓娓道來，理性平和。字裡行間根本不像是醋海生波、夫妻交惡的樣子。

倒是王舜祈寫的〈蔣氏故里述聞〉頗具真實性。據他說，陳潔如到重慶以後，曾經參加軍需署署長周駿彥的追悼會。當年在侍從室工作，專門為蔣介石收發電報的周坤和說，他在軍需署的貴賓室發現一位「中年婦女」，那位女士不是宋美齡，竟然是陳潔如。這顯示，陳潔如在抗戰中期到了重慶，而且，她的住居與生活種種，顯然都由「有關方面」為她做了巧心安排。觀乎此，蔣介石似乎也不盡然是個絕情絕義的薄情郎。

宋美齡只要一跟蔣介石鬧彆扭，盛怒之下，就會習慣性「離家出走」。但是，究竟是為些什麼事情，隔個一年半載就要「離家出走」呢？任何一對夫妻，無論再怎麼恩愛，總會有爭執、矛盾。該查考的是，蔣介石、宋美齡究竟是為了什麼事鬧矛盾、爭執。

一九四三年十月三日，蔣介石的幕僚唐縱在日記裡寫：「近來委座與夫人意見不和，夫人住新開市孔公館，不歸者數週。下午，夫人歸官邸與委座晚餐後，又同赴新開市，宿一夜。」親近如唐縱者，平常看蔣介石、宋美齡之間私下親蜜恩愛，共同處理公務時亦是合作無間，卻忽然發生宋美齡不告而別，且和蔣介石分居數週的這種怪事，自然讓唐縱直覺「委座」是不是和老婆吵架、拌嘴了。但是，吵一架，竟然吵到幾個禮拜不見宋美齡人影，這確也是一件稀罕怪事；故而引起唐縱「不該有的好奇」，跑去和蔣介石的侍衛長俞濟時套問八卦。俞濟時悄悄告訴唐縱：「先生的確和夫人吵得很兇，據說還跟蔣緯國有點關係。」

蔣緯國哪一點惹怒了繼母宋美齡呢？以蔣緯國的聰明機靈、能言善道、為人圓融，以及謹守倫理、分際的個性，他萬萬不可能冒犯、開罪宋美齡。所以，爭端必定不是出自蔣緯國本身，而是出自蔣介石和宋美齡兩人之間。假使俞濟時的消息準確，蔣緯國充其量成為蔣介石、宋美齡夫妻，失和的導火線與藉口而已。這也印證了楊天石所指出的，蔣介石、宋美齡在一九四〇年那次的失和，與蔣緯國有關的說法正確性。宋美齡的不告而別，託言去香港「治病」，孰料一去就是大半年，可也不曾聽聞香港的英國醫院診斷出，宋美齡得了什麼疑難雜症。

從一九三八年初起，連續四年，宋美齡總是時不時的習慣性離家出走。從蔣介石侍從人員的近身觀察，能夠說得出口的，就說蔣介石和宋美齡吵得兇的原因，和蔣緯國有點關係。但是，蔣緯國一不曾忤逆犯上（宋美齡），二不曾不敬親長（宋美齡），三不曾有愧職守。宋美齡似乎與蔣緯國結下了「深仇大恨」，是何道理？

講到蔣介石、宋美齡之間矛盾根源處，還是因為宋美齡主觀上，疑心蔣緯國的身世，疑心這位長得高帥、挺拔的蔣二公子的生母是陳潔如。宋美齡可能並未細究、考證陳潔如的年歲，其實只比蔣緯國大十歲，她怎麼可能是蔣緯國的生母呢？

宋美齡可能也還疑心，蔣介石是否還有人們所不熟知的其他女人？這不知名的女人是否仍然健在，威脅到她的正宮地位？誠然，宋美齡當年並不知道還有「重松金子」這位日本女子的存在。

由於蔣介石交代不清楚與蔣緯國生母關係的來龍去脈，兼以陳潔如偏偏又在一九三二年從美國悄悄回國，儘管陳潔如在抗戰前三、四年，在上海蟄居，低調平淡；一九四二年，因為不堪陳璧君幾度騷擾，意圖甘言利誘投敵賣國，為逃避敵偽迫害，經由蔣介石安排，輾轉撤到大後方。縱使沒有任何史料證明，陳潔如和蔣介石間有什麼藕斷絲連、舊情復燃之舉，但宋美齡畢竟在國府上下布滿「眼線」，任何風吹草動，豈能逃得過宋美齡的「法眼」。

人最怕有疑心病，一旦啟疑之後，蔣介石一舉手一投足，看在宋美齡眼裡，難免疑心生暗鬼。蔣緯國偶爾進出黃山官邸，晨昏定省，縱使只是為了恪盡父慈子孝的義務，也不免被宋美齡投以異樣眼光。各種氛圍景象與心理因素，雜亂紛陳。夫妻間只需一點火花、一言不合，離家出走與冷戰就在那一念之間引爆。

第十二章

外交智囊班底的「哼哈二將」

在民國史上，再也找不到像宋美齡這樣類型的第一夫人。由於丈夫長期執政，她可以順理成章地長期襄理政務，既為丈夫最信靠的機要祕書，同時又是最得力的外交代表，後勤無不一手包辦打理，偶爾還參與軍火採購。假使不是一個有一番雄圖偉略的女子，縱使丈夫百分百的力挺、拉拔，決計承擔不了這樣的重責大任。

第一節
外交初試啼聲

宋美齡的政治生命歷程，對中國抗戰形勢的影響，堪稱至深、至鉅。在她紛繁的各種事蹟中，首推一九四二年十一月首次以「第一夫人」的身分訪問美國。

揭開宋美齡訪美序幕的，始於十二月二十四日，宋美齡初次會見美國總統羅斯福

（Franklin Delano Roosevelt）派遣的迎接特使賀浦金斯（Harry Lloyd Hopkins）。這次的會晤意味著，美國自遭受亞洲的法西斯軍國主義國家日本偷襲珍珠港，侵吞太平洋地區各處軍事據點之後，亟需在亞洲拉攏一個可以與美國併肩作戰的盟友，而中國無疑就是美國羅斯福當局最想拉攏的國家。

雖然蔣介石在名義上非國民政府的「一把手」，國民政府名義上的「主席」是林森。但林森實際上只是一位象徵性的領導人，國府當年無論是黨、政、軍乃至特務系統之大權，事實上都掌握在蔣介石手中；而且，林森多年來始終鰥居，沒有夫人，所以宋美齡被中外人士視為第一夫人，殆無疑義。

賀浦金斯是羅斯福非常倚重的重量級智囊、「新政」（The New Deal）的主要設計者，參與成立並領導了公共事業振興署（Works Progress Administration）。第二次世界大戰期間，他是羅斯福的首席外交顧問，在美國援助盟邦軍事武器的《Lend-Lease Program》（租借法案）的制訂與落實過程中，扮演非常重要角色。羅斯福派他作為迎接宋美齡正式訪問的特別代表，意旨何在，甚為明確。

宋美齡與賀浦金斯對話的主題與內容，無所不包。她不斷提出疑問，似乎意在聽取賀浦金斯陳述美國羅斯福政府對世界局勢的看法。這也可窺見宋美齡此行主要任務，首先是深入且實地的了解美國在向日本宣戰之後，對第二次世界大戰局勢有何整體安排。其次是啣蔣介石之命，與美國聯絡邦誼，爭取美國政府的協助，取得武器、物資等實際援助，挹注處於日軍半封鎖狀態的中國，取得足夠的戰略物資與槍砲彈藥，繼續與日軍作艱苦卓絕之鬥爭。

宋美齡並把她與賀浦金斯特的談話內容筆錄、翻譯、整理出來，以電報提供蔣介石做為議定對美外交政策的參考：

大姊轉介兄：

昨日賀浦金斯特由華盛頓飛紐約來見妹，當詢以美國內政做談話要旨。其可注意者如下：（一）妹詢以美在非洲出征軍械彈契約，彼云非洲聯軍人數約二十五萬，其武器不較德軍為劣，且羅總統對非戰事極抱樂觀。據美參謀本部預計，定能在一月中將德軍在非者完全驅逐或殲滅。妹又詢歐洲第二戰場何時開闢？賀浦金斯云羅總統曾與史太林多次電訊檢討。史太林表示，只要美在歐開闢第二戰場，則不拘何地點。美參謀本部認為侵歐戰略有二：一由義大利進攻，另一取道在土耳其。羅總統以為，土國團結一致，可以賄賂以得，故在戰略上比較直接攻義大利為上策也。

（二）妹詢俄國對於戰後有期望否？答俄國擬割據立陶宛、拉特維亞、愛沙尼亞，而對巴爾幹半島、波蘭、南斯拉夫等國則要求經濟優先權，即對非洲及遠東，史太林亦表示要求善後問題。賀浦金斯謂戰後即俄進占其鄰邦領土，羅總統亦決不因之而與俄開戰也。但羅總統頗有自信，認為對史太林定有方法約束與應對之道。深信戰後俄國內部必有種種問題，即使抱有野心，亦當無力赤化全球。惟史太林認為，戰後之德國必定變為趨向蘇俄之國家社會主義。妹認為以上談話之關鍵盡繫一點，故詢以美不願因他國領土完整而與俄一戰，史太林是否知之？賀浦金斯告史太林為現實主義者，必定取此並告日、蘇雙方均不願起釁，故彼此均極敷衍，近日訂立商約，西伯利亞俄運輸量每月噸位變本加厲，故美極怕俄將美供給之租借軍火輸送日本也……。

宋美齡長電報的末頁說道：

國內認為普通之戰息，此間往往完全未聞，如賀浦金斯所提者將來定多，若由妹酌告美當局各種較重要之我軍事動態，在此一舉則已做到我在此宣傳機關，雖費九牛二虎之力而不能做到者。故為消息正確而免貽笑。密切關係計，惟有請兄親自命所欲告彼等者飭屬不時電妹。（三）賀浦金斯又告，英美參謀部擬在三月一日在緬開始反攻，並告美已派數千技術工兵赴緬矣。羅總統對近來航船損沉數目銳減，極抱樂觀。併聞。

妹齡

這封長達七張電報紙的電報，在國府各機關的往來函電中都是罕見的，即便是蔣介石、宋美齡之間的公私函電，也鮮少有這麼長的。可證，宋美齡平日也是蔣介石國際政治的諮商研議對象。

其實，宋美齡固然有非常豐富的軍政常識，不過，畢竟她初次以半官方身分訪美，頭一回遭逢的就是，羅斯福最倚重的頭號智囊賀浦金斯。此人堪稱是美國政府的金頭腦，倒不是他的聰明才智有什麼通天本領，而是他有太多中國軍政首長不知悉的內幕消息與情報資訊，光憑一個宋美齡與之單打獨鬥，那肯定不行的。所以，宋美齡多次打電報給蔣介石，要他催宋藹齡等趕緊來助她一臂之力。即知連宋美齡也感受到這趟美國之行的任務沉重，工作細膩、繁瑣，決計不可以輕忽任何一個環節，否則極可能滿盤皆輸而前功盡棄。她必須要有一個堅強的幕僚團隊，宋美齡自己在最前面打前鋒，這些幕僚在後為她出謀畫策，方可確保此行之穩妥、信靠，順利成功。

十一月十八日，美國機師科內爾．謝爾頓駕駛波音三〇七平流層客機，降落在重慶九龍坡機場，迎候宋美齡。按照往例，座艙人員事先就準備好「一大件」，即軍用擔架，並將其固定在座艙前方。因為宋美齡會暈機，搭飛機時務必要躺下。宋美齡上機之後，其英文祕書陳純廉隨即照料她躺下，並繫上安全帶。隨行的幕僚與智囊人員，有宋美齡的外甥女孔令偉、美籍顧問拉鐵摩爾（Owen Lattimore），以及蔣介石中學時期的英文老師，後來成為蔣介石得力助手的新聞祕書、中央宣傳部副部長董顯光，還有醫官左維明、貼身女傭蔡媽、內務副官斯紹愷……等。

原本，宋美齡屬意擁有美國耶魯大學博士學位的外交部部長王寵惠隨行，但王寵惠藉故婉拒。日後王寵惠說起這段往事，表示自己沒隨從宋美齡訪美是對的。所以，宋美齡的隨員裡，真正稱得上有外交實務經驗的就只有董顯光一人。

此外，還有一位宋美齡甚為倚重的親信，她的外甥孔令侃。當時，孔令侃正在美國哈佛大學留學，故直接在美國會合。

宋美齡這支隊伍固然不算龐大，卻是人人各有千秋，各有來頭。例如，拉鐵摩爾，他是美國作家和頗有影響力的漢學家、蒙古學家與地緣政治學家。

拉鐵摩爾

拉鐵摩爾出生在美國，不滿一歲就跟著父母來到中國，十二歲時才隨著父母遷徙到瑞士。十九歲那年，拉鐵摩爾回到中國，先在天津的《*Peking and Tientsin Times*》（《京津泰晤士報》，或譯《天津時報》）擔任編輯。後來在一家英國洋行擔任雇員。一九二六年，花了一年功夫，沿著絲綢之路，從內蒙經新疆走到印度。一九二九年，與其妻去東北地區，研究滿蒙民族，並研究黑龍江的赫哲族。一九三〇年，他獲北平哈佛燕京學社（Harvard-Yenching Institute）資助一年，繼續寫作、研究及旅行；接著獲古根漢基金會（Solomon R. Guggenheim Foundation）資助二年。同時以通信方式主編太平洋國際學會（Institute of the Pacific Relations）的《*Pacific Affairs*》（太平洋事務）季刊。一九三三年，至內蒙古旅歷，從事長城邊疆研究。一九四一年，他的文章引起羅斯福的注意，因而被推薦給蔣介石，擔任其私人政治顧問。

陶涵（Jay Taylor）在《*The Generalissimo: Chiang Kai-shek and the Struggle for Modern China*》（蔣介石與現代中國的奮鬥）一書中，對拉鐵摩爾亦相當關注，說拉鐵摩爾於一九四一年七月中旬，飛抵重慶江心島的中壩機場，並稱他是研究中國少數民族邊區的專家。在陶涵的陳述中，拉鐵摩爾是白宮行政助理居里（Lauchlin Currie）於二月訪問重慶時，推薦予蔣介石的。拉鐵摩爾的優點是，他可以直通美國白宮。陶涵說，但是「因為蔣已經不信任華府的國務院或駐華美國外交官員，因此在他的安排之下，拉鐵摩爾成為中國政府的民間雇員，與重慶美國大使館沒有官方關係。」

在陶涵的筆下，拉鐵摩爾是一位無論在生活習性和思維方式各方面，都已經可以同中國人達到相當程度的融入。拉鐵摩爾另一個獨特的優點是，他很能揣摩蔣介石的心思。很重要的一個原因是，他有語言上的便利與優勢；因為拉鐵摩爾幼年時的褓母是浙江寧波人，他的最大本事，可以寧波話同蔣介石交談溝通。

陶涵指出，後來「拉鐵摩爾對國民政府強烈批判，因此他在戰後回憶錄中，對蔣的正面觀點特別有可信度。他認為蔣是個『真正的愛國者』、『非常具有國家意識』、『一個了不起的人』、『有時候……比羅斯福或丘吉爾更有遠見』。例如，在巴巴羅薩行動的初期，德軍橫掃俄國歐洲地區。蔣很有信心地告訴拉鐵摩爾，蘇聯會站穩陣腳，最終必會戰勝德國人。他了解版圖大，具大陸規模的國家之實力。他也說，被困在中國的日本需要有某種勝利，因此日本將會進攻南方的殖民地地區，不久也『將在太平洋另闢戰線』，可是這將使日本陷入『和列強的嚴重衝突』。拉鐵摩爾雖然敬佩蔣介石，卻不喜歡他沉默寡言的個性。他和多數訪華的美國人一樣，跟周恩來很談得來。」

和大多數蔣介石的外籍顧問一樣，拉鐵摩爾受到很優渥的待遇，備受禮遇。據說他不必每天到辦公室上班，也不必定期去見蔣介石，大部分時間可以自行安排，不是在家裡閱讀資料、書籍，就是安排接見訪客。但在蔣介石面前卻有很大的影響力。

在宋美齡訪美的隨行幕僚與智囊人員當中，拉鐵摩爾是最受倚重的一位。早在動身前三個月，蔣介石、宋美齡夫婦就在拉鐵摩爾的協助下，為國府構思了國際政治的基本戰略。

一九四二年八月一日，在和蔣介石商議之後，拉鐵摩爾為蔣介石草擬了一份致居理的電報稿。這份電報其實就是國府致美國政府的一份外交說帖，希望說服美國改變其重歐輕亞的政策，重視中國為抵抗日本侵略，獨立作戰四年來的戰略地位。拉鐵摩爾直接把這份電報稿呈給宋美齡，因為他非常清楚，宋美齡才是國府對美國外交政策的真正主導者。宋美齡拿到之後，自己當然先過目一遍，再交給蔣介石。

蔣介石在這份草稿上以紅、藍鉛筆刪刪改改，增加了不少他的意思。拉鐵摩爾根據蔣介石修改的內容，再做最後的修繕；最後才以拉鐵摩爾自己署名的方式發給居里。

這份被蔣介石親筆修改的電文如下，加雙引號部分是拉鐵摩爾準備致電居里的內容。

「夫人賜鑒：

茲就昨日談話及今晨董副部長電話轉達委座指示之內容，草擬致居里先生電稿如下：

『極機密，尚未向任何使節述及。委座對目前政局至感關切。中國獨力抗戰四年之久，雖獲得美國之援助，並美國與其他國家之同情，然迄無一個同盟國與國，深感政治上之孤立，甚恐戰事結束之後，中國之勝利或將不能換取平等之地位與待遇，顧慮之情，與日俱增。因此日偽利用現局，最近造作宣傳，稱中國被反軸心之民主國家利用，實為其工具而非同盟，在和平條件中將為其犧牲。此種宣傳如無法阻止，將減弱中國軍民抗戰實力，且發生極不良之影響。委座以為此時惟有總統能處主動之地位，蓋英、蘇傳統藐視中國，而中國傳統懼蘇接壤而疑英動機。委座擬請總統考量二端，一、建議英、蘇，使二國與華聯盟。二、美、英、荷等邀請中國參加彼等現存之太平洋聯防會議。中國雖獨負艱巨，抗拒德之同盟國日本以保衛民主列強之利益，四年於茲。而有關抵禦德國或日本之聯防會議，迄未參加，所決議採取之步驟，亦皆茫然。』

『但此二建議之一，惟有總統為之從中推動，保證中國之在反侵略民族間平等地位，並解除被歧視之鬱積。否則中國民族向來懼蘇而疑英，此時，英、蘇與中國皆已對德、日作戰，無一共守盟約，則中國民眾對於以後英、蘇之行動更增懷疑與恐惴，以英、蘇過去對華之傳統政策，做為前車之鑒也。以上二種方式如不便公開則以祕密方式行之。此外復有機密情報奉告，或者蘇方已告英方。當英、蘇成立互動協定時，日大使向莫洛托夫抗議稱，日本視英為假想敵，此後英、蘇進一步接近，將視為敵對行為。故委座以為總統發動上述建議已至成熟時期，俾消滅日本宣傳，解除中國民眾之顧慮，而增強其士氣。拉鐵摩爾』

經仔細考量，昨日談話及今晨電話指示後，拉有兩點擬呈請委座考慮如下：

（一）電文中『委座以為惟總統處主動之地位，蓋英、蘇傳統藐視中國，而中國傳統懼蘇接壤而疑英動機』一句擬自『蓋英、蘇傳統……』以下刪去，逕接下句如下『委座以為惟總統處主動之地位，擬請總統考量二端……』（理由）此句涉及英、蘇，似造成一種中國只能依賴美國之印象，致易引起此種建議如不能實現，無其他途逕可尋之感想。

（二）電文中最末一句，擬另易一句。此句意義純屬斗膽創作，並非昨日談話所有，其文曰：『委座頗願利用全般局勢發動反攻，惟念軍備有限，倘不能如建議辦法在政治上取得保障，此項努力之消耗實甚危險。（理由）竊斗膽擅做此項修改，實因美國一般感想咸以為中國戰事已入膠著狀態，成一『靜』的戰線。故論者即據此以辯護其暫置中國，集中全力赴援蘇俄及大西洋岸『動』的戰線之政策。此點想亦為委座所習知，竊意加入此句，即可示意中國戰線亦可由『靜』變『動』，惟此項努力之獲益者不獨中國，英、美、蘇三國皆均沾潤之，則中國此項軍事之努力自應得政治上之報酬。

拉鐵摩爾謹啟 八月一日」

由此可知，拉鐵摩爾是在協助蔣介石與宋美齡，為國府的戰後國際地位未雨綢繆。亦可知蔣介石派宋美齡到美國訪問，基本上有二大目標，其一是爭取美國軍事與經濟援助，其二要為戰後中國部署盟國勢力，為戰後的中國爭取國際上的「與國」——盟邦，使中國不致贏得了戰爭，卻在國際角力場上再度處於劣勢，屈居強權政治之下「人為刀俎，我為魚肉」的極端不利態勢。

在這些大前提下，拉鐵摩爾非常清楚蔣介石、宋美齡心底的盤算，基於顧問的職責，以及從一個西方人的視角忖度蔣介石、宋美齡的想法，同時衡量西方政治與中國地位的互動關係。幾經思慮，拉鐵摩爾在電文裡加了一些他的建議，提醒蔣介石，不要讓美國羅斯福政府有中國要依賴美國的感覺。最重要的是，如果中國要爭取美國援助，必須在行動上證明，可以把中國戰場從「靜」的戰場變成「動」的，讓美國和盟國覺得優先支持中國對抗日本，對整體的反法西斯戰爭是絕對有利的，不論任何數量的物資援助都是划得來且值得的。

第二節

核心幕僚孔令偉和孔令侃

拉鐵摩爾雖是蔣介石顧問，但若要談起「核心」幕僚，在隨行幕僚與智囊人員中，真正稱得上是自己人，而且是「核心」人物的，則非人稱「孔二小姐」的孔令偉莫屬。宋美齡這趟長達七個半月的美國之行，之所以能夠功德圓滿，固然有一大半是宋美齡個人的因緣造化，幕僚團隊的將士用命也功不可沒。坦白說，孔令偉在這當中居功尤偉，功臣榜排名第一應當不為之過。然而，孔令偉不過是宋美齡這趟訪美行程，負責打頭陣的孔宋家族成員。

一九四二年十二月初，宋美齡打電報給蔣介石說：「到後千頭萬端，尤感缺乏助手，文件一項，已感隨從人員不敷，況內外交接均由妹一人負擔，終日應付，尤感精神、時間之不足。」顯然，宋美齡才入院就積極為正式訪問做準備，「故盼兄能催請大姊及文兄從速來美，以分妹之勞頓，為公為私，均有利益，盼兄對之特別出力贊其成行。」

只是，宋美齡手底下已有拉鐵摩爾、陳純廉、董顯光這三位能幹的助手，怎麼還嫌人手不夠呢！一個月後，有感於孔宋家族成員在她三催四請下，依舊遲遲其行，迄未動身到美國，協助她處理日益繁重的期前準備工作。宋美齡在一九四三年的一月四日發給蔣介石的電報裡，抱怨了一下，並說：「妹帶來空軍參考材料內有極多均屬過去者，故請兄派諳悉各種最近配備者，隨同大姊、文兄來美，以便諮詢。羅總統對各方軍情消息必定靈通，若我所告者較彼為簡，豈非貽笑外人，請兄再催大姊隨來襄助也。」

其實，蔣介石、宋靄齡、宋子文都有收到宋美齡要求支援的函電，遲遲其行的原因，不外乎需要周詳準備的考慮。事後證明，宋靄齡不但自己親自飛美和宋美齡會合，還動員了孔令儀、孔令偉和孔令侃、孔令傑，四名子女協助他們的小阿姨。他們四人隱身幕後，扮演「潛水艇」的角色。其中對宋美齡這趟訪問幫贊最多的，首推孔令侃。

一般相信，宋美齡在美國參、眾兩院的那二場演說講稿初稿，即出自孔令侃手筆。

莫怪孔令侃為宋美齡此行最信賴的核心幹部，甚至取代董顯光成為「蔣夫人機要祕書辦公處」（Secretariat for Madame Chiang Kai-Shek）的祕書長。無論大小事務都要諮詢這位當時年僅二十七歲，卻毫無外交實務經驗的毛頭小伙子。宋美齡私底下的理由是，孔令侃是值得信靠的「自己人」。大凡孔令侃提的意見，不論是否專業、正確，亦不論是否符合外交禮儀、規範，宋美齡幾乎無不採納，且奉為上策。

坦白說，宋美齡之所以倚重孔令侃，是有她的道理的。她不認為孔令侃涉世未深，自抗戰以來，即多所歷練。一九三六年，孔令侃自聖約翰大學畢業，孔祥熙恃著有連襟蔣介石、宋美齡夫婦的關照，「內舉不避親」地提拔自己的兒子當財政部祕書，遂入中央信託局。這個小小的祕書非同小可，無事不參，無役不與，也沒人管得住他。一九三七年七月二十五日，孔令侃就打了一通電報給蔣介石，報告其與日本密使祕密接觸所獲重要情報。

姨父大人尊前：

頃據報告日本海、陸軍武官會議決定，不擴大上海水兵失縱*事件，原因為蘆溝橋為失蹤一、二日兵，致死傷千餘，各關東軍開進萬餘人，至今弄到幾無下台餘地，兵力、金錢均耗於無用。前年日副事藏本失蹤，雷厲風行，結果成世界笑話。今上海為一水兵再與吾挑釁，為整個戰事之肇端，似太不上算。據甥所知，乃大人表示決心抗日之故也。日方以前總以為吾政府無真戰之決心，近二日內，吾軍隊繼續北上，雖

*筆者按：應為「蹤」。

不向其尋釁，但拼命積極應戰，令疑糊不決之日本抖慄寒心。此事若果能有如此之解決，不外乎大人在決心犧牲下，力求和平之所獲者也。茲將父親函、姨母大人信譯成中文送上鈞閱。溽暑浸人，希大人為國珍攝。專此。敬請福安

甥令侃上 七、廿五

八月，淞滬會戰開打不久，尚在歐美訪問的孔祥熙，也即刻透過孔令侃致電黨中央。

中央執行委員會常務委員諸公、國民政府主席林、蔣委員長、中政會汪主席、王外交部長均鑒：

熙自抵歐美，即分向各國當局密詢其對中日問題之意見及政策。英方態度，在實力未充足前，似怕多事。德國希氏表示伊與日攜手，即為謀中日妥協。美羅總統祕稱，滿洲國成立已有六年，茲不問法理若何，其存在已為事實，目下各國雖未承認，但將來必不免有一、二國家與日在互換條件下開始承認。其餘俄、法等國，或實力不足，或態度曖昧。當此中日戰爭開始之際，除我以武力抵抗，自求生存外，似不無考慮其他運用途徑之必要。熙意：（一）國聯九月又開大會，我政府當事先將最近日人侵略者訴諸國聯，要求經濟制裁，此舉既可使各國不得藉口袖手旁觀，我方又重新喚起世人道義上同情。（二）同時並依《九國公約》，請美國召開太平洋會，屆時再由

各國求一解決方法，未嘗非我監理財政之利。前熙與顧、郭兩大使連日請政府提出《九國公約》，未得回復，熙恐政府尚猶疑未定，今事急矣，除犧牲到底以求最後勝利外，尚須及時運用外交以壯聲勢。以上兩點經與各國要人談及，均認與我有利。熙身在海外，憂心國事，一得之愚，未敢緘默，應請詳加考慮後，即日實行。

祥熙　刪等語請照轉為荷

弟侃叩銑

可知孔令侃已在孔宋家族中，扮演起一個可大可小的角色來了。在孔祥熙的「大膽授權」下，加上可以「上達天聽」，孔令侃這個在蔣介石、宋美齡跟前最得寵的外甥，在人治的國府裡頭當差辦事，自然誰都要買他的帳，從事任何工作均可呼風喚雨、無往而不利。

由於中國沿海幾為日軍控制，海上進出口岸全被奪占、封鎖，香港成為國府少數幾個對外港埠與連絡孔道，乃至自德國進口槍砲武器的主要進口港埠。年底，孔祥熙於是把麾下的中央信託局撤往香港，並派孔令侃前往主持。負責對外採購武器的孔祥熙，自然也把這個任務交辦給他。是以，抗戰期間，孔令侃涉獵的工作領域愈來愈廣，層次愈來愈高。諸多原本不屬於財政部主管範疇的事務，不歸中央信託局負責的任務，只要在香港，孔令侃眼皮子底下發生的事情，莫不將之攬在身上。

下面幾則電報，即可印證孔令侃在軍品採購方面著墨之深。

來自何處：香港
來自何人：孔祕書（民國二十七年六月十三日）
謹呈委座核示
（民國二十七年六月十四日）孔祥熙
院長鈞鑒：

近據李國欽先生稱，關於軍械、軍火價款之信用書內付款辦法，每列有除憑單外，並包括領事簽證（Consular invoice）一項，則於貨起運之前，必先向出口地之領事館將貨名、數量，以及裝運船名等等詳細開單，始可領證。而領事館方面，因其他商行前往領證者甚多，人色既雜，消息易傳，故我方以需要簽證，致不免有洩露運貨詳情之虞，非所宜等語。按稱各節甚關重要，且查驗領事簽證係於進口時向海關呈驗，以證明貨之來源及確有價格，出口時並不需此，軍械、軍火既有國府護照價格若干，又有廠商發票，進口海關自不必再索閱領事簽證。曾經鍾經理秉鋒調查得悉，軍械、軍火在香港進口，可不需出口地之領事簽證，並據西南運輸處調查，亦屬相符。因擬將以前所請中央銀行開立之信用書內，凡列有需要領事簽證者，即由該行將該簽證一律取消，至以後開立信用書內此項簽證亦概不需列入，以重機密。是否有當？敬乞鈞裁。如此事與外交部有關，尚乞飭員洽辦，為禱。

職令侃叩佳港

財政部抄電紙
來自何處：香港
發電日期：二十七年六月二十一日
來自何人：孔祕書*
收電日期：二十七年六月二十二日
已復照辦仍請委座鈞閱
孔祥熙　六月廿二日

院長鈞鑒：

密。兵工署請購捷克式輕機槍料一萬五千枝，前奉院長批准，並飭在港洽辦等，因當經分向各商詢價，查樂克林鋼廠出品，曾經俞署長認為鋼料公允，於四十三鎊價格曾購得一批。此次以晉達廠代表禪臣與之競爭，迫其再跌，復以樂克林減低之價迫禪臣削減，彼此競爭，一再減低結果，樂克林每噸為卅九鎊，禪臣為卅八鎊十先令，該價已頗廉。樂克林恐為禪臣所得，又承允貨價百分之五十以鎢砂付給以之。告禪臣，彼乃承允全部貨價均可易貨。現禪臣所報價格，較兵工署約廉六鎊，較上次職訂者亦低四鎊半。今因競爭結果，再較樂克林報價低十先令。全部貨價共約英金五萬鎊，可完全以易貨辦法付給。用將洽價經過電陳，可否？照訂之處，謹候鈞示

職侃叩號三

*按：即孔令侃

從前述這些電報可知，孔令侃不光參與了國府的武器採購作業，還以洩漏對方報價方式，讓軍火商彼此競價。孔令侃生於一九一六年，抗戰軍興，年方二十有一，一個弱冠之齡、血氣方剛的年輕人竟因出身背景，即可與聞軍國大政，這無論是在當代或者過去，都是非常罕見的。

孔令侃更運用他任職香港中央信託局「祕書」，兼以孔祥熙兒子的有利身分，接觸日本駐香港領事人員——其實就是特務，多方獲得日方情報。以孔令侃「涉世未深」的年歲，能夠掌握這些情報訊息來源，對國府做為戰略研判，仍有相當參考價值。孔令侃勤於與日本特務接觸，屢屢發送對敵研判的情報回重慶；這正可突顯他駐外工作的活躍性和精明幹練。

雖然外界對這位「官二代」、「富二代」多以負面觀之，認為他是放浪形骸的紈褲子弟，但是從這份孔令侃發自香港的密電，可以窺知他的工作表現仍有其不容抹滅之處。

來自何處：香港

來自何人：孔祕書

收電：二十七年七月六日

謹呈委座

孔祥熙 七、六

院長鈞鑒：

極密。據所派與駐港日領事密洽者報告，該領事稱鄉鈞座在位，各事總有辦法。言下似有議和須以委座下野為條件之意。當以此種觀念，決不能任其系懷。故照鈞座在漢面諭，對該領事表示，目下政府係鈞座負責主持，如確有必要時，鈞座當可辭卸。該領事又謂，我方言和，似乏誠意，可以彼方所得情報為證。彼方目下獲得情報甚為不易，多以金錢分向各國收買。據自法人方面所獲取者稱，孫科近與法要人言，在俄曾與史丹林*談判圓滿，史允供給一萬萬元之飛機借款，及其他二、三萬萬元之軍械，故決抗戰到底。由此而觀，我方言和是否具有誠意，頗屬問題云云。此係最近會談情形。職意，目下應付日本，似可一面向其言和，使緩行《總動員法》，則其調兵來華，勢將更感困難，一面令各軍猛力進攻，使我在軍事上得占優勢，大局可較有利也。

職侃叩歌

原來，孔令侃和日本駐香港領事接洽，是蔣介石「在漢面諭」（在漢口當面指示）交辦的任務，他是奉命行事。他的工作之所以擴大到情報蒐集及對敵接洽，不是他自己擅自作主，而是有蔣介石特准的。孔令侃插手中日和談與情報事務，還有下面這則，可茲印證他涉獵之深。

*筆者按：原文，意指史達林。本書其他各處引用檔案，或稱史丹林、或稱史太林等，均係指蘇聯領導人史達林。

來自何處：香港
來自何人：孔祕書
發電：二十七年八月四日二十三時十分
收電：五日一時〇分
此係機密情報供做參考
院長鈞鑒：
密，極密。王子惠已派代表來港，據表示，我方條件雖無利於日，亦擬接受，原因為華北日方利益各國均已承認，惟華中、華南則無彼承認，希望即使攻取到手，亦難為各國諒解，故擬不論條件罷手言和。又該代表為田俊六派，其委曲求全之用意，亦不願松井派之萱野將人情做去，並希我方派代表赴滬，存德奉定明晨赴滬。職意該代表表示似確堪注意，謹聞

職侃叩。支亥二

下面這則電報則是孔令侃和日本軍部人員，在香港祕密接頭之後的工作報告：

（二十七年）九月七日發電，九月八日收電
來自何處：香港
來自何人：孔祕書

院長鈞鑒：

領密。頃據201電稱，伊籐昨晚始來，據稱，彼於上月廿八日由滬赴大連轉長春，晤關東軍副總參謀長石原少將。石原對彼建議後，極表同意，且謂此建議實與我主張相同。石原因於是晚通電來京，向坂垣陸相具述伊籐建議主張。坂垣亦欣然同意，因告石原曰余人自入關以來，我等對華主張，以每格事禁，至今無由實施，今可在關東軍內提出此主張，使關東軍對此主張一致通過，然後以關東軍主動之力影響內閣，居時余運用其間，或可有成。因此，石原竭一星期之力，於長春召集關東軍主腦暨在滿日本各領袖開會，檢討對華根本方針。關東軍總（攬）參謀長為磯谷廉介，向與石原意見不合，至石原提出對華談判具體主張：（甲）和平談判應變更過去主張，而以蔣介石將軍及國民政府為對象；（乙）防共事應聽中國政府自由主張，不可做為日本要求條件。

世電與中國談判和平，日本應先具有掃數撤退在華日軍之決心。同時，石原對於滿洲則主張，將偽滿政權完全交偽滿中國人治理，所有日本人服務偽滿政權下之官吏完全退出滿洲等種種辦法。磐谷一派表示絕對反對石原，謂日本必愈不可自拔。此次張鼓峰事件，蘇聯所恃以威脅日本者，則在日本對華用兵，故日本忍辱屈服於蘇聯仇讎，以日本對華用兵，故蘇聯現在根本政策絕不敢與任何國家輕開戰端。設日本一旦與中國和平，則日本即可威脅蘇聯，領導遠東，保持一等強國地位。否則而不改對華策略，必有不堪設想之一旦云云。

磯谷一派則以石原此等之主張，有失日本帝國顏面。石原則言，國家事當從根本利害打算，顏面之有無固不關輕重。至此，磯谷一派群言應維護現國策，其他與會者從而和之。於是該會議即算終止，石原當憤慨之餘，即向該會議中提出『辭表』。

石原之出此實有憤於該會議人之無識也。石原於辭表提出之翌日，即攜眷遄赴大連，轉回東京。石原到大連時，適伊籐亦在大連，石原與伊籐晤面後，復與坂垣通電，商議第二步辦法。坂垣謂梅津、土肥原一派於在華日軍仍有潛伏勢力，現我等既無法予以肅清，不如變為統一在華政治工作，調和陸、海軍意見計，特任土肥原為在華總特務機關長，駐於青島，今特加派津田、坂西兩中將分任其右使，津田常川駐滬，坂西駐平。且土肥原為坂西舊部，津田亦屬海軍前輩，當可影響土肥原，使同化。同時現在日本一般所謂顏面問題者，設日軍進攻武漢不成，膠著於湖北、安徽邊境，或日軍攻下武漢戰事無法結束時，則彼等自必覺悟捨顏面而談利害矣。

因此，坂垣囑石原，令伊籐返滬後，與津田取得嚴密聯繫同屬，對我方則囑伊籐仍加緊進行。並謂日本代表在滬接洽者，仍以船津為宜，惟船津因病痔瘡，現住東京醫院割治，病愈到滬時，亦囑伊籐與之嚴密聯繫。此時石原攜眷已返東京，現坂垣擬以石原為陸軍大學校長，俾便就近匡理一切。伊籐於返滬後，當晤津田，具述坂垣、石原今後對華計畫，津田亦極表贊同，并言俟船津病愈到滬時，再籌商積極辦法也。

謹按石原此次在關東軍建議雖未成功，而坂垣與石原所商第二步辦法現已開始進行，良以茲事體大，實非一時可成。特電詳達望查閱後即呈院座。是幸，等語謹陳。

職侃叩魚情亥

孔令侃還參與德國軍事顧問史泰乃斯主導的，招募英國傭兵在海上攻擊日本運輸艦的祕密計畫。

來自何處：香港

來自何人：孔祕書

發電：二十七年十二月十四日二十四時

收電：二十七年十二月十五日十一時

謹呈　委座

核辦　十二月十五日（孔祥熙印）

院長鈞鑒：

密極密。據史泰乃斯來稱彼已僱用英人兩名，備在海上協擊敵運輸艦，請即將魚雷快艇二艘交撥，擬置中國領海，視機行事。又稱，以前在粵，魚艇未經擊敵即自行毀壞等語。查該項魚艇每艘值二萬六千鎊之巨。史氏自告奮勇，原以極可欽。惟該艇已交由軍政部兵工署接收在案，史氏雖奉蔣夫人轉下委座准史顧問的接收命令，職處似非有軍部轉知，未能擅為處置。復查史氏原為陸軍人才，所僱兩英人是否熟習海軍，職未得而知，且兩艇能否收擊敵之效，以及出海後是否因技術稍差，或因無軍令之督促，反為敵方所刦，似亦稍有可能。擬請將此情轉達蔣夫人，如須即移交史氏者，並懇委座令飭軍部轉知信局，自當遵辦。謹此電陳，仰乞鈞裁示遵

職侃叩寒午機

孔令侃在中央信託局香港分局的工作崗位上，管轄的工作範圍，可謂上窮碧落下黃泉，無所不包。這不單單是因為他父親孔祥熙對他提拔有加，他姨丈蔣介石也經常親自直接交辦工作，讓他有機會參與各種高層次、高級別的軍事、外交、情報事務。莫看他年紀輕輕，卻是「聖眷正隆」，無出其右者。

下面這則電報，就是孔令侃寫給蔣介石的書面報告。這一年，孔令侃也不過才二十三歲。從孔令侃處理公務的邏輯、理路看來，他的確堪稱精明練達。而且，由孔令侃報告的內容顯示，這項年度兵工儲料案，還是蔣介石親自交辦孔令侃的。換言之，孔令侃能夠負起如此重大的工作，假使不是蔣介石親自交辦，他何德何能可以插進手呢？

垂詢二十八年度兵工儲料案辦理情形，茲謹具報告一件、附表二紙。伏乞鈞閱。為叩

敬請鈞安

孔令侃謹上

附呈報告一件、表二紙

謹呈者：

竊以二十八年度兵工用品向國外訂購原料，由國內製造器械，原為樽節國帑、自供自給起見，於二十七年七月由俞署長開具二十八年度需要兵工器材預算，總計國幣五千六百餘萬元，呈准鈞座，指派令侃辦理二十八年度兵工儲料，遵即成立儲料處辦理在案，查向外訂購原料所需外匯。呈准由儲料處向國內收購外銷土產，運港售換外匯，向國外訂購兵工器材。該處成立之初，由財政部撥交國幣二千五百萬元，茲謹將辦理收購土產、售換外匯及本案，向國外訂購兵工原料各項臚列於后。

（甲）收購土產售換外匯：截至現在止，收購土產約值國幣九百九十萬元，已售換外匯者，計英金十二萬六千六百四十一鎊二先令七便士，又港幣一百八十七萬四千九百五十八元四角六分。其中曾向資源委員會訂購鎢砂三百噸，該會對內收購鑛產品不以國際市場為準，另有規定價格，如鎢砂每噸定價為國幣四千四百八十元，如以國際市價照官定匯率計算，則為國幣二千八百四十元，當經呈准孔院長照該會規定國際價格付給。

（乙）向國外訂購兵工原料：

（一）在土產售換外匯項下，訂購輕機槍、重機槍、迫擊砲暨砲彈等鋼料，及導火線，計英金九萬三千九百八十八鎊四先令七便士，又美金一萬三千六百三十四元四角，約合國幣一百五十六萬元。

（二）訂購炸藥、槍藥、砲藥，呈奉孔院長核准，直接由財政部撥付外匯者，計英金三十八萬三千二百五十七鎊十四先令九便士，約合國幣六百四十四萬元。

（三）孔院長以英借款若能洽妥，擬電購兵工原料者，計英金一百二十五萬鎊，約合國幣二千一百萬元。

（四）孔院長在美借款項下，電陳光甫先生盡先採購兵工原料者，計美金一千萬元。其中已訂妥鋼、銅、鉛、鋅者，截至現在為止，計美金三百五十萬元，約合國幣一千一百七十六萬元。

上列四項已購及洽購之國外兵工原料，共計國幣四千零七十六萬元。以上，係辦理二十八年度兵工儲料案經過情形，除不足預算國幣一千五百餘萬元，刻正在洽購中外，理合列表呈報，仰乞委員長附呈詳表二紙。

職孔令侃謹呈　四月八日

凡此，可以印證集三千寵愛於一身的孔令侃，在那時是如何備受蔣介石寵信。這當然也是宋美齡枕邊吹風之功。

令人嘖嘖稱奇的是，孔令侃甚至膽大妄為到，打電話給賀浦金斯，和這個美國總統首席外交顧問聊國家大事。孔令侃人如其名，當年打越洋電話何其昂貴，他老兄一「侃」就「侃」了半個小時，還講了一些不該講的機密，差一點導致英國首相丘吉爾和蔣介石之間發生誤會。以至蔣介石深恐此事引起丘吉爾的誤會，特要宋美齡向丘吉爾委婉致意。

民國三十二年五月十五日（國民政府軍事委員會便用箋）

蔣夫人：

子文刻來電稱，丘吉爾面告其稱霍布金斯接孔令侃電話，以蔣委員長電蔣夫人轉告，日本即將攻西北利亞云。文不覺奇窘，因此種重要消息毫無所聞等語。兄以此消息乃三妹此次到華府之電，而為北非戰局未結束時之情報，想此電三妹返紐約後始接到，故未及面告吾，兄之意婉覆以免誤會也。

兄中。十五日

所謂「前事不忘，後事之師」。曾幾何時，孔令侃被蔣介石、宋美齡夫婦寵過了頭，等到蔣介石懊悔，竟已為之晚矣。一九四八年十一月四日，蔣經國在上海「打老虎」失利，蔣介石在宋美齡與宋藹齡施壓之下，縱放了孔令侃，之後又心生怨悔，在日記上極度怨懟地寫道：

「最近軍事與經濟形勢皆瀕險惡之境，於是一般知識人士，尤以左派教授及報章評論，對政府詆毀汙衊無所不至，即黨報社論對余與經國，亦肆意攻訐，毫無顧忌，此全為孔令侃父子之所累也，蓋人心之動搖怨恨，從來沒有今日之甚者。然此為共匪造謠中傷之一貫陰謀，以期毀滅余個人之威信，不意今竟深入我黨政軍幹部之中，所謂浸潤之譖，其所由來漸矣，非一朝一夕之故也，惟此一毒素實較任何武器尤厲，數日前對於美援尚有一線之希望，而今已矣。故以現況與環境論，似已失敗，顧以理、以力論，則尚有可為也，祇須信心不撼，忍耐鎮定，自立自助，自強不息，以求其有濟而後已。」

孔令侃由「紅得發紫」到「紫到發黑」，由「聖眷正隆」到差點被蔣介石依法嚴辦，而一九四二年十一月宋美齡赴美國訪問「護駕」期間，可說是登峰造極的一個頂點。

孔令侃的妹妹孔令偉，在她編寫的《蔣夫人美加行紀》一書裡說：「筆者此次奉命隨行，佐理文電事務。美方人士對夫人將有敬慕之表示，固在意中，但未料及歡迎之感，規模之大，竟至空前。其初，公私社團及各界人士知夫人體力不勝酬酢之繁，勢難一一應邀或接談，故率以書面致意，或對我國抗戰表示欽佩，或自動獻金以示援助，或勸夫人為國珍衛，勿過勞瘁。函電紛沓，詞盡誠摯，逐一裁答，每逾深宵。夫人鑒此情形，因組設祕書處以應需要。適家兄令侃在美，遂命前來協助，酌添人員，分掌對外諸務。」

孔令偉的意思是，孔令侃是臨時被阿姨宋美齡召喚到身邊幫忙的。照體制來說，宋美齡到美國國會的演講稿、出席白宮和各個記者會的講話稿，若非宋美齡本人撰擬，就是由董顯光草擬，這是最順理成章的；畢竟董顯光為「蔣夫人訪美機要祕書處」祕書長。緣何宋美齡竟然捨此莫由，卻指名要年僅二十七歲，完全沒有國際宣傳與涉外工作經驗的孔令侃肩負草擬講稿的重責大任。宋美齡會打破體制，叫年輕的外甥孔令侃承擔起紹興師爺工作，這當然與宋美齡對孔令侃「視如己出」有密切關係。但是，宋美齡臨時調整人事架構，孔令偉似乎欲言又止，只是隱約提到「董副部長顯光原隨夫人赴美，負有國際宣傳之責，仍其舊貫」，隱瞞了免除董顯光「蔣夫人訪美機要祕書處」祕書長頭銜的真相。

其間，宋美齡在和前駐美國大使胡適晤論時，透露她這次訪問國會等地發表的講演，是以美國知識分子為主要對象，所以，她的講稿基本上都是使用知識分子的說法，這樣才可以造成輿論效果的目的。

至於席格雷夫形容的，宋美齡在美國訪問時，因為她的講稿經常一改再改，致使美國白宮祕書人員都為之光火不已，這種說法恐怕是無稽之談。倒是董顯光才對宋美齡數易其稿，一篇稿子騰來改去，來來回回修改好多遍，才放稿子付梓、發表頗為苦惱。董顯光說：「即使在演講稿的最終版已經發給記者和媒體後，總是不可避免地還會有新的修改，需要再打一遍電話，通知媒體。」

宋美齡本身主修英國文學，副修哲學和歷史，她意識到訪美期間發表的文稿攸關國家利益，一字一句未盡貼切，極可能影響到邦誼大局，當然要在修辭、遣字方面字斟句酌。由於文書機要工作牽涉到許多公私祕密，董顯光也好，陳純廉也罷，他們再怎麼忠誠，終究不如自己血緣近親來得牢靠穩妥，所以，宋美齡把她的對外文件草擬工作，交給了孔令侃。還有，在電報時代，還要有人管理「密電碼本」，這更需要

「自己人」打理。是故，宋美齡毫不考慮地把這件機要密笏事宜交由孔令偉處置。孔令侃、孔令偉兄妹自然而然成了宋美齡訪美之行的「哼哈二將」、不可忽視的二大靈魂人物。

第十三章

威爾基一夜情奇聞，國府怒告書商誹謗

我不知道溫德爾和夫人去了哪裡，我開始擔心。晚餐過後不久，中庭傳來一陣巨大的嘈雜聲，委員長盛怒狂奔而入。伴隨他的三名隨身侍衛，每人都帶了把自動步槍。委員長壓制他的憤怒，冷漠地朝我一鞠躬，我回了禮……。

第一節

羅斯福的特使威爾基

美國立國以來，政府做成任何政策、安排之前，都有一套基本的戰略構想與鋪排。第二次世界大戰前後的美國，國家戰略的布局與成形更已臻成熟、穩健。

一九四二年，羅斯福打破歷任美國總統的成例，對中國這一個飽受東、西方殖民主義侵略的亞洲文明古國，主動伸出友誼之手，這是美國建國百餘年以來的頭一遭。羅斯福之所以「以強事弱」，對蔣介石函電交馳，倍加禮讚，語多溫婉，主要的考量自然還是植基於美國當前的戰略需求。自從日本偷襲珍珠港之後，有鑒於亞洲戰略形勢，美國須在亞洲結交一個有力的側翼盟友，未來一旦與日本在太平洋戰場上決戰，若無一個有力盟友遙相側應，互為奧援，美國將陷於亞、歐兩面作戰的窘境。所以，如何拉攏中國和美國站在一起，成為戰時的堅定盟友，是美國在這個時機點上預設的亞洲戰略布局。

這便是羅斯福對蔣介石主動伸出橄欖枝，向中國主動伸出友誼之手的客觀因素。羅斯福不僅函電交馳，還派出特使威爾基（Wendell Lewis Willkie），不辭萬里來到中國，向蔣介石、宋美齡傳達羅斯福的訊息，正式邀請宋美齡到美國，進行正式訪問。

威爾基既然是羅斯福派遣到中國的特使，蔣介石、宋美齡對他的訪華自然至為重視，以最高規格禮儀接待這位來自太平洋彼岸的美國貴客。

威爾基來華訪問行程完全，公開透明。據大陸楊天石教授考證，威爾基是於一九四二年十月二日下午三時四十六分抵達重慶的。休息一個晚上後，十月三日，展開一系列拜會活動。當天早上九時，威爾基在美國大使高斯（Clarence E. Gauss）的陪同下，帶著隨員高而思（Gardner Mike Cowles）、白納斯、鮑培等人，先去拜訪外交部副部長傅秉常、行政院副院長孔祥熙、軍事委員會總參謀長何應欽。十時四十分，拜會了此行最想見到的蔣介石、宋美齡夫婦。因為是初次見面，純屬客套禮儀，所以只會晤了三十五分鐘，談到十一時十五分。隨後前往拜會國民政府主席林森。

頭一天的正式宴會，由林森以地主身分請威爾基吃飯，這是當時最高規格的國宴。出席的中方官員有林森、居正、于右任、孔祥熙，美方官員有威爾基、高斯、高而思、白納斯和陸軍少校梅森、海軍少校皮耳。

威爾基第二次和蔣介石、宋美齡碰面，是在當天晚上八時。這也是威爾基到中國之後，蔣介石、宋美齡頭一回以宴會招待這位遠到的貴客。蔣介石、宋美齡夫婦在軍事委員會禮堂，設宴款待威爾基。中國方面除了主人蔣介石、宋美齡，還有宋慶齡、孔祥熙和宋藹齡夫婦、孫科夫婦、居正、于右任、王寵惠、吳鐵城、馮玉祥、何應欽等多人。美國貴賓有威爾基、高而思、白納斯、梅森、皮耳、高斯、史迪威（Joseph Warren Stilwell）將軍、陳納德（Claire Lee Chennault）司令。其他的外國貴賓有蘇聯大使潘友新（Alexander Panyushkin）、英國大使薛穆爵士（Sir Horace James Seymour），還有澳大利亞、荷蘭、捷克等國駐華外交使節與夫人。大家邊吃邊聊，顯得都很開心。

值得注意的是，威爾基和蔣介石、宋美齡兩次碰面，由於旁邊還有許多中外賓客，雙方自然沒有太多時間深談。第一次面對面單獨談話，惟純屬初次見面的客套話，實質對話不多，而且時間不過半個多小時。第二次是團體飲宴場合，中外官員、嘉賓如雲，蔣介石、宋美齡和威爾基也沒有機會談太深入太私密的話題。

威爾基與蔣介石、宋美齡有機會頻繁互動，應該是在十月四日下午及晚上。這天的場景也給了好事者「發揮想像」與「炒作八卦」的無限空間。

十月四日下午四時，宋美齡作東，她以「美國援華聯合會」（United China Relief）名譽會長的身分，在外交部舉行茶會，歡迎美國總統特使、美國援華會名譽會長威爾基。出席的中外貴賓有宋慶齡、孔祥熙、孫科、史迪威、高而思、白納斯、皮耳、梅森；在場還有中外新聞記者百餘人，可說是在眾目睽睽之下。這場茶會的一個重要展示是，宋美齡向威爾基介紹她所主持的兒童保育院，與抗戰官兵家屬的工廠作品成果展覽，然後由兒童保育院的院童表演歌舞及合唱。

之後是午茶時間，宋美齡並以英語發表了一篇演講，表示對威爾基的歡迎之忱。威爾基並答辭為謝。這個茶會互動自然，交流融洽，並沒有什麼太出人意表的場景值得非議。

第二個關鍵時刻是，當天的晚餐和飯後的會晤行程。六時，蔣介石、宋美齡夫婦在午茶結束後，設家宴私下款待威爾基。飯後並和威爾基長談，雙方連同吃飯談天，共三個半小時；全程由宋美齡即席翻譯。蔣介石和威爾基長談的話題，圍繞在中國抗戰問題、中美關係問題，和世界反法西斯戰爭的合縱連橫等幾個焦點，並沒有滑出常軌，更沒有溢出人情之常的非分之舉。蔣介石和威爾基之間在重慶的歷次談話內容，都收藏在《大溪檔案》，早已公諸世人，並無「不可告人」之處。

十月五日，威爾基於結束參觀中央大學、重慶大學、中央工業專科學校、南開中學之後，出席教育部部長陳立夫舉行的宴會。其後再與蔣介石、宋美齡會晤，雙方一直談到了晚上。一仍慣例，蔣介石與威爾基談話，由宋美齡翻譯。談話記錄也都列入了檔案，並無任何跌宕起伏與出人意表之處。

再隔天，也就是十月六日，白天的訪問行程依舊十分緊湊。早上是兵工署長俞大維安排的兵工廠參訪行程。中午是何應欽以軍事委員會的名義邀宴。下午四時，共有十八個團體，包括中美、中英、中蘇、中法文化協會等，在嘉陵賓館舉行的聯合茶會，歡迎威爾基及同行的美國貴賓。之後又有一場拜會活動，國防最高委員會祕書長王寵惠拜訪威爾基。晚飯時間，孔祥熙是晚宴的主人，主賓自然是威爾基，陪客則有宋美齡、宋慶齡、孫科、周恩來、鄧穎超、馮玉祥、高斯、史迪威、陳納德及隨行人員，中外嘉賓加起來總共一百多人。那天是以「新生活自助餐」方式辦的晚宴，地點選在孔祥熙公館「范莊」的草坪上。

威爾基此行的最後一天是十月七日，白天大半天的行程依舊很緊湊。早上是威爾基和蔣介石、宋美齡夫婦一塊吃早飯；上午九時，威爾基舉行離別記者會。十時，威爾基在中央宣傳部副部長董顯光的陪同下，參觀新生活運動促進總會婦女指導委員會。這裡是宋美齡的主場，由她代表招待，參觀到十一時。下午四時，威爾基一行就完成了這趟重慶之旅，輾轉經西安，間道返回美國。

第二節

陸以正助宋美齡回擊八卦流言

威爾基來華訪問過程可說一目了然，沒有什麼好「可疑」的。況且，威爾基此行的主要目的，一是，代表羅斯福及美國政府到重慶實際走訪、考察中國抗戰的現況。二是，帶來羅斯福對蔣介石與宋美齡的邀訪口信，再度代表羅斯福與夫人熱誠邀約宋美齡訪問美國。

但是，令人不可思議的事情沒在一九四二年的當時發生，卻在威爾基訪華的三十二年之後，也就是一九七四年，發生了一樁震驚中外，教人瞠目結舌的大事。那時，中華民國和中國國民黨都已退守台灣近二十五年了，威爾基訪華那檔子塵封往事，除了年長者以外，恐怕沒幾個人還記得威爾基這號美國總統特使了。

話說一九七四年，有一位專門撰寫名人隱私、八卦，還頗有知名度的美國專欄作家皮爾遜（Drew Pearson），他不知從哪裡打聽到一些驚世駭俗的八卦流言，有關一九四二年威爾基訪華時，發生的一些不盡確實的馬路消息，即洋洋灑灑、加油添醋寫了好多內容；但他寫完之後沒有出版，稿子就壓存在自家書房按下不表。這世界上的事情就是這麼不湊巧，如果皮爾遜還在世的話，也未必會出版如此荒誕不經的《*Drew Pearson Diaries*》（皮爾遜日記）。偏偏皮爾遜過世了，他的兒子艾貝爾（Tyler Abell）大概缺錢花用，就把他爸爸皮爾遜的舊稿拿出來重新編輯，將《*Drew Pearson Diaries*》發行上市。

這本書名滿像一回事的《*Drew Pearson Diaries*》出版之後，不但轟動美國，整個國際社會都為之震驚不已。大家都張大眼睛追問：「真的有這麼一碼事嗎？」因為裡面居然大爆八卦，聲稱當年威爾基代表羅斯福訪華時，竟然與蔣介石的妻子宋美齡發生不可告人的男女之情。蔣介石因為懷疑宋美齡有染，震怒之下，帶兵衝到重慶的南岸官邸去「捉姦」，但讓蔣介石更氣的是居然「捉姦不成」。《*Drew Pearson Diaries*》更進而描寫，威爾基臨走之前還去蔣介石官邸向宋美齡辭行，威爾基和宋美齡兩人關在房間裡整整二十分鐘才離去。

《*Drew Pearson Diaries*》出版當下，宋美齡本人在台灣，很久沒去美國了，因為那二、三年蔣介石身體健康亮紅燈，一度臥病昏迷。所以，宋美齡沒留意這件事。曾任中華新聞社（Chinese News Service，或稱「紐約中國新聞處」）主任的陸以正，在《微臣無力可回天：陸以正的外交生涯》裡指出，《*Drew Pearson Diaries*》出版後被美國的每月書會（Book-of-the-Month Club）列為當月的「副選」。換言之，即被選為當月的熱點新書。每月書會並在那個月的書訊裡介紹了這本書。更扯的是，書訊還刻意把宋美齡的照片與威爾基的照片並排放在一塊，下面一行英文標題字寫著「A hasty Liaison」，意思就是「匆匆的結合」。誰跟誰「結合」呢？有宋美齡與威爾基的照片，這種八卦指涉是再清楚不過的了。

陸以正表示，當他發現這則訊息之後，就在第一時間把這事回報給行政院新聞局。新聞局的官員大吃一驚，這本書明明在講宋美齡和威爾基的八卦緋聞，就算有一萬個膽子也不敢呈報上去，就往抽屜一擱，假裝世界上沒這回事。哪裡曉得宋美齡的美國老朋友看到之後，大感意外，就買了一本給在台北的宋美齡寄了過去。宋美齡什麼大風大浪沒見過，就是沒受過這種莫須有的羞辱，看了這本《*Drew Pearson Diaries*》，差點沒氣炸。當天晚上，蔣經國照慣例到士林官邸問安，並和宋美齡吃夜飯，匯報當天的重大政務。宋美齡沒等蔣經國開口講話，就塞了那本《*Drew Pearson Diaries*》給蔣經國。他拿起書一瞥，也嚇傻在當場，心想哪裡跑出來這麼一本八卦書，這簡直是無中生有，不可能的事情嘛！

宋美齡、蔣經國在憤怒之餘，十萬火急，電召陸以正回台灣，商量解決《*Drew Pearson Diaries*》八卦流言的事情。宋美齡怒氣沖沖，一心只想讓這本書在市面上消失，想辦法嚴正駁斥。她召見了陸以正，當面交代，必須以政府名義在《*The New York Times*》（紐約時報）、《*The Washington Post*》（華盛頓郵報）、《*Los Angeles Times*》（洛杉磯時報）、《*Boston Globe*》（波士頓地球報）、《*Chicago Tribune*》（芝加哥論壇報）、《舊金山紀事報》、《*Denver Post*》（丹佛郵報）……等美國十大報紙刊登全頁廣告，駁斥這本造謠的新書。宋美齡並且下達指示，她會親自草擬廣告的文稿，只要文稿草擬好，陸以正立馬帶著稿子到美國，去處理廣告刊登事宜。

陸以正回憶，他當時的立場很為難，從士林官邸出來之後，連忙去見行政院院長蔣經國。他坦言以告，如果照宋美齡的意思處理此事，反而是幫這本八卦書打廣告，更讓這樁無稽之談的流言炒得沸沸揚揚，舉世皆知，和澄清真相的原始目的恰巧背道而馳。蔣經國聽了陸以正的陳述之後，也只能低頭不語。陸以正指出，「他向來喜怒不形於色，那晚的沉吟不語，看在我眼中，心裡便打定了主意。」打定了什麼主意呢？宋美齡登報申明的主意仍未改變呢！

陸以正說，宋美齡的稿子改來改去，數易其稿；改到第三天，叫陸以正去官邸取稿，還問陸何時啟程。陸以正答以必須等「出境證」下來。宋美齡立刻轉身交代祕書游建昭，打電話給警備總部管出入境的人，叫他們立刻發「出境證」。陸以正說：「那我明天就可以動身回美國。」

臨走之前，陸以正特意和蔣經國辦公室主任周應龍電話聯繫，請周應龍報告蔣經國：「我會盡量拖下去，最多不過辭職，不幹駐紐約新聞處主任而已。」陸以正的態度是「由衷覺得不能因為蔣夫人有這樣的交代，就不顧一切地去登這樣的廣告，貽笑外人。」他認為，在美國遇到這種莫須有的污蔑，只有走法律途徑，打誹謗官司。但是，宋美齡的命令又不能不妥為因應。所以，陸以正一方面把廣告稿交給印刷廠排版，候而不用；一方面請美國律師，準備上法院控告那家出版商和編輯日記的艾貝爾。所幸，陸以正的堅持得到了宋美齡方面理智的回應。

打官司當然請好的名律師，蒐集足夠有利於己方的證據尤是當務之急。陸以正不愧是一位優秀的新聞官員，他於美國找到二位在重慶接待過威爾基的外交部情報司和禮賓司官員，並請他們簽下證詞。他們分別是陳衡力公使和王森大使。再找到了二位當初陪同威爾基，一塊訪問重慶的美國記者，還親自拜訪了其中一位；當時他是《*Minneapolis Tribune*》（明尼亞波里斯論壇報）與《*Des Moines Register*》（狄盟市註冊報）的記者高而思。陸以正提起《*Drew Pearson Diaries*》大加渲染的那檔子事是否真確時，高而思大笑說：「這是不可能的事，絕對沒有！」他還當場應陸以正的要求寫了一封信，簽名作證《*Drew Pearson Diaries*》指稱威爾基和宋美齡「有染」的故事根本與事實不符，沒有這回事！

當然，陸以正和高而思都看過《*Drew Pearson Diaries*》裡，那個寫得活靈活現的故事，「可讀性」的確很高，但卻完全是子虛烏有、憑空捏造的杜撰之作。

雖然後來因為出版商自知證據薄弱，誹謗官司絕對打不贏宋美齡，《*Drew Pearson Diaries*》因而只出了上冊，沒敢再刷，中、下二冊也胎死腹中。但是，令陸以正始料未及的是，那位為宋美齡作證的高而思，卻打了宋美齡一記回馬槍。有鑒於官司風險不高，出書利頭卻頗有可圖，利慾薰心之下，高而思反而寫了一本新書叫《*Mike Look Back*》（邁可回顧），把原先《*Drew Pearson Diaries*》胡謅的威爾基、宋美齡「有染」的內容捲土重來，加油添醋，渲而染之。

《*Mike Look Back*》是怎麼娓娓道來這個「動聽的」故事呢？茲摘錄楊天石教授的翻譯：「有一晚在重慶，委員長為我們設了一個盛大的招待會。在一些歡迎的致辭之後，委員長、夫人和威爾基形成了一個接待組。大約一小時後，正當我與賓客打成一片時，一位中國副官告訴我，溫德爾找我。我找到威爾基，他小聲告訴我，他和夫人將在幾分鐘後消失，我將代替他的地位，盡最大的努力為他們做掩護。當然，十分鐘之後，他們離開了。我像站崗似地釘在委員長旁邊。每當我感到他的注意力開始遊蕩時，就立刻慌亂地提出一連串有關中國的問題。如此這般一小時後，他突然拍掌傳喚副手，準備離開。我隨後也由我的副手送返宋家。

「我不知道溫德爾和夫人去了哪裡，我開始擔心。晚餐過後不久，中庭傳來一陣巨大的嘈雜聲，委員長盛怒狂奔而入。伴隨他的三名隨身侍衛，每人都帶了把自動步槍。委員長壓制他的憤怒，冷漠地朝我一鞠躬，我回了禮……。

「清晨四點，出現了一個快活的威爾基，自傲如剛與女友共度一夜美好之後的大學生。一幕幕地敘述完發生在他和夫人之間的事後，他愉快地表示已邀請夫人同返華盛頓。我怒不可遏地說：『溫德爾，你是個該死的大笨蛋。』……

「大約十一點，我到醫院要求見夫人。當我被引進她的客廳後，我愚鈍地告訴她。她不能和威爾基先生一起回華盛頓。『誰說不能？』她問。『是我，』我說，『我告訴溫德爾不能隨你同行，因為從政治上來說，這是非常不智的。』在我還沒有搞清楚怎麼回事之前，她的長指甲已經朝我的面頰使勁地抓了下去。她是這麼的用力，以致在我臉上整整留下了一個星期的疤痕。」

看《*Drew Pearson Diaries*》、《*Mike Look Back*》如此邏輯不通、荒謬絕倫的敘述，也難怪會引起宋美齡震怒，非打官司討回公道不可了。

第十四章

金枝玉葉的養生之道

宋美齡洗牛乳浴，美容養生。此說流傳已久，近年她的外甥女孔令儀證實，確有其事。但是，宋美齡洗牛乳浴的方式，和一般人想像的，在浴缸中倒滿整缸牛乳，身體泡在滿是牛乳的浴缸裡的「牛乳浴」，是完全不同的。

第一節 奢華排場

宋美齡到美國不久，一九四二年十一月二十八日，即拍發電報給蔣介石，說：「今晨羅夫人准時到院，妹表示此次來美盡以私人看病，對美國政府並無任何要求。」

這句話可以印證，截至十一月二十八日，宋美齡都尚未鬆口，要於出院後做正式訪問。美國總統羅斯福的夫人愛蓮娜（Anna Eleanor Roosevelt）反而在這時轉達了她丈夫的意思，說：「美國朝野人民異口同聲對妹極為仰慕，均認妹為全世界女界中第一人物。」她和羅斯福都「素欽羡此次能有機會相晤」，明示、暗示「羅氏正苦無法與兄討論各種戰後問題。」愛蓮娜．羅斯福這番話幾乎已經講到底了，等於直接傳達了羅斯福邀請宋美齡進行正式訪問的訊號。

羅斯福夫婦當然非常清楚，宋美齡這位來自中國的第一夫人，把排場和面子看得天大地大般無比重要，屬於典型上流社會達官顯貴的觀點。羅斯福夫人完全洞悉了宋美齡的心理弱點，端出她所知最華麗、最尊崇的辭藻，向宋美齡這位遠到的中國貴客展現出美國第一家庭的真誠。

愛蓮娜．羅斯福在日後撰寫的回憶錄中，如此描繪她初見這位來自中國的第一夫人宋美齡的景象：

「蔣夫人似乎很緊張、很痛苦的模樣，那時她無法忍受任何東西觸碰了她身體的感覺。很長一段時間以來，醫生苦於沒有對策緩解她的痛楚，她應該是長期處於戰爭狀態的緊張焦慮和中國四川天氣造成的後遺症。」

並這麼形容她第一次見到的宋美齡：「她嬌小和纖弱，看她躺在床上，使我油然興起一種同情心，心想，如果她是我的女兒，我一定會幫助她、照顧她。」

雖然今天沒有一份蔣介石與宋美齡之間的電報裡有這麼一段話，但美國的若干著作中言之鑿鑿地說，宋美齡在電報裡告訴她的丈夫，愛蓮娜．羅斯福待人非常親切，親吻她的臉頰，衷心希望成為宋美齡的私人朋友。而愛蓮娜．羅斯福在給友人的信上對宋美齡的形容詞包括「她是一個很甜美的女人」、「她很個性」、「很堅強」、「這些人格特質讓宋美齡成為她丈夫、在最艱困的戰爭年代真正的好夥伴」。

然而，在另一個方面，愛蓮娜．羅斯福也見識到了，這位中國第一夫人的嬌貴面。愛蓮娜．羅斯福發現宋美齡非常愛排場，當然，這是已經當了十年美國第一夫人的她，用犀利的眼光與第六感察覺出來的結果。她從宋美齡到美國治病時的豪華排場看出，這位來自赤地千里、哀鴻遍野的中國戰地的「蔣介石夫人」，竟如此闊綽地擺出只有過去中國皇家才有的豪奢氣派。宋美齡在哥倫比亞長老會醫學中心（Columbia-Presbyterian Medical Center）哈克尼斯療養部（Harkness Pavilion）住院，竟然包下了醫院十二樓所有的病房，讓宋美齡及她的十餘名男女侍從與官員下榻。這麼安排，宋美齡的理由是，為了保守她住院的祕密。

保守住院的祕密，固然是宋美齡的對外理由，但從私密生活的角度觀察，宋美齡也的確非這麼做不可，非得把醫院當成旅館不可。像她的女傭蔡媽與內務副官斯紹愷，便是宋美齡此生不可須臾離開的私生活服務人員，必須二十四小時隨傳隨到。他們二個人就一定要安排二間房，而且必須緊挨著宋美齡住的主人房，以便隨時聽候夫人打鈴召喚；如果在沒有電鈴的地方，宋美齡通常會擊掌召喚來服侍她。

再舉例二、三件宋美齡生活裡必不可少的服侍項目。其一，宋美齡雅愛按摩。其實這個習慣是宋美齡每日生活作息裡必不可少的部分，無論是在國內、國外，每天夜裡按摩是必不可缺的「節目」。宋美齡雅愛的「按摩樂」，到底其樂如何呢？樂在什麼地方呢？

有一位服務過宋美齡的沈姓護士回憶，她奉派到士林官邸工作的第一個夜晚，蔣介石、宋美齡的侍從醫官熊丸，當面交代Miss沈相關的醫療照護宋美齡的重要事項。過後不久，官邸管事的蔡媽，一位外表稍為福態、個子矮小，操上海口音國語，約莫六十歲的老太太，走進宋美齡的房間，對Miss沈客氣地打著招呼：「妳吃過夜飯了吧？如果肚子餓的話，廚房還預備了點心，不要客氣，自己去拿。」接著交代重點工作任務：「我要交代妳的是，我們夫人平時睡覺的時候，是要我們為她抓抓的，妳不要忘了，只要她還沒睡著，就要為她抓抓。」

Miss沈不是南方人，聽蔡媽的話有些吃力，但勉強可聽懂。可是乍聽之下Miss沈沒搞懂什麼是「抓抓」？Miss沈怕耽誤了重要任務，馬上追問什麼是「抓抓」？一問之下，才曉得所謂的「抓抓」，就是一般人說的按摩，台灣時興的叫法「馬殺雞」也！

Miss沈回憶，第一天她還不敢相信，「怎麼老一輩的人也喜歡按摩？」她心想，「普通人晚上睡覺就躺在床上安安穩穩睡覺，要是有人在我床邊，在我身上這裡抓抓、那裡按按，尋常人一定會全身不自在，這樣怎麼睡得著覺呢？」局外人恐怕想不出按摩的樂趣何在。但是，Miss沈在官邸待久了，慢慢了解到這個按摩乃是孔宋家族的「傳家之寶」，是一種家傳習慣。而最懂得這孔宋家族「傳家之寶」竅門的，莫過於最體貼宋美齡的這位蔡媽了。

宋美齡到底有多依賴、多寵信這位蔡媽，蔡媽又有多忠心耿耿，孔宋家族裡流傳各種有意思的故事。其中有一則故事是這麼說的：一九四二年春，蔣介石去緬甸視察，隨行人員有十來個人，包括侍從室主任林蔚、侍從室的組長陳希曾、祕書俞國華、侍衛官竺啟華，以及斯紹愷、蔡媽等。

艱辛的視察任務結束後，蔣介石一行搭機返回重慶。哪裡想到起飛之後，竟然遭遇十八架（一說七架）日本軍機從後面與左、右側三個方向追擊，機長衣復恩中校建議蔣介石及全體人員，一律穿上降落傘，以防萬一。為了躲避追擊，飛機緊貼著叢山峻嶺的上方稜線左閃右躲。宋美齡原本很會暈機，這時顧不得暈機不暈機，準備穿上降落傘，哪曉得宋美齡穿著一身旗袍，根本沒有辦法再穿降落傘；穿著旗袍的蔡媽也穿不下降落傘；這時機身晃動得很厲害，經不起暈機和驚嚇，宋美齡表情痛楚，就在這千鈞一髮之際，蔡媽忽然緊緊抱住宋美齡說：「夫人您不用害怕，我來抱住您、保護您，萬一有危難，我可以為您犧牲。」蔡媽的想法是，萬一飛機被擊落，我蔡媽可以抱住主子你，用肉身擋子彈；甚至，一旦摔機，可以用肉身護住宋美齡，犧牲自己，誓死保護主子。儘管這是一種完全不切實際的想法，但

蔡媽，蔡阿金，又名蔡祺貞，江蘇揚州人。據說是宋美齡嫁給蔣介石之初，從宋家跟著陪嫁過來的丫鬟，當年蔡媽才十六、七歲。蔡媽終生未嫁，始終陪伴宋美齡，於蔣介石去世後，也病逝台北。她的後事自然也是宋美齡代為操辦。

危急之間，蔡媽有這樣的心思，的確令宋美齡感動不已。是以，脫險以後，宋美齡對蔡媽更是寵信有加。蔡媽預備捨生護主的傳說，就在蔣介石官邸上下傳為美談。

在蔣介石侍從人員的相關檔案記載裡，確有緬甸歸來座機遇襲事件一事，所以，這則流傳在蔣介石官邸的故事應非向壁虛構。官方的記錄指出，一九四二年「四月五日，領袖偕夫人再度飛緬……。當領袖偕夫人啟程返國時，又遭敵機攻擊，座機起飛甫十分鐘，機上即接獲消息，日本驅逐機十八架分為三小隊，正在追尋領袖座機的方位，領袖蔣公偕夫人，以及侍衛官與隨員等均隨帶降落傘，以防敵機攻擊時降落避難，但所幸雲層為之掩護，而在一小時後，我空軍掩護機群適時自昆明抵達，沿途一直護衛座機安抵重慶，使日軍謀害領袖蔣公的領圖終難得逞。」云云。但是，前面那段蔡媽捨命護主的「說法」，稱宋美齡、蔡媽因為著旗袍，無法再於身上穿著綁繫降落傘的敘述，應與事實不盡相符。

蔡媽與宋美齡也算是同生死，共患難，一路走了過來。蔡媽對宋美齡的服侍更是貼心、仔細，無微不至。就以按摩來說，宋美齡要求蔡媽必須整夜不停地按摩。服侍過宋美齡的那位Miss沈說過，蔡媽交代，在宋美齡醒著、尚未熟睡的狀態下，必須不停為宋美齡按摩。可是，Miss沈的經驗是，宋美齡的睡眠狀態基本上很淺，屬於淺眠型的人，因為睡不熟、睡不深沉，似乎一整夜始終是「醒著」的。所以，侍候她的人無異必須整夜為她按摩。

Miss沈回憶她第一天幫宋美齡按摩，因為還沒習慣，才按半個多小時，雙手就開始痠疼，Miss沈想停下來休息片刻，宋美齡便開始挪動身體，輾轉反側，彷彿以肢體語言告訴Miss沈說：「我沒叫妳停，妳怎麼就停止按摩了呢？」Miss沈略微遲疑了一下，未繼續按摩；宋美齡在翻了二次身之後，索性把背部挨近Miss沈坐的方向，Miss沈當然知道她的意思，馬上繼續按摩。最讓Miss沈覺得受不了的是，官邸供值班侍衛、副官和護士守夜，坐的是一張軍用小板凳。Miss沈坐在小板凳上為躺在床上的宋美齡按摩，不但雙手痠疼得很，連腰部也連帶疼痛厲害；值一次夜班，整個人都快累癱了。更大的心理負擔是，蔣介石、宋美齡養了一隻大狼狗，夜裡就躺臥蔣介石和宋美齡睡的二張大床中間的地板上，一雙黑眼珠緊緊盯著值班的侍衛和護士，嚇得Miss沈一整晚都不敢起身上廁所，更不敢起身喝水。因為，只要Miss沈打算站起來，那隻狼狗便作勢要撲過來，嚇得Miss沈被迫只好乖乖為宋美齡按摩整個通宵。

宋美齡訪美期間，即使在住院期間，這從婚後養成的按摩習慣，依然不會改變的。

蔡媽如影隨形跟隨宋美齡，而宋美齡也片刻少不了蔡媽的原因，是蔡媽還有一個別人做不來的「絕活」——灌腸。這是孔宋家族沿襲多年的「家傳祕方」，當然，這固然不是孔宋家族的「獨門密技」，但也是華人社會裡比較少用的，而孔宋家族卻拿來做為一種特殊的養生長壽祕法。這應該是宋美齡的父親宋耀如，在上海經商發跡之後，從外國買辦那裡學來的一種生活習慣。另有一說，是她在美國的魏斯里安學院求學時，見到不少同學習慣晚上灌腸，她見這種新式通便器又乾淨又方便，即從那時開始用灌腸方式處理解便問題。

蔡媽是在宋美齡回國後不久到宋家服務，學會了宋美齡每天必用的灌腸解便方法，以後就每天幫著宋美齡做這件體己私事。乍聽之下，一般可能會覺得不可思議，怎麼解便還要用灌水的方式解決？可是像蔡媽這種宋美齡的貼身傭人就很了解，其實就宋美齡來說，灌腸是一種十分愉悅的享受；用慣了之後，每天灌完腸，它會讓人通體舒暢、神清氣爽。

灌腸說起來好像很複雜，其實它的器械操作與原理都十分簡單，操作的過程裡也不會造成使用者不適的情況。灌腸成習慣了以後，宋美齡每天晚上固定的時間點就會示意蔡媽。蔡媽快速準備供宋美齡灌腸的器具，最早使用的是德國貨，有點像是點滴注射器。灌腸之前，要先準備四、五百西西的溫水，注入灌腸器的一只橡皮袋子裡，橡皮袋子上有一根細塑膠水管，水管頭上接著一只軟膠肛管。蔡媽將橡皮袋子灌滿溫水之後，就把軟膠肛管交給宋美齡，讓她自己把肛管捅到肛門內，蔡媽即在一旁緩緩按壓橡皮袋子，讓橡皮袋子中的溫水注入腸道內。

一般情況下，溫水只要注入約二百西西，直腸部位就會因為溫水注入的刺激，開始加速蠕動，腸道內的糞便就會順著溫水流動緩緩排出，不用使力，即可清潔、舒爽，便解決一日大事。

到台灣以後，蔡媽年齡漸長，體能上漸漸無法勝任按摩、灌腸等工作，原因無他，宋美齡自己睡得晚，要人為她按摩、灌腸，多半是在深夜時分，蔡媽年紀漸老之後，就把這個貼身工作交給了台灣籍的副官郭素梅*。也曾經照料宋美齡灌腸的Miss沈說，這

*郭素梅的丈夫在大陸時，原來是為蔣介石抬轎子的「轎夫班」的轎夫。丈夫過世之後，被推介到官邸；經由蔡媽考核通過，把服侍宋美齡最私密的工作交給了她。

讓她聯想起自己認識的，一些原本出身富裕家庭的江浙籍老人家，不約而同也都使用這種以溫水袋通便的清潔方法。她認為這種潔身方式應該是二十世紀初，上海十分盛行的一種生活習慣。

流傳已久的宋美齡洗牛乳浴，已由她的外甥女孔令儀證實，確有其事，並非傳聞。但是，宋美齡洗牛乳浴的方式，和一般人想像的，在浴缸中注滿牛乳，身體泡在滿是牛乳的浴缸的「牛乳浴」，是完全不同的。

因為宋美齡的皮膚很容易過敏，不能「泡澡」，所以她的牛乳浴是以「擦澡」方式進行，使用的牛乳數量很少，每次約莫使用二百五十西西。她是在沐浴後，把鮮乳當保養品，淋灑少許鮮乳在全身的皮膚上，一邊淋一邊用乾淨毛巾搓擦，讓牛乳滲入皮膚，達到保養的效果。宋美齡也不是每天用鮮乳擦身，一個禮拜最多二次。

如此細緻的保養功夫，宋美齡的皮膚究竟好到什麼程度？為她做過全身按摩的Miss沈回憶，她在為宋美齡按摩時，發現她的腳底居然連一塊厚皮都沒有。當時宋美齡已經年過六十，一般人到了這樣歲數，即使不雞皮鶴髮，皮膚也都有老化的跡象了，可是，宋美齡全身皮膚，尤其是腳底的部分，依舊冰清玉潔，無比柔細。可見宋美齡的確保養有方，這是不是和她洗牛乳浴有關，頗值得玩味。

第二節
美國政府買單美國行？

一九四二年十一月，宋美齡出國的那個當口，抗戰已堂堂進入第六年了。但是，身為第一夫人的宋美齡出國的物質享受與旅行規格，似乎並未因為國家財政極度艱困，而在用度上有任何明顯節衣縮食的跡象。住紐約的華爾道夫—阿斯托里亞酒店，包下酒店的整個樓層，如此豪奢氣派，金光閃閃的場面，讓外國新聞記者要怎麼把這位含著金湯匙出生的中國第一夫人，與中國艱苦抗戰，千萬軍民陳屍遍野，血流成河，國家民族面臨生死存亡的慘境聯繫在一塊？

不可諱言的，如果從另一個角度，去理解宋美齡擺出的排場，便不致於對宋美齡的喜好排場有過多的負面評價了。截至目前，宋美齡這趟美國之行，究竟是中國政府買單出錢，還是美國政府「全程接待」，由美國納稅義務人買單，仍是一個未解之謎。如果宋美齡這趟花的是美國政府的錢，從美國政府的外交經費支出，那又另當別論了。

宋美齡這趟美國之行很可能是美國政府買單。

可以從二個方面來推測。第一，細究宋美齡此行之所以能夠成行，最主要的動力仍是美國政府的盛情邀請。這趟美國之行，是宋美齡自學成歸國以後，二十五年來第一次訪問美國。為了讓中國的第一夫人宋美齡可以順利到美國訪問，羅斯福先後派遣居里、威爾基等特使，專程前往重慶邀請，宋美齡才踏上征途。因此，宋美齡此行打從一開始，就是美國高規格禮遇邀請的貴客。第二，對比蔣介石、宋美齡在此之後的，另外一次非常重要的出訪，亦即連袂前往埃及，參加中、美、英三國領袖出席的「開羅會議」，國府的官方文書清楚地記載著各項差旅費用開支，軍事委員會委員長侍從室列有詳細的〈現金收支報告表〉，記載每一筆錢是怎麼花用的。然而，宋美齡這趟正式訪問美國的行程，有關的報銷帳目資料，國府的官方文書裡卻付諸闕如。所以，可以推估宋美齡這趟美國之行，可能有大半的開支由美國政府為國府買單報銷了。換言之，是羅斯福決定由美國作東請客。

既然美國政府招待，客人自然也不必處處表現得寒傖窮酸，掃主人的興致了。所以，包下哥倫比亞長老會醫學中心哈克尼斯療養部的十二樓，如果是美國政府掏腰包；訪問紐約，包下華爾道夫—阿斯托里亞酒店整個樓層的房間，如果也是美國政府付帳。那就是美國政府禮遇國賓的一種禮數了，既合情也合理，當然，也就不必怪罪宋美齡打腫臉充胖子，更不必責怪宋美齡「前方吃緊，後方緊吃」，不知抗戰軍民疾苦了。

第十五章

當蔣介石「舌人」，遊說美國宣傳抗戰

我國自古以來稱官方翻譯人員為「舌人」。宋美齡其實是蔣介石最佳「舌人」。例如宋美齡曾在電報中說：「妹向國會及各地演辭，當予分別遵照電示，總以維持我國家尊嚴、宣揚我抗戰對全世界之貢獻，及闡明中美傳統友好關係為原則。私人談判，當曉諭美國當局以我國抗戰之重要性；公開演講，則避免細節，專從大處著眼，以世界眼光，說明戰後合作之必要，兄意如何？」

第一節 訪美消息的披露

宋美齡到訪美國的消息，被美國媒體偵悉、披露之後，引起了美國公眾的高度關注與興趣。

宋美齡在醫院住了十一個星期。在長達七十餘日的住院期間，世界局勢發生著戲劇性的變化，緊繃的歐洲戰場形勢發展，使得美國總統羅斯福匀不開手在太平洋上施展對日本作戰的陣式，但這卻強化了美國對國民政府的一種主觀想望——中國第一夫人是否於出院後，展開對美國的正式訪問？宋美齡尚未從羅斯福的首席助理霍浦金斯那裡，取得與美國政府討價還價之後的共識，宋美齡仍在遲疑，究竟要以什麼方式著手這趟舉足輕重的美國「正式訪問」（official visit）行程。

唯一令宋美齡感到足堪安慰的是，她在哥倫比亞長老會醫學中心二位著名醫學專家羅布（Robert. F Loeb，或譯「勞勃」）與阿區倫（Aschlen）醫師的細心診治下，治好許多困擾她多年的病痛，諸如鼻竇炎、智齒。而自國府移駐重慶後，她長期陷於神經衰弱的病情也緩解了，儘管一年後又復發，幾乎讓她瀕臨死亡，但一九四二年底的這次診療，畢竟獲致暫時性的紓解。

美國民眾對中國的蔣介石、宋美齡夫婦的高度好奇，與遠距離產生的朦朧美感，使得羅斯福夫婦對宋美齡這位中國第一夫人，激起了邀請正式訪問的更大驅動力。但是，據與宋美齡隨行，當時擔任中國國民黨中央宣傳部副部長的董顯光的現場觀察，他認為宋美齡自己主觀的強烈意願，更是這次正式訪問的真正原動力。董顯光說：「夫人到美國的消息慢慢地在美國流傳開來，我們就給許多美國人包圍著要消息。因為，在一九四二年，這一年蔣委員長夫婦盛名震盪著美國人民的幻想，他們感奮中國英勇地孤軍獨戰他們的共同敵人好幾年，都想要瞻仰一下我們這位第一夫人的儀容。美國人民給夫人的來信高峰時，每天超過一千封。我不得不找一位臨時祕書來協助、應付這些來信與電話。華盛頓大使館、紐約總領事館和我們的辦事處，都擠滿了這些求見夫人的美國人。」

董顯光接著分析，宋美齡留下來遍訪美國各地的原因：

「美國人對中國發生了這樣濃厚的興趣，是我們國際宣傳工作者抓緊時機，運用特殊方法，發動對美宣傳的好機會。夫人的宣傳敏感在未出醫院時，已經先我們有了計劃。她看到每天如潮湧到的美國各地、各團體請她演講的邀請書，立刻感到，倘然她選定這中間比較重要的幾處，安排一個環遊全美的巡迴演講，此時此地能對中國抗戰做一次有意義的重大貢獻。她做了這個決定之後，我們在她沒有離開長老會醫療中心以前，就著手做她全美巡迴演講的安排。」

從董顯光這段回憶，可以理解到當時宋美齡的想法與企圖。她希望藉著這趟美國之行，由自己實地扮演起宣講家的角色，以身歷其境面對美國群眾的演講方式，用美國大眾熟悉親切的美式英語，深情而饒富哲思的語彙與辭藻，不但要感染打動美國大眾對中國艱苦抗戰的深切同情；更要激發起珍珠港事變後，美國民眾「敵愾同仇」的集體仇日共識；藉此造勢，形成一股氣勢磅礡、沛然莫之能禦的民意壓力，加諸美國政府部門，形成一股由下而上，強力支援中國抗戰的輿論力量。再雙管而下，藉著宋美齡正式訪問美國朝野，在白宮，在國會參、眾兩院，在國務院，再形成一股由上而下、具體可操作的援華行動。如此，此行的目標便圓滿達成了。

董顯光認為，深刻了解美國社會結構與政治本質的宋美齡，思想與落實甚至遠比他這個中宣部副部長更要想在前頭，更早一步策劃出一套完整而有效的宣傳方法、遊說手段，藉著這次的美國之行，形成一股有利於中國長期抗戰的民意洪流。

透過越洋電報的裡應外合

宋美齡與蔣介石的「裡應外合」，更是宋美齡這趟正式訪問成功、圓滿的重要契機。此外，孔宋家族在宋美齡的請求下，全體總動員，在美國「會師」，更是宋美齡此行無往不利的核心關鍵。

在宋美齡正式啟動其正式訪問前夕，他們夫妻倆如何透過密集的函電交流，匯聚「夫妻同心，其利斷金」的方法與策略呢？

在《大溪檔案》的〈蔣夫人訪美報告〉裡，清楚指出「夫人經七十餘日之療養後，漸見康復，醫生仍以節勞相勸，羅斯福總統夫婦因請移居海德公園（Hyde Park）總統之別墅中，再事靜息。夫人感於美總統夫婦之盛意，乃於三十二年（一九四三）二月十二日前往海德公園小住，並準備在美國各地訪問與演講之程序。是時，美國國會正式邀請夫人前往演講，夫人為此事曾以預擬講辭之要點電請委員長核示，委員長遂於二月十二、十三兩日連續致電詳予指示。」

二月十二日，蔣介石打電報給宋美齡，說：「對美國會講演照來電所述之意甚妥。以外，應注重各點略述如下：一、中、美兩國傳統友誼，過去一百六十年間毫無隔閡之處，是世界各國所未有之先例。二、代表中國感謝美國朝野援助中國抗戰之熱忱。三、今後世界重心將由大西洋移於太平洋。如盼求得太平洋永久和平，必須使侵略成性之日本不能再為太平洋上之禍患，若能達成此目的，必須太平洋東、西兩大國家之中、美兩國有共同之主義，為無期之合作。否則步驟不一、宗旨不明，必授侵略者以隙，如此，不惟二十年後，日本侵略者仍將危害於中、美，而且太平洋之永無和平之希望。四、戰後太平洋各國應以開發西太平洋沿岸之亞洲未開發之物資……。」

第二天，蔣介石又連發二通電報給宋美齡，第一封電報說：「關於對國會演說之意，除昨電數點之外，再另有數點可做參考：一、美國會對於中美平等新約及其撤消在華特權之議案於十一日一致通過，表示此為中、美兩國友愛之基礎，無比感慰之意。此點應否提及，請再斟酌。二……。」

另一封電報說：「對國會講演，注意切不可使聽者覺有訓示之感，亦不宜有請求之意，只以友邦地位陳述意見，以備其檢討與採擇之態度出之；其次，應使聽眾能移其目光於太平洋問題之重要；再次，認定日本為中、美兩國共同之敵人，非根本打倒不可；再次，戰後亞洲經濟地位之重要，若不準備大量開發中國之資源，則戰時之機器與資本及技術將無所施用，必致廢棄。」

宋美齡固然是到美國國會發表演說的第一位中國第一夫人，但無疑的，宋美齡在那幾場轟動美國政壇與社會大眾的公開演講中，真正為她的雄辯滔滔卻又允執厥中的講演內容注入活水源頭，真正賦與這幾場演講實質內涵與國家方略的，正是她的丈夫——出身保定北洋陸軍部陸軍速成學堂留學生預備班、日本振武學校畢業的赳赳武夫蔣介石。

在宋美齡代表中國進行正式訪問的此刻，正值中國抗日戰爭最艱苦的最後階段，國際情勢錯綜複雜，內外事務千絲萬縷、千變萬化，當前的重中之重是國府偏促西南一隅，雖不至於四面楚歌，但也亟待盟國援助，掙脫日寇鐵蹄魔掌之桎梏。此時此刻，蔣介石固然還談不上奢望如何取得抗戰之全面光榮的勝利，但身為國府領袖，蔣介石責無旁貸的殫精竭慮地苦思，該如何盡早結束這場殘酷戰爭，並且在戰後力求中國脫離帝國主義宰制的困局，開創一個長治久安、永久和平局面的長遠政治方略。

回顧蔣介石從一九二八年北伐完成，以迄抗戰爆發，乃至一九四三年在陪都重慶與日本帝國主義做不懈的堅苦鬥爭，他掌握國府的政治、軍事權力實已歷十五個年頭。蔣介石在接連幾通致電宋美齡的密電裡，敘說有關他對她講演重點提示，其實正是集其十五年政治歷練，歸納中國內外形勢的方略看法。蔣介石期盼利用宋美齡這次美國國會演講的機會，恰巧可提供他一個國際發聲的平台，做為他個人宣示其戰後世界觀和戰時中國觀的最佳場域。

蔣介石給宋美齡幾封密電裡提到的演講重點提示，大致上可以歸納為以下幾個方面：

一、蔣介石要宋美齡推崇中、美在過去一百六十年間的傳統友誼。

二、蔣介石先見之明的要求美國、提醒美國，如果要太平洋維持永久的和平，中、美兩國必須併肩，使得「侵略成性的日本」永遠不能再成為太平洋周邊國家的禍患。蔣介石同時敬告美國，如果兩國之間「步驟不一」、「宗旨不明」，二十年後，日本侵略者有可能捲土重來，再次為害中、美兩國。

三、蔣介石以戰後共同開發西太平洋經濟物資等誘因，吸引美國的合作意願。

四、力求使美國改變其一貫重歐輕亞的政策，要重視亞洲，重視中國戰場的危急性。

五、要中、美兩國建立共識，把日本視為共同敵人，非要根本擊敗日本不可。

這五點，正是蔣介石在抗戰時期對美外交的基本方略。然而，蔣介石也是一個很愛面子、重視國家尊嚴的人，因此他再三致電宋美齡，要她特別留意演講時的態度務必不卑不亢。因此，蔣介石要宋美齡必須做到「不要讓聽者覺得像在訓話」的感覺，大概蔣介石擔心宋美齡平常在國內的婦女團體，以及航空委員會、新生活運動委員會……這些場合，講話多半是在訓話，怕宋美齡的風格未改，就不好了。另一方面，蔣介石又擔憂宋美齡如果走另一個極端，以請求施捨的口吻要求美國援助中國，就又大失中國泱泱大國的氣度了。

宋美齡進行正式訪問的決策，便在蔣介石、宋美齡二人密集的函電交馳之後，正式拍板定案。宋美齡就在這個時間點，正式通知美國白宮當局。換言之，美國白宮一直幫著國府當局與宋美齡方面，保守著宋美齡到美國治病，並且有可能進行正式訪問的祕密，一直到宋美齡與蔣介石隔海達成共識，一切都在電報裡談清楚了。

不過，宋美齡並非經由國府駐美國方面的官方管道，而是透過霍浦金斯的路線直接和白宮方面達成協議：宋美齡將在近日對美國進行正式訪問。

為了給宋美齡做足「面子」，羅斯福的夫人數度到宋美齡住院的病房，親切探視，兩位第一夫人當面懇談。除此之外，羅斯福也數度致電蔣介石，表達對宋美齡的尊敬與歡迎之意。言下之意，就是希望國府當局能早日同意讓宋美齡公開露臉，在美國大大方方地進行正式訪問。讓中、美之間的交往，由此前的「祕密外交」正式走入公開外交的階段，以此給日本在國際政略上迎頭痛擊。

羅斯福在一九四二年十二月十五日給蔣介石電報：

委員長勛鑒：

自輪船、電報、無線電發明以來，漸使我兩國間過去之龐大距離不復存在，茲復有此種科學奇蹟，即今日所利用者，余敬藉此難得之機會，奉告閣下，尊夫人盛名清德，此次在美，如何為余夫婦及我國國民所尊敬也。

羅斯福　一九四二年十二月十五日

宋美齡方面和白宮磋商的協議，自然包括美國白宮、國會及朝野各界接待宋美齡的規格問題。例如，羅斯福須邀請宋美齡到白宮作客，在白宮住些日子。宋美齡畢竟是中國的第一夫人，既然是正式訪問，美國政府即須以「國事訪問」（state visit）的禮賓規格待，也就是鳴禮炮必須二十一響，以示尊崇。美國國會應該打破慣例安排宋美齡到參議院、眾議院講演。造訪紐約，要安排宋美齡下榻全世界最豪華的華爾道夫—阿斯托里亞酒店（Waldorf —Astoria Hotel），並比照其住院時的排場規模，包下一整層的飯店空間，確保宋美齡及隨從人員的私密性。諸如此類，不一而足的禮賓事務、重要節目行程，以及大大小小的事務，鉅細靡遺，無一不做好縝密的安頓之後，宋美齡才準備正式接受美國方面的邀請。

當然，有關訪美行程的安排，在整個磋商的過程中，宋美齡固然不必無役不與，固然不必事必躬親，但一切都抓牢在她手掌心裡，沒有一樁可以溜過她的眼皮子底下而不經由她的審視。那時，和美國白宮，和美國國務院，和美國參、眾兩院，和美國所有預備參訪的單位機構，都有相關人等做實質與細部的接洽、商議。

在外交部門正式管道方面，有和宋美齡親近但意見未必趨於一致的兄長宋子文，有國府駐美國大使魏道明。不過，真正扮演核心角色，而且是宋美齡整個訪美正式行程的關鍵協商人物，是宋美齡那位能幹卻又充滿爭議性的外甥孔令侃。在這段期間，孔令侃和隱身幕後的董顯光，始終是宋美齡兩位得力助手，但在宋美齡訪美期間，孔令侃與董顯光卻發生了尖銳的矛盾與衝突，這是後話，容後詳述。孔令侃、董顯光和美國白宮的窗口霍浦金斯等核心官員，沉穩低調地安頓著宋美齡訪美七個月過程的每一項公開行程的過場與舖排。

第二節 董顯光的重要性

董顯光在宋美齡訪美之行中，扮演什麼樣的吃重角色？

抗戰時期，蔣介石非常重視對外關係，不論是外國政府或外國新聞記者，都是蔣介石抓得最緊的一個工作面向。當然，蔣介石也放心、大膽地將這部份的工作交給宋美齡。在執行面，宋美齡則全權委以董顯光。可想而知，董顯光在宋美齡心目中的重要性。

蔣介石的隨從回憶，董顯光在宋美齡跟前吃得開的情景：

重慶時期，董顯光擔任國際宣傳處處長，受命天天向宋美齡滙報。宋美齡堪稱是國府國際宣傳單位的太上人物，因而常給董顯光電話指示。據稱，董顯光每每接到宋美齡電話總是滔滔不絕，英語對答如流，兩人溝通毫無滯礙難行之處。但每逢蔣介石打電話找董顯光，他總是慌慌張張，講起話來也結結巴巴。但董顯光畢竟曾經當過蔣介石的「先生」，是蔣介石故鄉的龍津中學堂英文老師，不敢太怠慢，何況他又是宋美齡最信任且炙手可熱的中宣部副部長。

抗戰八年，國府如走馬燈似的換了十位中宣部部長，唯獨這位副部長屹立不搖。董顯光的老部下曾虛白說過，董顯光名義上雖然只是副部長，但是，董顯光其實是由蔣介石親自督導，專責國際宣傳，不受任何一任部長節制。

有一回，蔣介石出訪印度，回程又到緬甸視察。某日中午，剛巧是蔣介石例行睡午覺的時間，董顯光心想，「委員長睡午覺通常總要半小時左右，不如趁這空檔去街上買些手帕備用。」豈料，剛買完東西，從商店走出，卻見同行的譯員也在馬路上溜達。董顯光不禁心頭一驚，唯恐這時委員長醒來叫不到譯員，那該如何是好，心裡七上八下，匆匆回到旅館，方知遲了一步。剛才不久，蔣介石被電話驚醒，接電話的是一名不通外語的侍從武官，支支吾吾老半天，剛巧被蔣介石見到，不禁勃然大怒。董顯光剛好這時衝進屋內，蔣介石也顧不得情面了，劈頭就責備說：「你知道我和侍從武官都不懂英語，此時此地離開我們跑出去，怎麼那麼沒有警惕心呢？」

蔣介石正在責備董顯光的時候，剛才趁機溜出門的譯員和隨員，陸陸續續回到旅館，全被叫到蔣介石面前嚴厲訓斥。為示薄懲，蔣介石命令其中一人立刻回重慶。商震是這批隨員裡唯一的軍人，且為軍事委員會辦公廳主任，這雙重身分的緣故，更被蔣介石罵得狗血淋頭。就在這時，又有電話打來了，董顯光毫不猶豫地接起電話，方才知道剛剛那通和這通電話，都是緬甸盟軍總部的人來電示警，說日本飛機要來轟炸了，要大家趕緊疏散。大家連忙陪著蔣介石跳上一部汽車，風馳電掣趕往城郊避難。

董顯光說：「蔣委員長此後絕不再提那一不愉快的經過，商震並且在民國三十三年受命為日本投降後，中國派赴日本軍事代表團的團長。」

還有一回，董顯光陪同蔣介石、宋美齡夫婦訪問印度。蔣介石在印度加爾各答訪晤了甘地，並一如慣例，由董顯光擔任蔣介石的隨行翻譯官。董顯光翻譯了一小時，甘地忽然對蔣介石說道：

「當你跟友邦元首、國王或皇帝講話的時候，你當然應該有一位官員做翻譯。但，我是一個老百姓，希望請你夫人做翻譯。使我在聆取你賜教時，還有欣賞夫人甜蜜發音的機會。」

蔣介石當然欣然同意，由宋美齡來擔任最美麗的翻譯工作。董顯光也樂得清閒，有了暫時休息的機會。

登上時代雜誌封面

蔣介石、宋美齡之所以看重董顯光，不盡然僅因他是蔣介石中學的先生，還因為董顯光確實有他在國際宣傳的傑出貢獻，而且十分理解基督教教義當中的「把一切榮耀歸給上帝」。自然，從國府個人崇拜的角度而言，這個「上帝」就是蔣介石和宋美齡夫婦。

美國《時代》（*Time*）雜誌從一九二三年發刊以來，即對中國新聞十分熱中，就以蔣介石而言，他一共登上《時代》雜誌的封面人物十次。在所有的中國軍政領袖中，次數僅次於十二次的毛澤東。而且是第二位躍上《時代》雜誌國際舞台的中國領袖；第一位是吳佩孚。

宋美齡也曾經在抗戰期間，兩次成為《時代》雜誌的封面人物。這固然與蔣介石、宋美齡的國際知名度與影響力有關，但是居間為蔣介石、宋美齡打好與《時代》雜誌老闆關係的董顯光，也自有一定程度的功績。這亦是宋美齡去美國進行首次正式訪問，為何離不開董顯光，非要拖著他隨行的緣故；即便蔣介石在重慶苦無一流翻譯官，隔海跟宋美齡要人；宋美齡也硬是不肯放人的原因。因為董顯光的美國媒體關係做得太好了，宋美齡這趟美國正式訪問，片刻都離不開他。

董顯光在他的回憶錄《董顯光自傳：報人、外交家與傳道者的傳奇》裡提到，《時代》雜誌老闆亨利．魯斯（Henry R. Luce）到中國訪問，由他負責接待的情景：

「民國三十年，世界新聞界嶄露頭角的夫妻團隊來到了重慶。這就是《時代》、《生活》、《幸福》三雜誌的享有盛名發行人亨利．魯斯，跟他一樣享有盛名的夫人克萊爾．鮑絲．魯斯（Clare Boothe Luce）搭成的一對夫妻檔。魯斯出生在中國，是住在山東省的一位美國傳教士的兒子。他隨時準備給中國人服務，在整個中國抗日戰爭過程中，他辦的幾份雜誌永遠是幫助中國宣傳的一股力量，那一次來華以前，他們夫婦倆正在美國發動援華運動。」

董顯光並說了一段驚險的陪同故事。

因為魯斯夫婦剛到重慶，就急著想到抗戰前線，親自體會中國人打仗的實際情況。然而，那時飛機可以抵達的最接近戰區前沿地點便是西安。戰爭年代，沒有客機可以抵達那裡，董顯光設法為魯斯夫婦找到了一架軍用小飛機。蔣介石不放心讓魯斯夫婦單獨去冒險，特命董顯光陪同前往。

這趟飛行十分艱險，小飛機必須飛越大西北的叢山峻嶺，途中遇到了大雷雨，飛機的馬力不夠，駕駛試圖飛越高山，試了好幾次都不成功，只好退回成都。但魯斯停留在中國的時間只有五天，等不及天氣放晴，他們被迫再冒險飛行。好不容易飛到西安，飛機才剛降落，空襲警報就響起；董顯光見情況危急，顧不得禮數，帶著魯斯夫婦拼命拔腿朝旁邊的麥田裡狂奔。董顯光聽見遠方響起飛機聲，大聲喊叫：「快臥倒，躺在麥田裡。」魯斯夫婦跟著躺臥在麥田裡，直到三架日本飛機掃射而過，恢復平靜，三個人才敢起身離去。

這趟西北之行，董顯光還陪同魯斯夫婦到陝西的一處抗戰前線，這處位於黃河邊上的陣地，距離日軍盤踞的地方，大約只有幾百公尺遠。

董顯光：「到處都是頹垣殘壁。我們站的地方，幾天前還是敵方砲火最集中射擊的焦點。我們拿著望遠鏡望得敵方活動，可是我們沒有遭遇到射擊。魯斯夫婦就在戰壕裡跟士兵們談話。士氣的高昂使他們由衷感佩。」

美國國會圖書館亞洲部中國研究館館員宋玉武的論文〈美國國會圖館手稿部藏中日戰爭（1931-1945）文獻〉指出：

「一九四一年五月七日，應國民政府邀請，亨利．魯斯及夫人克萊爾．魯斯飛抵重慶，對中國進行正式訪問。五月二十二日，魯斯夫婦返美。在回國後的一次演講中，魯斯將訪華印象做了總結：『其一，中國民族德性優良，絕不能征服。其二，中國正從事於艱苦之抗戰。其三，在此種極度困難情況之下，從事抗戰，全世界各國人民均望塵莫及。其四，中國表現勇敢與堅決之偉大精神，故能克服絕大之困難，而獲得勝利。』魯斯回到美國後，會見了羅斯福總統的高參勞克林·居里、國務卿赫爾、海軍部長諾克斯、陸軍部長史汀生，建議美國政府改變對日的綏靖政策，增加對華援助。同時，魯斯安排其公司的雜誌《時代》、《生活》、《財富》著文聲援中國。一九四三年宋美齡訪美，魯斯在宣傳與社交活動安排上曾作了很多工作。」

珍珠港事變前一年，美國朝野已經敏銳地意識到，美國在亞太地區的「國家利益」遭受日本帝國主義的擠壓、剝奪的情形愈來愈明顯，美國與日本終須一戰的命運勢不可免。客觀形勢愈來愈明朗的情況下，美國開始巧妙地調整亞太戰略，希望拉攏中國，以制衡蠶食鯨吞美國在亞洲利益的日本帝國主義。因此，美國朝野人士接踵訪問中國，希望在中國找到為美國解套的出路。這是美國人自己的盤算與計謀；國府卻把美國當成是「大旱之雲霓」，一廂情願認定美國是中國抗戰勝利的「救星」。因此，處心積慮刻意拉攏，無所不用其極。國家體面抑或民族尊嚴與美國這朵「大旱之雲霓」相提並論，是無關宏旨，不痛不癢的。

其實，早在亨利·魯斯之前，就有許多美國報界負責人、新聞記者已捷足先登；例如，史格里不斯—霍華德報系（*Scripps-Howard Newspaper Chain*）與合眾通訊社主持人霍華德（Roy Howard）、美國北美報紙聯盟（*North American Newspaper Alliance*）主持人甘尼森（Royal Gunnison）即於一九四〇年秋到中國訪問的。

在珍珠港事變前到中國，積極與國府接頭的美國政界領袖，真的是多如過江之鯽。

這些人也都對宋美齡的訪問美國，產生正面促成的作用。例如威爾基，他就是宋美齡成功訪問美國的奠基者之一。

第三節
羅斯福的行政助理居里帶來的一線曙光

但是，究竟是哪一個美國官員對宋美齡訪美，產生最關鍵的作用呢？在威爾基之前一年半，即已造訪過重慶，羅斯福的白宮行政助理居里（Lauchlin Currie），應該就是最先促成此事的美國高級官員。

照董顯光的說法，一九四一年二月初，蔣介石命他去香港迎接羅斯福的白宮行政助理居里。居里還帶了一位小跟班，哈佛大學畢業生戴思布（Emile Despres）隨行。董顯光顯然對居里的印象不是很好，因為他嫌居里親共。而且，居里帶給蔣介石的口信，據董顯光轉述，蔣介石也明顯有些不痛快。

居里帶來羅斯福的口信說：「在萬里外，我們了解中國共產黨，就是我們所稱的『社會黨』。我們喜歡他們對農夫、對婦女、對日本所取的態度。我覺得這些所謂『共產黨』和國民政府類同的地方，多於矛盾的地方。我希望它們可以消除矛盾，為了抗日戰爭的共同目標，求更密切的合作。兩黨矛盾中間的距離倘然是二十與八十那樣遠，當然談不上合作，倘然只是四十與六十那樣近，應該容易拉在一起的。」

在董顯光的文中，居里被直指「做主角的太平洋關係協會，從一九四一年起已滿布著共產份子了」，並引用「前在華盛頓活動的蘇俄間諜圈子負責人彭德蘭（Elizabeth Bentley）女士」的說法，直指居里「是在戰時幫助她供應資料給蘇俄軍方情報機構的美國官員之一」。

儘管如此，居里的來訪，對困處重慶五、六年，而苦無外援的國府而言，毋寧還是黑暗中的一線曙光。

居里在一九四二年，美國對日宣戰後，第二度造訪重慶，並且再次和蔣介石進行關於中、美兩國密切合作的祕密談判。不過，如何援助中國，並不是美國的首要目標。美國的思考重心，在於與蔣介石的國府當局達成戰後利益分配的默契。美國急於追求戰後在亞洲與中國的最大利益，亟欲與國府達成共識，預先舖排戰後瓜分世界利益的方略。至於援助中國打贏抗戰，要中國當美國自太平洋東岸反攻日本的側翼，則已是第二個課題了。邀請蔣介石或宋美齡訪美，更是附帶條件裡的小菜一碟了。善於做場面，美國人跟英國人已經學到爐火純青的地步。

日本慶應義塾大學商學部教授段瑞聰，在論文〈太平洋戰爭前期蔣介石的戰後構想〉中，敘及居里於訪華期間與蔣介石磋商，並轉達羅斯福的重要意旨、內容與方向。

顯然，羅斯福是在利用援助中國抗戰的機會，對那些在亞洲經營有年的老牌殖民主義國家英國、法國施加壓力，明示、暗示應該是讓出亞洲地盤的時候了。

美國意欲何為？目的何在？對這個正在崛起中的超級強權而言，一切盡在不言中矣。段瑞聰指出，「蔣介石之所以如此熱中於強調亞洲國家獨立，與他的反帝意識有密切關係。另外，羅斯福的支持，也是一個不可忽略的因素。」在羅斯福的口信中，帝國主義心態也是昭然若揭的。例如，「主張各弱小民族應自決自主，如有某國，如越南、緬甸等民族，不能即刻自主，也當有集團 trustee*，不能再有殖民地。」

「蔣委員長便可發表此主張，以獲亞洲人民同情。」在第二次世界大戰之前，越南是法國的殖民地，緬甸是英國人的地盤，因此，羅斯福的盤算是為了什麼，再清楚不過的了。段瑞聰認為：「在反對殖民統治方面，羅斯福與蔣介石的意見是一致的。羅斯福希望借助蔣介石的力量給英國施加壓力。」

這些言行，均可印證美國政府處心積慮和中國拉關係、做朋友，其根本目的是在劃定戰後美國在亞洲和中國的勢力與利益範圍。打從一開始，美國就有心干涉中國的內政，瓜分亞洲與中國的利權的強烈意念。

精明如蔣介石、宋美齡，自然早已意識警覺到這一點。長時間以來，既對美國抱持期待，又害怕因親美致使民族自尊受創傷，正是蔣介石躑躅不前、遲疑再三的重要因素。

民國史學者齊錫生在《劍拔弩張的盟友：太平洋戰爭期間的中美軍事合作關係

*按：意即託管。

（1941-1945）》一書中，點出了中、美兩國在二戰時期一個最敏感的問題，即中國的國際地位是否得以平等對待？至一九四〇年代初期，不平等條約已經桎梏中國達一個世紀之久，國府在對外關係上仍深陷「矮人一截」的不平等地位。這也就是蔣介石對美國援助抗戰「既期待又怕受傷害」那種無以名之的矛盾感覺。

三十年代初期，中國費盡一切力量，欲掙脫不平等條約的桎梏，卻又苦於無法在短時間內從日軍的鐵蹄魔掌中解放出來。英、美諸國，尤其是像英國這種老牌西方殖民主義國家，即便本身遭逢德國侵略之戰禍，深陷戰爭泥沼，在面對中國時，仍一本殖民主義者的心態，絲毫不把中國置於平等地位看待。

以官方身分出訪，堅持中華民族尊嚴

蔣介石、宋美齡二人對國家、以及個人處境，其感受尤其敏銳而易受傷害，所以當宋美齡思索是否以官方身分出訪美國事宜時，考慮良深，躑躅遲疑，久久未決。哪怕人已到了美國，在給蔣介石的電報上仍然三復斯言，要蔣介石寬心，強調自己的立場，說：

> 無論如何，妹抵美宗旨以代表社稷及兄，當盡力為之，惟決不肯失國家及兄之尊嚴。

即使已經和美國協商好國會演說等正式行程，宋美齡仍然在一九四三年二月的電報中說：

妹向國會及各地演辭，當予分別遵照電示，總以維持我國家尊嚴、宣揚我抗戰對全世界之貢獻，及闡明中美傳統友好關係為原則。私人談判，當曉諭美國當局以我國抗戰之重要性；公開演講，則避免細節，專從大處著眼，以世界眼光，說明戰後合作之必要，兄意如何？

宋美齡之所以在函電中三復斯言，之所以在正式訪問的「排場上」琢磨再三，審酌再三，觀望再三，即是因為在前面一、二年與美國政府接觸、折衝過程中，遭逢太多筆墨難以形容的挫折與屈辱之故。蔣介石、宋美齡必須更加小心謹慎，深恐稍一不慎，再使國家置身危境。

一如齊錫生書中所提及的，由於美國當局意識到美方無法兌現給予中國以平等待遇的承諾時，即採取另外一種迂迴方式，試圖安撫中國的不滿情緒。國府就在一九四二年初，應美國政府邀請，派遣「中國軍事委員會駐美軍事代表團」到美國。但是代表團人員，包含團長熊式輝及其下屬官員，卻在美國受盡有意無意的歧視待遇。

熊式輝一行人打從登上美國軍用飛機，就被當成二等公民般對待。「機組人員要求中國代表團成員坐到機艙後方，因為較好的前艙位子是專為白人所保留」。身為中國軍事代表團團長的熊式輝，必定百般容忍。可是，萬萬沒想到，等到了美國之後，受到的歧視待遇更離譜。「在美國南方邁阿密市著陸後，又被塞進火車裡一個狹小的包間，因為大包廂只供白人享用。」美國南方瞧不起有色人種也就罷了。到了華盛頓，當他們走進一家猶太人經營的理髮店，準備理髮整理儀容，店主竟然拒絕為他們服務，理由是「你們是有色人種，本店恕不接待」。

熊式輝出身保定陸軍軍官學校，日本陸軍大學畢業。從北伐時期就很受蔣介石信任的一位核心幹部。剿共時期也備受蔣介石青睞；抗戰時期，他的官運亨通達於頂峰，蔣介石還頒發軍人最高榮獎的青天白日勳章給他。能夠被蔣介石挑中為駐美軍事代表團團長，熊式輝的「聖眷正隆」可想而知。不料，一九四〇年代的美國，不論南方、北方，仍然到處充斥著族群歧視，這種氛圍甚至瀰漫著整個外交場域。

齊錫生的著作中提及，熊式輝到美國一個月後，局面完全打不開，感覺十分沮喪。以當年熊式輝與蔣介石關係之親近，不論日常密電回報工作進程，抑或日後返國述職當面會晤，必然曾將在美受歧視輕侮情事如實的向蔣介石匯報。蔣介石眼見自己親手部署的一枚棋子，卻形同死棋，在鞭長莫及的情況下，也只有頻頻安撫。但熊式輝好歹是國府二級上將，外派美國，竟然受到美國冷板凳對待。蔣介石對美國軍政當局的盛氣凌人，瞧不起中國人的種族優越感殊為難忍。齊錫生指出，蔣介石最後禁不住向羅斯福致電抱怨，並且引述甘地曾經告誡過他的一番話：「白種人從來不以平等態度對待印度人……，中國有什麼理由相信，西方國家會讓中國進入英美參謀首長聯席會議？」而蔣介石這也才相信甘地所言不虛。

不單是熊式輝沒被看在眼裡，蔣介石的郎舅，以外交部部長身分，特駐美國的宋子文，他為爭取中國平等地位，也未嘗不是備嘗艱難與挫折。宋子文為了爭取中國能與英國平起平坐，一塊參加「聯合軍火分配委員會」（Combined Munitions Assignment Board），以及英美參謀首長聯席會議（Combined Chiefs of Staff）的權利，晤見羅斯福。

羅斯福很爽快地告訴宋子文，要進入聯合軍火分配委員會沒有問題，但是否可以參加英美參謀首長聯席會議，得和英國方面商量，徵得英國同意之後方可。

熊式輝從宋子文處得到指令，可以參加聯合軍火分配委員會，便去見美國陸軍參謀長馬歇爾（George Catlett Marshall, Jr.），晤談參加會議的有關事項，卻被馬歇爾當場拒絕。馬歇爾的理由讓熊式輝無從申辯；他說，英、美兩國參加聯合軍火分配委員會的原因，是因為英、美兩國都可以生產軍火，而中國實無生產軍火之能力，所以恕無法讓中國參加。至於參加英美參謀首長聯席會議的事，馬歇爾甚至不想討論。

或許正因為搭飛機被趕到後艙，坐火車又被逼去坐次等車廂，連理髮都被白人理髮師拒絕等屈辱，以及一連串軍政事務的四處碰壁，受盡不合理待遇，為爭中國人的一口氣，熊式輝主張中國自行廢除不平等條約。惟宋子文反對。駐美國大使胡適也興趣缺缺。一九四二年六月，熊式輝改向居里表達——在美國援華物資宛如杯水車薪，且較諸歐洲盟國懸殊的情況下，何不以取消不平等條約，向中國這個亞洲盟國表達一種精神上的補償？

在白宮與英國商議之後，十月九日，美國國務卿赫爾（Cordell Hull）通知九月二十一日新到任的駐美國大使魏道明，發表廢約聲明：

美國政府準備立時與中國政府談判，締結一個規定美國政府立時放棄在華治外法權及解決有關國際問題之條約。美國政府並希望在最近期內以完成上述目的之草約，提交中國政府考慮。過去數周內，美國政府與英國政府就此項一般問題交換意見，美國政府欣悉英國政府具有同樣的意見，並正採取相似之行動。

同日，英國亦有此表示，加拿大、荷蘭、巴西……，亦相繼表示。

此時距離宋美齡以治病為由啟程前往美國，已經屆近一個多月了。換言之，宋美齡之所以能順利地踏上赴美訪問的征途，是包括熊式輝等、國府眾多涉外軍政官員，不屈不撓奮力爭取，分頭長期抗爭的結果。但是，宋美齡縱使到了美國，且隔海與蔣介石函電交馳，她起初還是不敢冒然決定以正式訪問的身分，公開登上中美外交的大舞台，以免稍有不慎，落得受人輕慢侮辱的尷尬情境，而進退維谷。

是以，宋美齡和當代國府許多官員都有一種共同的意識，民族尊嚴不容有稍稍之被侮慢者。除了民族尊嚴，宋美齡尤其重視外邦對待她與她丈夫個人的禮數。如有些許輕慢之處，宋美齡往往記仇一輩子。

第十六章

訪美旋風，飛揚跋扈暴衝白宮

在宋美齡臨行前一天，蔣介石再次致電羅斯福，表示感謝之忱。蔣介石在電報裡告訴羅斯福：「內子非僅為中之妻室，且為中過去十五年中，共生死，同患難之同志，彼對中意志之了解，當非他所能及，故請閣下坦率暢談，有如對中之面罄者也。」

第一節
董顯光與孔令侃、孔令偉的內訌

「蔣夫人機要祕書辦公處」的窩裡反，是宋美齡所始料未及的。但這個難堪而尷尬的場面，是她自己一手造成的。由於她偏執不公的個人領導風格，在一九四二年十一月二十七日到一九四三年六月二十九日，這七個月又三天的訪美行程，才進行到第三個月而已，她的隨員，非正式組織的祕書處竟然上演同室操戈，嚴重內訌的戲碼。而造成此一風暴危機的宋美齡，在面臨祕書處幹部爭伐不已的局面，依然秉持她一貫趾高氣揚的姿態。

這個山雨欲來的「茶杯風暴」中心，一個是宋美齡的首席智囊、中宣部副部長董顯光，一個是被宋美齡視之如心頭肉的外甥孔令侃。若論工作資歷、學問人品、社會歷練、從政經驗、外文根柢、外交閱歷、處世圓熟……方方面面，董顯光的專業性與成熟度可說無庸置疑，孔令侃、孔令偉兄妹無論如何都是無從取代比擬的。但是，由於宋美齡對自己外甥的偏袒、驕慣，以及偏信、偏聽，竟然一度將董顯光「雪藏」。

事件發生在一九四三年三月二日。當晚，宋美齡在紐約的麥迪遜廣場花園（Madison Sq. Garden）發表一場演說，約二萬人參與這場盛會，其中包括美國《時代》雜誌的老闆亨利．魯斯，及美國東部九個州的州長。活動結束後，宋美齡滿臉怒氣地緊急召集祕書處全體人員會議，宣布一項重要的人事變動：

「我宣布，『祕書處』進行人事改組，祕書長由孔令侃接任。」言下之意，就是昭告祕書處成員，董顯光的「祕書長」官銜被拔掉了。什麼理由要這麼做？宋美齡沒有挑明了說，但是，宋美齡冷峻地盯著會場上每一個人，怒氣沖沖地撂下一句狠話：「你們有誰不同意我的這個安排嗎？如果有誰不同意我的這個安排，可以在今天的會議上挑明了說，說清楚了，我就立刻送他回國。」

宋美齡這話說得再明白不過，祕書處人員誰敢螳臂擋車。她是公開而不點名地在整肅董顯光，擺明就是在為二個外甥撐腰、叫陣。會議上沒有一個人吭聲，全場只有宋美齡一個人發言。宋美齡以她的威權硬是把董顯光打壓下去，並且企圖以人事調動的強橫手段強行為這場茶杯風暴劃下句點。

祕書處的士氣因為這個突如其來的事件而分崩離析，緊接著的各項行程亦開始出現一些不該發生的出格事件，包括違反外交禮儀、專業等無奇不有的怪事，為宋美齡這趟風光的美國之行，寫下了一頁難堪的註腳。

自三月二日起，祕書處大大小小，包括董顯光、劉鍇，這些有豐富涉外經驗的國府技術官僚，全都要聽命於孔令侃這個年方二十七，少不更事的毛頭小伙子。宋美齡並把她的函電和往來文件的處理大權交給孔令侃；日常要見哪些客人、見與不見、約會的安排，也都交由孔令侃一把抓。甚至，所有應對美國、英國政要，代表宋美齡為國府外交打前鋒的工作，全交給孔令侃，讓他一個人在第一線橫衝直撞了。

董顯光向顧維鈞透露，不但他和劉鍇退出核心決策圈，甚至連宋子文，堂堂外交部部長，蔣介石派赴美國的「特使」，如今也靠邊站，「退到一邊」去了，給宋美齡出主意的人就剩孔令侃。

據顧維鈞的說法，三月二十七日，董顯光去看顧維鈞，但是，「看上去有些消沉」的董顯光，對宋美齡的計劃持漠不關心的態度，什麼事都不接頭。可見董顯光對宋美齡及孔令侃極度不滿。此時，距離宋美齡從重慶出發前往美國治病，進而展開正式訪問，已經整整四個月了。宋美齡這位中國的第一夫人之所以能夠博取美國朝野的廣大支持與迴響，董顯光理居於首功。因為，從行程的安排、演講稿的撰擬、大大小小事情的設想與安頓、裡裡外外各色人等的應付與安排，哪一樣不是董顯光總其成，一一親自操辦的呢？

蔣介石一直很看重董顯光。在國際宣傳這個領域裡，董顯光也的確為國府開創出一番新氣象。尤其難能可貴的是，以昔日之先生服侍昔日之學生，不只把蔣介石服侍得服服貼貼，還能把蔣夫人也服務得服服氣氣，董顯光確實費過一番心思。剛從國內到美國的那段日子，宋美齡對董顯光仰仗甚深，尤其在草擬最初幾篇演講稿的過程中，幾幾乎都是出自董顯光的手筆。

董顯光在回憶錄裡說：「夫人在美的這些活動，我多在幕後接洽，不暴露身分。因此，蔣委員長以為我無久留美國的必要，囑夫人促我返國。夫人不告我，逕覆蔣委員長稱，倘能另派一人其職位與能力與我相等者，夫人當遵囑遣我回國。蔣委員長知此為不願遣我返國之暗示，故允我留美隨夫人同返，致令我留美時期延長至七個月。」這到底是不是董顯光在為自己維持尊嚴，以「曲筆」包裝原本令他憤懣不堪的真相呢？

此一祕書處「太阿倒持」的影響，在當時可能還看不出什麼端倪，事後回顧，宋美齡在訪美過程中固執己見，率性而為，導致國府對美國、英國的外交政策也受到根本的影響。國府於戰後與英美關係的惡化，即與之有著莫大的關聯。誠所謂「一言足以興邦，一言亦足以喪邦」！

其實，從宋美齡展開對美國正式訪問之初，在若干重要節目與環節反映出來的，心態、言行與特殊的決策過程，即可以觀察與檢視宋美齡此行的成敗與利鈍。

宋美齡之所以會對董顯光忿忿不滿，最大的原因就是，董顯光總以其專業直言進諫、修改宋美齡自以為是的講稿文句。文人多半都有一種潛在習性，瘌痢頭的兒子是自己的好，文章也是自己寫的好，孤芳自賞，自古已然；但宋美齡尤其嚴重。她雅好演講稿的文句詰屈聱牙、深奧難懂，用以突顯自己有學問，卻忽略了聽眾難以理解，無法得到共鳴。董顯光為此多次忠言直諫，雖然話語溫婉，難免被宋美齡視為是向她權威頂撞，因而招致不悅。

訪美講稿，評價兩極

這可以從若干名人聽了宋美齡自己撰稿，或由孔令侃撰稿的講演之後的觀感，做一個客觀的印證。

胡適，民國時代赫赫有名的大學問家，在宋美齡訪美之前，剛從駐美國大使的任上卸下仔肩，容或他對這段不是太順遂的公職生涯結束頗有微詞，但他對宋美齡訪美期間的批評，卻已成為中國當代知識階層的經典。就以三月二日在麥迪遜廣場花園，那場令宋美齡事後大

顧維鈞出身聖約翰書院，美國哥倫比亞大學文學士、國際法及外交法學博士，在岳父唐紹儀的引薦之下，當過袁世凱的英文祕書。一九一五年，以二十七歲之齡擔任駐美國公使，並榮獲耶魯大學名譽法學博士。至一九四三年，已經歷了二十八年職業外交官生涯。以其經歷，對宋美齡的講辭內容自必有一番專業、客觀的見解。

發雷霆、撤換董顯光的演講為例，胡適說：「晚上到紐約麥迪遜廣場花園聽蔣夫人的演說。到者約有兩萬人。同情與熱心是有的。但她的演說實在不像樣子，不知說些什麼！」

顧維鈞於三月二十三日到美國，三月二十七日才聆聽了宋美齡的演說，固然不同場，但是顧維鈞的觀感顯然與胡適有所不同。

在《顧維鈞回憶錄》裡，有一段直擊宋美齡講演場景的精采描繪：「午後我參加了蔣夫人舉行的茶會。舉行茶會是為招待加利福尼亞、內華達和猶他三個州的州長，和舊金山市市長，以及十幾位美國名流。我還被邀請參加在市體育場舉行的，正式歡迎蔣夫人的大會。從旅館出發的行列極為壯觀，一路上特工人員、警察的汽車和摩托車，環繞著她的座車，嗚著警笛前進。孔令侃和她同車，我和魏夫人*的車後隨。到達體育場時，魏夫人往前跑。我不明白她為什麼那樣慌張，想追上去叫她別跑。我們趕到體育場的後門時，一位特工人員將一扇大鐵門迎面推來，砰地關上，阻止我們入內。向他多方解釋，說明身分，才讓我們進去。大廳裡擠滿了人，估計至少有一萬。他們都興高采烈、目不轉睛地看著中國第一夫人。她也確是雍容華貴，像個女王。」

緊接著，顧維鈞以如下這段話品評宋美齡的講演：

「她用她一貫的柔和、動聽的聲音講話。我感到這篇演說，比起她過去講的更具學者之風。我不知聽眾是否能抓住演說的重點及其深邃的涵義。不過，講得的確非常之好。」

*按：駐美大使魏道明太太鄭毓秀女士。

這是顧維鈞從宋美齡英語講演的腔調音韻，再深入到講辭裡的修辭深刻意涵，說出來的聽後觀感。他以職業外交官的口吻、技巧，點出宋美齡講演的問題「重點」：到底，聽宋美齡講演的人，懂不懂講稿文意裡面「更具學者之風」的深刻意思呢？

剛巧，可能就在第二天，顧維鈞去華府會見宋子文。宋子文卻憂心忡忡地表達，他對妹妹在美國一連串演講對中國的負面影響。顧維鈞如此形容宋子文對宋美齡講演的月旦：

「我回到華盛頓之後就去見宋子文，談他計劃去英國的事。他好像對蔣夫人的演說擔心、著急。他認為那些演說太學究氣了。我從他的話裡體會到，白宮也有些迷惑。因為她在演說裡，一次也沒有提到過美國總統。她講到美國人民願意看到太平洋方面有更多的行動，特別不合白宮的胃口。」

宋子文為什麼對他妹妹的演講，表現出這種不以為然的態度，是否純粹就事論事，或是另有隱情？

雖然胡適、宋子文如此批評，但是宋美齡對她自己的講演表現，似乎頗為自得。當然在外人眼裡，宋美齡表現出的是，輕狂與趾高氣昂、不可一世的霸氣。

就在胡適於日記裡譏評宋美齡演講「實在不像樣子，不知說些什麼」的第二天（三月四日），胡適更忿忿然寫下這麼一段敘述與月旦：

「今早黃仁泉打電話來，說蔣夫人要看我，約今天下午五點五十分去見她。我說，于總領事的茶會五點開始，她如何能在五點五十分見我？黃說，她要到六點十五分才下去！我下午去見她，屋裡有林語堂夫婦，有孔令侃，有鄭毓秀（後來）。一會兒她出來了，風頭很健，氣色很好，坐下來就向孔令侃要紙煙點著吸！在這些人面前，我如何好說話？只好隨便談談。她說，她的演說是為知識階級說法，因為知識階級是造輿論的。（指她前天的演說）原來，黃忠馬失前蹄的古典是為知識階級說的！她一股虛驕之氣，使我作惡心。我先走了，到下面總領事的茶會，來賓近千人，五點就來了。到六點半以後，主客才下來，登高座，點點頭，說，謝謝你們，就完了。有許多人從Boston（波士頓）來，從Princeton（普林斯頓）來，竟望不見顏色！」

胡適的形容可說再貼切不過的了。冷眼觀察的他，批判宋美齡「一股虛驕之氣」主要在於幾個方面：先是出場之後，宋美齡就和孔令侃要紙煙吸。因為在座有林語堂、胡適，這些大知識分子在；宋

黃仁泉

黃仁泉是孔宋家族崛起後，宋美齡安插在駐美國大使館的御用人員。黃仁泉原來是靠他哥哥黃仁霖的關係，在勵志社謀得一幹事職務，但後來鬧了一件新聞，被勵志社同事密報，黃仁霖下不了台，只好壯士斷腕，黃仁泉因此去職。等到風頭過了之後，黃仁泉又憑著黃仁霖這座靠山，重新進入勵志社，駐廬山軍官訓練團分社任職。也不知道是天上哪顆星宿保佑黃仁泉，在廬山服務期間，汪精衛和陳璧君夫婦的女兒到廬山旅遊，黃仁泉得悉汪小姐愛游泳，竟然想辦法調動軍艦，到星子縣境內的鄱陽湖水域，專門保護她的安全。汪精衛因此認識了黃仁泉這號人物。黃仁泉便依附著汪精衛的人事關係，在陳璧君的力保之下，放洋賺美金，在駐美國大使館中工作。

美齡開頭就解釋她的講演，一般人聽來詰屈聱牙、深奧難懂，其實她是專門講給知識分子聽的。而令胡適罵她「虛驕之氣」、「使我作惡心」的可能是，她竟然在駐紐約總領事館的刻意安排下，高高端坐在上，對著在場所有貴賓，連幾句該應付的客套話都不說，居然只對在座近千名鵠候已久的來賓點點頭，意思意思，就草草結束了這天的「朝覲」儀式。讓胡適覺得大不以為然的是，還有許多大老遠從波士頓、普林斯頓趕來的人，居然連宋美齡的「天顏」都沒望見，她就走人了。

胡適日記上略帶一筆，可是沒有深入發揮的還有一位小人物，此人便是通知胡適、有關宋美齡約見行程的黃仁泉。

黃仁泉善於交際，結交上孔宋家族，在汪精衛垮台、投敵之後，成為孔宋家族布在駐美國大使館的一枚棋子，專事打點孔宋家族交辦事項。

宋美齡對自己訪美正式行程的各項表現，應該「自我感覺良好」。這可以從經過宋美齡審閱、批准外甥女孔令偉撰寫的《蔣夫人美加行紀》的〈國會致辭〉篇章中的字裡行間，得到充分的印證。《蔣夫人美加行紀》固然反映了宋美齡訪美正式行程的盛況空前與圓滿成功，突顯了宋美齡為國府取得了相當豐碩的外交與政治成果，但也彰顯了宋美齡的洋洋自得心態。

孔令偉在這本如今已是「海內孤本」的絕版書《蔣夫人美加行紀》裡，這麼寫道：

「盛況空前，震動全美。中國人在美國國會演說者，自有史以來，以夫人為第一人。美國國會邀請以私人名義來美之外賓正式致辭者，亦以此為空前創舉。

二月十八日上午，夫人應國會之邀請出席演講，其時國會廣場周圍警探密布，每隔十英尺設一崗位，眾院至參院議事廳之甬道上，每一窗口均站有便衣警探，在會場內部，經由出動警察、偵探、特務人員一千人，預先檢查每英寸之地板，試驗升降梯，搜索參院外交委員會房屋、議長辦公室及兩院議場，處事之精細周密無以復加。『座滿』之布告，早於前一晚高懸門首。

因索取旁聽券者過多，煞費安排，乃於眾院走廊臨時增加六百餘座位。參院樓上亦添加四百餘『活座』，而無券未得入內者均鵠立於會外廣場，靜聽播音演講情狀，殆甚於過去羅斯福總統蒞臨國會演說之時。」

孔令偉描寫宋美齡在美國訪問，乃至國會演說，受到美國民眾空前盛大歡迎場面，的確是如假包換的場景。但是，美國民眾為什麼會對宋美齡的到訪如痴如醉？不可諱言，除了她個人的丰采與魅力，另外一個不

國府於戰後發布的資料顯示，如以一九三七年的幣值估算，八年抗戰期間，中國政府的直接戰爭損失約一千億美金，間接戰爭損失更高達五千億美金，民間的損失尚未統計在內。如以今日幣值換算，總體災損更當在好幾兆美金之譜。日本縱使誠心誠意地拿全體國民及政府的生命、財產全部抵償，亦無法償還從一九三一年到一九四五年，這十四年間虧欠中國的這筆天文血債！

可忽視的因素是，當時美國民眾仇恨日本同情中國的敵愾同仇之心。一九四一年十二月七日，日本無恥地偷襲珍珠港，美國朝野與民眾為之震動。這在美國人看來，無異是美國立國百餘年來最大之國恥。事變之後，由於美國在太平洋的軍事力量遭受空前打擊，一時之間無法發動及時、有效之反擊，日本帝國主義因此得持續擴張控制範圍，併吞了大批英國、美國、荷蘭、法國的勢力範圍和殖民地。這不僅是對美國的恥辱，更是對所有西方殖民主義國家勢力範圍侵門踏戶之舉。

珍珠港事變使得美國朝野與民眾，興起一陣對日本敵愾同仇的氛圍，並開始關心中國新聞，因為中國是最早正面抗擊日本侵略的國家。在珍珠港事變前，中國已經以血肉之軀，獨力抗日達四年餘。美國民眾從中國戰場傳來海量的文字與圖片訊息中得知，在這個遙遠而陌生的東方國度，手無寸鐵的億萬中國人正在赤焰萬里中掙扎，日寇挾其船堅炮利，無情殘酷地在中原大地蹂躪、屠殺、掠奪。有超過二、三千萬的中國軍民死於非命，更造成中國千古未見之財物與文物浩劫。

美國的記者天天透過文字和圖片，將其傳達到美國民眾眼前。基於珍珠港事變的同仇敵愾，再看到中國人義無反顧地準備與日本同歸於盡的決心，美國民眾興起對中國人無比的同情，這是人類惻隱之心的高度發揚。所以，與其說宋美齡訪美形成一股席捲全美的中國風潮，不如說是美國民眾在過去的一、二年間，接觸到中國艱苦抗戰的新聞報導，打從靈魂深處產生了深刻的共鳴。

是以，以同理心思索宋美齡在美國講演中的字字句句，不論有多深奧抽象，不論有多艱澀難懂，要理解的是，宋美齡想表達的是什麼樣的情緒糾結？在宋美齡內心深處揮之不去的戰爭陰影，她親眼見證的殘酷景象，以及迴盪在她耳際的，戰場上死難的千萬軍民同胞在生命垂危之際的悲苦吶喊……。這些，猶如秋風掃落葉般散落在宋美齡的內心世界，猶如海浪般襲來的情緒波濤，豈是胡適所能理解？豈是胡適一句「她一股虛驕之氣，使我作惡心」所能舉重若輕地輕易概括的？

例如，南京大屠殺，中國人民被日軍屠戮達三十萬人。宋美齡在事件發生一個月後，亦即一九三八年一月八日在〈復紐西蘭某君書〉中寫道：

京滬一帶原是世界有數的人口密集之處，如今已萬突無煙，村市為墟了。日本飛機先盡量加以掃蕩，所剩餘的壯年男子再由陸軍來做根本的肅清，婦人和小孩也沒有例外的被殺戮，還有無數女子被他們姦淫侮辱。南京有數萬人民，或被他們個別鎗斃，或被他們繫累成列，用機槍掃射。其他各城市也都如此，所以凡屬日軍所到之處，都有極度的摧殘與死亡。

宋美齡藉諸筆鋒，以斑斑血淚控訴日寇在中國瘋狂的殘暴獸行。因為，宋美齡與她的丈夫正親身體驗戰火的蹂躪，甚且遭受戰火紋身。相對的，胡適則在淞滬會戰爆發後未久，應蔣介石之請，遠離赤焰萬里的故國，前往美國爭取支援。是以，究竟是誰「虛驕之氣，使作惡心」？是宋美齡，還是胡適？抑或都不是？或者尊貴的人或多或少都會感染一絲絲「使作惡心」的「虛驕之氣」而懵然不知呢？

宋美齡強烈控訴日本侵略者的滔天罪行：

如今全世界都看到了這不顧一切法律、道義、信仰的殘忍暴行。日本軍閥在占領東三省的時候，證明了毋須用宣戰方法已足以達到目的了。於是墨索里尼接著就蔑棄世界公意宰割了阿比西尼亞。世界仍沒有斷然維護條約的表示，這無異於促使日本軍閥不妨再行一試，中國也就遭到了這歷史所未有的可怕屠殺。一切敵人毀物的新式武器都給日本軍閥盡量利用了。早有無數的中國人民死於非命或變成了飢寒交迫的難民。

或許，金枝玉葉的宋美齡本就「虛驕之氣」濃重，但赤焰萬里、生靈荼炭的戰禍，讓她內心與生俱來的悲天憫人蓋過了「虛驕之氣」。宋子文憂心妹妹的演講稿太學究氣，「不合白宮的胃口」，胡適批判宋美齡的講演「實在不像樣子，不知說些什麼」，但無論如何，那只是宋美齡行文走筆的修辭與理路的風格，她的心念如果發諸真誠，又何必要拿雄辯家和外交家的標準，去尖刻度量宋美齡的「作品」呢？一個政治家族成員，她的心念往往體現了她的本質。

又，一九三七年十月二十二日，馳車至上海前線慰問將士的宋美齡幾乎命喪砲火，從此，危險、恐怖的死亡邊緣經歷，像一幕揮之不去的夢魘，永遠纏繞在她的心頭。她的神經衰弱，應與這次險些罹難有密切的關聯。宋美齡雖然是中國軍政領袖的妻子，但於公於私，她盡可以躲在家裡或者安穩的地方，遠遠隔絕於戰火之外。蔣介石固然是軍事委員會委員長，但他從未要求妻子必須親赴前線慰勞傷兵，亦從未請宋美齡去前線鼓舞士氣。如果宋美齡打從骨子裡就是如假包換的金枝玉葉，她又何必甘冒矢石，明知上海是四戰之地的險境，又何苦奔馳於砲火紛飛的道途之上。窺其心跡，亦只不過謹記父母庭訓，克盡國民本分、愛國之心而已。是以，受傷不到二十天，宋美齡於十一月八日〈復澳洲雪黎某夫人書〉，說：

中國現在正臨到了數千年來，歷史上從未有過的慘痛時代，大規模毀滅生命、財產的時代。技術和現代發明使我們比鄰的日本得能盡量地摧殘我們，他們這種工作原已準備好幾年了……。

從前大家以為中國人缺少戰鬥力，沒有堅苦精神的觀念，現在可以修正了。如今世界人士從各方面得到事實證明，都承認我國的抗戰非常英勇，非常堅忍。日本一、二星期就可征服中國，從前這種觀念也可普遍，日本軍閥自身也這樣想，因為事實與此相反，所以他們就惱羞成怒，盡量用最殘酷的手段來對付我們。許許多多無辜平民的繼續受到慘烈轟炸，也為了這個緣故，但我相信，這種驚人的屠殺將來一定會受到相當報復的。

南至廣東，北至天津，東起海岸，一直到數千里的內地，到處受到驚人的轟炸，數百萬人民因此被迫拋棄了家園。每天造成無數的死傷、無數的難民。救濟難民就夠困難了，還有成千累萬的傷兵需要治療，你就不難想像我們手邊的問題是如何重大，你當然更能了解：我們是如何渴望著國內、外同胞一致的幫助，尤其是醫藥用品方面的幫助。

看這字字句句，自會明白宋美齡何以會在淞滬會戰中受傷，因為她捨棄了金枝玉葉的身段，完全不顧自身安危，每天不眠不休地驅車奔馳於戰情緊急的前線上，親自去慰問。一方面給予傷兵鼓舞，一方面實地察看傷兵需要什麼樣的後勤支援，她好想辦法給傷兵、給醫院送醫療藥品和器材。宋美齡雖然不會帶兵打仗，可是她非常清楚，戰場上拼殺是爭分奪秒的死生大事，所以一丁點時間都不能浪費、蹉跎。尤其，淞滬會戰，國軍死傷慘烈，幾乎每幾天就要調一個師上前線，去把傷亡嚴重的師替換下來。

婚後，宋美齡陪著蔣介石經歷過北伐、中原大戰、剿共、一二八事變、七七事變，再到一九三七年這場連她都受傷的淞滬會戰，這十年間，宋美齡既非部隊的指揮官，也不是作戰人員，自然沒上過戰場開槍開砲、衝鋒陷陣。但是，在歷次戰役中，宋美齡總是扮演著「蔣介石的後勤司令」的角色，在上海、南京為國軍籌措糧餉、醫療藥品及慰勞品。這有許多事都是蔣介石一通電報，宋美齡就得限時趕辦的。但是，淞滬會戰時，冒死到前線救死扶傷，還真是宋美齡的「初體驗」。儘管是第一次，宋美齡積十年陪蔣介石進出戰場視察的經驗，耳濡目染之下，對戰場傷員救護、補充，以及部隊後勤給養等事務，毫不陌生，幾乎是無縫接軌，立刻就上手。

婚後，宋美齡隨時處於一種備戰狀態。雖然她在很多時候仍然自視為金枝玉葉的尊貴之體。但是，宋美齡非常清楚，斯時斯地，她必須時時準備戰鬥，不可能再和承平時期一樣養尊處優。即使到美國國會發表演說，她的心情亦復如在戰鬥之中。對宋美齡來說，一九四三年二月十八日這場演講，比她進出淞滬會戰的前線救死扶傷來得更重要與緊張。

第二節
登上美國國會演講廳

孔令偉撰寫的《蔣夫人美加行紀》，如此描繪這場世紀性美國國會演講會場的情況：

「夫人偕總統夫人車抵國會門首，先至參議院，由參議院指派祕書長霍爾席（E. A. Halsey）、總務長達克西（Wall Daxey），參議員白克萊（Alben William Barkley）、康納利（Thomas Terry "Tom" Connally）、麥納萊（Charles Linza McNary）、克拉威（Hattie

Ophelia Wyatt Caraway）及客潑（Arthur Capper）在院前迎迓，夫人於十二點十三分入會議廳。總統夫人逕赴總統旁聽席就座，其他旁聽席中有勞工部長波金斯（F. Perkins）、商業部長瓊斯（J. Jones）等，最高法院院長史東（Harlan Fiske Stone）及全體法官亦破例出席。此外，各國外交使節均聯袂而至，其時全場空氣驟肅，靜寂無聲，全體議員凝神注視夫人步上講台後，一致開始鼓掌。此種尊敬之表示為從來外賓蒞臨國會所未有，夫人既登講台，由主席華萊士（Henry Agard Wallace）副總統向全體介紹，全體聽眾復一致起立鼓掌，表示歡迎。副總統介紹竟，即請夫人臨時致辭（國會原邀請夫人在眾院舉行之兩院聯合會致辭，旋當事者為避免聽眾擁擠及易於警備起見，臨時決定兩院分別開會）。」

美方原本的安排是把參議院和眾議院兩院合併，請宋美齡做一場演講。但是，當天到場的民眾太多了，國會管理及安全部門，為避免民眾過於擁擠，及方便安全人員警備，所以臨時決定請宋美齡，在參議院和眾議院各做一場演講。換句話說，原本只準備一份講稿的宋美齡，必須臨機應變，即席演講。

孔令偉的《蔣夫人美加行紀》說宋美齡：「原未準備在參院致辭，故起立發言時首致倉卒、謙遜之意」。如此一來，必須多講一場的臨場變動，亦是對宋美齡莫大的考驗。

宋美齡在美國參議院的致辭：

*按：羅斯福總統

議長先生、美國參議院各位議員、各位女士、先生：

受到諸位所代表的美國人民熱情與真誠的歡迎，令我感動莫名。我事先不知今天要在參議院發表演說，只以為要到此說聲「大家好，很高興見到各位」，並向貴國人民轉達敝國百姓的問候之意。不過，在來到此地之前，貴國副總統告訴我，他希望我和各位說幾句話。

我並不擅於即席演說，事實上根本稱不上是演說家，但我不會因此怯場，因為前幾天我在海德公園參觀過總統圖書館，在那裡看見的一些東西鼓勵了我，讓我感覺各位或許不會對我的即席演說要求太多。各位知道我在那裡見到什麼嗎？我看到了許多，但最讓我感興趣的莫過於一個放著總統先生*演說草稿的玻璃箱，裡頭從第一份草稿、第二份草稿，一直到第六份草稿。昨天，我碰巧向總統先生提及此事，我說我很高興知道，以他如此知名又公認一流的演說家還必須寫這麼多份草稿。他回答說，有時他一次演說得寫十二份草稿。因此，今天本人在此發表的即席演說，我確信各位一定會包容。

貴國和敝國之間有著一百六十年悠久歷史的情誼，我覺得貴國人民和敝國百姓有許許多多的相似點，而這些相似點正是兩國情誼的基礎，我也相信不是只有我有這樣的感覺。

在此，我想說個小故事，來說明此一信念。杜立德將軍和部下一起去轟炸東京，回程時有些美國子弟兵不得不在中國內陸跳傘。其中一人後來告訴我，他被迫從飛機跳傘，踏上中國的土地時，看到當地居民跑向他，他就揮著手，喊出他會說的唯一一句中國話：「美國，美國」，也就是「美利堅」的意思。（掌聲）美國在中國話的意思是「美麗的國家」。這個大男孩說，敝國人民聽了都笑開來，擁抱他，像歡迎失散多年的兄弟一般。他還告訴我說，當他看到我們的人民，感覺他已經回到家；而那是他第一次來到中國。（掌聲）

我來到貴國時是個小女孩，我熟悉貴國人民，我和他們一起生活過。我生命中成長的歲月是和貴國人民一起度過，我說你們的話，我想的和你們一樣，說的也和你們一樣。所以今天來到這裡，我也感覺我好像回到家了。（掌聲）

不過，我相信不只是我回到家，我覺得，如果中國人民會用你們的語言與你們說話，或是你們能了解我們的語言，他們會告訴你們，根本而言，我們都在為相同的理念奮戰；（如雷掌聲）我們有一致的理想；亦即貴國總統向全世界揭示的「四個自由」，自由的鐘聲，聯合國自由的鐘聲，和侵略者的喪鐘響徹我國遼闊的土地。（掌聲）

謹向各位保證，敝國人民深願亦渴望為實現這些理想和貴國合作，因為我們希望這些理想不會流於空言，而是成為我們、我們的子子孫孫、全人類的真況實境。（掌聲）

我們要如何實現這些理想？我想，我可以告訴各位一個我剛想到的小故事。各位知道，中國是一個非常古老的國家。我們有五千年歷史。我們被迫從漢口撤退，轉入大後方繼續抵抗侵略的時候，蔣委員長和我經過一處前線，就在長沙。有一天，我們上衡山，山上有一處有名的遺跡，叫「磨鏡台」，是二千多年前的古蹟。諸位或許有興趣聽聽這古蹟的故事。

二千年前，台址近旁有一座古老的佛寺。一名年輕和尚來此修行，他整天盤腿坐禪，雙手合十，口中喃喃唸著「阿彌陀佛！阿彌陀佛！阿彌陀佛！」他唱唸佛號，日復一日，因為他希望成佛。

寺裡的住持於是也跟著拿一塊磚去磨一塊石頭，時時刻刻的磨，一天又一天的磨，一週又一週的磨。年輕和尚有時抬眼瞧瞧老和尚在做什麼。住持只是一個勁兒拿磚磨石。終於有一天，年輕和尚對住持說：「大師，您每天拿這塊磚磨石頭，到底為什麼呢？」

住持答道：「我要用這塊磚做鏡子。」

年輕和尚說：「可是磚塊是做不成鏡子的呀！大師。」

「沒錯！」住持說：「就像你成天光唸阿彌陀佛是成不了佛的。」（掌聲）

因此，朋友們！我覺得，我們不但必須有理想，不但要昭告我們有理想，我們還必須以行動來落實理想。（掌聲）所以，我要對諸位參議員先生，以及旁聽席上的女士、先生說，沒有我們大家的積極協助，我們的領袖無法落實這些理想。諸位和我都必須謹記「磨鏡台」的教訓。

我謝謝大家。（全場掌聲，議員與來賓均起立）

宋美齡是十二時十三分進場，連同華萊士副總統介紹她的時間算在內，她才花了十分鐘左右的時間，做了以上這段言簡意賅的演講。十二時二十六分，宋美齡講完話。眾議院外交委員會主席勃羅姆（Sol Bloom）陪同宋美齡，到眾議院議長雷朋（Sam Rayburn）的辦公室，再由雷朋陪往眾議院會議廳。美國各文武顯要，從總統夫人以下，以及各國外交代表等佳賓，原班人馬，全部從參議院前往眾議院，預備聽宋美齡在眾議院的正式演說。孔令偉《蔣夫人美加行紀》敘述：「雷朋介紹夫人於眾時，有『此為全世界上首要婦女之一，亦為全球首要人物之一，蔣委員長之賢內助及合作人』等語，介紹辭畢，全體起立鼓掌達一分鐘之久。」

緊接著，宋美齡開始了她對美國眾議院的演說：

議長、美國眾議院諸位議員：

無論何時，余得向貴國國會致辭，實屬榮幸。尤在今日，余得向一莊嚴、偉大之團體，對於世界命運之形成有絕大影響如貴院者致辭，尤屬特別榮幸。余向貴國國會演說，實際上係向美國人民演說。貴國第七十七屆國會以代表美國人民之資格對侵略者宣戰，已盡其人民所信託之義務與責任。此為人民代表之一部分職責，早已在一九四一年履行。諸君當前之要務，乃協助爭取勝利，並創建與維護一種永久之和平，俾此次遭受侵略者之一切犧牲與痛苦具有意義。

在未就主題進行演說之前，願將關於余此次行程略述一二。余自祖國來至貴邦，長途跋涉，觀感深切，趣味濃厚。以言余之祖國，則流血犧牲，肩荷抗戰之負擔，不屈不撓，已逾五年有半。雖然，余並不擬申述中國對於共同努力，從殘酷與暴行中解放人類所盡之貢獻。余試將此行所得之印象，略向諸君陳述。

余首願確告諸君，美國人民對於分布全球各地之美國戰士實足以自豪。余尤念及駐紮遠處偏僻地區，生活至感寂寥之貴國壯士。蓋此輩任務，既不能有顯赫之表現，亦無振作精神之戰事，而係日復一日，僅奉命擔負其例行任務，如守衛防禦工事，並準備抵抗敵方可能之蠢動而已。有人曾謂，親臨陣地，出死入生，猶易於日復一日擔任低微、單調之工作，余之經驗亦復證實此言。然而後一種工作對於抗戰之獲勝，正與前一種同屬必要。貴國若干部隊駐紮在遙遠、隔絕地點，非平常交通所能到達。貴國若干壯士必須用臨時趕築之機場，飛行海面，經數百小時之久，以搜尋敵方之潛艇，往往一無所遇，廢然而返。

貴國此輩健兒，以及其他壯士，均係做單調乏味之守候，日復一日之守候。但余曾告彼等，真正之愛國心乃在具有能忠誠執行日常任務之士氣與體力，庶使在最後結果中最弱之一環，亦即為最強之一環。

貴國士兵已確實表現，能沉著、堅毅忍受思鄉之苦，忍受熱帶之乾燥與酷熱，並能保持其準備隨時作戰之強健身體與精神。彼輩亦屬此次戰爭中無名英雄之列。凡足減輕其煩悶、振奮其精神之一切可能措施均應一一採取。此項神聖責任自在諸君。就美國軍隊之飲食而言，固較任何他國軍隊之飲食為優，但此非謂彼等可長此專恃罐頭食物，而健康上不至感受任何影響也。以上所舉，殆為戰爭中之輕微困苦；若一念及世界上許多地方尚有饑饉流行，則更覺上述困苦之為輕微。雖然，天下事亦有難言者。擾人心靈使人煩悶者往往並非為生存之主要問題，而係瑣細之刺激，尤其是在單調、無聊生活中所受之瑣細刺激，足以令人性情暴躁、心魂欲裂。

余在此次行程中所獲之第二印象，即美國不僅為民主制度之烘爐，而且為民主主義之胚胎。余參觀各地時，曾於數處晤見貴國空軍基地飛行服務人員。在此輩人員中，余即發現有德、義、法、波、捷及其他國籍人民遷往美國之第一代移民。其中有的鄉音之重，殊難言喻。然而彼輩固共同遠征在外，悉數為美國人，悉數忠心於共同之理想，悉數為同一目的而奮鬥，悉數為同一崇高宗旨而精誠團結，既不彼此猜疑，亦不互相爭競。此一事實，益加強余向所抱持之信念與信仰；即對於共同原則之忠心，可以泯滅種族之差異，而且各種理想之相同，乃是對於種族分歧最強之溶解劑。

因是之故，余此次抵達貴國，不特衷心毫無惴慮，而且具有一種信心，即美國人民正在建立與實施一種確係其祖先所懷抱之立國典型。此種信心益見加強而證實。諸君為美國人民之代表，目前有一光榮機會使汝祖先之開國工作發揚光大，超越物體與地理限制之疆界。諸君之祖先曾以大無畏之精神，冒不可思議之困難，篳路藍縷以開發新大陸。現代人士無不讚美其精力過人、宗旨堅定，以及成功卓著。諸君今日，當前正有一更無限偉大之機會，可以繼續發揮汝祖先所懷抱之理想，並協助完成解放全球各地人類之精神。為求完成此項目的，身為聯合國之一員，必須盡力加強作戰，俾聯合國早日獲得最後之勝利。

中國著名兵家孫子有言：「知彼知己，勝乃不殆。」吾人另有一諺語云：「看人挑擔不吃力。」此等名言來自明哲久遠之古代，實乃每一民族所共有，然而仍有一種輕視吾敵人力量之趨勢。

當一九三七年日本軍閥發動其全面對華戰爭時，各國軍事專家咸認中國無一線獲勝之希望。但日本並不能如其所誇，迫使中國屈膝；於是舉世人士對此現象深感慰藉，並謂當初對於日本武力估計過高。

雖然，自日本對於珍珠港（Pearl Harbor）、馬來亞（Malaya），以及南洋一帶加以背信無恥之襲擊後，戰爭之貪狂火焰瀰漫太平洋上，而各該地域相繼失守，一時觀感遂又趨向另一極端。於是懷疑、憂懼之猙獰面目乃大暴露。世界人士由此遂視日本人為尼采（Nietzchean）所稱之超人，在智力上與體力上均超越他國人民。其實此項信念乃古皮諾（Gobineaus）派豪斯敦、張伯倫（Houston Chamberlains）派，以及其得意門徒納粹種族主義派，對於北歐人（Nordics）所發揮者。

不寧惟是，就現時流行之意見而言，則又似認為擊敗日本為目前比較次要之事，而吾人首應對付者則為希特拉。但事實證明並不如此。且即為聯合國整體利益著想，吾人亦不宜繼續縱容日本使其不獨為一主要之潛伏威脅，且為德瑪克利斯（Damocles）頭上之懸劍，隨時可以墜落。

吾人慎勿忘日本今日在其占領區內，所掌握之資源較諸德國所掌握者更為豐富。吾人慎勿忘如果聽任日本占有此種資源而不爭抗，則為時愈久，其力量亦必愈大。多遷延一日，即多犧牲若干美國人與中國人之生命。吾人慎勿忘日本乃一頑強之民族。吾人慎勿忘在全面侵略最初之四年半中，中國孤獨無援，抵抗日本軍閥之淫虐狂暴。

美國海軍在中途島（Midway）及珊瑚海（Coral Sea）所獲得之勝利，其方向為正確，顯然無疑，惟亦僅為向正確方向之前進步驟而已。蓋過去六個月在瓜達康納爾（Guadalcanal）之英勇作戰已證明一項事實，即兇殘勢力之潰敗雖尚需時而費力，最後必將到來。吾人站在正義與公道方面豈無英、蘇與其他英勇不屈之民族為吾人忠實之盟邦乎？惟是日本侵略惡魔繼續為禍之可能依然存在。日本之武力必須予以徹底摧毀，使其不復能作戰，始可解除日本對於文明之威脅。

貴國第七十七屆國會向日、德、義三國宣戰。就其在當時而言，貴國國會確已完成其工作。就今日而論，則有待於諸君。諸君為貴國人民之代表，當有以指示取得勝利之途徑，並協助建立一新世界，使一切民族此後得相處於融洽與和平之中。余豈可不希望美國國會之決心乃在盡力於創立戰後新世界，乃在盡力於準備水深火熱之世界所殷切期待之較光明前途乎？

吾人生於今世，有為吾人自身，以及子子孫孫建立一較美滿世界之光榮機會。所應牢記不忘者，即一方面固不可抱持過高理想，另一方面卻亦必須具有相當理想，使未來之和平在精神上不至成為專對戰敗者之懲罰，在概念上不至以一區域或一國家，甚或一大陸為對象，而以全世界為範圍，而其行動亦必須合乎人道主義。蓋現代科學已將距離縮短至如此程度，以至凡影響一民族之事物勢必同時影響其他一切民族。「手足」一詞在中國用以表示兄弟間之關係。國際間之相互依賴，今既已如此普遍承認，吾人豈不能亦謂一切國家應成為一集合體之分子乎？中、美兩大民族間一百六十年來之傳統友誼從未染有誤會之污痕，此在世界歷史中，誠無出其右者。

余亦能確告諸君，吾人渴望並準備與諸君及其他民族合作，共同奠定一種真實與持久之基礎，以建設一合理而進步之世界社會，使任何恣肆驕狂或劫掠成性之鄰國，不復能使後世之人再遭流血之慘劇。中國雖明知人力一項乃一國之真正富源，並需累代之久始能成長，然中國在其反侵略戰爭中，從未計及其在人力方面所受之損失。中國對於其本身所負之各種責任深切明瞭；對於如何而可在原則方面妥協讓步，以獲得種種權益則從未顧及。中國對於其本身，對於其所珍愛、尊重之一切亦決不稍降品格，而循商場中市儈之行徑。

我中國國民正與諸君相同，不僅為吾人本身，且更為人類全體希望有一較佳之世界；實則必須有此較佳之世界。然僅宣布吾人之理想，甚或確信吾人具有此種理想尚嫌不足。蓋欲保存、支撐並維持此等理想，有時必須不惜犧牲一切，甚至甘冒失敗之危險，以努力促其實現。

吾人已故領袖孫逸仙博士所示之訓範，已給予吾國人民奮鬥前進之毅力。我中國人民根據五年又半之經驗，確信光明正大之甘冒失敗較諸卑鄙、可恥之接受失敗更為明智。吾人將有一項信念，即在訂立和議之時，美國，以及其他英勇之盟友將不至為一時種種權宜理由所迷惑。個人之品德於困厄中驗之，亦於成功中驗之，以言一國之精神，備加真確。

聆聽宋美齡在美國眾議院的演說內容，不難發覺這份演說內文幾乎有一半內容，是宋美齡所謂的「余試將此行所得之印象，略向諸君陳述」，也就是在發表宋美齡訪美之行在美國所見所聞的感想，而不是向美國大眾訴苦、求援。這顯然符合宋美齡與蔣介石函電中的共識，不要讓美國人感覺我們在向人伸手要錢，也不要讓美國人覺得宋美齡是在訓話。演講的出發點，旨在勸告美國改變重歐輕亞，只想優先解決納粹德國，寧可把解決日本軍國主義的戰爭任務往後拖延的方針。

第三節
威爾基的建議

宋美齡之所以把這趟美國治病之旅，改為正式訪問的美國宣傳之旅，威爾基無疑是最大的遊說者。威爾基之目的無非是希望為美國打太平洋戰爭預先做好戰略布局，藉著宋美齡訪問美國的機會，拉攏中國，與美國形成對日本東、西夾擊的態勢，共同擊敗日本。這是美國拉攏中國與美國結盟的真正居心。

陳英杰教授在他的論文〈蔣宋美齡與戰時中國的對外宣傳〉指出，威爾基訪華期間和蔣介石、宋美齡夫婦多次晤談，對美國援華、戰後問題交換看法，並且以輿論宣傳的重要性，建議宋美齡訪問美國，有助於中美戰時邦交。

一九四二年十月四日，威爾基在重慶，告訴蔣介石與宋美齡說：「輿論與總統個人意見，兩者重要性之比例如十之比一，相差甚巨。英國在美做全力之宣傳活動，以中國在美宣傳比之，相形見拙。」威爾基勸宋美齡，應該加強對美國的宣傳工作。

宋美齡亦當著蔣介石的面，詢問威爾基：「威爾基先生，您希望我造訪美國，是希望我可以推進中國的宣傳，也是您剛才講的，中國宣傳工作相形見拙的緣故？」

第二天，蔣介石和宋美齡再度與威爾基於重慶九龍坡會面，威爾基重複先前的建議，再次向蔣介石、宋美齡兩人強調，宣傳對強固邦交的重要性。威爾基說：「目前英、美兩國新聞通訊社之合作異常緊密，蓋二國文字相同，了解自易深切。故丘吉爾有所言，美國輒家喻戶曉。倘中國能派擅於運用英國文字之一流人才赴美，則對於加緊兩國密切合作之貢獻必大。」

威爾基在與宋美齡的晤談中，更多次強調「知識分子與思想自由分子的意見，經常是社會輿論的先導力量」，因而建議宋美齡，應該對美國的意見領袖展開宣傳工作，將有助於戰後遠東局勢的發展。而蔣介石也有感於中國的國際地位不平等，故而「深盼美國民眾能了解中國，欲其援助被壓迫民族爭取平等，應先自使其本身獲得平等地位始」。

陳英杰教授指出，在九龍坡晤談的第二天，蔣介石致電羅斯福，對威爾基的訪華，和他向宋美齡發出訪美的邀請，表示感謝。並表示宋美齡「無時不思趨訪貴國為快也」。蔣介石明確向羅斯福的邀訪，發出了肯定的答覆。不到二十天，羅斯福再次致電蔣介石、宋美齡夫婦，邀請他們訪問美國。此時，蔣介石、宋美齡達成共識，宋美齡積極做好訪問美國的準備工作。十一月十二日，蔣介石下令軍統局副局長戴笠，全面檢查成都各機場安全。在宋美齡臨行前一天，蔣介石再次致電羅斯福，表示感謝之忱，並告訴羅斯福說：「內子非僅為中之妻室，且為中過去十五年中共生死、同患難之同志，彼對中意志之了解當非他所能及，故請閣下坦率暢談，有如對中之面罄者也。」

由此可知，宋美齡赴美國訪問，最初目的就是威爾基建議的從事外交宣傳工作，尤其威爾基所謂「知識分子與思想自由分子的意見，經常是社會輿論的先導力量」。宋美齡聽進了威爾基的意見，認為他的話很有說服性，如果要拯斯民於水火，如果要救中國於日本侵華戰爭的危難之中，只有親身赴美，發起一場有計畫的宣傳戰爭，才是立竿見影的根本之計。這也是胡適日記裡提及，宋美齡當著大家的面說的，「我的演說是為知識階級說法，因為知識階級是造輿論的。」至於胡適說宋美齡的演說亂七八糟，猶如黃忠馬失前蹄，則是胡適的個人觀點。

宋美齡在美國眾議院發表演說

宋美齡選擇發聲宣傳的平台，是美國的兩大國會殿堂。這意謂著她正是依照威爾基的建議，朝著打動美國知識分子與上層社會的人心，做為宣傳戰的起始點。而且，在她的第一場宣傳戰當中，博得了滿堂彩。

宋美齡演講的重點，是說開始時世人對日本的估計過高，甚至有認為日本人是尼采所說的「超人」者，但後來又認為擊敗日本是次要的事。她強調，日本是一頑強的民族，目前日本占領區的資源遠比德國豐富，日本占領愈久，它的力量就愈大，多遷延一日，即會對中、美兩國軍民的生命、財產造成更大犧牲。因此，宋美齡堅決主張，必須及早澈底摧毀日本的武力，始可解除文明的威脅。

「夫人侃侃而談，意緒高昂，其警策深刻處，恆為熱烈之掌聲所阻斷，當述及盟國應立即擊敗日本時，全場均起立鼓掌。」孔令偉如此描述宋美齡在美國眾議院演講中與結束時，國會議員與民眾如痴如醉、情緒空前高亢的場面。有人算過時間，美國眾議院議員起立鼓掌、歡呼的時間超過八分鐘，據稱這項紀錄迄今仍未被打破。宋美齡目擊美國議員一再起立歡呼、樓上聽眾也群情激昂。孔令偉說宋美齡也為這幕場景感動不已，面露微笑地走下講台。

孔令偉在《蔣夫人美加行紀》一書中指出，在美國國會中，民主、共和兩黨議員向來處於對立的地位，從來不曾像聆聽宋美齡演講這樣，竟然有一致贊同，乃至全場歡欣、感動鼓掌的情況。並說美國眾議員不只靜靜聆聽宋美齡的演講，更一反往例，一致起立鼓掌，即便是孤立派的若干美國眾議員，也對宋美齡的講話「翕然欽服」，這種情況實在是美國國會從未有過的奇景。

演講結束後，宋美齡由羅斯福夫人陪同，同赴參議院外交委員會宴會。參議院的宴會雖不算是國宴，但以當年的標準而言，宴會規格已經十分了得。參議院外交委員會的主席康納利，及眾議院外交委員會主席勃羅姆，連袂迎接、招待。受限於人數，這場宴會只有宋美齡與羅斯福夫人、華萊士、參眾兩院各領袖、副國務卿威爾斯（Sumner Welles）夫婦、麥克阿瑟（Douglas MacArthur）夫人、勃羅姆女公子等美方人士，中方人士則有宋子文夫人、魏道明夫婦、董顯光、孔令侃、孔令偉。

吃完中飯，宋美齡同羅斯福夫人一塊回到白宮。在華盛頓的這一個多禮拜，宋美齡應羅斯福夫婦邀請，下榻白宮十一天，這是中國元首及其家屬中第一位接受此項禮遇的人。

經孔令偉美化的《蔣夫人美加行紀》，把宋美齡演講過後的各界反應，敘說得光鮮亮麗、十全十美。

「夫人在美國國會致辭之日可謂為中、美兩國歷史上極關重要之一日，其所發精警有力之演辭，不僅感動在場之數千聽眾，並激起全美數千萬無線電聽眾之共鳴，欣悅誠服，詫為得未曾有，各公私機關與朝野人士紛函夫人致敬，或敦請遊歷，演講，每日收到此項函件達三萬四千封之多，全國報紙所載社評達三千餘篇，均以夫人玉照及有關消息刊在第一版，幾用盡所有形容詞以描寫夫人之偉大，其輿情激動之實況可於左列各則證之。」

美國名流的評論

孔令偉也選輯各名流對宋美齡的推崇。例如，羅斯福夫人對宋美齡的國會演說，誇讚說：「當余目擊蔣夫人衣中國服裝沿甬道步上講台時，幾為四周拱立之人所遮蔽，余不得不對伊之成就極感榮幸，及當伊發言時，已不復為婦女，而為以實力鬥爭於世界各戰場最前線之偉大人物矣。」

女議員路哲斯指出，「聆聽蔣夫人的演說，無異等於親眼見到了中國的靈魂，使人們大感痛快。」

議員凡登堡（Arthur H. Vandenberg）甚至聽到聲淚俱下，他說：「蔣夫人在參議院的即席演講，是我列席國會十七年以來，最佳的演講內容，預料國會必定會從實際需求面考慮援華，絕對不會以空話來搪塞中國。」

依頓議員評論的語氣更令人吃驚，他說：「蔣夫人真是上帝派來的，她來命令美國盡他的責任，我擔任議員十八年了，聽過無數外賓演講，以宋美齡講的最有力、最重要，我們如果想到自救，必須救中國。」

議員鮑華表示，「蔣夫人的講話，義正詞嚴，與她本人的性格同樣很剛直，蔣夫人實在是中國抗戰精神的象徵，在美國國會歷來的貴賓當中，蔣夫人最得國會的歡迎和尊敬，我們希望日後武器運到中國的情況，也會和今天國會歡迎蔣夫人同樣熱烈。」

議員考司特羅談到了實際問題，說：「中國在太平洋戰爭裡面實在居於最主要的位置，我們如果要在對日戰爭當中爭取主動權，首先就得對中國盟友實際援助，援助中國就等於援助我們自己。」

曾經長期旅居中國的眾議員周以德（Walter Henry Judd），在聽了宋美齡的演講之後，讚揚說：「我擔任眾議員，聆聽過蔣夫人的演說，十分感動，內心感受難以形容。蔣夫人演講內容與輝耀的精神，給許多美國人第一次見識到中華民族的高尚品質，而且終於明白了，為什麼過去五千年來其他很多國家都滅亡了，唯獨中華民族還屹立在世界之上，而且歷久不衰。蔣夫人便是中國一種無形力量的化身，這種感覺，我們旅居過中國的美國人深有所感，但我們始終想不出要以什麼語彙來形容它。蔣夫人的偉大精神，充分代表了中國的歷史、智慧、文化與特質。美國人知道中國近代歷史的可能不止數百萬人，但大多數人只有從蔣夫人含蓄的講話中，體會到中國人民所受的苦難，而開始真正了解中國在過去悠久歲月中，所遭逢的痛苦是什麼，中國為了抵抗侵略狂潮而付出的代價又是什麼。」

美國媒體的評論

宋美齡在美國國會發表了這二篇講演之後，在美國媒體也形成了一股前所未見的中國旋風。孔令偉在書中做了突出的描述：

「全美各報紙對夫人之演辭均全文登載，並加特寫，如最大的《紐約時報》（*The New York Times*）十九日以此新聞登在封面內。新聞內容指出，『蔣夫人克服國會，使

*筆者按：或譯作《費城詢問報》。

兩院意見一致，此一勝利不僅為蔣夫人個人之勝利，亦不僅為中國之勝利。……不斷之掌聲與讚美之評論，確切證明中國之第一夫人已經感化無數人士傾心於中國。』」

孔令偉書中並說，同一天的《紐約時報》社論主題也是寫「中國第一夫人」，社論的大意是說：

「美國歡迎此中國之第一夫人，第一就伊本身而論，實為現在世界舞台上最使美國人神往者。第二因伊所代表者，為東方不屈不撓、朝氣蓬勃之民主國，現與美國成為盟國，吾人甚以為榮。蔣夫人之演辭不但顯出英語之純熟，且使吾明瞭中國之思想與志向實與吾人相同，伊也昭示亞洲與世界之不可分性。……中國之第一夫人！不必憂慮中國徒然抗戰，吾人不將最後一個日兵逐出中國，決不停戰。」

孔令偉也引述《菲拉德爾菲探問報》（*The Philadelphia Inquirer*）的評論：「蔣夫人雖有極充分之理由可以呼籲援華，但未向國會要求增加租借援助，此種饒有見識，不能不令人欽佩。……蔣夫人指出吾人在珊瑚海與中途島之戰績，是初步而非完全成功，實屬定論。……中國固需要增加租借援助，但所最需要者在於同盟國家速下決心以擊潰日本，美國所需要者亦在此，……吾人究於何時方思以全力撻伐日本乎？」

紐約《太陽報》（*The New York Sun*）對宋美齡的英語尤其誇讚。孔令偉引述該報的報導內容稱：「昨日未能使每一美國人盡得傾聽，此中國偉大女性珠玉紛霏之英語演說，實為一最可惜之事，蔣夫人之演辭非但發音正確，且亦流利、靈巧，全篇自始至終、每句每字無一不美妙動聽，多年來全美從未獲聆如蔣夫人之英語者。」

紐約《論壇報》（*Tribune*）的報導表示，「蔣夫人在國會之演說，雖未直言請求美國增加對華援助，但於盟國向來先行擊敗德國，及忽視日本之理論，予以糾正，確已博得重大之同情。今日美京朝野受其感動之程度，實為從來外賓到美京者所罕見，政府官員對其在國會演說之姿態、聲調無不有口皆碑，稱譽不置。美國軍械租借管理局今日下午已創設中國組，增加人員，專司管理美國對華租借事宜，預料對華軍械租借數量必有增加，此乃蔣夫人演說之實際效果。至援助增加至若何程度，現尚未得確訊，但觀乎國會議員對蔣夫人之熱烈情緒，苟蔣夫人自行提出要求，則無論數量如何巨大，諒必為國會所接受。」

漢娜．帕庫拉（Hannah Pakula）著的《宋美齡新傳：風華絕代一夫人》（*The Last Empress: Madame Chiang Kai-shek and the Birth of Modern China*）則引述了「有個女記者」的說法，稱：「短短幾分鐘，蔣夫人就把國會收拾在掌心。嬌小有如象牙人偶的蔣夫人，穿上美式高跟鞋才勉強有一米五，她的姿態優雅，也懂得善用纖細雙手表達意思。她的舉動和她的心思一樣，敏捷又優雅。」

孔令偉著作中繼續引述了《華盛頓日報》（*The Washington Post*）刊載了總統夫人艾蓮娜．羅斯福的一篇短文：「蔣夫人由伊自己之品性與工作，已在世界占有地位，伊不僅貴為蔣委員長之夫人，抑且為人民之代表，今在國會致辭，即為吾人尊崇蔣夫人地位之表示。……蔣夫人勸告吾人應視日本為大敵，激起全院掌聲，使余歷久不忘，此種勸告，顯已獲得每個人之同情。」

凡此，讓宋美齡難掩興奮之情，要孔令偉發電報給蔣介石，向他通報自己在美國國會創下的驚奇紀錄。

蔣委員長：

密。姨父賜鑒。姨母因國會上下院爭請演講，故於今日十二時一刻向上院致辭，十二時三刻向下院演講，後者廣播全美。當時聽眾歡迎之下，情緒至為熱烈，鼓掌屢屢。尤以姨母提及吾人應不忘中國抗戰之始，並無外助，達四年半，及本任國會應令戰後建設為己任，以謀人類永久和平及友好，及中美一百六十年傳統友誼，絕無隔閡。全堂鼓掌，表示欽佩。又當姨母謂一般意見，以日本為次要之錯誤時，全堂起立掌聲雷鳴，過於數分鐘不息，盛況實屬空前。一般批評家均謂較之以前丘首相*之演辭為佳。演講後並由上、下院兩外交委員會公宴，此為破例者。謹電奉聞。

甥偉叩　十八日

第四節
昧於外情，終致失去英國的奧援

*丘吉爾。

歷史上沒有「完人」，宋美齡自不例外。蔣介石曾經說宋美齡是「金枝玉葉之身」。在美國進行正式訪問的第三個月起，上自美國總統夫婦，下至美國若干新聞媒體，都察覺出宋美齡「金枝玉葉」性格的「另一個陰暗面」。這性格的「另一個陰暗面」展現的特質，包括許多中外名流與凡夫俗子或多或少免不了的驕矜、傲慢、自我……以及因過於自信而導致的昧於國際形勢。

在《顧維鈞回憶錄》中，孔祥熙與顧維鈞有一段談及「中國與其他三強的關係」的對話，相當程度地襯托出近代中國由於領導人昧於外情，輕啟戰端，以至造成不可收拾的國家民族悲劇性後果。

話說一九四四年，抗戰已經打到第八年了。九月九日，在一個午宴場合中，孔祥熙和顧維鈞坐在一塊，二人邊吃邊聊，孔祥熙有感而發地講了一段，他對國際政治險惡環境的觀察。孔祥熙認為，俄國人在國際政治上，做的情報工作特別靈通。一九三七年，蘇聯非常成功地誘使日本人，原本指向蘇聯的那把「戰刀」揮向了中國。孔祥熙意指「七七事變」及爾後的「淞滬會戰」等，一連串中日戰役，其實是俄國人巧妙地挑起的。其目的就是要避戰，避免和日本正面交戰，而鼓動日本和中國惡鬥，好坐收漁利。

孔祥熙說，到了一九三九年，蘇聯又巧妙地誘使德、義、日三個軸心國，將他們的「戰刀」轉而揮向英國和法國。截至那時為止，蘇聯自身是毫髮無傷，而世界上的主要國家，除了美國之外，英國、法國、義大利、日本、德國，都捲進了一場毀滅性的戰火之中。

孔祥熙還告訴顧維鈞，一九三七年初，蘇聯駐中國大使鮑格莫洛夫，在南京鼓動孔祥熙，說日本現在亞洲挑起戰火，因此「建議」中國應該和美國提議，召開一個太平洋地區國家會議，阻止日本引發戰爭。

孔祥熙就趁年初訪問歐美之便，把鮑格莫洛夫的話，帶給美國總統羅斯福。但是，羅斯福的頭腦很清楚冷靜地說：「赤手空拳在國際社會，是起不了作用的。」換言之，羅斯福明白，在國際舞台上靠的是實力，沒有實力就沒有發言權。羅斯福領導的美國政府，是不會輕易地跳進蘇聯設好的圈套裡。

這突顯一個殘酷事實，即國際社會的險惡程度非常人所能想像。中國如果稍一不慎，就會掉進其他大國預設的陷阱，陷國家民族於萬劫不復之境。

宋美齡固然不是國家領導人，但在一九四二、一九四三年，她是實質上的第一夫人。她在這個風口浪尖上，以官方名義出訪美國，固然在許多方面表現傑出，但也在許多方面犯下令人遺憾的錯誤。

在白宮作客期間，宋美齡因為個人生活習慣問題，引發的若干非議，尚不至於損及國家利益，頂多只是頻添友邦人士茶餘飯後議論的話題。但訪美期間因為對英國的主觀偏見，一再峻拒英國的多次盛情邀請，卻使得國府與英國的關係陷於無法逆轉的嚴峻狀態。

作客白宮

宋美齡在白宮作客十一天的這段經歷，日後成為美國新聞記者和傳記作家，大作文章的好題目。人們從半官方的一些斷簡殘篇當中，似乎依稀聞嗅到宋美齡與羅斯福夫婦之間，意外摩擦的火藥味。雖然這些不愉快的「小插曲」，終不致影響戰時的中美邦誼，更不致貶損宋美齡這趟訪美之行的巨大成就，但相關的議論，終究還是被吵得沸沸揚揚。成為宋美齡成功訪美的主旋律中，一段意外的「雜音」。

顧維鈞是首先發覺，宋美齡和美國第一家庭間，發生嫌隙矛盾的中國政府官員。顧維鈞到美國之後，與宋美齡見面，宋美齡在言談間不經意地透露，羅斯福夫婦對她這位來自中國的嬌客的不滿情緒，正在悄悄增長。宋美齡跟顧維鈞說，她「發表演說之前，雖然羅斯福總統和夫人都表示想先看看講稿，可她不給他們看」。宋美齡雖不忘對羅斯福高規格禮遇的盛情心表感激，但她似乎僅止於口惠而實不至；宋美齡還說，她在美國各處受到空前熱烈的歡迎，尤其是羅斯福無微不至的關切、照應，使她深受感動，但她卻拒絕了羅斯福事前預知演講講稿的要求。

宋美齡特意提及，羅斯福把自己的特勤人員和保鏢，甚至總統的專用列車，大方提供她在美國境內使用。她因此形容自己在美國受到「女王般」的待遇。然而，她似乎並未警覺到自己以官方身分出訪時，分際與規範極難面面顧到。一旦稍有逾越，難免引發不必要的流言中傷。

艾蓮娜・羅斯福的自傳裡，最被作家頻繁引用的段落，莫過於關於美國工人領袖路易斯（John L. Lewis）如果生在中國，會遭遇何等悲劇下場的敘述。而宋美齡在白宮作客期間的諸多流言，也從艾蓮娜・羅斯福的這本回憶錄出發，大肆渲染，使得宋美齡這位原被美化為「嬌小如象牙人偶的蔣夫人」、「姿態優雅的蔣夫人」、「她的智慧、她的尊嚴、她的可愛，贏得全美國的敬佩」、「世界舞台上最使美國人神往的蔣夫人」……，最後卻被人扭曲為一個「任性、驕縱、勢利、威權，把自己看得高高在上，把別人看做等而次之的金枝玉葉」。

西方作家在評判宋美齡時，字裡行間，除了引述事實是否真確、是否扭曲，或者是否誇大了事件的嚴重程度之外，似乎還總是戴著西方人的有色眼鏡或者偏光鏡，抱持著濃重的偏見與成見，看待像宋美齡這樣的東方女性菁英。西方人往往忽略了，中國女性領袖人物在成長過程中，必定經歷了與西方女性菁英迥異的挫折與歷練。中國女性領袖人物的成長歷程，崛起環境，必然和西方女性菁英孕育客觀條件迴然不同。因此，在中國這樣一個「次殖民地」的特殊政治經濟與社會環境下，孕育出來的女性菁英，必然與在西方帝國主義列強國家成長的女性菁英，在理念思維和價值觀念上，存在著巨大的歧異落差。是以，如果西方的作家硬要以西方標準尺度去衡量宋美齡，那必然可以從宋美齡身上挖出意想不到的各種瘡疤，取用不盡的題材，可以去奚落她、調侃她。

如果從私生活、私領域的範圍裡，用顯微鏡去檢視一個領袖人物，她必將渾身上下一無是處。宋美齡自不例外。何況，在白宮作客十一天期間，宋美齡還帶著兩個她視為心肝寶貝的外甥，孔令侃、孔令偉，依這兩位驕縱成性的紈絝子弟平日盛氣凌人、趾高氣揚的作風，恐怕較諸宋美齡本身更易招惹白宮管理、服務人員的怨懟與背後閒話。

現今流傳於世的宋美齡傳記，講述宋美齡在白宮作客那十一天的「高高在上、頤指氣使」的行為，多半衍生自美國歷史作家西格雷夫（Sterling Seagrave）的《宋氏王朝》（*Soong Dynasty*）。西格雷夫早年以做為美國報章雜誌特約「調查記者」，專門書寫亞洲各國領袖政要的傳記故事而聞名。《宋式王朝》這本英文傳記於一九八五年問世之後，就遭到史學界疵議，它帶著太多的偏見。而且書中著墨的故事，多半屬於「死無對證」、「難辨真偽」。而西格雷夫著作的特色是，猶如戴著一副強大穿透力的掃描機，把正統史學界猶然一知半解、不敢大膽論斷的事件，總以他全知全能式的筆觸，娓娓道來。雖然全書內容充滿戲劇張力，可讀性很高，卻又完全欠缺確切可信的史學檔案做舖墊靠背。

諸如此類富於戲劇張力，可讀性高，真偽莫辨的故事片段，現今成為宋美齡「歷史故事」的「主要組成部分」。類此有關宋美齡在白宮最著名的故事，有的是出自艾蓮娜·羅斯福，尚且有憑有據，有所本。例如，漢娜·帕庫拉寫的《宋美齡新傳：風華絕代一夫人》引用艾蓮娜·羅斯福的回憶錄片段，說道：「我告訴佛蘭克林*，她是個甜美、溫柔、楚楚可憐的人，可是他發現這位女士的另一面後，樂不可支地笑我識人不明。我記得在一次晚宴上的事情，使他特別愛取笑我。路易斯當時在興風作浪，佛蘭克林請教蔣夫人：『你們中國會怎麼對付路易斯這樣的工作領袖？』她沒說話，但美麗的小手舉了起來，在喉部劃過去。……佛蘭克林看看我，確定我見到這一幕，……他事後

*按：指羅斯福總統。

取笑地問我：『怎麼樣？妳那位溫柔、甜美的朋友？』」

在私領域方面，西方作家對宋美齡在白宮十一天客居的批評，最為廣泛流傳的莫過於說，宋美齡要求每天更換乾淨新床單的事了。相關傳說指出，宋美齡堅決要求白宮服務人員，每天為她換洗絲質床單。事實上，宋美齡在中國大陸時期，或者在台灣時期，寓所臥房床鋪都鋪著「杭紡」絲質床單，被子也是「杭紡」絲織品。被面更講究，還得用手工一針一線縫織。所以，換床單還是小事，更換被子的被面還要每天拆拆、縫縫，這恐怕才是服務人員最勞神的事呢！

白宮的服務人員大概為了類似的事務，被宋美齡整得很辛苦。類似的說法是，有一天，羅斯福的祕書葛瑞絲・屠莉（Grace Tully）在白宮二樓的賓客住宿區的通道，遇到僕役威爾森・席勒斯（Wilson Searles）。屠莉聽見宋美齡房間的方向傳來陣陣急促的擊掌之聲，她吃驚地詢問席勒斯怎麼回事。席勒斯無可奈何的答覆說：「整天都這樣，那批中國人把我們整慘了，他們以為是在中國使喚苦力呢！」

屠莉略帶同情地追問：「那你們怎麼辦呢？」

席勒斯答覆得一派輕鬆。「我們就往反方向走呀！」意思是說，根本不理會宋美齡隨從人員的召喚，任他們能奈我們何呢？

宋美齡的「大小姐作風」，係出自她家族的遺風，她的父親宋耀如在經商致富之後，與倪珪珍結婚。而倪家又是富裕之家。宋美齡的大姐宋靄齡和孔祥熙結親，由於宋美齡最親近這位胞姊，豪門家族的生活習俗相互陶染、彼此影響。如此家族成長背景下的宋美齡，甚至蔣介石也稱自己老婆是「金枝玉葉之身」，吃不了苦。美國輿論界和作家們瞧出了她的「底細」，自然不會輕易放過這大好的題材。

漢娜．帕庫拉在美國政要對宋美齡私生活的疵議上大作文章，也就不足為怪了。漢娜．帕庫拉引述所謂「一位觀察家」的話，但又不提這位觀察家的名姓，說：「羅斯福總統十二年任期當中，來白宮作客的名人，蔣夫人惹的麻煩最多。」又引「另一人」*的說法：「夫人把任何官位低於內閣閣員者都當做苦力。」

漢娜．帕庫拉在引述宋美齡向艾蓮娜．羅斯福詢問時，順便不著痕跡地狠損了宋美齡一頓。宋美齡問艾蓮娜．羅斯福：「妳一個人走遍這麼多地方，是怎麼辦到的？誰替妳打理行李？誰替妳買車票？妳怎麼處理電報？妳怎麼能一個人處理這麼多事情？」因為舉凡宋美齡上述這些疑問，還有各種生活零碎問題，平常都有傭人為她打點妥當，毋須宋美齡擔心一丁點。所以，漢娜．帕庫拉評述說：「美齡從學校畢業後就直接回國，家裡有十二個傭人供使喚，她根本不知道美國人的居家生活。」美國人自食其力、親力親為的生活型態，是宋美齡想像不到而感到極度好奇的。

宋美齡等一行人，又是如何看待在白宮的十一天旅途呢？對羅斯福夫婦，乃至白宮的服務人員背後的「怨言」，是否有所意識，甚或聽聞呢？或者，這些「怨言」全屬外界的惡意攻訐、中傷？根本是無中生有呢？

《蔣夫人美加行紀》中，對宋美齡與孔令侃、孔令偉等人下榻白宮十一天的期間，只做了浮光掠影的敘述，書上說：「夫人自二月十七日至華府訪問，做白宮之上賓，凡

*筆者按：又是未具名。

十一日，羅斯福總統夫婦款以殊禮，厚意殷拳。每晚與總統暨各閣員做重要談話，並與總統夫人同進晚餐，親若家人。按以往外國元首顯要之訪美留居白宮者，通例僅三數日而已，夫人於二月二十八日晚始離白宮，乘車返紐約，總統夫人親送至車站，殷殷道別。夫人於居留白宮期間，曾與總統夫人共坐攝影，藉留紀念。」

董顯光沒跟著宋美齡去白宮，所以關於白宮生活的詳情，他大概也甚為隔膜。因此，在自傳裡，董顯光以兩句話就輕輕帶過。「夫人出院，經羅斯福總統夫婦邀赴白宮住了一星期，夫人的聲譽在美國人心目中格外飛揚起來。夫人在華府又跟羅斯福總統舉行了一次聯合記者招待會，風靡了美國首都整個新聞界。」至於自羅斯福夫婦以下，究竟在宋美齡背後說了什麼閒言閒語，這位中宣部副部長的官式回憶錄裡隻字未提。

羅斯福想方設法欲請宋美齡離美

漢娜·帕庫拉引述美國財政部部長摩根索（Henry Morgenthau, Jr.）告訴部屬的話，說羅斯福「急於請宋美齡離開美國」。漢娜·帕庫拉說：「據塔克曼說，這和羅斯福個人不滿她，關係不大，反而是關心她的行徑或許會招來物議，以致傷害到她的形象和他的中國政策。」由此可見美國政治領袖的現實主義的一面。那時羅斯福的政策是要拉攏中國抗擊日本，羅斯福擔心宋美齡一旦公眾形象「露餡」，將不利於美國拉攏中國政策之推動。

雖然漢娜·帕庫拉並未申明這些「引述」究竟是否「有所本」，根據什麼檔案文獻。但應該比西格雷夫全知全能式的《宋氏王朝》具有說服力，因為，至少漢娜．帕庫拉基本上都點出了談話者是何人，而不是全部出自作者的「全知全能」。

為了「處理」宋美齡留在美國滯留大半年都不走的「問題」，羅斯福集思廣益，想了很多方法，請教了很多高人，可惜都找不出「正解」良方。最後找到曾在中國工作過十年，明尼蘇達州的眾議員周以德，向他「討教」如何「請走」宋美齡這尊中國女神。羅斯福直言不諱說：「中國人必有很多問題，因為他們的第一女王的問題就不小。」

周以德進一步追問詳情，羅斯福坦言以告：「宋美齡這位自命不凡的中國第一夫人，在美國這陣子，搞得我都不知該如何協助她的國家了。」羅斯福跟周以德抱怨，於今之計，最圓滿的結局是，宋美齡可以早日打道回府。周以德是個醫生，不是政客出身，所以也想不出什麼更聰明的解決方案。只是講了幾句公道話，說中國久經戰禍，在戰爭的可怕壓力下，宋美齡的體力和精神應該都承受了巨大的壓力，今天在美國又身受盛名之累，這種情況的確很複雜。

美國新聞記者可是如水銀瀉地，無孔不入的。周以德剛從白宮走出去，迎面來了一群記者，逼他針對羅斯福談話發表看法。周以德正想顧左右言他，忽然有記者正面突襲問：現在美國很多人對宋美齡在美國搞排場很不以為然，宋美齡這群人在索漢大飯店接待賓客，搞得「香檳流滿地」。美國人的不滿是，宋美齡一方面在美國廣宴賓客，香檳流滿地，一方面卻為她「嗷嗷待哺的國人爭取援助」。這種排場豪奢，以及「前方吃緊，後方緊吃」的巨大落差，讓美國人實在看不過去。周以德不想太讓宋美齡難堪，講了一些場面話搪塞記者，說什麼中國如今諸事不順，但宋美齡為了中國的顏面，雖然飲宴慶祝已超過個人能力負擔，但為了力圖維持中國人的尊嚴吧！周以德的這番迴護，終究顯得左支右絀、捉襟見肘。

羅斯福的苦惱終於有人為他出面解決了，那就是羅斯福和蔣介石共同的民間友人，美國報業鉅子亨利．魯斯的夫人。董顯光在他的英文自傳裡，講述了這段故事。他說：「當夫人在美國兩院做了震撼全美的演講之後，中國駐美大使魏道明在他的官舍裡舉行酒會。酒會來賓中有魯斯夫人。在會場中，她拉我到一個僻靜的畸角裡，低聲對我說道：『顯光，蔣夫人這幾次演講，把她的聲望提高到登峰造極的程度。她在美國人的心目中變成了一位最偉大的女英豪。她簡直俘獲了全美國人的心。我想最好她在這最高收穫的關頭，結束她訪美之行，在一個星期或十天之內載譽返國。這是保留美國人對她崇高印象的最好方法，希望你能選擇時機，代為轉告。』魯斯夫人這節忠告，我深思熟慮了好幾天，最後決心直言報告夫人。不料夫人的反應非常爽脆，她立刻說：『魯斯夫人的考慮正就是我的想法，非常正確。但我們答應的演講不能不去講，我們不能失信。講完了排定的節目立刻走，不應久留。』」

亨利．魯斯夫人的勸告，宋美齡有聽進去嗎？《蔣夫人美加行紀》記載得非常仔細，二月二十六日下午五時至七時，駐美國大使館在華盛頓的曉龍旅館（Sharehern Hotel）最大的跳舞廳舉行茶會，邀請華府地區政界巨頭及社交名流歡迎蔣夫人。事前發出了請柬二千四百份。孔令偉說，因為「想望夫人丰采紛向大使館要求請柬者達數千人，電話終日不斷；甚至有向使館人員糾纏不休者。當事者難於應付，不得已乃宣請柬已發完，表示歉意。」

孔令偉說的「舉行茶會」，與董顯光講的「中國駐美大使魏道明在他的官舍裡舉行酒會」有些落差，但時間點的確是在董顯光所說的，「當夫人在美國兩院做了震撼全美的演講之後」。

董顯光的「我深思熟慮了好幾天，最後決心直言報告夫人」，顯示其內心是有些犯嘀咕的，擔心自己若是如實將亨利．魯斯夫人的原話轉告，恐怕會觸怒宋美齡。董顯光明顯說了一些違心之論，當他把魯斯夫人的建議轉告宋美齡之後，宋美齡的「反應非常爽脆」、「講完了排定的節目立刻走，不應久留」。這段話恐怕與事實有很大差距，要嘛董顯光根本沒敢對宋美齡說，要嘛即便董顯光壯著膽子傳了話，宋美齡根本沒當一回事。甚至引人「合理懷疑」，三月二日，宋美齡在紐約麥迪遜廣場花園發表完演講後，怒氣沖沖地宣布，由孔令侃接任祕書長。是不是就在這個場合，由於董顯光向宋美齡轉述了亨利．魯斯夫人的勸告，反遭宋美齡誤解，盛怒之下，對董顯光的忠言直諫做出的「懲罰」呢？

事實證明，宋美齡離美返國，是在六月二十九日，這距離亨利．魯斯夫人在駐美國大使館那場酒會勸告返國的時間，已經是四個月以後的事了。

宋美齡這趟美國之行，原本的目的是在對美宣傳，爭取友邦的奧援，殊不知或因國情不同，對事物的看法彼此差距過大；或因宋美齡的隨從，諸如孔令侃、孔令偉，言行的傲慢無度，無形中得罪了羅斯福夫婦，在白宮上上下下造成諸多負面印象。此事鬧得沸沸揚揚，美國朝野政要名流都曉得了，而宋美齡猶不稍加警惕。

誠然令人遺憾的是，宋美齡訪美期間，剛好也是國府與英國關係處於最微妙的關鍵時刻。縱然宋美齡希望透過她的某些意在言外的舉措，表達國府對英國這個老牌殖民帝國蠻橫作風的強烈不滿。一方面由於宋美齡畢竟不是一個飽經世故，長袖善舞的老職業外交家，另方面由於她的隨從孔令侃、孔令偉之輩，少不更事，仗恃著宋美齡的個人威權，在身旁提供宋美齡許多欠缺智慧的餿主意，助長了宋美齡不恰當的決策。獨斷獨行之餘，加上宋美齡個人不諳外交折衝，不善於列強之間的縱橫捭闔，不善於奸詭權謀，導致國府與英國外交關係陷於前所未見的惡劣狀態。這也無怪乎丘吉爾在位期間，英國政府始終對國府成見頗深，處處掣肘，多方抵制。

第十七章

不畏西方霸權，鬥丘吉爾，氣炸英美元首

在聽見蔣夫人拒絕去華盛頓見丘吉爾時，羅斯福總統感到大惑不解，直呼：「那個女人是不是瘋狂了？」

第一節
英國是中國爭取美國援助的競爭者與剝奪者

一九四三年一月，在宋美齡住院期間，尚未宣布以官方身分出現在美國民眾面前之前。美國總統羅斯福去了一趟北非卡薩布蘭加〈Casablanca〉，和英國首相丘吉爾，召開了一場軍事會議。美、英之間達成一項共識，未來世界反法西斯戰爭，將以歐洲戰場為優先重點。

換言之，第二次世界大戰，必先解決歐洲戰場的問題，再解決亞洲戰場。這項會議的結論，讓遠在重慶的蔣介石十分擔心，深恐美國這個「民主國家的兵工廠」支持國府抗戰的力度，會因為卡薩布蘭加會議「重歐輕亞」的決議，而有所影響。所以蔣介石趕在宋美齡赴美國國會發表演說之前，以加急密電通知宋美齡，要她在演講中必須強調一點：

「今後世界重心將由大西洋移於太平洋。如盼求得太平洋永久和平，必須使侵略成性之日本不能再成為太平洋上之禍患，若能達成此目的，必須太平洋東、西兩大國家之中、美兩國有共同之主義，為無期之合作。」

由此可知，蔣介石把英國視為爭取美國軍事與經濟援助的主要對手，只要英國從美國那裡得到更多的援助，無異意味著，中國得自美國的援助也會被剝奪更多。英國是中國爭取美國援助的競爭者與剝奪者。

宋美齡在美國國會的二場演講，空前轟動成功，更在美國傳播界與社會各界引發如潮佳評。英國外務大臣艾登（Robert Anthony Eden）隨即在二月二十四日，於美國眾議院發表談話，英國政府期盼蔣夫人能接受英國政府的邀訪。

二月二十六日，英國國王喬治六世與王后，透過英國駐美國大使哈利法克斯勳爵（Edward Frederick Lindley Wood, 1st Earl of Halifax），正式向宋美齡提出訪問英國的邀請。並且邀請宋美齡訪英期間，下榻白金漢宮（Buckingham Palace）。

恰巧就在這段期間，結束返國述職行程的駐英國大使顧維鈞，正途經美國。基於職務使命，他有責任在顧及國家尊嚴與國家利益的前提下，全力促成宋美齡訪問英國。為了折衝這件大事，顧維鈞數度與宋美齡在美國各地會晤，討論訪問英國的有關事宜。在多次晤談過程中，顧維鈞目擊、見證了宋美齡不為人知的一面。此刻的宋美齡，正就是否應英國政府之邀前往英國訪問而掙扎。她與遠在重慶的蔣介石都在尋思著，怎樣可以兼顧國家尊嚴、利益，又顧及宋美齡訪問英國時的禮遇與體面。

在中國，宋美齡實質擁有「第一夫人」的地位，雖然她不具備任何外交官員的身分，但在蔣介石的私相授受之下，她無異是國府的太上外交部部長。然而，主宰宋美齡思維的，除了她自己原本「金枝玉葉」的矜持，還有一股強烈的民族自尊心；兼以具國府實質領導人身分的丈夫蔣介石、基於國家的本位、領袖的自尊、民族的己任，隔著遙遠的太平洋對她遙相牽制、拉扯。完全處於一連串紛繁複雜的理性，與情緒糾結之下的心理狀態。然而，即便威儀棣棣，猶如帝王般的蔣介石，碰到了矜持、感性的宋美齡，有時還是要徒呼負負，俯首稱臣的。

英國政府對宋美齡做出正式訪問的邀請，還開出讓宋美齡去住象徵英國王室最高地位的白金漢宮的條件。可是，在重慶那頭，蔣介石的疑慮是，此刻印度甘地正為了對抗英國殖民統治與爭取印度獨立，在獄中絕食；基於國府與甘地的關係和對甘地的同情，蔣介石認為在這個時間點上，實不該太快回覆英國政府邀請宋美齡往訪的來電。但是，蔣介石這時又不免思考到中國的現實利益問題，畢竟，如果英國當局是以英國國王與王后的名義，發出了對宋美齡的邀請電文，那麼，國府和蔣介石、宋美齡這邊，於情於理，是萬萬不可置之不顧的。

所以，蔣介石又連忙發了一通電報提醒宋美齡說：「英皇、英后既正式邀請，如再拒絕將甚失禮，應即應允。」

讓英國至少維持顏面，中國也受了實惠。

丘吉爾的演說

「吾人可擊敗希特勒，余作此語，即表示希特勒及其作惡之力量將被粉碎，了無餘存，然後吾人終將前往世界之另一方面，懲處貪婪、殘暴之日本帝國，拯救中國於長久磨難之中，解放吾人本身及荷蘭盟友之海外領土，並使日本對於澳洲、紐西蘭及印度海岸之威脅永遠解除。」

丘吉爾強調他一貫鼓吹的「先歐後亞」主張。就西方人的視角而言，丘吉爾這些話並無明顯貶損中國之意。可是，聽在中國人，尤其是聽在蔣介石的耳朵裡，就是有幾分刺耳，讓人覺得不舒服。例如，丘吉爾儼然以救世主口胳說什麼「拯救中國於長久磨難之中」的「拯救」一詞就用得不恰當；再者，丘吉爾的演說裡，彰顯的英國「帝國主義者」的心態仍然呼之欲出。

其實，真正致命之處，讓蔣介石心裡不痛快的是，丘吉爾接著說的「吾人必須希望三大勝利國家之團結，確能無負其最高之職責，且彼等不僅將顧及其本身之福利，亦將顧及一切國家之福利與前途。」深深重踩國府領導人痛腳的，是那句「三大勝利國家之團結」。這「三大勝利國家」就是美國、英國和蘇聯，而把中國硬硬生地排除在「勝利國家」的大國之外了。

而且，丘吉爾還進一步闡釋了他的觀點，聲稱由美、英、蘇三大國成立的「戰後世界機構」，準備成立歐洲委員會和亞洲委員會，來處理戰勝之後在該地區的所有國際事務與問題。這無異把中國這個在世界反法西斯戰爭中，出力最多、死傷與損失最慘烈的國家，硬生生給摒除在戰勝大國之外。

丘吉爾是何居心？英國帝國主義者是何居心？這篇講稿，置重慶國民政府於極度尷尬之境地，等於是先摸了摸中國的頭（邀宋美齡出訪英國，住白金漢宮），繼而又賞以耳光（丘吉爾不客氣的演說），蔣介石當然老大不高興，亟欲給丘吉爾一點顏色瞧瞧。

於是，宋美齡便藉著在第二天於芝加哥的一場演講，給丘吉爾領導的英國政府當頭棒喝，宋美齡在演講中申斥：

有若干人士之主張，對於戰後各民族更密切之合作不啻樹立欄障，而猶自以為高明。一國之文化，固為一國之所特有。故凡模仿他國之事物，若不能融化於人民日常生活之中，終不免呈現其外來之痕跡。中國六年來之抗戰與痛苦，乃以事實而不以空言，證明中國人民認為本國文化之保存，即所以輔助世界文明之維持。正因吾人不以吾國文化單獨存在而自滿……。

並在演講中，意在言外地針對丘吉爾駁斥：

過去每一共同努力之失敗，在其固有之弱點，即襲用老套把戲，互相妒忌，各謀私利，以瑣細之故，彼此猜疑，而猶往往美其名曰「均勢」。國際聯盟較以前其他組織誠稍有進步；但因其側重於應付極少數國家間不相協調之政策，故其破綻即逐漸顯露。國聯盟約之裂縫與缺點，致危急多事之際，始真相畢露，蓋當和平無事之日，其缺點尚不顯明。一旦風雨襲來，此一機構遂不能自支以抵禦緊張之衝擊矣。

隔兩天，蔣介石在日記裡寫下與他妻子如出一轍的看法。「丘吉爾前日演辭專以先解決歐戰為唯一算盤，而稱英、美、俄為三大戰勝國家，實無視我國與輕侮亞洲之觀念毫無改過，更無覺悟……我國一日不能自強，則任何帝國主義亦一日不能消滅，如此人類永無自由解放之日。」

顧維鈞極力欲促成宋美齡訪問英國

就在這個最敏感的階段，顧維鈞*間關趕抵美國。

三月二十五日，會晤了正處於訪美聲譽最頂峰時期的宋美齡。顧維鈞在回憶錄裡說，當他準備離開國門，前往美國前夕，蔣介石交代，要他到美國之後，能夠在宋美齡的「使團」裡待些時候，以便能適時提供宋美齡必要的建議和協助。

對蔣介石的這番「耳提面命」，看來，顧維鈞這位資深職業外交家，必定只是將其當成客套話。如果顧維鈞真把蔣介石的「交代」當回事，當真進了宋美齡的「使團」——也就是孔令侃、孔令偉兄妹一手把持，把中央宣傳部副部長董顯光，都整了個半死的蔣夫人機要祕書辦公處，那不也跟董顯光一樣下場，備極羞辱，惹了一身腥？相信不久之後，顧維鈞見了董顯光幾面，就更加肯定自己選擇不介入其中，而又不完全置身事

* 顧維鈞出身美國哥倫比亞大學博士、袁世凱英文祕書，見宋美齡時，已經具備二、三十年的出使與外交歷練，是中國當代最著名的資深職業外交家。

外，乃是明智之舉。

儘管如此，顧維鈞基於駐英國大使的職責所在，盡速見到宋美齡是他的當務之急。三月二十五日一早，他趕到舊金山；上午十一時，打電話請孔令侃，安排約會晤宋美齡的時程。中午過後不久，孔令侃回電話，稱宋美齡準備在舊金山皇宮酒店（The Palace Hotel）下榻地點會見他。顧維鈞依約定時間，到了皇宮酒店，在見宋美齡之前，孔令侃卻要他先對宋美齡訪問英國的看法表態，並說自己只是想先了解他的看法，然後再安排與宋美齡談話。

從這個細節可以窺知，一個不過二十七歲的年輕小伙子，連個正式官銜都拿不出來的孔令侃，竟然可以對堂堂「特命全權大使」「面試」、「盤詰」一番才放行，可以想見孔令侃依仗宋美齡囂張、跋扈之一斑了。

顧維鈞顯然對孔令侃如此唐突的行徑，感到有些不耐與大惑不解，但也未如孔令侃之所願，說出自己的想法。顧維鈞說：「蔣夫人是否訪英，還是要取決於國家的對英政策。」如此避重就輕的答覆，似乎讓孔令侃這位恃寵而驕的皇親國戚有些受挫。孔令侃對顧維鈞不願讓他這位宋美齡的「大總管」「分享情報」，明顯感到不悅，當下說他此刻正要陪宋美齡下樓，參加記者招待會。會面時間明明是孔令侃自己安排好的，卻要顧維鈞晚上十時之後，再來見宋美齡。顧維鈞必然心裡有些不快，心想，「這時程明明是您閣下安排好的，我如今既然來了，您孔大少爺卻又推說，蔣夫人要到晚上才有空。」顧維鈞也是有脾氣的人，即說：「晚上十點？那我就不來了，那時間是我就寢的時間。」

孔令侃擺明了是想整顧維鈞冤枉，小人得志，人在屋簷下，顧維鈞必須低頭。為完成任務，顧維鈞畢竟還是在那天晚上十時去見了宋美齡，儘管有些不開心。

顧維鈞在回憶錄裡，如是記載：「這是我第一次會見這位年輕的先生。他那時在哈佛大學讀書。蔣夫人訪美期間，他擔任祕書長。」

晚上十時，顧維鈞依約見到了宋美齡。感覺起來，二人談得很盡興。宋美齡平日與親友主要講英語、上海話。二人以英語交談，上窮碧落下黃泉，可謂棋逢敵手、不分軒輊。據顧維鈞描述，見面時，宋美齡躺在一張沙發上，顯然已經很疲累了。

殊不知，斜躺沙發椅是蔣介石、宋美齡二人家居的習慣。蔣介石的官邸裡，總擺著一張小臥榻。兩夫妻約見比較高階的官員，總愛半躺在臥榻上，斜倚著身子，和客人談事情。當然，來客基本上必須和蔣介石、宋美齡較熟稔，官秩層級比較高，蔣介石、宋美齡才敢如此「造次」。

顧維鈞描述了那天他所見到的宋美齡，說：「她還是那樣漂亮，娓娓健談，總是具體而扣題。」

顧維鈞筆下的宋美齡，是一個頭腦清晰，思維理路有條不紊，而且說話用字遣詞非常精準的一個人。這天，顧維鈞是要說服宋美齡，思考與處理英國邀訪之事，不應該意氣用事，眼光必須放長遠，必須思慮到戰爭結束前後，中國的國際地位，與國際政治利益的長遠影響。簡言之，顧維鈞提醒宋美齡，「小不忍則亂大謀」，國際政治上要善用智謀，不宜意氣率性，應該「持其志，勿暴其氣」。

顧維鈞在回憶錄中說：「我們討論了英國的對華態度和政策，以及丘吉爾最近的那篇廣播演說。她也像其他很多人一樣，對這篇演說很不滿意。我指出英國不僅在戰時，即使在戰後，也將繼續起著重要的作用。我向蔣夫人說，中國北方有個取得了勝利的俄國，不再對德國和日本擔心，並且極力要使中國和盟邦疏遠，如果我們不能維繫英國的親善和友誼，我們戰後景況恐不會太樂觀，甚至還會有困難和危險。美國的友誼勢必不可少，但這還不夠。即或無法勸說蘇聯和其他盟邦進行戰後協作，至少應該以形成ABC（美英中）核心為目標。不取得英國和美國的友誼以穩定和確保，我們做為大國之一的國際地位，中國很難指望有能力，進行一項需要十到十五年時間的國內開發和建設計畫。」

顧維鈞強調：「我們既需要美國，同時也需要英國在經濟和技術給予幫助。我們一定要講求實際，不要意氣用事。比方說，可以先把意氣放一放。如果拒絕邀請，將使英國喪失體面、感情受挫，以至可能完全放棄其爭取中國友誼的希望。因為英國的政策，從和平發展帝國的願望出發，目標是在歐洲尋求一個軍事強國做盟友，在亞洲也要尋求一個。」

顧維鈞從現實主義的角度出發，勸慰宋美齡應該「禮節上的訪問」英國。但宋美齡關切的問題是，去英國訪問，她會受到什麼規格的接待呢？出訪英國會不會傷害到中國和印度之間的感情呢？宋美齡介意丘吉爾講演「約翰牛*」（John Bull）的味道太濃，

* 編按：約翰牛是英國的擬人化形象，源於蘇格蘭諷刺小說《約翰牛的生平》，主人翁約翰牛是一個頭戴高帽、足蹬長靴、手持雨傘的矮胖紳士，為人愚笨而且粗暴、冷酷、桀驁不遜、欺凌弱小。

而且和美國對中國的友好支援相較，英國的物質協助顯得微不足道。

顧維鈞也建議宋美齡：和丘吉爾談話，關起門來可以毫不客氣，丘吉爾完全可以聽得進坦率之詞。他形容丘吉爾是一個「既能打人也能挨打」的人，宋美齡盡可以在和丘吉爾見面時，暢所欲言。

這一場會晤，由於時間已晚，宋美齡的護士走進房間提醒，宋美齡該是休息的時間，暗示顧維鈞該走了。

會談即告終止。

為了努力促成宋美齡訪問英國，顧維鈞仍盡一切可能性多方設想，讓宋美齡在裡子、面子兼得的情況下順利成行。為此，顧維鈞特意追訪，正巧也在美國訪問的艾登。為了慎重其事，顧維鈞與掛著外交部部長及駐美國特使頭銜的宋子文連袂造訪。

艾登十分關切宋美齡是否已決定應邀訪英。顧維鈞故意賣了一個關子，以他職業外交家的口吻告訴艾登，因為宋美齡的身體仍很虛弱，特別是這次到美國巡訪，讓她體力甚感吃不消，希望艾登可以親自造訪宋美齡，面談關於邀請她訪英之事。可是艾登表示，他必須趕到加拿大，因為他的這趟行程安排十分緊湊，周末一定要回到英國。顧維鈞不願放棄最後機會，追問艾登說：「你可否考慮從加拿大再折返紐約，爭取和宋美齡見上一面？」

艾登的回答很奇怪，他說，如果他從加拿大再折返美國，是不是顯得太神祕，如此這般，必然讓他在英國國內引起不必要的懷疑和猜測。

顧維鈞第二次見到宋美齡，是在四月初。宋美齡與美國四十位電影製片公司的負責人茶會，也邀請了顧維鈞出席。顧維鈞在回憶錄裡，不諱言宋美齡那次發言「很欠考慮也不恰當」。例如，有人問電影製片業在中國可以做出什麼貢獻、對中國有無可效力之處？宋美齡對這類問題，顯然沒有預做準備。她回答說：「外國電影老是用『Chinaman』（中國佬）這樣的字眼來表現中國，是相當愚蠢的，非常不應該。」顧維鈞說，宋美齡講這番話時，現場氣氛頓時緊張起來，全場寂然、侷促。茶會也戛然而止，因為這時有人來提醒宋美齡，下一場會議正等著她出席。

當顧維鈞第三次在美國晤見宋美齡，他已經愈發為這位中國第一夫人的種種失禮舉措感到無可奈何。

顧維鈞敘述，四月的某日午後，宋美齡的外甥孔令傑上尉來找他，說宋美齡想在這天晚間的宴會之後會晤他，並請他為她寫幾條宴會前發表的即席談話文稿。顧維鈞寫了四條發言條，趕在當天下午六時送交宋美齡。顧維鈞說：「到了七時半，大家下樓參加為宋美齡

孔令傑

孔令傑先與蔣緯國、戴季陶的兒子戴安國、馮玉祥的兒子馮洪志，一起留學德國，學軍事。二戰爆發後，轉到英國，進入英國王室軍事學院（Royal Military Academy），後來成為英國王室蘇格蘭衛隊（Scots Guards）成員。他也是第一位加入該部隊的中國人。

舉行的晚宴，因為人多，當時的場面有點混亂。雖然如此，竟然下樓一個半小時後，才進入餐廳。大家都不曉得在等什麼。原本宣布宋美齡不和大家一塊吃晚飯，她會在九時用完晚餐後，下樓來講話。但是，大家等來等去，沒吃飯。等到九時，駐美國大使魏道明的夫人鄭毓秀，請『市民接待委員會』主席史密斯進入餐廳，晚宴這才遲遲開始。從七時半等到九時，才吃晚飯的另一個原因，是孔令偉交代，等她的二個哥哥孔令侃、孔令傑來了之後再開飯。可是等到九時，卻不見人影，確知孔家兄妹要陪宋美齡，確認宋美齡是不來晚餐了，所以大家這才開動。與會人員枵腹苦候，個個都快餓昏頭了。」

令人不可思議的是，宋美齡邀了顧維鈞這位駐英國大使，一連等了三天，卻都只能遙望容顏，不得近身談話，明明約好了要面談，卻始終緣慳一面，晾在一旁空等。可證宋美齡行程之滿，與「官威」之盛了。

董顯光、駐美國大使館公使銜參事劉鍇、鄭毓秀和顧維鈞，相約一道吃飯，飯後看戲。途中，董顯光、劉鍇等人頻頻為顧維鈞打抱不平，因為宋美齡竟然兩度要顧維鈞在美國境內長途跋涉，光是在洛杉磯就白等了三天，仍舊等不到和宋美齡晤談，這安排委實不恰當。孔令傑在一旁很尷尬，推說是宋美齡太疲乏了。鄭毓秀則解釋，宋美齡不是擺架子不見人，是因為房間空調太冷，讓宋美齡著了涼，以致連講稿都是躺在床上口授的。

飯後，在散步時，鄭毓秀跟顧維鈞講了一些令人不安的事。原本，在芝加哥很有影響力的律師史特朗的安排下，宋美齡準備去芝加哥訪問。史特朗把行程等所有事務都安排妥當了，但宋美齡竟然在最後一分鐘，拒絕去芝加哥的計畫。魏道明、鄭毓秀夫婦極力勸解，希望宋美齡改變心意，按原定計畫前往芝加哥。魏道明甚至私下表示，必要時不惜辭去大使職務，也要勸宋美齡不要輕易食言，以免影響中、美友好關係。但是，無論魏道明如何曉以利害，再三進言，死勸活勸，宋美齡就是不聽。

鄭毓秀也向顧維鈞抱怨，她曾經直率與宋美齡談到晚宴讓人久等，和座位安排不恰當的事。因為鄭毓秀已經從負責宋美齡行程事務的美國官員那裡，聽到許多抱怨和不滿。美國官員對宋美齡要求把孔令侃、孔令偉的座位，始終要擺在她旁邊的陪席位置，位階甚至要高於美國的州長和市長之上，感到非常不以為然。

在顧維鈞的日記裡，記載得最多、最詳盡的是，有關宋美齡對她去英國訪問，可能享有的接待規格與禮遇儀式問題。可見，除了中國的國際地位與英國利害關係的權衡之外，對宋美齡可能的接待規格與禮遇級別，是她決定是否訪問英國相當重要的考量關鍵。

例如，四月四日，鄭毓秀約顧維鈞一塊吃飯，孔令侃也跑來。因為，孔令侃職司祕書處祕書長。雖然國府的正式官銜裡，壓根沒這號官位。但在宋美齡跟前可是非比尋常。孔令侃與顧維鈞談到訪英問題，說因為顧維鈞來到美國，宋美齡已有七、八成可能準備接受英國邀訪，並要求顧維鈞能為宋美齡準備二份正式的演講稿，一份在英國上議院用，一份在英國下議院用。

顧維鈞表示很樂意為宋美齡擬稿，但寫好之後，請她按照自己的意思修改。最重要的，宋美齡發表演講的地方，到底是在下議院，還是倫敦的市政廳，這必須和英國人商量。

孔令侃說，英國人一定會建議安排在市政廳演說，可是宋美齡應該會堅持要在議會發表演說。顧維鈞非常清楚，這是一樁不好辦的事。因為，二戰時期，照英國的慣例，即便是帝王或國家元首到訪，也只在倫敦市政廳舉行正式的歡迎儀式，以及請外賓發表演講。顧維鈞告訴孔令侃，依他的理解，英國將以最熱烈的方式歡迎宋美齡，可是，英國表現的方式將和美國不同，因為英國現在處於戰爭狀態，他們的戰爭觀念要比美國強烈許多。雖然英國接待的方式會比較簡單，但肯定是真心誠意的。

隨後，當宋美齡一行人準備搭火車離開洛杉磯，前往美東；顧維鈞也一塊同行。在六節車廂組成的專列裡，除了宋美齡及隨行人員，與顧維鈞等人之外，還有羅斯福派遣隨行保護的十名特勤人員，和六名隨行採訪的美國新聞記者。

第二天，孔令侃來到顧維鈞的車廂。他開宗明義就說，宋美齡很有可能前往英國；但是，他最關心的顯然仍是宋美齡訪問英國期間的接待規格問題。孔令侃主要圍繞著三件事：有沒有把握讓英國國王喬治六世和王后到車站，迎接宋美齡？會不會請宋美齡去白金漢宮？會不會邀請宋美齡到英國議會發表演說？孔令侃再三請顧維鈞本人和艾登談定這些條件。

孔令侃告訴顧維鈞，美國的盛大歡迎場面讓他深受感動，他認為英國應該比照辦理，也要有類似的場面。但是，令人不解與左右為難的是，孔令侃又要求這些盛大場面應該是出於英國方面的主動，而非中國向英國提出要求。這種想向英國要求盛大場面，卻又不能出自中國方面的請求，這種「欲拒還迎」的忸怩作態，實在令人費解與難辨。

顯然，孔令侃講的這些條件與交涉原則，都出自宋美齡的意思。這也可以想見，宋美齡何其重視排場，何其鍾愛掌聲。

奇怪的是，先前宋美齡還十分猶豫，是否訪問英國的事。這天早上，當孔令侃和顧維鈞談過三個重要排場的環節時，宋美齡的態度忽然有了戲劇性的變化。當天下午，孔令侃又來找顧維鈞，透露宋美齡訪英一事應該成為定局了，顧維鈞可以開始去做相關的安排了。孔令侃並轉達，宋美齡要他準備數份講稿，一份去加拿大用，一份去英國用。講到這裡，宋美齡派人過來請顧維鈞，到她的車廂談話。

顧維鈞如是形容那天與宋美齡的見面情景：「我見到蔣夫人，她還是那樣風姿動人，但看上去有些疲勞。她說火車顛簸得太厲害，睡不好覺。」

在這場會晤之中，宋美齡「祕密的」告訴顧維鈞，說她準備在五月三日左右飛往倫敦*。宋美齡希望顧維鈞下次與艾登談話時，先不要透出任何關於她是否訪英的口風。顧維鈞請宋美齡放心，他不會透露訪英訊息。宋美齡又拿她的健康當擋箭牌，表示對自己的健康「還沒有把握」。這似乎也在暗示顧維鈞，她出訪英國的計畫仍存在不可預期的變數。最後，宋美齡談到她不會在英國待太長時間，她得趁夏季來臨之前回中國，因為她怕熱。顧維鈞基於自己豐富的戰時旅行經驗，告訴宋美齡，從英國返國最安全的航線，應該飛經埃及首都開羅。宋美齡最關切的是，這條飛行路徑的安全問題，她從重慶

*筆者按：這次的會晤應該是在四月五日。換言之，宋美齡在預定前往英國的一個月前，是傾向訪問英國的。

離開中國時，一路上的驚險萬狀，讓她餘悸猶存。顧維鈞說，英國政府會寄予最大的關注，在她結束訪英行程，回中國的途中的種種安全措施。

其實，宋美齡到底去不去英國訪問，從二月份宋美齡在美國參、眾兩院發表演講，英國發出邀請函電之後，宋美齡的態度始終非常搖擺，忽而說去，忽而又反悔。這當中當然有極微妙的心理因素，也有更奧妙、複雜的中英與國際政治因素摻雜其中。當然，蔣介石的態度也是不可忽視的變數。

國府時期，有一位「多面線人」，叫古達程（名兆鵬），此人原本是宋美齡的祕書，後來被蔣介石調到侍從室二處當祕書。他和宋子文的關係密切。宋子文外派美國期間，蔣介石身邊發生什麼大、小事件，古達程會鉅細靡遺，以密電如實匯報。宋子文十分關心宋美齡到美國訪問的情況，蓋宋子文內心世界擔心，自己的妹妹侵奪太多他的外交風光，所以十分關注宋美齡訪美期間各種發展。宋子文固然不方便把心裡話透露給古達程，但彼此之間按下不表，大家心照不宣。

當顧維鈞等人於二月中旬以後，陸續向蔣介石匯報，說英國政府與王室函電交馳，希望於宋美齡結束美國行程後，邀請出訪英國。蔣介石得知連英國國王都出具邀請函了，假如再予拒絕，於情於理，與中英國交，都萬分不宜。古達程此時便給宋子文一通密電，轉述了蔣介石致電宋美齡的內容。

哪曉得才過二天，丘吉爾就發表，應先解決歐洲戰場，再處理亞洲戰場問題；並明言「戰後世界機構」應由英、美、蘇三國商量成立，硬生生把中國排除在外。讓蔣介石很不爽快，態度丕變，推翻了先前的決定。當即發了一通電報給宋美齡，表示「訪英問題不必肯定，亦不必答覆。」蔣介石在電報裡指出，丘吉爾那篇演說是「對世界問題仍無覺悟，對中國觀念毫無變更」，認定丘吉爾日後與中國之間，在「政治上似無商榷餘地」，並認定宋美齡如果去英國訪問，「將被視為有求於人，否則，亦只有為其輕侮，或反被其欺詐耳。」

在這個過程之中，顧維鈞顯然是被蒙在鼓裡的。由於顧維鈞完全沒有蔣介石、宋美齡夫妻間的函電往來情報，既然不知道蔣介石已經指示宋美齡不訪英國，當然依舊按照宋美齡交代他的，為她草擬在訪英國期間的演講稿。

這時，顧維鈞已風塵僕僕地跟著宋美齡，從美西一路到美東。他在紐約遇見老友胡適、李平衡、李國欽、何士、陳介等人。胡適為顧維鈞抱不平，背後怪責宋美齡等人，要顧維鈞二次跟著奔波去美西，實在很不體恤人。然而職責所在，四月二十日，顧維鈞刻意避開了紐約的喧囂，乘車到紐約戈申（Goshen），特地找個僻靜的地方，撰寫宋美齡交辦的那三篇講稿。

演講稿撰寫完成。孔令傑打電話來，詢問顧維鈞何時返回英國。顧維鈞滿心以為是宋美齡希望他早日返回英國任所，以便為她操辦訪問英國的接待事宜。顧維鈞說：「夫人交辦的三篇講稿已寫好，只需打字便可交給蔣夫人。」孔令傑有點著急地說，他可以找人打字。顧維鈞表示他找自己的打字員打。才過一、二天，孔令傑再來電，說宋美齡於四月二十八日約見，希望顧維鈞帶著稿子去見她。

是日，顧維鈞帶著兒子一塊兒會晤宋美齡。談到機密事務時，他招呼兒子先行離去。原本一旁作陪的孔令傑，也起身離開。這時，宋美齡顯得有些緊張和不自然。談到訪問英國的事情，她推說最近蕁麻疹更厲害了，「英國，我可能是去不成了。」她說。「英國國王和王后都在關切夫人的決定。」顧維鈞向宋美齡說明，「如果接受邀請，英國方面需要一段準備時間。」

宋美齡說，宋子文也應哈里法克斯勳爵的要求，來問過她的意思，但她此刻身體仍感不適，恐怕去不了。何況，蔣介石也一直在催她回去。

不過，顧維鈞真正接到令他大吃一驚的消息，是在五月五日，在他見過羅斯福的第二天。顧維鈞造訪了美國國防部，正從五角大樓（The Pentagon）走出來。這時，宋子文忽然出現，匆匆走到顧維鈞跟前，輕聲對他講了一聲：「蔣夫人告訴我，她不去英國了。」顧維鈞形容，「這對我簡直是當頭一棒，因為從近來的情況看，似乎她去的成分居多。僅僅前一天夜裡，孔令侃還告訴我，她要去的。」

在五角大樓，顧維鈞不方便再針對此事與宋子文講太多，當天晚上因此專程去找宋子文。他知道的似乎也不全面，只說這是早上宋美齡親口跟他說的，可是並未說明原因。顧維鈞問：「蔣夫人不去英國，是不是和美國人勸她不要前往有關？」宋子文也不清楚是不是有此情況。但是，哈里法克斯勳爵說，有急事要來找他，可能就是要來和他商討，宋美齡何以決定不訪問英國的事。

翌日，顧維鈞與哈里法克斯勳爵見面。在談過許多國際事務之後，最後臨送顧維鈞出門前，他忽然問：「蔣夫人的健康情況如何？」

「她的情況時好時壞，過去五年戰爭生活的長期緊張工作，讓她健康大受影響。」顧維鈞以職業外交家機靈的口吻說，「蔣夫人很想去英國，但她的健康狀況並不穩定，她的醫師正在猶豫是否應該提出她前往英國的意見。」

哈里法克斯勳爵說：「如果蔣夫人能去英國，英國人民一定會熱烈歡迎這位中國的第一夫人。」

中飯時間，顧維鈞懷抱著不安的情緒去見宋子文，一塊進餐。宋子文說：「就在剛剛，哈里法克斯勳爵才來過我這裡，提到了蔣夫人在四月十五日的聲明中，要求英國政府釋放印度尼赫魯（Jawaharlal Nehru）的事情。他顯然十分不高興，撂下一句話，希望宋子文把他的話當成是一個抗議，並希望把這個抗議轉達給蔣夫人。」宋子文告訴哈里法克斯勳爵，他不會把這句話帶到，以免事情鬧得更僵。並且反將一軍，說英屬印度帝國政府有一封致美國政府的抗議信，指美國政府「偷運」蔣夫人經過印度。宋子文也向哈里法克斯勳爵表達強烈不滿，因為對宋美齡這樣身分的人竟然使用「偷運」這類語言，明顯是不可寬恕的。

五月七日晚上，宋美齡和羅斯福夫人一起喝茶，回來之後，顧維鈞又和宋美齡見面。宋美齡說她不訪問英國的原因，係聽從羅斯福的意見。羅斯福的意思是，德國可能會在今年夏天打英國，而宋美齡對中國太重要了，毋須冒著生命危險去英國，而他已經告訴哈里法克斯勳爵了。宋美齡還說，何況她的健康情況不是很好，且蔣介石也不斷來電催促她回國。她擔心這時重慶已進入夏季，酷熱與潮濕是她最不喜歡的氣候。她仍需留在美國治病，但她不願意住醫院，寧可住在飯店，要照X光照片時再去醫院。

當晚，董顯光再與顧維鈞見面吃飯，大多在談中英關係和中美關係。但最後談到自己處境，董顯光顯得很憤慨，因為吳貽芳*跟董顯光透露了一個內幕消息：她聽孔祥熙的太太宋藹齡說，這次蔣夫人到美國訪問，要不是她的兩個兒子和一個女兒全力幫忙，這趟行程不知道要糟糕到什麼樣子。這話讓董顯光十分憤慨不滿。由此可知，宋美齡始終擺不平她的核心幕僚的人事糾葛，為宋美齡出主意的人不是科班出身的職業外交官或董顯光，而是宋美齡用人唯親的外甥孔令侃、孔令偉。

第二節

拒絕與丘吉爾見面

五月十二日下午，顧維鈞臨時接到孔令侃通知，希望盡快一見。晚上，顧維鈞依約匆匆趕到紐約。孔令侃為他在宋美齡下榻的華爾道夫—阿斯托里亞酒店訂好了一間客房，方便就近談事情。

* 吳貽芳，湖北武昌人，金陵女子大學第一屆畢業生，美國密西根大學生物學博士。之後任金陵女子大學校長。

見面之後，孔令侃說羅斯福夫人剛才來看宋美齡，並告知丘吉爾來到美國華府。丘吉爾主動表示，希望有機會與宋美齡見面。羅斯福夫人技巧性地替她丈夫傳話，美國政府的殷切期盼，「相信重慶也願意蔣夫人會見丘吉爾」。既然美國傳達了希望宋美齡會見丘吉爾的建議，宋美齡自不便完全充耳不聞。所以孔令侃要顧維鈞去見哈里法克斯勳爵，以顧維鈞的名義向英國方面提出，宋美齡與丘吉爾見面的建議。但是，孔令侃起初並不把他和宋美齡的真正想法，直接向顧維鈞剖白，盡是繞著圈子講話。表面上說要徵詢顧維鈞的意見，實際上是展現孔宋家族慣用的「端架子」的手法。

顧維鈞在還沒弄清楚孔令侃的真正想法之前，他基於職責所在，純粹從外交實務的角度，說出他理想中，丘吉爾邀約宋美齡會面的作法建議。他提出了三個可行方案：「或者由魏道明以大使（國府駐美國大使）的身分，或者由宋子文以外交部部長的身分，或者由我個人（國府駐英國大使）的身分出面，設午宴請兩人（宋美齡、丘吉爾）都來參加。再不然，可以由蔣夫人自己請丘吉爾，到她在華盛頓的旅館吃茶。」《顧維鈞回憶錄》裡說，孔令侃對顧維鈞提出的方案，似乎不以為然，說他有理由相信，丘吉爾急切地想見到宋美齡。孔令侃的意思是，顧維鈞只需要向丘吉爾提及此事就可以了，並強調宋美齡是一位女士，自然是由丘吉爾去拜望她比較合適。

換言之，宋美齡和孔令侃，打從一開始便認為，她現在的聲望是臻於巔峰；即使不是因為這點，基於尊重女士的原因，丘吉爾也理應登門拜訪宋美齡，才符合英國紳士作風。

顧維鈞請孔令侃千萬放心，丘吉爾必然很希望見到宋美齡，問題是如何具體安排。

三天之後，顧維鈞見到哈里法克斯勳爵。顧維鈞表示，宋美齡和丘吉爾有極好的見面機會，他們兩個人談一次話，勝過他與哈里法克斯勳爵談十次。他請哈里法克斯勳爵把這個意思轉達丘吉爾。

又隔了一天，五月十六日，哈里法克斯勳爵主動打電話給顧維鈞。上次見面時，他說自己和丘吉爾都不愛使用電話。但這次他破例打電話給顧維鈞，說羅斯福將邀請宋美齡，在五月二十三日禮拜五，請她和丘吉爾去白宮參加午宴。顧維鈞不無興奮地說：「這下子，丘吉爾和宋美齡總算可以碰面了。」哈里法克斯勳爵也請顧維鈞，安排宋美齡的相關事情。電話裡，顧維鈞連連道謝。

一掛上電話，顧維鈞連忙打電話給紐約的孔令侃，他把英國大使的談話內容原原本本的轉告

華爾道夫—阿斯托里亞酒店

這家當代最豪奢的酒店，宋美齡應該是其於二十世紀最赫赫有名的中國貴客。在此之前，列名該酒店的中國當朝一品貴賓，是清朝的李鴻章。宋美齡為了彰顯她的排場，特意包下一整層樓，做為自己和隨從生活起居、接待外賓之用。但也招致美國新聞媒體與社會大眾，極為不佳的觀感。畢竟，宋美齡出訪美國的目的，是要爭取美國對中國的抗戰援助。因此，在宋美齡下榻華爾道夫—阿斯托里亞酒店的同時，其豪奢適與中國億萬軍民的戰爭苦難，形成巨大的反差。

了孔令侃。可是，出乎顧維鈞意料，電話那頭的孔令侃竟說：「夫人不會接受羅斯福總統的邀請。」顧維鈞當下有些訝異，只好勸說，一切等羅斯福的請柬到了之後再決定，並請宋美齡仔細考慮。

在無可奈何的情況下，顧維鈞去見了宋子文，聽聽他的想法和解決之道。宋子文說，羅斯福請宋美齡參加午宴，是一件好事。無論如何，她都應該接受邀請才是。因此他會寫一封信給宋美齡，勸她務必接受邀請。因為目前中英關係不太好，如果再發生一次誤會，那更是雪上添霜。顧維鈞也認為，以目前宋美齡的健康狀況，她有充裕的時間前往華府。到了華盛頓，甚至可以安排丘吉爾去拜訪她。地點可以選在宋美齡下榻的地方，也可以選在國府駐美國大使館。顧維鈞甚至建議，最好選在宋子文的寓所，那裡顯得更不拘束些。

顧維鈞再次滿懷著希望搭乘火車去紐約，和孔令侃見面商談。但是場面再次出乎顧維鈞意料之外，孔令侃說宋美齡不會為了一次社交活動而接受邀請，令顧維鈞震驚不已，從孔令侃的話語之間可以感受到，宋美齡似乎仍斤斤計較於，丘吉爾應該主動到紐約拜訪她，而不是應羅斯福的邀請，在華盛頓吃一頓飯。這似乎不能凸顯丘吉爾的「誠意」。

顧維鈞坦誠地向孔令侃表達了他的想法。他說，假使宋美齡可以在禮拜四之前去華盛頓，那就有機會和丘吉爾碰面。丘吉爾可以向羅斯福說明，他想拜望宋美齡，並且做一次安靜的會談。換言之，吃飯時，因為有羅斯福在場，是不方便也不可能有機會好好談事情的。

談到最後，孔令侃仍舊堅持顧維鈞再去一趟華盛頓，設法見到丘吉爾，打探一下丘吉爾是否會來紐約。孔令侃顯然仍不死心，希望丘吉爾親自到紐約，移樽就教，自己上門來請見宋美齡。顧維鈞顯然知道這不是可行之道，於是告訴孔令侃說，丘吉爾正和英國軍政首長策劃在歐、亞兩洲，向軸心國發動一場新的軍事行動。何況，此刻丘吉爾身邊幾乎沒有一名外交官員，根本不可能接見顧維鈞。

顧維鈞再三向孔令侃表達，此時此刻，中英關係真的很不好。也許顧維鈞在那時不該提到宋子文，因為宋美齡和這位兄長之間的矛盾雖非誓不兩立，但也到了一山難容二虎的地步了。

顧維鈞說，宋子文也認為藉著和丘吉爾見面的機會，正可以妥善向英國方面解說，為何此時不去英國訪問的原因。如此一來，亦可緩和與英國之間的緊張關係。最重要的是，在現階段中英關係很不融洽的情況下，宋美齡若再拒絕參加午宴，就只會把關係搞得更不愉快。顧維鈞強調，宋美齡具有雙重身分，如果她在處理公務時，更注意到方法問題，就會有更好的效果。

過了二天，也就是五月十八日的中午，顧維鈞約董顯光吃便飯。閒聊之間，董顯光大發牢騷，因為宋美齡對他的冷漠，和孔令侃對他的怠慢，讓他感覺非常不舒服。董顯光表示，宋美齡和孔令侃對他這樣無情無義，使他再難忍受，以後再要叫他出面，他堅決不幹。

兩度回絕羅斯福的邀約

當天下午，顧維鈞再見到孔令侃，情況更令人覺得不可思議。羅斯福夫人再次來電邀請宋美齡，參加禮拜五在白宮的午宴。但宋美齡竟然以「另有安排」，謝絕羅斯福的邀請。宋美齡回絕羅斯福夫人的理由，又是她的身體不適合旅行。

在宋美齡斷然拒絕之前，宋子文特地派了他的弟弟宋子安，去勸說宋美齡接受羅斯福的午宴邀請，希望她不要讓中英關係繼續惡化。宋子文特地轉達給宋美齡一個新訊息，羅斯福為了不影響宋美齡與醫師約見看病，特地把午宴延後到下週一舉行。

顧維鈞為此特地再徵詢孔令侃。孔令侃直率答覆，說他仍然不相信宋美齡會答應赴約，因為，做為婦女，理應由丘吉爾來拜訪，而且「做為政治家，只能雙方遷就」。並稱宋美齡最多可以在海德公園接見丘吉爾，因為在海德公園見面，可以對外解釋是彼此遷就。

孔令侃告訴顧維鈞，當前中國對日抗戰的軍事行動，並不是很順利，此時宋美齡反而不能顯得太遷就，不然的話，「他們會爬到她頭上去的」；因此宋美齡必須較諸往常更加堅定，以確保尊嚴。孔令侃同時也「轉達」宋美齡的意思，要顧維鈞去華盛頓見丘吉爾，詢問丘吉爾，是否有意在海德公園拜會宋美齡。假使丘吉爾不肯，那麼「我們也就清楚他的立場」，如此一來，宋美齡就去英國，直接和英國人民對話，英國人民是更了解中國的。

孔令侃對宋美齡美國之行的演講產生的巨大影響力，似乎頗志得意滿。在《顧維鈞回憶錄》裡，孔令侃對宋美齡在美國各地旅行演講，響起的掌聲不但語多讚美，似乎更為之沉醉、自滿。顧維鈞的記錄指出，孔令侃說宋美齡剛剛進行過的旅行演說，是史無前例的。一般說來，有名望的人只訪問紐約或芝加哥。外國來訪者多小心謹慎，避免說出一些會使白宮疑慮和擔心的話來。孔令侃認為，宋美齡此次美國之行的主要目的，是要讓美國民眾關心遠東的戰爭，進而敦促美國政府積極援助中國，對抗日本的侵略。或者應該說，宋美齡料想，假使她可以透過演講與說服工作，喚起美國民眾認識到遠東戰區對美國的重要性，如此一來，美國民眾將會向白宮施加壓力，被迫改變過去忽略遠東戰場的態度。

孔令侃告訴顧維鈞，據他了解，最近白宮曾經派人到全國各地，去收集民眾對總統施政的反應。這些調查人員回報白宮，民眾都對美國政府忽略遠東局勢的政策表達不滿。雖然羅斯福一度以為這些不滿，並非針對他個人，但之後有人告訴羅斯福，實際上美國民眾這種不滿情緒在聽了宋美齡的演講之後更加高張，而且這種不滿是針對羅斯福本人的。

孔令侃顧盼自雄，滔滔不絕地敘說著，宋美齡巨大魔力般的演講對白宮形成的無形影響。或許這就是宋美齡對丘吉爾透過羅斯福邀約，主觀上採取鄙視態度的原因。顧維鈞從務實面向看問題，他不無失望地告訴孔令侃，在此時此地，就算他去華盛頓也無濟於事了。而且，「丘吉爾上次就知道，我求見他的目的」，再加上此刻羅斯福正試圖邀請宋美齡去白宮，和丘吉爾午宴。丘吉爾這時應該也不會牽扯進這場敏感的局面當中。

其次，海德公園是羅斯福的私人產業。顧維鈞說他實在沒有立場建議羅斯福，讓宋美齡和丘吉爾在那裡會晤。但孔令侃卻說，這一點不是問題，因為羅斯福夫人猜想宋美齡比較喜歡海德公園。換句話，羅斯福夫人已經不排斥宋美齡使用海德公園。

孔令侃並堅決反對讓宋子文插手這件事，要求顧維鈞不要再把這些事情告訴宋子文，以免事情複雜化。很顯然的，宋美齡和宋子文之間的利益衝突與意見糾葛早已表面化。宋文子不希望宋美齡踏足美國的外交場域，而宋美齡則自視是蔣介石的夫人，對於美國外交戰線，她的心態是「捨我其誰」，非碰不可。

顧維鈞完全料準了自己先前的顧慮。當他去華盛頓之前，先打了一個電話給好友劉鍇。請劉鍇代為聯繫丘吉爾，並且強調他有宋美齡的重要訊息要傳達。不過，丘吉爾的私人祕書隨即覆電告知，首相最近行程太緊，沒辦法接見。早在顧維鈞和孔令侃這次會談之前，宋子文也先一步帶話給丘吉爾了。

宋美齡拒絕了羅斯福的好意邀約。在羅斯福看來，他邀請宋美齡、丘吉爾，完全是基於一番好意，卻被宋美齡回敬以冷處理。羅斯福是否感到十分不悅，甚至觸怒這位美國總統，進而影響中美關係？這是顧維鈞和宋子文等人的最大擔憂。孔令侃不希望宋子文摻和到宋美齡見不見丘吉爾的事情。但是，宋子文既然身為外交部部長，自然不可能完全置身事外。

五月十九日，一早，宋子文打電話給顧維鈞，約當天見面商議要事。宋子文確認宋美齡已經正式回絕禮拜五的白宮午宴之約，而羅斯福為了將就宋美齡「要去看病」的理由，特地把見面時間改為下禮拜一。羅斯福只差沒把話挑明了，說「宋美齡要去看病其實是藉口」。令人不解的是，宋美齡方面卻不知何故，仍舊堅持丘吉爾必須去海德公園見她。所以羅斯福在會見宋子文時說：「事到如今，何必再這麼拘泥於禮節呢？」換句話說，羅斯福只在乎能夠讓丘吉爾和宋美齡兩人可以見一面，其他都是次要的事。

宋子文顯然非常清楚，孔令侃在宋美齡的決策圈扮演的關鍵性角色。宋子文告訴顧維鈞，他認為丘吉爾不可能卑躬屈膝地去海德公園見宋美齡。但此刻最麻煩的根源是孔令侃。言下之意，宋美齡見不見丘吉爾，所引發的所有麻煩，其間所有的問題，總有一大半是孔令侃製造出來的。此人成事不足，敗事有餘。

宋子文憂心忡忡地告訴顧維鈞，他已經打電話給宋美齡，轉達白宮的建議，將午宴改在下禮拜一。羅斯福正在等待宋美齡的最後回音。雖然羅斯福的請帖，多少有些像是命令的況味，但是，羅斯福正在為中、英政府高層，如此微妙且尷尬的情境，尋求脫困之道。假使宋美齡再次回絕，這將是極其不智的失禮行為。

當晚，顧維鈞打電話給宋子文打探消息。宋子文在電話那頭有些失望地說，宋美齡已經回絕白宮禮拜一午宴的邀請。這已經是宋美齡第二次回絕白宮的好意。宋子文表示「他感到情況非常尷尬、難堪！」希望翌日能和顧維鈞商量如何善後。

五月二十日，中午，在和宋子文見過面以後，顧維鈞找了劉鍇、駐英國大使館參事與一等祕書游建文餐敘。劉鍇非常直率地點出問題的核心，孔令侃只想擠兌對方（英國方面）攤牌，卻毫不思考因此可能引發的後遺症，這實在不是明智之舉。大家都私下承認，宋美齡兩度回絕羅斯福的邀約，將使羅斯福和丘吉爾都陷於極度難堪的境地。

隔天早上，顧維鈞和孔令侃通電話。孔令侃在電話裡證實，宋美齡已經回絕預定禮拜一在白宮舉行的午宴。孔令侃說，白宮的請帖是透過宋子文發來的。現在不必催丘吉爾，只須在華府被動地等待即可。並說宋美齡自有辦法，應付可能的局面。

五月二十二日，宋子文告訴顧維鈞，宋美齡已經肯定不會來華府和丘吉爾碰面了。羅斯福向宋子文表示，他對此感到相當遺憾。顧維鈞也告訴宋子文，據他了解，為了安排宋美齡與丘吉爾見面的事，羅斯福夫人曾經再去見過宋美齡，（這麼說來，羅斯福夫人光是為了促成丘吉爾與宋美齡碰面的事，已經從中奔走往返了三次以上。）但都如泥牛入海，沒有正面回應。顧維鈞斬釘截鐵地告訴宋子文，他認為丘吉爾這趟美國之行，無論在美國任何地方，宋美齡和丘吉爾都沒有見面可能性了。

就在同一天，宋子文與顧維鈞在一次面談中透露出，他以外交部部長身分，對中英外交對話不順利的深切憂慮。所以，宋子文拜託顧維鈞，索性此刻不要再去促成宋美齡與丘吉爾的見面了。宋子文明顯在暗示，宋美齡即便和丘吉爾見面，反而不利於他在中英對話的推動。

顧維鈞設想，假使促成丘吉爾與宋美齡的任務失敗，他留在美國的意義已不大，有必要盡快回到駐英國大使館的任所，回到他的工作崗位上去。他打了一個電話給孔令侃，徵詢這位年輕的蔣夫人機要祕書暨辦公處祕書長的意見，如果宋美齡在美國沒有重要的任務交代，他準備動身去英國了。可是，孔令侃在電話裡希望顧維鈞再去一趟紐約。

五月二十五日，顧維鈞到紐約後，第一件事就是給孔令侃打電話，約見面。孔令侃一見到顧維鈞，就怪丘吉爾實在太傲慢，竟然不來見蔣夫人。顧維鈞問起羅斯福夫人是否又來看過蔣夫人？孔令侃說，她來過，但關於訪問英國之事，交談內容並不多。顯然羅夫人已經清楚，宋美齡謝絕去華盛頓見丘吉爾的隱含意思。

五月二十六日，孔令侃約顧維鈞午餐面談。談及宋美齡最近急欲回國，因為國內抗戰軍事情勢嚴峻，她十分擔心，而且蔣介石也不斷來電催她回去。孔令侃話鋒一轉，忽然關心丘吉爾戰後還有沒有可能繼續當權。顧維鈞分析了英國的政治形勢，強調中國與英國維持友好關係的重要性。孔令侃這時對丘吉爾做出與宋美齡同樣的評價：他不喜歡丘吉爾。

無意間，孔令侃也向顧維鈞發了一頓牢騷，說他厭惡別人把他當成孔祥熙的兒子，卻忽略了他本身的才幹。孔令侃自詡他在中央信託局工作時，為局裡賺了三千萬港幣，這證明他在外匯工作的績效，但他對自己能否投身政界仍充滿疑惑。

當天晚上，宋美齡請顧維鈞吃晚飯。同桌共餐的，還有兩位為她治病的哥倫比亞長老會醫學中心的醫師。飯桌上盡聊些與政治無關的話題，例如，如何增加體重。宋美齡說，每當她夜裡睡不著覺，就起床煎火腿蛋吃。醫師建議她與其在床上翻來覆去，不如起床做些事。

兩位醫師朋友吃完飯後，起身告辭。顧維鈞再繼續和宋美齡聊天，談了一個半小

* 這位甘迺迪，正是繼艾森豪總統之後，當選美國總統的約翰．甘迺迪的父親。

時。宋美齡打開話匣子，抱怨丘吉爾目中無人，一定要她去華盛頓見他，所以她謝絕了。宋美齡認為，無論是在國際關係和個人關係上，禮儀和尊嚴都是很重要的。由於她沒有外交部部長的頭銜，所以她有條件表現出堅決的態度。宋美齡強調「我們與外賓及來訪者保持禮節的重要性」。

宋美齡說，她常見到中國官員在有外賓出席的晚宴，用刀叉敲打酒杯，或者把玩餐具，令她十分惱火。宋美齡還關切，究竟如何方可為中國選拔到更多的合格外交人才。談到這裡，宋美齡要求顧維鈞，如果有朝一日，她代表中國參加和平會議，希望顧維鈞屆時可以協助她。

宋美齡也在言談間，凸顯她對爭取美國支援抗戰工作的即時成果。例如，宋美齡展開正式訪問之後不久，羅斯福即答應派遣兩大隊的飛機去支援中國。目前美國已經備妥兩個中隊的軍機，隨時可以出發到中國。宋美齡表示，羅斯福還答應派遣一個師的美軍到中國。

關於訪問英國的問題，宋美齡請顧維鈞至英國任所時，轉告艾登，說她正在保養體力，以便能夠間道返回中國，從美國返回中國的航空路途，十分遙遠、漫長。如果不是身體吃不消，她一定會接受英國國王喬治六世與王后的邀請，前往英國。

為什麼不見丘吉爾？

這天晚上，宋美齡也費了很大一番功夫向顧維鈞闡述，她對中國與英國、美國關係的觀察與觀點。終於了解宋美齡之所以和英國之間屢生齟齬，並且在和丘吉爾互動的過程中，處處端架子的背景原因。宋美齡說她曾經告訴羅斯福，人們一度把丘吉爾看成是羅斯福「恭敬從命的下屬」，但現在丘吉爾不這樣了。珍珠港事變之後，丘吉爾慌忙跑到美國華府，目的是擔心美國改變先打倒希特勒的戰略方向。丘吉爾此刻固然還吹噓英國的戰功，但他至少還是覺得英國少不了美國這個大靠山。

宋美齡甚至主動說，美國友人甘迺迪*（Joseph Patrick "Joe" Kennedy, Sr.）告訴她，說丘吉爾亟欲與她會見。顧維鈞說，如此可以為丘吉爾臉上增光。宋美齡卻說：「放心，我不會幫他這個忙。」

以宋美齡之精明，她當然很清楚，第二次世界大戰勢，將使得英國這個日不落帝國加速沒落，美國將趁勢崛起，成為左右世界走向的超級霸權。值此之際，英國與美國間的矛盾，自然更加尖銳與敏感。宋美齡顯然企圖運用美國與英國之間漸漸表面化的矛盾，為中國從中謀取一定程度的國家利益。此外，宋美齡也力求在美國民主、共和兩大黨之間取得平衡。在贏得羅斯福政府好感的同時，也不忘燒燒共和黨的「冷灶」，以為爾後有朝一日共和黨執政時未雨綢繆。但這種玩弄平衡的手段，一不小心便很容易被羅斯福這樣精明的美國主政者視為眼中釘。

美國共和黨籍的一些名流，當宋美齡抵達華府在白宮作客時，諸如甘迺迪、法利（James Aloysius Farley），以及曾經訪問中國、對宋美齡訪問美國出力甚大的威爾基，都到白宮看過宋美齡好幾次。共和黨籍的前任總統胡佛（Herbert Clark Hoover）也到白宮看過宋美齡。共和黨人及不支持羅斯福的人，川流不息的進出白宮，讓羅斯福夫婦頗不是滋味。

羅斯福夫人就建議宋美齡：「住在寬敞的海德公園，可能更方便妳與各方好友聚會。」

比較起來，宋美齡還是喜歡在華盛頓與各方名流交際，雖然紐約這個繁華之都，更適合這位在上海十里洋場誕生的金枝玉葉。她告訴顧維鈞，紐約和各方接觸很便利，但不管是華爾道夫—阿斯托里亞酒店，還是其他飯店，受困公寓，讓她感覺猶如籠中之鳥。何況以她的名人臉孔，更不方便在紐約招搖過市，要是被認識的人認出來，反而尷尬。

宋美齡並且提到，她將再到美國，目的是要羅斯福兌現他對中國的承諾。當顧維鈞說到，有些美國人也願意見到蔣介石到美國訪問、和羅斯福對談時，她卻說這是不對的作法。宋美齡指出，蔣介石不會講英語。假使他以中國話（寧波官話）演講，會使美國人感到不耐煩；假使完全由翻譯官來讀他的講稿，這樣的作法也很不適當。宋美齡和顧維鈞聊到這個主題時，不諱言過去蔣介石親自接待外賓時，曾經發生過「一些窘迫、難堪的場面」。因此，宋美齡不認為蔣介石親自出訪美國，會對他個人或國民政府，有任何加分的效果。

宋美齡這場約晤，和顧維鈞整整談了一個半小時，從晚飯後的九時十五分聊到夜裡十時四十五分。時間固然不長，但宋美齡談興甚高，問題也談得很深刻，這算是顧維鈞

*即丘吉爾。

歷次和宋美齡談得最盡興的一次。

二星期後，顧維鈞得到一個不利於國府的情報。由於宋美齡拒見丘吉爾，以及不理會英國王室的好意邀請，遭致英國與美國方面的情緒反彈，宋美齡與國府遭「暗傷」而不自知。這個壞消息，來自駐英國大使館新聞參事葉公超。

丘吉爾回到英國之後，當著艾登及莫里森（Herbert Morrison）、布雷肯（Brendan Bracken）等閣員的面說，羅斯福請宋美齡到白宮與之會晤。但宋美齡回說，如果丘吉爾想見她，他可以在任何時間到紐約見她。這讓羅斯福相當惱火。據表示，恐怕宋美齡如果現在想到英國來，英國國王喬治六世和王后也不會歡迎她了。

駐美國大使館的一位施姓參事，甚至告訴顧維鈞，說羅斯福聽見宋美齡拒絕去華盛頓見丘吉爾時，感到大惑不解，直呼：「那個女人是不是瘋了？」

又過了一個禮拜，駐英國大使館的一份祕密報告指出，丘吉爾的女兒在某次宴會說，「宋美齡不來英國，是因為她不喜愛這個國家」。在這份報告裡，曾經到中國訪問的英國國會議員艾爾文勳爵（The Lord Irwin）說，中國人對他都很熱情，惟一的例外是宋美齡，她明顯對他「不友好」。

然而，宋美齡如此「不友好」的態度，是否是出自蔣介石的意思，或者是國府的態度呢？這顯然是一個複雜難解的疑惑。但可以肯定的是，蔣介石可以控制得了國府的職業外交官，卻控制不了他的老婆宋美齡，更遑論宋美齡遠在美國，蔣介石更有鞭長莫及，無法羈絆駕馭宋美齡的感嘆。甚至可以說，宋美齡固然在某些大事會函電徵詢蔣介石的意旨，再看著辦，但有些事情，宋美齡完全不風承旨意，只要她認為是對的，沒有人擋得住她的決定。

就以宋美齡見不見丘吉爾，或者去不去英國訪問，這兩檔事而論，可以從蔣介石與宋美齡、宋子文的往來函電中印證，即使是蔣介石也無法軟化宋美齡的固執己見。

例如，蔣介石就曾經致電宋子文說：「三妹既不訪英，則乘丘*在美之機，最好與之會晤一次。此乃政治上之常道，不能專尚意見與感情，照現在外交形勢似有謀晤之必要也。請與三妹詳商之。」

蔣介石擔心，光是宋子文從旁勸解恐怕還不管用，特意又直接急電宋美齡說：「丘吉爾既到華府，如能與其相見面，則於公、私皆有益。此正吾人政治家應有之風度，不必計較其個人過去之態度，更不必心存意氣。但亦必須不失吾人之榮譽與立場。」但是，事實證明，宋美齡連蔣介石的意思都不願聽從，更遑論宋子文的意見，她是更不放在眼裡了。

蔣介石非常清楚宋美齡的脾性，仍不厭其煩，三番兩次急電宋美齡，以大局為重。一直勸她，「此次丘吉爾在美，終須設法會面方好。」

而且蔣介石擔心，羅斯福建議宋美齡不要訪問英國，是美國的不良居心；特意去電宋美齡，示警：「各方面或有不願丘與吾愛相晤者，應加注意。」

蔣介石感嘆宋美齡不受他及國府政策控制，在五月十八日的日記中，表現了無奈與憂慮。「正午，接妻電，不願與丘吉爾會晤，固執己見，而置政策於不顧，幸子文尚能識大體，遵命與英、美抗爭也。」

從這裡不難想見，蔣介石在宋美齡訪美的最後階段，一直就宋美齡是否訪問英國、是否與在美國的丘吉爾會晤以化解誤會等事宜，不斷勸慰宋美齡克服萬難，與丘吉爾見面晤談。即便宋美齡置若罔聞，整個國府上下，唯獨宋美齡敢違抗他的命令。蔣介石除了徒呼負負，也莫之能奈何。

然而，學者對宋美齡當年這種根本不理會英、美強勢逼人就範的強悍作為，頗多讚譽肯定之詞。

例如，楊天石教授就激賞說：「當時英國是強國，丘吉爾是英國的首相，事實上是英國的第一把手。在這樣一個老大帝國的首相面前，宋美齡投以藐視，力圖保持自己的、事實上也是民族的尊嚴，而毫無趨炎附勢的奴顏媚骨，這是難能可貴的。」

鄭毓秀對宋美齡在美國訪問期間的「表現」，有過一段點評，據顧維鈞的轉述：「由於斤斤計較安排上的細節，或因過分敏感、挑剔而引起摩擦不快的事，已有很多傳聞。她說，可憐的蔣夫人，自己或許還不知道。」

總結宋美齡在一九四二年底至一九四三年中，這趟為期七個月的美國之行時，顧維鈞有過一段評語：

「我非常欽佩蔣夫人。在某些方面，她才華出眾，尤其聰明、辯才和精湛的英語，更非常人所能及。但是進行官方訪問，對她說來還是缺乏經驗。原因可能是婦女往往比較主觀，或許蔣夫人在這件事上又比較感情用事。我不知道她是否曾和委員長充分商量過。無論怎麼說，被邀訪英國，和在美國未同丘吉爾會晤，這兩件事處理欠妥。我對兩事均甚惋惜，我深知英國人也不愉快。」

顧維鈞的這番月旦與評述，絕非僅止於他個人的評議，風暴當事人的丘吉爾，早在停留美國期間，就寫過一封信給艾登，酸言酸語地說：「下榻紐約麗池（其實是華爾道夫—阿斯托里亞）酒店的蔣介石夫人，在這裡令人頭痛。總統邀她今天星期五共進午餐，因為她表示對我有意見。這位夫人擺架子，自認是中國的雙統治者之一，因此回道，應該是我去見她。我很遺憾，因為在這裡有要事在身，不克前往紐約。總統無法理解，她為何會把他以國家元首身分發出的邀請，視為有損她的身分。宋子文先生認為，她的行徑像個寵壞的小孩。她顯然要求出席軍事會議，很不高興她丈夫打電報告知，只有宋子文一人能代表中國說話。宋家的寡頭統治，是個奇怪的安排。蔣夫人走到哪，身邊都跟著一個男孩打扮、舉止極男性化的外甥女。有人認為她在這裡待得太久，已不受歡迎。」

為了宋美齡拒絕會晤丘吉爾，並且藐視英國國王喬治六世與王后邀請她訪問英國的事件，英國與國府之間的尖銳矛盾持續延燒。直到顧維鈞於六月離開美國，回到英國倫敦的任所，中、英之間的矛盾與鬥爭，仍在沒有煙硝味的時空中持續發酵。

顧維鈞因重感冒，在敦倫郊區的私人寓所休息調養，駐英國大使館的參事陳維城，向他做了詳盡的口頭報告。據陳維城說，英國飛機生產大臣克里普斯爵士（Sir Stafford Cripps）的夫人，寫給宋美齡一封長達十三頁的信函。但宋美齡沒有親自回覆她，而是由孔令侃代表回信。據克里普斯爵士夫人表示，她對這封用電報拍發的信函內容，感到十分不滿。因為，孔令侃在回信裡，不但用詞遣字草率、隨便，而且官腔官調。此外，陳維城也聽到丘吉爾的隨從人員，對宋美齡的倨傲態度有所評論。丘吉爾的隨從人員指出，丘吉爾的確有誠意與宋美齡舉行一次會談。陳維城告訴顧維鈞，孔令侃信上的內容及宋美齡的演講內容，都對英國語多批判，讓人明顯感受她和她外甥對英國的不友好態度。

克里普斯爵士夫婦曾經邀請葉公超吃飯。席間，他們亦抱怨宋美齡未能應邀到英國十分可惜。原因是「丘吉爾可能會被夫人的品德所打動。……強烈的個人印象，可能使丘吉爾對中國採取同情的行動。」並稱，英國人對中國是非常友好的，而宋美齡的反應卻令英國友人失望不已。

第三節 和宋子文明爭暗鬥

在美訪問期間的宋美齡，固然因為她強悍的個人風格，攪亂了國府與英、美外交的

「一池春水」；無疑的，宋美齡還是憑其個人魅力，為國府爭取到相當數量的盟國軍經援助。然而，在此同時，也不免因為宋美齡有時「撈過了界」，也不期然地引爆了孔宋家族不為人知的明爭暗鬥。

陶涵在他的著作《蔣介石與現代中國的奮鬥》裡，談到宋子文、宋美齡兄妹，因為沒有妥善協調二人的遊說工作，宋美齡甚至直接告訴霍浦金斯，應該讓羅斯福直接與她商談重慶與華府之間的軍政大計，而不是透過宋子文。宋美齡在她訪問行程的最後階段，運用她的如簧之舌，得到羅斯福的允諾。

對羅斯福而言，不論是當面答應宋美齡或宋子文，面子做給二兄妹中的任何一位，均同樣可達到美國藉助中國，而削弱日本戰力的目的。羅斯福答應宋美齡，國府可以運用一九四二年、承諾過中國的一筆五億美金信用融資貸款，額度裡的二億美金，國府可以用來購買美國的黃金，在中國大後方的公開市場上，拋售給一般民眾，以對抗因戰禍導致的嚴重通貨膨脹。

宋美齡最不該做出的動作，是在她從羅斯福得到這些「好處」之後，卻跑到宋子文位於V街的「中國國防物資供應公司」，去向宋子文炫耀她的遊說戰利品。此事讓宋子文大為光火。陶涵引據蔣介石日記，指稱宋子文於盛怒之下致電蔣介石，要求他照會羅斯福，說宋美齡無權代表他交涉。陶涵又說，宋美齡在「帶著對哥哥一肚子的惱火，突然就決定要回重慶」。

宋子文之所以會與宋美齡在美國當著洋人的面，爆發這種公開撕破臉皮的事情，縱

*按：即史達林。

然是孔宋家族內部的派系爭鬥，也關係到他們在美國的利益衝突。在宋子文看來，美國這塊外交地盤，是他插旗紮營的，中國國防物資供應公司也是蔣介石欽點之下成立的，怎容宋美齡打破自家人這點默契呢？

一九四〇年六月，宋子文以蔣介石特別代表身分，前往美國。蔣介石賦與他的特殊政治任務，是在美國從事外交活動，積極遊說美國政界和商界，以洽商借款。第二年便成立了中國國防物資供應公司，主要業務是協調美國通過租借法案，援助中國抗戰。宋子文是這家公司的主持人。中國國防物資供應公司在一九四四年結束，所以實際上只存在、運作了不到五年時間。

一九四一年十二月，太平洋戰爭爆發之後，蔣介石任命宋子文為外交部部長。這位部長可能是國府部會首長裡最特殊的一位，他不必回到重慶履新，而是繼續長駐美國。因為，蔣介石交付他的任務，是尋求美國的軍事與財政援助。

香港學者鄭會欣的論文〈有關宋美齡訪美期間的幾份電報〉指出，宋美齡雖然是宋子文的胞妹，出訪美國的任務亦與其兄大致相同，但兄妹二人之間的關係似乎並不是想像中的那麼融洽。特別是宋子文一直視對美外交為其禁臠，因而最初他並不贊成宋美齡訪美。不過，宋美齡訪問美國的交通工具，還是由宋子文請美國空軍支援一架專機，特地遠渡重洋到重慶接宋美齡，才得讓宋美齡從被日軍包圍中國東部沿海地區的情況下順利成行。

誠如前文提及，一九四〇年，宋子文在被蔣介石外放美國之初，就安插了一個在蔣介石身邊的內線古達程，時時刻刻為宋子文通報，蔣介石核心與週邊發生的大小事件。

例如，一九四三年六月十九日，宋美齡準備離美回國前，古達程即通報宋子文五則，蔣介石致電宋美齡的相關訊息：

「頃委座致夫人各電略謂，一、史迪威來見，得悉海軍所用兵力，請向總統表示感謝，並望其能加派陸軍二、三師。二、關於史丹林*覆函內容，於可能範圍內，請總統明告一、二，余甚望俄能供給美國以西比利亞空軍根據地，俾直接轟炸日本。三、對戰後遠東和平善後問題，應照面囑各事，再與羅商討，做一結論，迅即回。四、關於旅順、大連問題，中國只可與美國共同使用，不宜與他國共用。五、與羅別時，最後應相機提出史迪威問題，但不必太正式，亦不以不可不撤換方式出之，只以實情告之如下：

「甲、史對余不能合作，余為大局計，均能容忍，惟其對中國軍民成見太深，以二十年前之目光看我今日之革命軍民。乙、故自史來華，我軍隊精神因之消沉、頹喪，蓋史視中國無一好軍人，無一好事，而根本不信我軍能作戰，更不信我勝利，故欲其指揮盟軍以求勝利，無異緣木求魚，而彼對自己所處理之事與計畫以為無一不好，固執不變，毫無商洽餘地。丙、故現在我軍對史失望，以為如再聽其指揮，不惟無勝利，必大受犧牲，非至全敗不可。彼之態度，是來脅制中國，而非協助抗日，其結果與美國之熱忱援助及友愛精神相反。余為史對於一般軍官嚴加勸誡，令與合作，惟長此以往，時時發生誤會，則不勝防制之苦。故為作戰及大局計，深望羅總統明瞭此事真相與現狀，蓋甚恐其華盛頓將來失望，故不敢知而不言也。」

所以，由於古達程這位「內線」的時時通風報信，類似史迪威事件爆發前，宋子文幾乎與蔣介石、宋美齡同步掌握真確情報。這也是宋子文對蔣宋「留一手」的事例。

宋美齡去跟宋子文炫耀，她在羅斯福那裡爭取到的美國援助。但是，宋子文也反將了宋美齡一軍。

一九四三年六月中旬，宋子文致電蔣介石，轉述了羅斯福對他說的一番話：「蔣夫人此次蒞美，予美國人以深切之好感，惟旅行目的已完全達到，最好不再公開演說，至阻礙其病體恢復。」誠如丘吉爾致函艾登所說的，對宋美齡「有人認為她在這裡待得太久，已不受歡迎」。這個「有人認為」，究竟係指涉羅斯福夫婦，或是美國軍政首長，丘吉爾沒有明確交代。但丘吉爾必然心知肚明，講這話的人是誰。甚至可能連宋子文都知悉內情，而苦於無法跟蔣介石吐露真情，否則將更使蔣介石置於難堪的地位。其實，羅斯福這樣講話，語氣是很重的，等於是在間接下達逐客令。

宋美齡初到美國，尚在住院治病那段時日，無論是蔣介石、宋美齡，都還未決定，是否她以正式身分展開訪問行程。這個時期的羅斯福，對宋美齡是「既期待又怕受傷害」的；羅斯福滿心期待與中國結盟，為日後的太平洋戰爭，尋找共同對付日本的側翼盟友，故而極力拉攏國府。順利鋪排宋美齡以中國第一夫人身分訪問美國，待以上賓之禮；甚至破例鳴放二十一響禮炮，可見美國白宮對宋美齡禮遇之隆。待宋美齡如上賓，歷時七個月餘，但至一九四三年六月，羅斯福早已明顯感受到，宋美齡真是個麻煩的燙手山芋。

第四節
三次白宮行之實錄

孔令偉所作的《蔣夫人美加行紀》一書，可說是宋美齡訪美期間欽定「化妝師」所撰寫的官方版訪美「紀錄」。孔令偉正是丘吉爾筆下被這位英國首相嗤之以鼻，形容為「蔣夫人走到哪，身邊都跟著一個男孩打扮、舉止極男性化的外甥女。」即便是在羅斯福夫婦對宋美齡心生不耐的美國之行的晚期，這位宋美齡的最愛，在書中仍忠實地記載著宋美齡在白宮的「光明面」。

茲將孔令偉卯足全力為宋美齡搽脂抹粉，把三次白宮之行的目擊情景放在一起，比較這三次白宮之行究竟有何異同之處。

初訪白宮

美總統夫婦車站親迎

夫人訪問華府之說，美國報紙傳載已久，同表歡迎。三十二年二月十三日，全美各報刊布夫人訪問日程，於是，渴慕多時之華府人士知夫人之來訪，已由風傳而將成事實，歡欣告語，從事於歡迎嘉賓之蒞止。是日，美國眾議院民主黨領袖麥考麥（John McCormack）宣布，夫人或將在下週蒞臨華府之消息，並稱眾議院已於十日決議，在下星期某日休息數小時，與眾議院聯合邀請夫人蒞會致辭。美國國務卿赫爾於述及夫人即將訪問華府時，稱譽夫人為世界名政治家之一，並謂華盛頓對於任何人之歡迎，將無有逾於此偉大之人物者。

二月十五日，華盛頓我國駐美大使館宣布，夫人之健康大見進步，可望於數日內離紐約，來華府訪問。但因體力關係，其社會應酬將減至最低限度，至輿論之表示充滿歡迎與企望。茲將當時報紙之記載摘譯數則如左：

二月十七日下午，夫人自紐約乘車直駛華盛頓。事前並未公布到站時間，但四時甫過，歡迎夫人之中、美人士已雲集站內，自車站至白宮所經之憲章路，歡迎群眾鵠立以俟。羅斯福總統偕其夫人親自詣站迎迓（按向例，世界各國元首來美時，總統與其夫人方親自到站迎接）。此外，宋部長子文夫婦、宋子良先生、魏道明大使夫婦、劉鍇公使、朱世明武官、前駐美大使施肇基，及各華僑團體代表等，先後進入站內恭候。美國國務院遠東司及交際科亦派代表，趨站招待。五時二十分，專車緩緩進站。停車後，夫人從容下車，宋部長女公子獻花。總統夫人首先趨前歡迎，總統因行動不便，攜其愛犬坐於車內候迎。夫人與總統夫人略做寒暄，相偕步行出站。群眾脫帽、鼓掌以示敬禮，夫人與總統彼此握手問安，後遂登車與總統並坐。總統夫人則坐於其前之活動小椅上。警士數十人乘機器腳踏車前導，駛往白宮所經之處，遍布警探，路旁群眾鼓掌高呼，歡聲動地。當晚總統夫婦在其私人小餐廳內，舉行家庭晚餐宴請夫人。此後數日，夫人均住白宮，為羅斯福總統夫婦之上賓。由筆者及家兄令侃隨侍左右。

以上是孔令偉筆下的宋美齡初訪白宮之情景。羅斯福夫婦，乃至全美民眾，莫不把宋美齡待若國之上賓，備極隆重、盛情。

再訪白宮

五月二日上午十時，夫人於美政府便衣衛隊一路嚴密警衛之下，乘汽車離紐約，赴波爾地磨（Baltimore）。下午五時抵達，此行雖未公布，而夫人入貝爾佛地旅館（Hotel Belvedere）時，門口仍滿站歡迎之群眾。晚間，接見駐華美國空軍司令陳納德將軍，與我國毛邦初將軍及宋部長子文。

五月三日上午十一時，夫人由波爾地磨抵華盛頓，直赴白宮。總統夫人迎於門外，偕至夫人居室，對於重晤夫人極表欣忭。晚七時半，夫人與總統晤談。

五月四日日間，夫人接見美國軍界要人，參謀長馬歇爾、史迪威將軍、陸軍航空隊總司令安諾德、陸軍部次長麥克雷等。同日下午五時至七時，再與羅斯福總統談話；七時半，赴總統晚宴。宴畢有電影餘興。所映影片，一為美軍在菲律賓抗日戰績。一為西班牙之少年受法西斯主義之訓練，昔日擁護共和政府，而被囚或被殺者之兒女，均被現政府擄入集中營，與父母隔絕，受獨裁主義之教育。與宴之來賓睹此影片，無不重加非議。

總統夫人亦認為，此種政策大背人理。美國人對於法西斯主義者之反感，可見一斑。客散時，夫人預向總統夫婦道別。總統夫婦特請夫人，在回國以前再臨華府一行。夫人此次蒞美，總統夫婦始終表示歡迎，禮節異常周到，招待亦極殷切。此實中、美親善之象徵。

五月五日上午十時，夫人離白宮。總統夫人送至門外，下午六時半，安返紐約，寓華爾道夫旅館。

宋美齡第二次抵達白宮，時隔二個半月，雖不能說是前後判若二人，但亦可感覺隆重之情緒，已有降溫趨勢。

至於第三度造訪白宮，則是宋美齡在返國臨行之前，向羅斯福辭行之表示。

三訪白宮

夫人自訪問加拿大返回紐約後，羅斯福總統夫婦曾至海德公園設宴招待，暢敘終日，有如家人。事後，總統返華府，總統夫人則赴某地演講。及至六月二十四日，夫人以一切事務均告終了，乃摒擋行裝準備歸計，於是日由紐約乘火車抵華盛頓，即往白宮，做第三次之訪問。家姊令儀與筆者隨行。此次係專向羅斯福總統夫婦辭行，並致謝在美期間美國上下熱烈歡迎之盛意。

其時，羅夫人尚未返抵華府。總統親在白宮門首迎迓，當晚，特設宴，為夫人餞行。翌日（二十五日）夫人出白宮，乘火車離華府南行，赴佐治亞省（Georgia）之瑪康（Macon），接受魏斯里恩大學贈予之榮譽學位。而後登程返國。總統出送，珍重聲中，飆輪遂發。

結束美國訪問之行，不論是羅斯福或宋美齡，不論是美國政府或重慶政府，都是一樁不願意太過著墨的「大事」。它，是悄悄進行；她，也是悄悄地走，不帶走一片雲彩。

這事有蹊蹺，為什麼宋美齡第三次前往白宮辭行，身為女主人的羅斯福夫人竟然不在家？是巧合，抑或是發生了什麼不為人知的內幕？

宋美齡第一次造訪白宮時，羅斯福夫人明明還代表不良於行的丈夫，趨前迎接並擁抱她。第二次訪問白宮，也還親自相迎。何以第三次到白宮辭行，反而不見了人影？難道丘吉爾所謂的「有人認為她在這裡待得太久，已不受歡迎」，這個「有人」就是在說羅斯福夫人嗎？

離美返國之驚險航程

為了護送宋美齡返回中國，確保全程安全、穩妥，白宮和美國軍方費了不少心思。據說，霍浦金斯、美國戰爭部空軍參謀長、美國陸軍航空隊司令，至少發了十幾封電報和孔令侃溝通、協調，宋美齡歸途的相關細節。諸如，中途起降加油、行程及行李載送……等諸多鉅細事務，都要事前張羅、克服。更重要的是，宋美齡嚴重暈機，每次搭飛機，侍從人員必定事先要為她在飛機上備好躺椅，以便平躺以緩解。因而，羅斯福特地交代霍浦金斯，要美國軍方為她安排一架寬敞的DC-4型飛機。而且飛機上要安裝二張可以平躺的床舖，供宋美齡休息和解除暈機症狀之用。

雖然宋美齡這趟美國之行，宛如一場戰爭。而宋美齡的往返航空旅程，才是扣人心弦、生死一線間的死亡之旅。《蔣夫人美加行紀》詳實記載了宋美齡專機歸程中，幾幕令人難以忘懷的驚險場面。

歸國

六月二十九日，夫人自美國南部之某機場，登美政府特備之四發動巨型機，啟程返國。董副部長顯光及筆者隨行。羅總統特派祕書一人隨機護送，一路行程隨時報告總統。關切逾恆，彌足心感。

機上駕駛員、電務員、機械員等，均係遴選而來之航空幹才，經巴西、南菲、印度，於七月四日下午五時安抵陪都。夫人下機後，由筆者親為駕駛汽車，護侍返邸休息。夫人為國宣勤，以精神戰勝體力，雖收穫殊豐，而勞瘁甚矣。

此行航程亙六日五夜，途中每次降落加油、檢查機件，所停各地均有美國軍醫及護士悉心照料。其中且有某護士，通宵守侍，未離一步；蓋夫人於起飛之日因受涼，致感不適。機師等知夫人身體違和，故竭其可能縮短飛航時間，以期早達重慶。機長於最後一程中，竟連續二日夜未曾闔眼，其意念中只有迅速與安全，以完成其護送之使命。此種忠誠服務之精神，至足令人感佩。至彼等駕駛技術之精細，更有足述者。當飛機夜航於南美巴西一帶時，途中遇另一架飛機，以相等高度迎面飛來，幾至碰撞，幸機師機敏，迅即閃過。

後飛渡大西洋上空時，因預防敵機之騷擾，燈光全熄，於黑暗中發現前面有一飛機對向飛來，機師開燈號呼之不應，稍頃，該機僅露白色燈光，機師急轉向繞行以避之，蓋不能測知為己方飛機抑為敵機也。其時夫人正入睡鄉，筆者於前艙機師旁，目睹此一經過，事後思之猶為心悸。蓋飛機夜航於汪洋之上，穿行於雲海之間，當時迎面而來之飛機，雖開白燈，但驟視之直同太空中一流星而已，頃刻之間實不易辨認；設使所遇者為敵機，則更不遑細辨，而或竟肇禍於瞬息之間矣。

經菲洲上空時，曾遇暴風雨，亦賴機師等熟練之技術與通力之合作，得以安全無恙。及飛抵印度上空，復遇全程中最驚險一幕，在未尋得加爾各答時，油箱突漏油，汽油行將告罄，機長擬覓地降落。其時地面並無無線電發出消息，機長認為係在印度之加雅（Bodh-gayā，即「菩提伽耶」），一切已準備就緒，即將下降；惟最後一分鐘，遽然轉念，繼續飛航。其後始悉，初認為加雅者乃緬甸境之日軍占領區也。

最後飛經中印邊境之某著名高山時，則盤旋、爬越，歷四小時之久；蓋二萬呎以上之高空飛行，機師慮爬升過速易感氣壓之劇變，復迴避雲層，藉免機身之劇降，故緩緩盤飛；以期不使夫人感覺任何不適，其細心周到處有如是者。及抵國境上空，俯瞰所及，不僅為親切之同情、真誠之接待，抑且為實際之援助。今戰爭已成世界性，正義與暴力壁壘分明。吾國六年抗戰，忍痛犧牲，對世界已做最大之貢獻，茲得夫人激揚、提攜，予友邦人士及旅外僑胞，以更深切之認識，攜手邁進於勝利之路，則夫人此行於就醫休養之外，亦足以告慰國人矣。

第十八章

重慶緋聞風暴，衝擊宋美齡神經

> 一九四四年十月三日，宋子安發給兄長宋子文一封私密電報：「蘭頓的病狀據醫密告，甚嚴重，有變為神經病或自殺之虞。現在診治方法，係使其一日二十四小時處於昏迷狀態，以防萬一。此病原因當然為重慶事件所感觸，而最近與美國情形日趨惡劣，亦其原因之一。」大陸復旦大學歷史學系教授陳雁，將現存美國史丹佛大學胡佛研究所《宋子文檔案》裡，兩兄弟的往返電報予以交互比對，赫然發現「蘭頓」竟然是宋美齡。

第一節

重慶事件

顯而易見的，宋子文、宋子安刻意以「蘭頓」做為宋美齡的代號，惟恐譯電人員知悉內情，把宋美齡可能「有變為神經病或自殺之虞」，這樣的驚天「家醜」給洩露出去，萬一再被有心人拿去渲染大作文章，不但對國民政府不利，更有可能讓蔣宋夫妻蒙羞。最令人大惑不解的是，宋美齡到巴西治病，怎麼病情未見好轉，反而愈趨嚴重。她究竟是受了什麼刺激，何至於如此？這必須從宋子安電報裡提及的，讓宋美齡有所「感觸」的「重慶事件」追索起。

一九四四年初夏，忽有流言指稱「蔣介石和一位護士有非法關係，並且生了一個兒子」，這麼一個讓黨國為之震動的緋聞，以驚人的速度擴散傳遍抗戰陪都重慶山城。甚至宋美齡個人也接到諸多熱心「中外人士之匿名信」告知。此即國府歷史上最詭異的「重慶事件」之由來。此事件對宋美齡的心理與神經造成了巨大的衝擊。

陳雁教授的論文〈外交與緋聞：1943-1944年間的中美衝突〉引證了《蔣中正總統檔案．事略稿本》以及《蔣介石日記》。陳雁在文章中重點指出：「宋美齡在重慶確與蔣委員長發生了重大爭執，受到嚴重打擊。看來，『緋聞』可能並不只是『謠諑』」，也「絕非空穴來風」，而且這樁緋聞傳播之廣，「對蔣宋夫婦的關係當有很大的殺傷力」。

偏偏在稍早之前，宋美齡的身體就已經出現若干問題，據蔣介石的說法，宋美齡當時的病症包括帶狀皰疹、皮膚過敏（蕁麻疹）、憂鬱症，此外還有眼疾、痢疾，這些病症交替發作，令宋美齡不勝其擾，痛苦萬狀。因此，宋美齡決定再次出國，至巴西治病。

「重慶緋聞事件」在重慶山城被炒熱之後，巷議街談沸騰一時，事情愈鬧愈大，話題愈扯愈難聽的情況下，最後迫使蔣介石不惜舉行一場茶會，向國民政府高級官員及重要外國友人直接當面澄清，公開說明自己絕未涉及桃色事件。為了澄清一樁市井流言，竟然勞駕蔣介石、宋美齡雙雙出面，主持茶會，可以堪稱是民國史上前所未聞的怪事，這場茶會表面上是為了「餞別」即將遠行前往巴西治病的宋美齡，但茶會的內容屬性無異是一場「緋聞闢謠說明茶會」。如此突兀的場合，堪稱是蔣宋兩夫婦畢生最特立獨行的一次安排了。

《蔣中正總統檔案．事略稿本》記載，七月五日，宋美齡行將出國前夕，蔣介石「約集各院院長及各部會高級幹部，與歐美友好，計共六十人，舉行茶會，為夫人餞行，並坦白說明外間之流言蜚語與敵黨陰謀之所在。」

在這場被蔣介石稱之為「餞別茶會」的場合裡，蔣介石講了什麼？宋美齡又說了什麼？胡佛研究所的《史迪威檔案》中，有一份名為〈委員長在七十五位客人參加的會議上的講話〉的文件記載，在那場蔣介石主持的餞別茶會上，蔣介石說：

「在我的妻子因神經衰弱出發去巴西之際，我決定為她舉行送別會。你們都是我的朋友。我想坦率地說明某些事情的時刻已經到了。我覺得這樣做很重要，它將成為維護革命的時刻已經到了。可能在座的中國朋友會認為我不應該說得如此坦率，但是，這是必須的。最近，在重慶社交圈內有不少謠言，有些牽涉我。你們已經聽到，但是，除了我的妻子之外，只有一位朋友告訴我這件事。他是真正的朋友。所有我的朋友都在此，當他們聽到此事時應該告訴我。這個謠言說我的個人行為不光明，說我和一個女人有不正當關係，說我和一位護士有非法關係並且生了一個兒子……

「在上一個十年中，如果我曾經有過一些貢獻，這就是道德上的貢獻。我是一個基督徒。相信它的戒律並且絕對服從。假如我不遵從這些戒律，我就是異教徒……。我和妻子的感情絕對純潔。我們的關係中沒有任何污點。我的生活裡沒有任何事情不能公開。如果謠言所傳是事實，那就稱呼我為偽君子就是了。我召開此次會議，是為了挫敗敵人的有害目的。只有當所有人都已經達到道德的高標準，我們才能面對公眾；只有我們能引導戰爭走向勝利的時候，我們才能面對孫逸仙的在天之靈。」

宋美齡緊接著起立發言，說明她對蔣介石人格之信仰，表達了堅定支持丈夫的立場：「委員長提到的謠言已經遍傳重慶。我已經聽到這些謠言，收到許多就這一問題寫給我的信。不是做為妻子，而是做為真誠的愛國者，我覺得使委員長知道這些謠言是我的職責。但是，我希望說明，永遠不可能讓我為這些謠言低首彎腰；我也不會向他詢問這些謠言是否真實。如果我懷疑委員長，將是對他的侮辱。我相信他是如此正直，相信他的品格和他的領導。我不能為任何事情侮辱他。我和他結婚已經十七年。我和他共同經歷了所有危險，嚴重者如西安（事變），所以我了解委員長性格的每一面，他在世界上獨一無二。了解他的性格，我完全相信他的正直。我希望沒有一個人會相信這些惡意的誹謗。昨天，當委員長告訴我，他正在召集朋友們到一起，我的第一個反應是『不要麻煩，謠言會自行消亡。』他回答說，這不是對個人的誹謗，通過誹謗他，他們正在誹謗做為一種道德力量的中國。這些惡意的誹謗應該立即消除。中國對世界的貢獻不是經濟，不是軍事，不是工業。中國的貢獻就是道德力量。委員長的領導正在朝向更高的目標。不斷追隨主的腳步，隨時，他是中國的力量。」

各院院長居正、戴季陶等亦先後發言，一致指出蔣介石為人厚重、嚴謹，久為眾所敬服。只是，與會者心中怎麼想，言人人殊，每個人的看法不盡相同。例如，《唐縱日記》中記載蔣介石頭號文膽陳布雷，對蔣介石的評說：「委座處理政治，如同處理家事。」中央宣傳部部長王世杰則說：「蔣先生今日約黨部、團部幹部同志三、四十人暨中外基督徒若干人，在山洞官邸茶會。在會中，蔣先生宣布二事：一、蔣夫人將赴巴西養痾，休養畢將訪若干友邦。二、外間近有人散布謠言，誣衊蔣先生私德，謂其有外遇等等情事者，顯係有人欲藉此類造謠，以搖動同志與軍隊對彼之信心。蔣夫人亦有演說，指述此類誣衊之用意，與彼對蔣先生之敬信。」

很難想像一個參與過北伐、剿共，以及一二八事變以來的對日抗戰，威儀棣棣的大元帥，究竟以什麼樣的神情發表如此深沉、痛苦的談話。

同樣的，一位忠心耿耿陪伴他十七年，同甘苦共患難，一同承擔戰爭與和平的危難艱險，一同度過榮辱與共的重大事件，一同面臨死亡與重生的喜怒哀樂跌宕起伏的「第一夫人」，是如何看待外界對丈夫繪聲繪影的謗議與眾口鑠金的污蔑，而她又是在什麼樣的複雜心緒與沉痛感受下，即便心頭淌血，還得強忍悲痛，講了這段戮力捍衛丈夫人格尊嚴的談話。

對此，在《蔣介石日記》中是如何夫子自道呢？七月六日：「妻近日接匿名信甚多，其中皆言對余個人謠諑、誹謗之事，而惟有一函，察其語句文字，乃為英國（美）人之筆。此函不僅詆毀余個人，而乃涉及經、緯兩兒之品格，尤以對經兒之謠諑為甚，亦以其在渝有外遇，且已生育孳生，已為其外遇之母留養為言。可知此次蜚語，不僅發動於共黨，而且有英、美人為之幫同，其用意非只毀滅我個人之信譽，且欲根本毀滅我全家。幸余妻自信甚篤，不為其陰謀所動，對余信仰益堅，使敵奸無所施其挑撥離間之技倆。可知身修而後家齊之道乃為不變之至理，安可不自勉乎哉！」在餞別茶會的第四天，七月九日：「據妻近日所言，其所接中外人士之匿名信，各種揑造是非，無中生有之誣詞，甚於其往日之已言者。反動者此次造謠作用，其第一目的在挑撥我夫妻情感，先使我家庭分裂，然後毀滅我人格，則其他目的皆可迎刃而達矣。惟妻對余篤信不疑，已在餞別時發表其篤信之演辭。」

即便如此，宋美齡的心情可說極其沉重。這趟巴西之行，較諸一年多前造訪美國，可說完全不可相提並論，她的情緒低盪到了谷底。

「送別茶會」，與其說是為了送別宋美齡，更不如說是蔣介石在想不出更好的方式「自清」與「反擊對手污蔑」之後，做出唯一的自保動作。

七月九日，宋美齡出發前往巴西，對外的說法是要去治病。一個禮拜後，國民黨營的《中央日報》發布了一則消息，標題是「屏除工作，易地養病，蔣夫人抵巴西」，說：「蔣夫人於本月九日離渝赴國外養病，業於十三日下午到達巴西首都里約熱內盧。本社有關方面探悉：蔣夫人從自去年訪美、加歸來以後，以工作關係，迄無休息機會，致健康未能全復。據診治之醫生言，渝地氣候不宜，必須易地療養，且屏除工作完全休息，則最近期內即可全癒云。」

惟宋美齡病情嚴重，對之憂心如焚的蔣介石，在接到巴西來的消息時十分不捨。《蔣中正總統檔案．事略稿本》指出：「夫人近日病狀轉劇，手心、足底皆起水泡，醫生已不准其接見親屬，公聞之不勝懷念曰：『妻病嚴重，惟有禱告天父使之速痊，彼必為國內、外形勢與美國輿論所刺激而致此也。』」

所以，蔣介石在八月二十六日致宋美齡的電報上說：「羅（總統）私人代表哈雷等本月內可以到重慶，甚望吾愛能早日痊癒，回國襄助也。」當然，這一方面是因為蔣介石在外交工作上對宋美齡的依賴極深，宋美齡不在身邊，即令蔣介石惶惶然不知所以；另一方面，這也是他倆示愛的一種互動模式。

第二節 美國的陰謀

但是，宋美齡為何捨棄醫學比較先進的美國而去巴西？又，九月二日，蔣介石致電宋美齡說：「現在美國召開和平組織會議。中美英會議未閉幕以前，似暫緩赴美為宜。」但隔不久，當蔣介石又打電報催宋美齡出發去美國，即發生了「蘭頓疑心重重，尋死覓活」，不願意從巴西前往美國的情況了。換句話說，在巴西等候啟程赴美的這陣子，宋美齡的精神狀況出現了問題。

她的內心世界到底在猶豫些什麼？憂慮些什麼？疑忌些什麼？為什麼宋美齡這時裹足不前，不想去美國了。美國不是宋美齡的第二故鄉嗎？美國不是她為國家、為蔣介石奮戰的外交戰場嗎？宋美齡不想去美國，很大的一個原因應當是，美國朝野及報章已遍傳她丈夫「鬧緋聞」。自從中、美成為盟國以後，重慶的小道消息，很快就會被此間的美國記者以花邊新聞的處理方式發回國內，不久就成為美國報端掀騰一時的國際八卦新聞。事實上，「重慶事件」的發端是出自美國大使館三等祕書謝偉思（Johns S. Service），打回美國國務院的戰時電訊文稿。五月十日，謝偉思「揭發」的有關蔣介石的私密世界情報聲稱：「消息普遍認為，委員長是在夫人逗留美國期間搞到他的新歡……，關於這位新歡的身分有各種說法，其中主要的是：她是陳潔如小姐，……她是陳立夫堂妹，相當年輕貌美，由陳立夫在夫人逗留美國期間介紹給蔣，以做為一種並不是很有獨創性的努力，鞏固他自己和CC集團的地位；她是（有些消息是另一個女子）一個美麗的福建姑娘，經政學系介紹，獲得了委員長的歡心，政學系企圖以此來玩弄其裙帶政治。」謝偉思這份內容漏洞百出、牛頭不對馬嘴的情報，甚至還誇張地以戲劇性筆法聲稱：「有一天，夫人走進委員長的臥室，發現床下有一雙高跟鞋，就從窗口丟了出去，並打中了衛士的頭。」

謝偉思這份戰時電訊文稿於他退休後，在一九七四年整理成《*The Lost Chance in China*：*The World War II*：*Dispatches of John S. Service*》（在中國失去機會：第二次世界大戰期間謝偉思文電稿彙編）出版。

楊天石教授在〈宋美齡巴西之行與蔣介石的「婚外情」傳說〉一文中指出，謝偉思以「蔣介石家庭內的糾葛」為題，向美國國務院報告，指稱「關於蔣家家庭發生內部糾葛的消息，在重慶真是傳說紛紛。幾乎每個人都能為已普遍為人接受的消息，提供一些新的細節和說法，即委員長找到一個情婦。」但是，任何對蔣宋家族稍有基本認知者，均可從謝偉思粗糙且充滿主觀想像的電訊文稿中，輕易看出破綻，更遑論謝偉思這份報告存在著太多的謬誤與邏輯不通之處。首先，陳潔如與陳立夫毫無親戚關係。一九四四年這光景，陳潔如也已是三十八歲的中年婦女，談不上「年輕」貌美了；再者，陳潔如是祖籍寧波的上海人，和福建毫無地緣與親緣淵源；再者，陳立夫所屬的CC系統和政學系是兩個截然不同的派系，一會說陳潔如是陳立夫介紹給蔣介石認識的，一會又說是政學系介紹的，用以玩弄裙帶關係。對國民黨派系一知半解的謝偉思，顯然把CC系統和政學系這兩個派系完全混為一談。

從宋美齡的角度來說，關於她丈夫和前妻陳潔如「重修舊好」、「死灰復燃」等訊息，固然均屬不實傳聞與惡意中傷。但是，不過一年多前，她才剛從美國完成初次正式訪問，回到中國，現今她和她的丈夫居然成為不實謠諑的風暴核心。可想而知，這必然讓好強爭勝的宋美齡陷於極度困窘難堪的境地，顏面盡失，無法再在美國面對上流社會政治菁英，甚至連在美國友人面前立足的餘地都沒有了。內心世界千絲萬縷的糾葛矛盾讓宋美齡備感痛苦，乃至失去了活下去見老朋友的勇氣和尊嚴。

同樣的，這些原本不足一笑的馬路消息竟鬧得如此沸沸揚揚，也讓蔣介石唯恐美國媒體散發的這類八卦訊息，以及對他個人及蔣宋家族內部的中傷，一旦在美國無止境散播，不但損傷他個人的國際聲譽，危及他的政治生命，恐怕將更進一步影響美國對中國的軍事、經濟援助。所以，一九四五年一月二十二日，蔣介石十萬火急地打電報到美國，給宋美齡的外甥女孔令偉，說：「姨母病狀務望隨時詳報，令尊諒已復元。茲有要事相託，……去年美國各地各報，無論日報或刊物，凡對中國及對余個人與家庭各種謠諑與謗毀，一律收拾寄來。尤其共黨有關之報紙與刊物，更應注意。不論其事大小，或其輕重，均須搜羅不遺為要。」

蔣介石始終有成見，認為那些攻訐與共產黨有關，當時他還沒弄清楚到底是誰在散布「謠諑與謗毀」，他可能壓根都沒想過，蒐集重慶的街譚巷議向美國國務院打報告的竟然是謝偉思。蔣介石是到什麼時候才警覺到，散布「謠諑與謗毀」的竟然是美國駐華大使館呢？

蔣介石在一九四五年日記裡的〈民國三十四年大事表〉有一段評述：「去年一年間，中共與美國駐華大使館協以謀我之陰狠，實有非人想像所能及者，今春美國大使館之失火，其內容乃為滅絕其對我各種陰謀文書，故而故意縱火也。思之寒心。」蔣介石發出深感「寒心」的感慨，認為這個「謠諑與謗毀」與美國降低與國府的關係必然不可分割。而美國駐重慶大使館的那場「無名火災」，更引人疑竇必然是美國包藏了一個不堪聞問骯髒齷齪的政治陰謀。防火措施向來極其嚴謹的美國大使館，半夜竟然會發生火警，顯然是有心人企圖毀滅跡證，一把火燒掉使館內暴露美國倒蔣陰謀的祕密文件。

蔣介石相信，美國無故斷絕對國府的接濟，就是受了惡意中傷他的「謠諑與謗毀」的影響。更可恨的是，這些謠言與誹謗最盛行的時間點，竟然是在一九四四年五、六月間，美國副總統華萊士來華訪問期間。當時朝野各界和巷議街譚，居然都以美國散播的這些謠言和誹謗為材料，許多民眾甚至信以為真。

蔣介石認為美國大使館的人惡整他，散播的謠言和誹謗嚴重傷害他本人，更損及國府與美國的邦誼與關係。可是，更令他恨在心頭難以言宣的是，這些莫名其妙的謠言與誹謗差點讓宋美齡陷於瘋狂狀態，甚至差一點走上絕路。美國人做得太過分了，是可忍，孰不可忍？

受美國教育的宋美齡，處處迷戀美國，事事以美國為尊，哪裡曉得美國居然會在背地裡對她「下毒手」。可是，聰慧如宋美齡難道會如此茫然不覺嗎？

其實，光從表相上看，宋美齡不去美國，而去醫藥水準較落後的巴西，就已經透露出若干訊息，即美國當局與國府之間的盟友關係似乎已出現變化。也就是說，宋美齡除了對「重慶事件」感到羞憤不平，更有一種與丈夫蔣介石榮辱與共、休戚與共的深刻感受。此時，蔣介石、宋美齡可說是夫妻同心，敵愾同仇。這也是為什麼宋子安說「最近與美國情形日趨惡劣，亦其原因之一」的道理所在。

試想，謝偉思對蔣介石的誹謗與詆毀，是他個人的偶然行為嗎？位卑職低的他與蔣介石往日無怨，近日無仇，為何要對蔣介石使出如此卑劣手段？是有利於他個人的升遷？或者基於職務上的需要，使他必須這麼做呢？

楊天石認為美國人之所以炒作蔣介石的緋聞，最根本的原因是美國政府對蔣介石及其政府強烈不滿，尤其，自從日軍於一九四四年四月發動「一號作戰」以來，對國民黨軍無法有效抗擊日軍失去耐心。

日軍發動一號作戰，有四個主要的戰略目標。一，是打通從中國東北到華南地區的交通線。二，占領或摧毀中國廣西、江西等地的美國轟炸機基地。三，對印度及緬甸的美、英盟軍發動一次總攻擊。四，直接進迫甚或占領國府抗戰基地四川。這場戰役在宋美齡離國前往巴西之後，進入最緊急的關鍵階段，因而亟欲逼迫蔣介石把統帥權交給史迪威，讓美國人主導中國戰場的對日作戰全局。美國羅斯福當局還向重慶政府提出警告，明示蔣介石應該當機立斷，採取行動，如此方可保存蔣介石這六、七年來的抗戰成果，並且延續美國對中國的援助計畫。

美國史丹福大學教授郭岱君在〈不容青史成灰：抗戰收復臺灣〉一文中指出，「蔣史爭執，再加上一九四四年日本發動一號作戰，國民政府在戰場與對美外交上面臨極大的挑戰。」

八、九月間，可說是蔣介石在抗戰時人生最低潮的階段，甚至一度興起自戕結束生命的念頭。郭岱君指出，在內外交迫的形勢下，蔣介石經常「憂惶不能眠」，蔣介石在日記中說到他「昨夜三次起床禱告」、「昨夜兩次起床禱告」。印證於豫湘桂會戰時期，蔣介石內心極度焦慮。甚而，在衡陽保衛戰的最後階段，方先覺率領所部第十軍一萬七千人，與武器裝備居於絕對優勢，且兵力多達十萬之眾的日軍，血戰四十七天。日軍三次增補後備援軍，而蔣介石窘迫到手上無兵可調，每日只有徒託禱告，並在日記中寫道：「余已盡一切可能力量，如今只能靠上帝了；倘此役不幸失敗，余只有自殺以對國人。」

衡陽最後還是於八月八日淪陷。

史迪威事件

次月，羅斯福即來電報，壓迫蔣介石把中國戰區的軍隊指揮權交給史迪威，羅斯福當局甚至以卡斷對華軍援相要脅。交出統帥權，對一位軍事領袖而言，無異是天大的污辱。這也絕對是當初蔣介石處心積慮爭取美國援助，共同抗擊日寇，始料未及的。試想，蔣介石歷經了黨內近二十年權力鬥爭，打遍黨內無敵手，好不容易才爬到了今天的高位，他豈肯輕易交出統帥權？面對美國這樣的污辱與凌遲，他當然抵死不從，據理力抗。

《顧維鈞回憶錄》中記載，九月二十七日，顧維鈞在美國見了孔祥熙，「孔對我說，他剛剛收到委員長的一封電報，委員長十分氣憤地說，美國把中國當做一個衛星國。他認為史迪威是禍根，並拒絕答覆羅斯福的來函。我敦促孔再拍封電報，讓委員長平靜下來。只有他有資格對委員長講明實際情況。」顧維鈞的看法是「遷就一下這個盟國沒有什麼不得了，因為現在是戰時。」

「英國也正在這樣做。它對美國就持依從和忍讓的態度。美國對蘇俄的態度也是這樣。無論給予盟國什麼，都只限於戰時，委員長無論如何仍是中國軍隊的統帥，因為他被任命為中國戰場的最高司令，史迪威是委員長的總參謀長。孔說，那樣一來委員長就會成為一個掛名司令，因為史迪威將接受華盛頓的命令。」

基於外交務實的觀點，顧維鈞給蔣介石打了一通電報，說：「在電文中，我首先指出，美國報界不斷發表的對中國的指責，一定是上面授意的。這表明美國政府領袖們有很大的情緒，對我們的態度十分不滿，反應十分強烈。其次，我對委員長說，美國政府的主導思想，是盡快取得戰爭勝利。再者，我指出，中國處於當時的地位，美國的友誼是不可缺少的，而且我們的首要目標，也是儘快贏得戰爭的勝利。就是戰後，我們也需要保持與美國的友好關係，以重建我們的國家。」因此，建議蔣介石「在當前的情況下，不能讓他們大失所望，以至他們撒手不管，讓我們自己處理自己的事。我們要有耐心，要表現出容讓的精神，以便達到獲取對日戰爭勝利，拯救我國於危亡這一首要目標。」

九月二十九日晚上，孔祥熙又邀約顧維鈞共進晚餐，聊到深夜。孔祥熙說，當天蔣介石還來了一封電報，強調他是國民政府的主席，因此在關係到中國主權和國家未來的問題上，他是不能讓步的。蔣介石甚至強硬地表態，即使美國以撤回第十四航空隊來答覆他的不妥協立場，他也不會改變他的以上堅持。蔣介石表示，他寧可像中國抗戰最初幾年那樣，雖係獨力奮戰，但他至少可以依自由意志做合乎自己意願的事情。

蔣介石的機要祕書周宏濤口述，作家汪士淳先生撰寫的《蔣公與我》書中亦述及，「他（蔣公）親自撰寫致羅斯福與在美的孔祥熙副院長及蔣夫人的電文，交給我發出；二十六日，蔣公又交下兩通親自寫就的電文，分別是給孔祥熙及蔣夫人，文內詳敘史迪威事件始末，及致羅斯福私人代表赫爾利將軍備忘錄的經過，然後要求孔祥熙及蔣夫人，均須堅持撤換史迪威，任何人來說情都應該嚴正拒絕。二十八日，他又指示孔祥熙不要再向美國要求任何援助。」其實，早在一九四三年二月二十八日，宋美齡即以其與羅斯福交手的經驗，在一封電報中提醒蔣介石說：妹此次在白宮迭與羅總統談話，諸事均照我在渝所定原則辦理，但做法妹均隨機應變，一切暫不便電告，俟妹返國，再行詳述。」總之，羅總統為人頗難應付，但其所以能總攬美政治如此長久，故亦不能稱怪。

遭到盟邦如此落井下石對待的蔣介石在日記中慨嘆：「余實已心碎精疲，幾不能久持。」湊巧的是，這時也是宋美齡一度陷於「神經病有自殺之虞」時。

卒以蔣介石堅持不允，最終以白宮方面讓步，而終結此一盟國之間的嚴重分裂與矛盾。到了十月，羅斯福才改派魏德邁（Albert Coady Wedemeyer）接替史迪威，史案才因此告一段落而落幕。

在逼迫美國政府撤換史迪威，拒絕美國軟硬兼施迫其交出統帥權的拉鋸戰中，蔣介石固然在與美國鬥爭的第一回合中，取得初步勝利。但是，美國也在碰了硬釘子之後，使出最狠的釜底抽薪之計，一是停止美援，一是採取毀滅蔣介石政治人格的手段，散播極不利於蔣介石及其妻子、家人的八卦，意圖從根本上摧毀、銷蝕蔣介石的政治資本。

蔣介石尤其覺得惱怒的是，美國大使館的人一方面散播不利於他的謠言和誹謗，另一方面，美國大使高斯在民國三十三年十月離開重慶任所後，白宮居然拖了二個月都不派大使，遲至十二月才派赫爾利（Patrick Jay Hurley，《蔣介石日記》作「哈雷」）大使接任。可惡的是，赫爾利都已經抵達了重慶任所，卻不向國府，不向蔣介石遞交到任國書，施施然故意延遲整整一個月，才向國府呈遞到任國書。換言之，美國和國府之間的邦交，居然莫名其妙地無故實質「中斷」了長達三個月之久。這在世界大國的外交慣例上是極為罕見的，更不是美國這樣的大國該做出的舉動。

不只這樣，惡夢還沒真正開始呢！世界局勢向來是強權政治在主宰的，而蔣介石似乎太低估美國了！和湯姆大叔撕破臉的結果，不光是被美國外交官惡意散播謠言，恣意污蔑，進而降低彼此原本的聯盟關係熱度，甚至在國際強權角力場上，不忘時時給國府穿小鞋。羅斯福與蘇聯的史達林、英國的丘吉爾沆瀣一氣，在雅爾達會議祕密達成協議——《雅爾達密約》，聯手出賣中國利益，又何嘗不是蔣介石的國府當局先前與羅斯福政府間，各種摩擦日積月累下的後果呢？

在巴西，宋美齡得了那場被視為「有變為神經病或自殺之虞」的大病，整整臥床大半年才慢慢轉好。民國三十四年三月十九日，宋美齡陰曆生日，蔣介石打電報給宋美齡，說：「二月十二日誕辰又到，夫婦不能同聚一堂，祝福為念。惟望天父給我良人早日痊癒回國，共仗國事也。兄明日赴緬、滇視察，約十日後方可回渝，特此預祝。」

宋美齡的病體要到七月下旬才大致復元，恢復往日活躍，是以，七月二十一日，蔣介石打電報給宋美齡說：「玉體已漸康復，欣慰之至。關於外交與政治事，暫勿行動，總以先保玉體為重，否則恐為此一受刺激，舊病復發，則以後更難醫治矣。培風又到否？務望吾愛於秋涼後先回國，再商定訪美國時期也。」

宋美齡纏綿病榻整整一年，堪稱是一場與死神搏戰拉鋸的大病了。宋美齡無異是從死神手裡幸運滑過，才得以僥倖重新恢復了健康。

第十九章

捍衛孔宗家族，金光閃閃惹民怨

宋美齡結束美國之行後，宋孔家族一些違法亂紀、結黨營私的醜事逐一浮上檯面，有的甚至掀騰一時，成為重慶巷議街譚的市井話題。代表人物便是掌理國府財政大權的財政部部長、行政院副院長孔祥熙。須知，孔祥熙的後面是他的太座宋藹齡，宋藹齡在宋家是發號施令的大姊大，宋美齡凡事唯宋藹齡的馬首是瞻。而在明處，宋美齡則又仗恃著她的第一夫人光環，儼然成為孔宋家族的「保護神」。

第一節

孔祥熙的金權王國

孔宋家族搞的一些見不得光的事，是抗戰時期國府大失人心的一個關鍵。蔣介石的核心幹部唐縱留在大陸的日記，就披露了許多不為人知的內幕。例如，一九三九年八月的《唐縱日記》記載：「近來物價飛漲，人心浮動，咸謂非懲辦囤積居奇者，不足以平市價。聞重慶囤戶甚多，委座下令緝捕。緝捕後為孔祥熙所保釋，聞者無不嘆氣。」

非但孔祥熙保護屬下作奸犯科者，就是蔣介石本人也被國府官員中的有識之士批評，認為他不該包庇不法，光說不練。如果不是他庇護姑息，不好好澄清吏治，國府就不會搞得人心大失，一發不可收拾了。

國民黨中央監察委員會祕書長王子壯，在一九三九年一月二十七日的日記中就寫道：「蓋為惡作非之行，人必時自矜點，防人之公開批評也。所慮者情面難除，私心隱諱，使善良之法，無甚推行進展之法耳。如孔之用人，據一般人批評確有若干之不當。以其輔及二十之長子主持關係國家前途重大貿易信託局，少年得志，凌駕一切，外間且攻擊其弊竇叢生，尚有若干事實舉發於蔣先生，此事涉國家且為彼之親屬，理宜從嚴徹查糾心錯誤。但蔣先生於到重慶之初，舉行紀念週訓話之餘，盛稱孔之辦理財政卓有成績，至外間有若干之攻擊，逕調查結果，或無其事或係低級人員之錯誤，輕輕一句，頓消前失。以蔣先生之聰明。當知派員調查一已親屬之不易，負此調查之責者，豈有不盡力彌縫之理，重情節者諉諸小職員，餘則悉予以粉飾。果有此情節，應予重罰，今亦信之，淡焉不理。實非善處事理。振奮人心之道。於此情勢之下，果有一、二被處罰者，亦將自怨其非當局之至親而已。處此亂世，信賞必罰，極端重要，蔣先生每屢言之，何行之之不篤耶？」點名批判蔣介石虛應故事，掩護親戚營私舞弊的情狀。

孔宋家族在國府時期操控著整個國家的財政大權，尤其是一九三〇年代，更是如日中天。

一九三三年九月，急匆匆趕著要對江西中央蘇區展開第五次圍剿的蔣介石，在這緊要關頭用錢孔急，猶如熱鍋上的螞蟻。惟宋子文在四月出國訪問美國、英國、法國、德國、義大利、比利時和瑞士，主要是出席美國總統羅斯福所發起的華盛頓經濟討論會，並與羅斯福發表聯合聲明。美國政府罕見發表，對日本侵略中國的不滿。不過，宋子文此行更大的成就是，他代表國府與美國簽訂了一項價值五千萬美元的《中美棉麥借款協定》，這是國府成立以來，政府部門得到的最大一筆美國借款。

吳景平、郭岱君教授在《宋子文與他的時代》一書中指出，在宋子文出訪的那四個多月，國府的財政開支大大超過了預算，局面到了不堪收拾的地步。國府向各銀行的借款高達六千萬元，甚至連中央銀行也加入借款行列。由於宋子文曾經在一年前向國內工商界、金融界承諾，一年內不再為了內戰或行政開支借支新的內債。因此，當宋子文返國，看到這種狀況時，不得不自毀承諾，在十月下旬做出立即發行一億元關稅庫券的決定，但這一情勢也逼使他向蔣介石正式提出辭呈：「弟自廿年先母見背，北站遇刺；繼以日本事變，屢遭重大事故，神經萬分刺激。而區區此心，則惟冀追隨吾兄。為國盡力也。此次奉使回國，滿擬貢其忱悃於兄，以期相與有成。惟是軍費無法應付，復賴發公債，暫為度日，終必陷政府、陷吾兄、陷自己於不可收拾之狀態。而一方面剿匪軍事緊急，自慚無補時艱，故提出辭呈。」

按照胡漢民的說法，宋子文下台的主因是不想再為蔣介石籌措軍費而效命。

有些里弄傳言把宋子文辭職的事情講的有點不堪。例如，《兩朝國舅宋子文祕史》便稱宋子文說：「當國府的財政部長和做蔣介石的狗差不多，……今後我要做人，不再做狗了。」這句話是否出自宋子文之口，文獻上無從查證。不過，蔣介石、宋子文這兩位郎舅，經常因為意見不合而大吵大鬧，則是不爭的事實。例如，一九四三年十月十六日的《唐縱日記》就記載說：「委座與宋部長口角，委座憤而摔碗。」唐縱是侍從室人員，人當時就坐在房間外面，但見宋子文怒氣沖沖「奪門而出」。同一日，上海商業儲蓄銀行創辦人陳光甫在他的回憶錄裡說，他去宋家探視宋子文，見到滿地都是碎玻璃，陳光甫好奇相詢，宋子文坦承以告，早晨他和委員長大吵了一架，委員長大發雷霆，拍桌砸碗。宋子文退出委員長辦公廳之後，回到家裡，餘憤未平，拿起桌上的玻璃杯也摔了一地。

這些如臨現場的形象描繪，具體而微勾勒出蔣宋郎舅關係的矛盾衝突。

宋子文辭職之後，留下的諸多空缺，便由孔祥熙遞補遺缺，包括中央銀行總裁、財政部部長、行政院副院長，孔祥熙時代於焉展開。

孔祥熙主持財政大計之後，和宋子文的作風迥然不同，孔祥熙是有求必應，蔣介石要用錢，孔祥熙就打開金庫大門，要多少，搬多少。當然，蔣介石也不是中飽私囊，而是軍費用度毫無節制，但孔祥熙的能耐就是可以滿足蔣介石的無窮需索，所以蔣介石對孔祥熙可說是心滿意足。

香港中文大學中文研究所副教授鄭會欣在〈「理財高手」孔令侃〉文章裡，引述蔣介石的文膽陳布雷的妙喻，孔祥熙自稱：「財政、經濟在書生看來甚為複雜，其實很簡單，即是生意而已。」孔祥熙這番比喻不光是陳布雷嘆為觀止，連唐縱也為之嘖嘖稱怪。孔祥熙還公開說，他因為是做生意出身，所以頗能領略把經商這套觀念用在為官之道上面。易言之，孔祥熙之所以能博得蔣介石欣賞，除了他百依百順，蔣介石要用多少錢，他都笑臉應允，更緊要的是他深諳「為官乃一盤生意」之道，兩者相通，無往不利。

離譜的是，孔祥熙教出的兒女也個個深諳此中祕訣，且頗得乃父真傳，甚而青出於藍。行政院參事陳克文的日記便記載道：「駐外公務員行為浪漫，生活奢侈，如孔院長公子令侃在港揮霍，冠於一時。此皆抗戰期間足為氣短之事也。」

麻煩的根源：孔令侃

孔令侃的荒唐離譜，從他少年時代即已名聞遐邇，胡作非為的事例汗牛充棟。

蔣介石與宋美齡早年最信任的核心幹部吳國楨，日後接受美國作家裴斐（Nathaniel Peffer）及韋慕庭（Martin Wilbur）訪問的回憶錄《從上海市長到臺灣省主席：吳國楨口述回憶》裡說：「當孔祥熙任財政部長時，中央信託局雖然由俞鴻鈞主管，但任何人想向中央信託局出售大宗商品時，俞鴻鈞都會讓他去見孔令侃，孔當時任中央信託局常務理事。結果就是，只有孔的朋友才能獲得許可。」

憑孔令侃一個剛從聖約翰大學畢業的毛頭小伙子，他是如何子承父業，利用父親孔祥熙接替宋子文掌管國府財政大權的大好時機，賺得他人生第一桶金呢？孔祥熙的祕書譚光在〈我所知道的蔣介石的親信孔祥熙〉一文中說，孔祥熙自從兒子大學畢業後，就給兒子在他掌理的財政部底下，安插了一個「特務祕書」的差事。所謂「特務祕書」，其實是早年國府高官用人惟親怪象的特殊頭銜，也只有蔣介石的這位連襟有這等膽氣，敢內舉不避親，如此破格任用自己年方弱冠的兒子。孔令侃頂著這個「特務祕書」頭銜，「職權無定，愛管就管，事無大小，無不過問」，真是威風至極。

孔令侃年紀雖輕，生意頭腦的確了得。他最大的爭議便是，利用職務之便大發國難財。因為事過境遷查證不易，這些錢是否落入私囊不得而知，但難以釋除人們對孔令侃貪墨的「合理懷疑」。誠如孔令侃向顧維鈞吹噓的，他在中央信託局工作時，為局裡賺了三千萬港幣，並以此證明他在操作外匯工作上的能力。孔令侃利用他被父親孔祥熙外派香港，擔任中央信託局常務理事職務之便，一手倒賣由國府特許出售中國的土特產到國際市場上，待他把土特產賣出換成外匯以後，再拿這些巨額外匯、外幣，在香港活絡的金融市場炒作外匯，翻雲覆雲，運用低買高賣的風險管控，賺進大筆利潤，再從中扣除「合理的利潤」，再以相當數額的「本金」向外國軍火商購買國府要採購的軍火、武器，再按國際軍火市場的「行規」抽取「合法」的佣金。如此一來一回，一頭牛被孔令侃連剝了三層皮。這來來回回之間，孔令侃荷包飽滿，既賺足了巨額利潤，也達成了國府（蔣介石）交付他採購武器的任務，從帳面上看來，孔令侃分文未取公家的錢，沒有任何證據顯示他貪圖了非份之財。孔令侃憑著小聰明，幾年之內，不但成為箇中高手，更為自己賺進了好幾桶金。

如此這般的說法，是指涉他「暫借」公款，勻支公款，作為他在金融市場炒作外匯的「本金」，等到賺了錢，他再把這「本金」（公款）如數歸庫，去採買上級交辦必須採購的軍火。如此這般，絕無「貪墨」一分錢，只是「週轉」，用後如數歸墊，這又犯了哪條法呢？類似指涉言之鑿鑿卻查無實據。

孔令侃在抗戰爆發之後，以中央信託局理事之名義，在他父親孔祥熙向蔣介石報告核准後，特地從國庫中撥出一筆專款，希望孔令侃在不影響外匯的情況下進行「兵工儲料」，也就是武器採購工作。孔令侃得令之後，即以中央信託局理事的身分，開展事業計畫。這也許就是孔令侃聰明的地方，他看到戰爭年代的香港外匯市場，匯率起伏一夕數變，心想，如果拿大把大把的法幣到香港市面上交易，在動盪不定的外匯市場上，風險太大，吃虧太大，何不如以物易物？不過，不是拿物產去換軍火的傳統抵帳作法，而是拿中國的土特產，例如豬鬃、鎢砂等農工原料去國際市場上賣，賺到外匯之後，再拿這外匯去買武器、裝備。他就將他的想法向國府（蔣介石）打了一個報告，上面竟然同意了。

鄭會欣教授研究指出，「他的這一意見獲得批准，國庫先後幾次撥出購買兵工儲料專款國幣五千六百萬元，後因歐戰爆發，原有九百萬元擬向歐洲購買子彈之款項，因廠商無法交貨退回外，實際國庫撥出的款項共計為四千七百萬元國幣。」並說：「孔令侃拿到這筆巨款後即委派其屬下，以統制經濟的名義在接近淪陷區及大後方各地採購各類出口產品，然後再銷售到國外。」

孔令侃厲害的地方是他做生意的眼光獨到，對外匯和土特產，乃至軍火彼此之間的市場，行情變化起伏洞若觀火，敏銳靈活到了極致，所以，只要他出手，幾番買賣，幾乎可說是無往而不利。鄭會欣教授說，孔令侃雖然才二十郎鐺歲，「但卻極具生意頭腦，稱得上是一個生財有道的大炒家。」他非常擅長觀察英、美等國的市場變動，並對應國際關係可能對市場的變動影響，神準預測英、美、港匯漲落，「先為轉換，種種運用，極費苦心」。所以，每經孔令侃幾經轉手炒賣，「所得外匯數目遠超過官價外匯之上」。

孔令侃是拿國家的外匯去炒作公私兩利的事業，但他也並非事事精明、無往不利，還是有他笨拙與不智之處。軍事委員會參事室主任王世杰，在一九三八年二月十六日的日記裡說，中外各界人士對孔祥熙父子主持的中央信託局，採購軍火被懷疑有舞弊情事多所批評，甚至提到宋子文也打電報給蔣介石，密告孔祥熙父子的劣蹟。鄭會欣也列舉了《陳克文日記》裡有段記載，說當時航空界憤憤不平，認為孔令侃採購時胡作非為，盡從美國採購來老舊劣質飛機，性能奇差，每小時均速二百八十哩以下，嚴重影響國家利益。

孔祥熙祕書譚光在〈我所知道的蔣介石的親信孔祥熙〉的回憶文章中指出，淞滬會戰之後，京滬等地的國府機關陸續後撤，中央信託局為了方便繼續運輸海外物資回國，乃撤到香港辦公。孔祥熙趁機派遣孔令侃為常務理事，並發布命令由孔令侃代行理事長職權，主持香港中央信託局業務。意指孔令侃的揚子建業公司，就是在他駐香港時賺進了第一桶金。中央信託局的主要任務，一則是希望爭取時間，把戰前跟外國訂約採購的軍火趕緊搶運回國，並持續向歐美續訂飛機、械彈，孔令侃即運用這個「公私兩便」的機會，利用香港自由港的優越條件，既為中央信託局辦差，也同時大發國難財。

孔祥熙轄下的中央銀行原本在上海租界區設有專用無線電台。珍珠港事變前，這座無線電台，便是中央銀行了解外匯情報訊息的重要媒介。孔令侃竟然在九龍祕密成立了一個「分台」，收發報機每天早晚滴滴答答與上海通訊，但未向港英當局報備。不久，港英當局獲得舉報之後，派人查封，並且下令將孔令侃驅逐出境。

所以，在宋美齡訪美期間，丘吉爾透過各種管道一直表達要與宋美齡見面的意思，英國王室也函電交馳，盛情邀請宋美齡前往英國訪問，結果，竟然都被宋美齡拒絕了，即令是美國總統羅斯福夫婦出面，宋美齡都拒不買帳，令顧維鈞百思不解。顧維鈞不解這當中緣由，是因為他不知道孔令侃曾遭港英當局勒令驅逐出境這段醜事，新仇舊恨，孔令侃豈可輕易或忘。

但宋子文對內情可是知之甚稔，他對孔令侃這位外甥不但知根知柢，而且對孔祥熙父子做的醜事完全摸得一清二楚，只是不方便在顧維鈞面前掀露家醜而已。《顧維鈞回憶錄》裡引述宋子文意在言外地說：「此刻最麻煩的根源是孔令侃。」原來宋美齡不去英國訪問，拒絕會見丘吉爾，與孔令侃脫不了干係！

第二節 「同盟勝利美金公債」之貪墨重案

但是，孔令侃的父親孔祥熙惹下的事端，才與蔣介石、宋美齡夫妻勃谿真正有緊密關聯。民國三十二年八月十五日的《唐縱日記》記載：「近來委座與夫人不洽，夫人住在孔公館不歸，委座幾次去接也不歸。聞其原因，夫人私閱委座日記，有傷及孔家者。又行政院長一席，委座欲由宋子文擔任，夫人希望由孔擔任而反對宋，此事至今尚未解決。」

再過一個半月，唐縱又在十月三日的日記裡寫道：「外間謠言甚多，謂委座任主席，行政院不讓孔做，以是孔夫人訴於夫人，夫人與委座不洽。」唐縱還不勝浩嘆地同情蔣介石的處境，寫道：「委座嘗於私人室內做疲勞的吁嘆，其生活亦苦矣！」再過一個月，於十一月一日的日記上記錄：「本日為孔兼財政部長十週年紀念，財政部在廣播大廈舉行盛大慶祝會。委座如出席，恐民眾不滿，如不出席，又恐有傷親戚關係，故不赴廣播大廈而赴財政部。不值而別，其處境亦良苦矣！」

宋美齡才於七月初結束七個多月時間的訪美行程，回到睽違半年多的祖國與丈夫團聚，照說夫妻之間理應「久別勝新婚」，兩人應該更加親密才符合常情，豈料宋美齡才「載譽歸國」不過一個月，就憤而離家出走，如果不是發生難以轉圜、不易解釋的糾葛，萬萬不必讓自己大姊宋藹齡看熱鬧，自揭夫妻勃谿這幕鬧劇。

《唐縱日記》說，宋美齡怒而離家，是因為宋美齡偷看蔣介石日記時，發覺蔣介石對孔祥熙及家族頗多不滿。尤其是國府主席林森於八月過世，蔣介石繼任之後，蔣介石卸下行政院院長一職，蔣介石屬意由宋子文接任，宋藹齡為了力爭老公仕途發展，向宋美齡投訴。宋美齡為此事與蔣介石吵得臉紅脖子粗，軟硬干政不成，將官邸上下搞得雞犬不寧。蔣介石向來對宋美齡禮讓三分，這次之所以吃了秤砣鐵了心，必然覺得孔祥熙這個人的人品官箴「不無問題」，但是，一時半刻沒有確鑿證據，仍不宜輕舉妄動，所以，即便是孔祥熙當上財政部部長十週年這個大日子，蔣介石也寧可避免和孔祥熙正面相逢。

蔣介石原本甚為倚重信任他的連襟孔祥熙，究竟是出了什麼「大問題」，讓他改變了對孔祥熙的看法呢？這應該和蔣介石多多少少看清楚了孔祥熙父子的「底細」有絕大干係。合理懷疑，從八月份到十一月一日的三個月間，蔣介石應該從財政部，亦即孔祥熙主管的若干業務中，看到令他覺得是可忍孰不可忍的弊端，而宋美齡基於迴護宋藹齡的私意而與蔣介石大吵大鬧，床笫不和。

這當中最重要的一大關鍵案例，便是一九四二年開始發行的「同盟勝利美金公債」，引發的貪墨重案。

美國在抗戰時期曾經給中國五億美金的貸款，由於歷經了五、六年的戰禍，國府的財政開支早已捉襟見肘。當局便拿這五億美金貸款中的一億美金，在西北及西南地區發行名為「同盟勝利美金公債」。但是，從一九四二年開始發行，到一九四三年秋，僅售出四千三百萬美金。而且，買了的人也擔心，國府的財政狀況究竟撐不撐得住，很多人買了「美金公債」不久就轉手賣掉，唯恐有朝一日「美金公債」變成一文不值的廢紙。可是，一般百姓哪裡曉得，戰爭因素造成法幣嚴重通貨膨脹。原本一元的「美金公債」價值國幣十七、八元，因為法幣發生惡性通貨膨脹的關係，黑市漲到二百七十三元法幣兌換一元「美金公債」的緊俏行情，但同盟勝利美金公債的官價還是一元比二十，與黑市價格不成比例。

孔祥熙擔心繼續發行，國府財政會撐不住，就給蔣介石打了一份報告，建議於一九四三年十月十五日停止「美金公債」的發售，全國各個銷售點發售的「美金公債」，全部由中央銀行照官價原價買回，不再發售。既然停止發售，照說也不會有什麼問題了，哪裡知道財政部國庫局局長呂咸，卻動起了歪腦筋，心想已經停止對外發售，何不藉此良機為財政部內的「自己人」和長官，創造一點「福利」。即令債券科科長熊國清上了一份簽呈，說：「查該項美券銷售餘額為數不貲，擬請特准所屬職員按照官價購進，用副國家吸收游資原旨，並以調劑同人戰時生活。」

楊天石教授指出，呂咸草擬這份簽呈之時，「美金公債」面值一元在黑市已經飛漲到國幣二百五十元，已是早先官定面值一元兌換國幣二十元的十二倍多。離譜的是，呂咸的簽呈寫明國庫局的同仁，可以按原本官價一元「美金公債」兌換二十元國幣的價格認購，而且私下認購的總金額，竟然是剩餘的五千餘萬美金的同盟勝利美金公債，黑市可以賣到一百二十五億國幣之巨。這明明是嚴重貪污的一份違法公文，孔祥熙看過之後，竟然在上頭直接就批了個「可」字，還在簽呈上蓋上了「中央銀行總裁」的官章。

這樁醜聞之後被國民參政會參政員陳賡雅與傅斯年，共同揭發，並因而震驚國內。陳賡雅靠著職業敏感查出，孔祥熙教唆呂咸鯨吞「美金公債」的驚天大案。照陳賡雅的調查，呂咸把三百五十萬餘美金的同盟勝利美金公債，做為第一批「孝敬」孔祥熙的款項，接著又貪污了同盟勝利美金公債近八百萬元。二筆加起來高達一千一百五十餘萬，折合國幣計約二十六億四千七百多萬元。

美金公債舞弊案固然在一九四四年春天以後，才引爆成驚天大案，但蔣介石對孔祥熙的不信任，應該早在一九四三年就顯露出來，這恰巧也是宋美齡與丈夫開始冷戰的起點。

十月三日，《唐縱日記》寫道：「近來委座與夫人意見不和，夫人住新開市孔公館，不歸者數週。下午，

陳賡雅

雲南大理人，出身中學教師，後來考上滬江大學新聞系，畢業後擔任上海《申報》記者。民國十六年加入共產黨。他與《大公報》的范長江被稱為「南陳北范」。

夫人歸官邸與委座晚餐後，又同赴新開市，宿一夜。」蔣介石和宋美齡經過多日的冷戰之後，似乎取得一種「矛盾的統一」，這便是夫妻之間的「床頭吵，床尾和」。一個星期之後，蔣介石和宋美齡同時出現在國慶典禮上，畫面頗堪玩味。唐縱說：「上午十時，國府舉行國慶紀念，同時主席就職典禮。主席御大禮服與夫人同來。入禮堂時，因走廊窄，夫人前行。先舉行就職，由吳稚暉先生監誓。主席宣誓後，吳委員致辭，主席答辭。旋由主席致國慶辭。辭畢，全體官員向主席行恭賀禮。當夫人入場後。注意夫人之位置，夫人位於文官之首位。向主席行禮時。夫人立於主席之右後側，監誓員立於主席之左後側。各文武官員均佩勛章，穿軍服、大禮服。全體以陳紹寬之禮服為最光輝奪目。晚八時，主席與夫人請政府重要官員在國府大宴。黃仁霖率領小學生數十人獻唱慶上加慶。有批評黃仁霖善伺逢迎者。」

連在公開場合，蔣介石都對宋美齡禮讓有加，刻意讓宋美齡走在前頭，蔣介石亦步亦趨。安排官員觀禮的座位和立位，宋美齡也被安排在文官的最首位，可見國府對宋美齡「位極人臣」的最高禮遇。但是，在這場堂皇、隆重的國慶典禮幕後，一場家族巨變仍在醞釀。孔祥熙涉及的美金公債弊案，似乎觸犯了蔣介石厭惡貪腐的底線，更進而徹底激化了蔣介石與孔宋家族之間積累多時的矛盾。

宋美齡的堅實城堡：孔宋家族

蔣介石和孔祥熙成為美金公債弊案攻、守兩方。蔣介石在掌握了愈來愈多確鑿的證據之後，不斷逼迫孔祥熙誠實供承犯行；而孔祥熙則堅持自己絕無貪瀆。蔣介石和宋美齡在官邸也成為攻、守兩方，蔣介石是為了延續他的統治權的合理性、正當性而奮戰；宋美齡則視孔宋家族是她安身立命的「城堡」，尤其是孔祥熙、宋藹齡家族這座「城堡」，假使她的大姊、大姊夫徹底垮台，她據以安身立命的那座「城堡」無異也將成為建築在沙灘之上，即便一陣小小浪濤沖來都可以把這座「城堡」毀於旦夕。

蔣介石如何「清算」孔祥熙在同盟勝利美金公債舞弊案？如何當面質問孔祥熙「涉案經過」？

喻亮的《孔祥熙》一書說，孔祥熙一生的事業，雖然是從結納孫中山，參加革命時起，但孫中山中道崩殂，革命事業一度中斷，是蔣介石「繼往開來」。所以孔祥熙的「事業成就」多半是同蔣介石合作產生出來的。當然，提到孔祥熙就不能不提及蔣介石，並且免不了要談談蔣介石、孔祥熙之間的公誼與私情了。

喻亮指出，蔣介石對孔祥熙處處以「老大哥」的身分對待他，尤其是抗戰前期，蔣介石對孔祥熙可說是言聽計從。孔祥熙在重慶有二個官邸，一個是在重慶市區的上清寺「范莊」，一個是在郊區的新開市。因為日軍實施「疲勞轟炸」，日以繼夜地狂轟濫炸，所以沒有空襲的時候，孔祥熙就在市區辦公，但遇有空襲警報，為了不影響公務，就在新開市寓所辦公。這裡也成為抗戰時期，孔家的生活與工作重心。蔣介石夫婦在陪都駐節，主持抗戰建國大計，公餘之暇，沒有地方排遣寂寞，唯一可以隨便談談說說、吃點喝點的地方，就是孔祥熙的新開市寓所了。幾乎每個週末，蔣宋兩人都會到孔祥熙家，多半時候蔣孔兩人就在這裡商榷待決事務。蔣宋兩夫婦總愛在週末假日，在孔家流連大半天。

喻亮說，蔣介石和孔祥熙的感情，確實到了「水乳交融，合作無間」的地步。對於宋靄齡，蔣先生夫婦對她是「非常的尊敬，每逢有什麼疑難之事，一時躊躇不決，每每喜歡找宋靄齡商量，問問她的意見。」蔣介石和宋美齡對宋靄齡有一件始終不忘的恩情，那就是「當年蔣夫婦進行議婚的時期，宋氏家裡的人因為蔣是一個軍人，大多數都持保留態度，唯有孔夫人『巨眼識英雄』，竭力予以支持，才促成了這段美滿姻緣。這一件婚姻的成就，就蔣先生一生事業來說，當然有著相當的影響。」並說蔣介石、宋美齡對宋靄齡此一玉成之恩，始終不敢或忘。

講到宋美齡和孔家的密切關係時，喻亮提出他的理解。他說，孔祥熙有兩個兒子、兩個女兒，長子孔令侃，次子孔令傑。孔令侃學政治，聖約翰大學畢業後又到美國哈佛大學就讀，得到碩士學位；寫過博士論文，因為跟著宋美齡回國，匆匆之間沒來得及參加博士資格的最後考試。孔令傑學的是軍事，英國王室軍事學院畢業，擔任國府駐美軍事代表團團員及駐美國大使館參事，所有接洽美國軍事援助的都歸他管。

喻亮形容：「主席（蔣介石）的直系親屬十分簡單，而且又不常常在一起，所以主席的家庭生活可說是很寂寞，幸而他的親戚中，幼輩很多，像孔庸之（孔祥熙）的男、女公子等，常常和主席夫婦在一起，幾乎成為他們家庭組織中的一員。主席公餘之暇，和親戚子弟們談談笑笑，家庭生活的樂趣，使得他一天政務的困擾，得到很好的休息。」云云。喻亮提這些的用意，當然是要說明，蔣介石、宋美齡兩夫婦和孔宋一家的密切程度。

這兩家基本上就是命運共同體，在很長的一段時間裡，可以說從一九二七年十二月蔣宋結婚，以迄一九四四年初爆發美金公債舞弊案為止，這十六、七年間，兩家根本如同連體嬰，臍帶相通，血脈相連，絕對是切割不斷的。不可諱言，孔宋家族是宋美齡這一生賴以為精神寄託的堅實城堡。如果有誰要摧毀這座城堡，宋美齡決計是要和他把命拼的。宋美齡作夢都沒想到，那個作勢要拆城堡的人，竟是她的夫婿蔣介石。儘管蔣介石還沒動手，宋美齡已經哭死哭活，打算「予及汝皆亡」了。

這當然和蔣介石要當面「質問」孔祥熙，是否是震動重慶山城的美金公債弊案的幕後唆使者有關。

天網恢恢，疏而不漏。這樁美金公債舞弊案的涉案者，包括孔祥熙，可能覺得這筆巨款在財政部所屬的眾多款項之中，滄海淼淼，不可能為外界知悉，因此有恃無恐。這些涉案者恐怕也未曾逆料，如果分贓不均，會有人窩裡反，甚或引發知情者眼紅。但是這些涉案者利慾薰心，早已顧不及此，更不擔心內幕一旦被人捅破，捅成滔天大案，因其信心滿滿，天塌下來自然有高人頂著。這位高人，孔祥熙卻在一九四四年六月十五日被蔣介石委派為全權代表，率團前往美國出席布列敦森林會議（Bretton Woods Conference，正式名稱為「聯合國貨幣金融會議」／United Nations Monetary and Financial Conference）。

大陸人民銀行金融研究所所長金中夏的文章〈紀念出席布雷頓森林會議的中國代表團〉指出，「孔祥熙一行，七月一日抵達布雷頓森林，參加會議開幕典禮。中國代表團正式成員共三十二人，規模僅次於東道主美國，多於蘇聯和英國。除孔祥熙外，代表團成員還包括前駐美大使胡適、行政院高等顧問張嘉璈、浙江實業銀行董事長李銘、立法院立法委員衛挺生四名顧問、行政院政務處處長蔣廷黻、財政部次長郭秉文、外交部次長胡世澤、財政部次長顧翊群、財政部顧問李國欽，財政部駐美代表、中央銀行及中國銀行董事席德懋、中國銀行董事貝祖詒（著名建築師貝聿銘的父親），國貨銀行總經理、中央銀行、中國銀行及交通銀行董事宋子良八名代表，外匯管理委員會主任祕書兼中央銀行經濟研究處事務長冀朝鼎，擔任代表團主任祕書。」

當然，此刻的蔣介石尚被蒙在鼓裡，孔祥熙也完全不以為意，而案情卻在汩汩暗流之中，流言也在財政部內外四處奔竄。孔祥熙訪問美國，參加聯合國貨幣金融會議和鄧巴頓橡樹會議（Dumbarton Oaks Conference），此外，蔣介石還給孔祥熙一個名義：「國民政府主席蔣中正私人全權代表」。蔣介石在寫給羅斯福的私人信函中，如此介紹形容孔祥熙：「孔博士曾任我國行政院院長多年，而最近數年以來，則代余主持行政院之院務，……孔博士與余始終共事凡十六年於茲，……實為余個人最信任之代表，請閣下予以最大之信任，而與之開誠商討。」

但是，孔祥熙另一個重要的私人目的，是去美國治療膀胱結石。所以，他早已跟蔣介石報備核准。在此同時，宋藹齡和他的子女們，此刻也群聚美國，在異邦大團圓。宋美齡也剛好結束了在巴西為期近三個月的住院治療，再轉到美國紐約的醫院，繼續療養她的痼疾。

無巧不成書，四年後，國共內戰，國軍節節失利，國內的那座「城堡」根基鬆動，孔祥熙在蔣介石的默許下，攜家帶眷飛到了美國，在新大陸構築新的「城堡」。隨後，宋美齡也以爭取美國援助的理由，揮別蔣介石，飛往美國，和孔宋家族在異邦大團圓。

第二十章

為保蔣介石的江山，遊說碰壁丟后冠

宋美齡為了挽救孔宋家族的顏面與利益，不惜藉著丈夫的權勢，橫加干預蔣經國查辦孔令侃「揚子公司案」。但她何嘗想到國府正面臨一場山窮水盡的大變局。誠如唐朝詩人劉禹錫那首〈西塞山懷古〉說的：「王濬樓船下益州，金陵王氣黯然收。千尋鐵鎖沉江底，一片降幡出石頭。人世幾回傷往事，山形依舊枕寒流。今逢四海為家日，故壘蕭蕭蘆荻秋。」

第一節

拖病體再次赴美，爭取援助

一九四八年十一月中旬過後，國共內戰第三場大戰役徐蚌會戰（大陸稱淮海戰役），國民黨軍敗跡初露，讓蔣介石心頭蒙上了濃重的失敗主義陰影。

蔣介石在一九四八年十一月二十三號的日記上，記下了令人觸目驚心的這段內容：「近日妻以操心過度，忙碌異甚，又受環境刺激非常，故身心疲憊，幾乎不能自制，昨夜精神反常，時加婉勸。幸漸靜安，後終夜未覺，其沉睡為苦，近來環境惡劣已極，此中刺激實為任何時期所未有。余亦萌生不如死之感，唯一念及革命責任與國家人民之前途，……若非由我領導奮鬥，再無復興之望。唯以政府軍隊與黨員之散漫凌亂墮惰，自私以及社會人心之敗壞，若不放棄既有基業重起爐灶，則難期其有濟也。」

自北伐戰爭以來，蔣介石經歷過國內外無數場戰役。過往二十二年之對敵鬥爭經驗告訴他，這次國共內戰已經命定他的政治前途即將步向終點。榮華富貴，緣起緣滅，人生之大不幸何至於此？蔣介石並不甘心就此罷手，他也並未因此灰心喪志。而宋美齡，見到丈夫為戰場局勢憂心如焚，自知這次大勢不妙，心神接近歇斯底里狀態。多多少少，她認為自己也有一份連帶職責，甚至有一份無可推諉的罪惡感，縱使問題核心不出在她本身。

蔣介石也看出了妻子的自責，二十二年的老夫妻，風風雨雨一路走來，他焉能不知妻子的心思，而那份憐惜之情，更加深了這對元首夫妻此刻的悲劇氣氛。從過去的經驗看來，宋美齡每每遭逢重大事件衝擊，就有精神無法控制，甚至有「精神反常」的現象。但這次與之前情況不同者，宋美齡不但沒有因病住院，她反而決心再度親自去一趟美國，她的目的是要為丈夫的黨國事業的存亡絕續，親自到美國進行一場明知其不可為而為之的遊說活動。

宋美齡一整個晚上「精神反常」之後，第二天，即與蔣介石商議她決定赴美國遊說的問題。蔣介石起初持反對立場，同時更不捨宋美齡拖著病體萬里奔波，但是宋美齡態度很堅定，在她堅持之下，蔣介石只好勉為其難同意妻子的遠行決定。十一月二十四號，蔣介石在這天的日記上記錄了與妻子商議她去美國的重要決定：「與妻商談對美交涉事項，夫妻依戀不捨之情，是乃非任何時期所能有也。」十一月二十七號，蔣介石又在日記上寫著：「昨夜與妻聚談，依依不捨，夫妻愛情老而彌篤，屢想中止其飛美也，但為國家外交計，不能不令其行。」同日的日記又說：「午夜妻又悲泣不置，彼稱為何國家陷入今日之悲境，又稱：彼對經兒之愛護，雖其親母亦絕無如此真執，但恐經兒未能了解深知耳。」*

台灣學者林桶法教授指出，從蔣先生日記的記述看來，可以得知一九四八年十一月份宋美齡的出國，確實是為了爭取美國的援助，而不是為了「避難」。這是從對宋美齡較為「正面」的角度得出的觀察結果。宋美齡「精神反常」，純粹是受到國共內戰形勢之刺激，憂惶黨國前程產生的心理反應。

杜魯門密函

前述蔣介石一九四八年十一月二十三號的日記裡說宋美齡：「昨夜精神反常，時加婉勸。幸漸靜安。」三天後的日記又說宋美齡「午夜妻又悲泣不置」，這究竟是什麼道理？是什麼原因造成這樣的因果關係。其實，最重要的一件事，莫過於由宋美齡代筆撰

* 筆者按：參考林桶法教授文章〈從蔣介石日記探討戰後蔣宋關係與蔣介石來台的問題〉。

稿，寫給美國新當選連任的總統杜魯門的機密信函，並沒有得到杜魯門的正面回應的緣故。根據國府中宣部副部長董顯光《蔣總統傳》指出，蔣介石在東北會戰失敗，徐蚌會戰開始不久，即於一九四八年十一月九號，請宋美齡撰寫了一封密函給杜魯門。在這封信上，蔣介石敦促杜魯門的美國政府，「支持國民政府作戰目標的美國政策如能見諸堅決的宣言，將可維持軍隊的士氣與人民的信心，因而加強中國政府的地位，以從事於正在北方與華中展開的大戰。」

這封信寫好，由蔣介石簽上中文名字以後，循外交渠道快速遞送到國府駐美國大使館，同時由外交部長王世杰致電顧維鈞，指示顧維鈞將此信函儘速轉交杜魯門總統。據王世杰告訴顧維鈞稱，蔣介石在這封信裡，提醒杜魯門總統，中國戰局十分吃緊，蘇聯在形勢惡化中所起到的作用不可輕忽（暗示美國，你們不介入中國戰場，但蘇聯正在積極介入）。蔣介石在信裡強調呼籲杜魯門，「加速並增加軍事援助，同時發表一項堅定的聲明，支持我國政府為之而戰的事業。」同時要求美國向中國派遣「一位高級軍事官員與我國政府商定軍事援助的具體方案，包括美國軍事顧問參加指揮作戰在內。」

杜魯門在接到信函之後兩天，給了蔣介石一封回信。杜魯門的回信內容據顧維鈞轉述：「除了保證美國對於現有的援華計劃，將繼續竭力從速付諸實現以外，復信對委員長或王世杰提出的各點，均避免正面回答。」再過兩天，國府外交部長王世杰在與顧維鈞通越洋電話時，更明確告知了杜魯門的回信具體內容。顧維鈞說，杜魯門的答覆有三個重點：「第一，美國政府將盡力加速向中國運送軍火。一艘船已於四日離開關島，七日離開日本；另一艘船已於九日駛離西海岸。第二，美國不宜派高級官員赴華。第三，至於委員長要求發表政策聲明，總統已於三月十一日發表一個聲明，宣稱他贊同給予中國援助，不贊成中國政府吸收共產黨參加政府；因此，他認為沒有再發表聲明的必要。」

前述杜魯門給蔣介石的回信，具體時間是在一九四八年十一月十一日。國府和蔣介石對這封信的感受，誠如外交部長王世杰說的：「儘管措詞微妙而謹慎，但美國並沒有做出新決定的願望。」這無異讓蔣介石再度陷入絕望與恐慌之中。

蔣介石密函要求杜魯門答應的三大條件（一、儘速運送美援軍火，協助國民黨軍對抗共軍源源不絕的進攻；二、派高級軍事官員赴華助戰；三、發表支持蔣介石國府的聲明），基本上除了第一條之外，第二及第三條基本上都被杜魯門否決了。更絕的是，關於第一條要求，杜魯門明明答覆說，有兩艘運送軍火的船隻正航向中國，但後來事實證明，這兩條船後來都在半路上按兵不動。換句話說，杜魯門根本凍結了對蔣介石的所有軍火援助。

蔣介石、宋美齡夫婦顯然仍未放棄一線生機，他們必定把剩餘的一線希望寄託在蔣介石的「私人代表」孔祥熙的身上。蔣宋希望孔祥熙可以當面再向杜魯門強調上述三項要求條件，但是，美國對蔣介石無情的打擊似乎仍未告一段落。

顧維鈞在回憶錄裡記下了此一歷史片段。就在蔣介石致函杜魯門，得到杜魯門冷漠而制式化的回信之後數日，蔣蔭恩打電話告訴顧維鈞一件令人窘困的事情。蔣蔭恩說，孔祥熙奉蔣介石之命前往白宮，打算會見杜魯門，但是祕書人員告訴孔祥熙，此刻杜魯門總統手上正有緊急要公待處，無暇接待任何外賓，回絕了孔祥熙的會面要求。蔣蔭恩在電話裡對孔祥熙作了批評：「孔祥熙那麼有錢，應該過個安靜舒適的生活，過得快活些，而不要惹人討厭。」

而就在蔣蔭恩打電話給顧維鈞前兩天，其實杜魯門總統已經在日理萬機之餘，於十月二十四號會見了顧維鈞。換言之，在孔祥熙到白宮登門拜謁時，杜魯門婉稱「公務繁忙」，給孔祥熙吃了一頓閉門羹，已可顯現杜魯門對蔣介石當局的既定態度。更可見，孔祥熙近年的所作所為，聲名遠揚，連美國白宮都視之為麻煩人物。

孔宋家族聯手打造的「金鑰匙」打不開杜魯門政府的大門，「金鑰匙」失效了。或許正因如此，發生了蔣介石在日記裡記錄的宋美齡情緒失控的狀況：「昨夜精神反常，時加婉勸。幸漸靜安」、「午夜妻又悲泣不置」。如此的因果關係，應該是與事實八九不離十的。然而，關於宋美齡之突然臨時造訪美國之背後因果關係，《顧維鈞回憶錄》裡的一段記述，有更深刻而戲劇效果的闡釋。如果顧維鈞引述的情報訊息為真，則蔣介石在日記裡明顯是刻意掩蓋，並且淡化了某些情節的嚴重性與衝突性。但是，顧維鈞可能基於此一情報訊息並非得自他的直接管道，因而也不免有所保留的說，這個訊息「內容離奇古怪，我不太相信」。儘管如此，他還是原原本本將這些說法如實記載了下來。

這份情報係顧維鈞下屬，國府駐美使館新聞祕書蔣蔭恩，從白宮記者、白宮工作人員、國務院人士三處不同的情報來源得到的消息。它可綜合歸納如下三點：宋美齡到美國訪問，實際上是她個人原因，敦促美國援助國府，這純屬藉口。宋美齡訪美的真實原因是：第一、因為與蔣委員長發生了口角，肇因於蔣介石從瀋陽回南京，為時局感到憂慮，並且把美國的態度轉變，歸咎於宋美齡的家庭（暗指孔祥熙一家）*1。第二、避免被共產黨俘虜的危險，宋美齡基於個人安全的考量想先行離開大陸*2。第三、孔家和她在美國總統選舉之前，曾經大作股票投機生意，原本指望共和黨勝選可以哄抬價格，結果卻大賠本，他們到美國是為收拾財務上的爛攤子。

談到這裡，我們可以理解，宋美齡一九四八年十一月訪美之行，它的因果關聯，基本上有兩個主要的軸線。一條軸線，是由於國府軍政措施的失敗，東北、華北、華東等三大戰場的接連失利，導致蔣介石與美國杜魯門政府之間關係的極度惡化。杜魯門拒絕進一步馳援蔣介石當局。宋美齡基於「救夫」，拯救蔣介石的政治生命，因而親自披掛上陣，前往美國進行遊說。

另外一條因果關聯的軸線，是蔣介石把他及國府與杜魯門政府之間關係的惡化，歸咎於孔宋家族，因而與宋美齡發生激烈爭吵。宋美齡是一個個性好強的女強人，為了亡羊補牢，她認為自己有使命感去拯救黨國的危亡。當然，也有一種說法指出，宋美齡一九四八年前往美國之前，她最倚賴的大姐宋藹齡一家，已追隨孔祥熙前往美國，履任蔣介石「駐華盛頓私人代表」的駐美「太上大使」一職。宋美齡畢生最倚賴的大姐去了美國，在黨國危殆，而又沒有人為她出主意，當宋美齡親情靠山的時刻，自然投奔旅居美國的大姐，是最讓宋美齡有安全感的選擇。

*1筆者按：瀋陽解放的時間，是一九四八年十一月二號，解放前夕，蔣介石曾前往視察。

*2筆者按：一九四八年十二月二十五日，中共宣布戰犯名單，宋美齡排序第二十三名。

顧維鈞固然說蔣蔭恩從白宮、國務院等處，採訪來的宋美齡訪美背景原因，「內容離奇古怪，我不太相信」。但印證蔣介石日記，卻又不得不令人相信仍有相當程度的真確性。例如，蔣介石日記中寫道：「最近軍事與經濟形勢皆瀕險惡之境，於是一般知識人士，尤以左派教授及報章評論，對政府詆毀汙衊無所不至，即黨報社論對余與經國，亦肆意攻訐，毫無顧忌，此全為孔令侃父子之所累也，蓋人心之動搖怨恨，從來沒有今日之甚者。然此為共匪造謠中傷之一貫陰謀，以期毀滅余個人之威信，不意今竟深入我黨政軍幹部之中，所謂浸潤之譖，其所由來漸矣，非一朝一夕之故也，惟此一毒素，實

蔣蔭恩

我國著名的早期新聞研究學者，曾於一九四八年九月，赴美國密蘇里大學新聞學院擔任研究員，從事新聞學學術研究。算起來，蔣蔭恩是蔣介石的小同鄉，他是浙江慈溪人，但政治思維上他完全不認同蔣介石。抗戰前後任職《大公報》、《大美早報》等報館，因為採訪新聞的因緣，故而和顧維鈞關係交好。截至一九四九年十月回國擔任燕京大學新聞系教授之前，他在美國待了一年左右，這段時間他應顧維鈞之邀，在國府駐美國大使館供職「新聞祕書」，這份差事應該不是大使館編制內正式職務，而是基於與顧維鈞友誼的兼職性質。蔣蔭恩實際上仍兼職中國新聞記者的角色，活躍於華府白宮與國務院等美國政府的新聞採訪戰線上。所以，他經常提供顧維鈞一手的新聞情報，算是顧維鈞朋友兼包打聽。

較任何武器尤厲，數日前對於美援，尚有一線之希望，而今已矣。故以現況與環境論，似已失敗，願以理以力論，則尚有可為也，祇須信心不撼忍耐鎮定，自立自助，自強不息，以求其有濟而後已。」*

蔣介石日記裡最關鍵的莫過於這句話：「最近軍事與經濟形勢皆瀕險惡之境，……此全為孔令侃父子之所累也。」所以，蔣蔭恩提供的情報，關於宋美齡「與蔣委員長發生了口角，肇因於蔣介石從瀋陽回南京，為時局感到憂慮，並且把美國的態度轉變，歸咎於宋美齡的家庭」這個訊息，應該是確有幾分道理的。否則蔣介石萬萬不會在日記裡有這麼一段語重心長的話。所以，蔣介石與宋美齡為了國事與家事，大吵一架，證諸蔣介石日記上述內容，的確十分有此可能性，信而有徵。只是蔣介石不便於在日記上寫自己和宋美齡大吵了一架。比較特別的地方是，這場架吵完之後，宋美齡還是依舊履行她救夫與救黨國的使命。不可諱言，蔣介石、宋美齡夫妻之間的堅實情感，還是經得起一次爭吵的考驗的。

這也是宋美齡值得被尊敬的地方，她有她的私念、私心，但是終究還是會以丈夫的事業與黨國的前途為念。

顧維鈞在回憶錄裡就對宋美齡一九四八年這趟失敗的美國之行，有過這麼一段正面的評價：「我認為就蔣夫人而言，這是一種愛國行動，因為她一定知道很難獲得成功。」顧維鈞認為，宋美齡必然在出發赴美之前，已經看過國府方面和美國當局磋商要求援助，卻始終被美國拒絕的一切電報與函件。顧維鈞指出：「美國政府，特別是馬歇

*見台北國史館庋藏之一九四八年十一月份蔣中正總統《事略稿本》。

爾，感到我國局勢已經發展到美國無能為力的地步。蔣夫人訪美之前，這種情況已經很明顯了。」

所以，蔣介石日記裡敘述的宋美齡半夜泣訴：「午夜妻又悲泣不置，彼稱為何國家陷入今日之悲境」，宋美齡的夜哭，和顧維鈞回憶錄裡說的宋美齡看到國府大勢已去，同時明知其不可為而為之的情境，幾乎可以相互印證，同時亦凸顯了宋美齡這個時期的心境。

第二節
揚子建業公司案

宋美齡的內心始終盤旋著一個疑惑：黨國怎麼會「陷入今日之悲境」？宋美齡弄不明白的是這到底是什麼原因呢？再者，人們好奇的是，宋美齡找丈夫大吵，會吵些什麼事情呢？在一九四八年十一月，黨國危亂的時機點上，她自然萬萬不會再去吵陳潔如的老話題了。至於吵架的焦點為何，固然極其私密，但蔣介石十月二十七號的日記似乎不經意露了餡，那就是：「午夜妻又悲泣不置，彼稱為何國家陷入今日之悲境，又稱：彼對經兒之愛護，雖其親母亦絕無如此真執，但恐經兒未能了解深知耳。」

宋美齡既然感傷黨國何以淪落至危急存亡境地，怎麼又會把話題的指針轉移到蔣經國身上了呢？不容諱言的是，宋美齡想再度出訪美國，應該是受到兩個因素的刺激。第一個因素，當然就是黨國陷入危境的問題，宋美齡希望親自前往美國，遊說白宮、國會、和國務院，敦促美國當局恢復對國府的軍事、經濟援助。因為，宋美齡和蔣介石都存有一廂情願的想法，認定當前內戰戰場形勢極端不利於國府，惟一的救命金丹就是美國政府的伸手相援。他們迷信只要美援抵達，國共戰場形勢即將逆轉。

第二個因素，宋美齡會選擇在這個時機點上，國府前線軍事潰敗，全國城鄉經濟形勢極度惡劣的狀況下，出訪美國尋求友邦協助，宋美齡恐怕也存有一絲絲的罪惡感的彌補作用在裡面。

她會扯到「愛護經國」如此「真執」的原因，就是擔心經國與她之間，因為蔣經國上海「打老虎」打出了一樁孔令侃「揚子公司事件」，在母子之間產生嫌隙。眾所週知，孔祥熙的大兒子孔令侃，一直是宋美齡最疼愛的外甥，從一九四二年初訪美國開始，孔令侃和他的妹妹孔令偉，兩人即被視為是宋美齡的「哼哈二將」，宋美齡和這兩兄妹的感情，情逾母子（女）。誰知道蔣經國上海「打老虎」的任務，卻誤打誤撞打到了孔令侃經營的揚子公司。但蔣經國也的確查核過孔令侃所屬揚子公司倉庫裡的貨物，和各種有關揚子公司的查獲跡證，反覆審查，確認孔令侃並沒有「囤積居奇」的違法事實。但此事爆發後，卻在大上海地區引起巷議街譚的繪聲繪影，硬說是蔣經國在宋美齡橫加干涉，蔣介石被迫出面「護妻」之下，逼著蔣經國，縱放了違法囤積民生物資的孔令侃，外界因而據以指摘蔣經國「打老虎」虎頭蛇尾，說他只打蒼蠅，不敢真打老虎。

蔣經國的「打老虎」任務沒完成也就罷了，更引起外界誤解聲浪，排山倒海，而宋美齡與蔣經國的母子情感也難免受到負面衝擊。這樁事件既傷害了蔣經國的形象，也傷害了「無辜的」孔令侃，此案更在蔣家和孔宋家族內部，引發了巨大的風暴。

宋美齡經常有「私閱」蔣介石日記的習慣，宋美齡這次是否「私閱」到了日記那句「此全為孔令侃父子之所累也」內容？不得而知。如果，此段日記文字被宋美齡閱及，她哪能不心生罪惡感，有愧於蔣介石呢？再假設，宋美齡這次未曾「私閱」蔣介石日記，而是正如美國白宮、國務院的情報說法，直指宋美齡因為蔣介石從瀋陽前線督師回南京之後，因為戰局悲觀，感到憂慮，同時美國又停止援助，態度轉變，蔣介石因而與宋美齡發生了口角爭吵，宋美齡精神上受不了，而發生了蔣介石日記所說，宋美齡半夜裡哭哭鬧鬧的情事。

縱觀而言，孔令侃「揚子公司」事件，絕對是至關重要不可輕忽的導火線。我們不妨再從蔣介石、蔣經國父子等人的第一手資料裡，追本溯源，並且論究蔣經國「打老虎」乃至發生「揚子公司」事件期間，致使蔣經國鎩羽而歸，國府經濟管制失敗的全般經過。

蔣介石派蔣經國到上海實施「經濟管制」工作，始於一九四八年八月二十日。剛開始，蔣介石對這項以政治手段強行干預經濟的管制工作，信心滿滿。楊天石教授在他的一篇學術文章裡，引證了蔣介石日記，證明蔣介石與宋美齡曾經多次一同前往上海為蔣經國鼓勵打氣。例如，一九四八年九月十九號的日記裡，記載蔣介石當天晚間，兩夫妻乘車到南京東郊散心兜風時，兩人約定要支持蔣經國在上海經濟管制，務必讓經國這趟任務立於不敗之地。*

在蔣經國奉派到上海經管，亦即時人稱為「打老虎」的重大政治任務，剛開始的第一個月，不但社會輿論抱以極高的期待，連蔣介石也期許甚高，甚至一再對蔣經國嘉獎有加。

楊天石文章中，引證的一九四八年九月四號蔣介石日記提及：「經兒將滬上最大紗商鴻元與杜月笙之子拿辦，移交法庭，可謂雷厲風行，竭其全力以赴之。惟忌者亦必益甚，此為民之事，只有犧牲我父子，不能再有所顧忌，惟天父必能盡察也。」三日後，蔣介石復在日記上寫著：「經兒由上海來報告經濟管制情形。往日所有黑市與囤積等弊多有我黨政當局為首，言之痛心。但由此徹查，所有上海黑幕皆得發見，實堪欣幸。」問題是蔣經國僅只揭開了國府黑幕冰山之一角。而且蔣經國的揭弊打貪，才砍下第一刀，就驚覺很難再往下砍第二刀了。

尤其不可思議的是，這第二刀已經砍了一半，欲收手也很難了。楊天石的文章寫道，九月二十九日，上海繁華市中心的盧家灣警察局向上海警察總局報告，位於茂名南路和長樂路口的一家英商汽車公司，倉庫裡頭囤積了大批物資。蔣經國轄屬的經濟警察大隊和盧家灣警察局人員，荷槍實彈前往查緝，果然發現有大量物資囤積，並且又在上

*見楊天石教授文章〈蔣經國「打虎」為何失敗〉。

海大通路二七七號，及上海虹橋路等地，分別發現了揚子公司所有的大量庫存物資。

從表面上看來，揚子公司堆滿囤積物資的倉庫，似乎是上海市盧家灣警察局率先查獲的，但這個警察局是循什麼線索破獲的？則並未說明。其實，於此同時，上海十里洋場出了一樁大事。人稱上海皇帝、清幫老大杜月笙的兒子杜維屏，被蔣經國派人逮捕。這也便是前述蔣介石九月四號的日記裡講到的，「經兒將滬上最大紗商鴻元與杜月笙之子拿辦，移交法庭，可謂雷厲風行。」蔣經國在九月三號於日記中聲稱：「政府決定將上海最大的商人，如榮鴻元、詹沛霖、吳錫齡、黃以聰、杜維屏之類扣押，此乃上海的重大事件。」

「揚子公司」這四個字，第一次在蔣經國的日記裡出現，是在一九四八年十月二號日記的條目之下：「前天發現的揚子公司倉庫裡面所囤積的貨物，都非日用品，而外面則擴大其事，使得此事不易處理，真是頭痛。」所以，這個事件爆發的時間點，就在一九四八年的九月三十號。

而蔣經國之所以會派人去查抄孔令侃所屬揚子實業公司的倉庫，是由於上海聞人杜月笙的兒子杜維屏，有些違法行為導致。據蔣經國上海「打老虎」時的得力幹部王昇的回憶指出：蔣經國與王昇麾下的「戡建大隊」人員「根據所獲得的證據，會同治安及司法單位，先後逮捕了一批囤積居奇的商人，與一批作奸犯科的官吏，並且包括了全國知名的聞人杜月笙的家人在內。因為在被逮捕的人中，有一些人在上海是有頭有臉的人物，不僅僅震驚了上海，甚至震驚了全國，於是『蔣經國上海打虎』的名聲，就不脛而走，成為經濟管制中一樁極為轟動的事情。」

杜維屏是上海「鴻興證券號」負責人。戡建總隊人員調查另外一樁案子「陶啟明案」時，查出杜維屏在陶案中係擔任出售股票的經手人，杜維屏曾遭到傳訊。陶啟明妻子李國蘭，就在杜維屏的「鴻興證券號」賣出四百萬股股票。上海經濟警察還進一步查獲，在證券市場奉令停業之後，杜維屏仍從事大量場外交易；因而兩度傳訊杜維屏。九月三日，因杜維屏涉嫌重大，和另一名從事證券場外交易的林樂耕，一同被地檢處扣押，「鴻興證券號」的營業執照也被吊銷。

這事惹毛了杜月笙。杜月笙畢竟和蔣介石在清幫曾有「同門之誼」，發生了杜維屏被捕事件後，據說杜月笙很不高興地對蔣經國放話說：「杜維屏若有罪，理當繩之以法，有理走遍天下，無理寸步難行。如果孔家子弟仰仗蔣夫人勢力，大搞囤積居奇，憑什麼孔令侃可以逍遙法外，杜維屏就活該倒楣？」杜月笙對蔣經國講的這番話，是在蔣經國召集的一場巨商會議。照楊天石引證的，蔣經國打老虎時手下「經濟檢察大隊」大隊長程義寬的回憶指出，蔣經國堅持要杜月笙到會，杜月笙在會議桌上說了上述這一番話。

程義寬回憶裡指出，杜月笙挑明說，他的小兒子杜維屏囤積了六千多元的物資，他已命杜維屏交給蔣經國依法懲辦，任憑蔣經國處置。但杜月笙附帶作了一個要求，並且諉稱這也是今天到會的所有商人的共同要求，請蔣經國務必派人到上海揚子公司的倉庫裡去檢查，因為揚子公司囤積的物資，人盡皆知是上海首屈一指。希望蔣經國先生一視同仁，同樣查封嚴辦。據程義寬講述，蔣經國面對如此場面，十分尷尬，只好陪著笑臉說：「揚子公司如果有違法行為，我一定依法嚴懲。」

杜月笙方面可能也檢具了一些所謂的「證據」，向蔣經國檢舉孔令侃的倉庫裡就有囤積居奇的民生物資。人民有檢舉案，蔣經國不能不辦。這麼一來，蔣經國亦不能只辦杜月笙兒子，不查孔令侃的倉庫，就下令王昇帶著戡建總隊的大批人馬前去查抄。按照帶隊官王昇的說法稱：「督導員辦公室立即指派警察會同戡建隊人員，前往揚子公司徹查。查了一整天，不僅查倉庫、查貨品，而且查賬冊。在揚子公司的倉庫裡，的確是查到了一批糖，但是，經過化驗，是作為醫藥用的化學糖，不是民生必需品的食糖，所以不能法辦揚子公司，更不能法辦孔令侃。不過，有關這一事情，是是非非的謠傳滿天飛，成為蔣經國上海經管所遭受到的種種反撲。」

不但王昇的回憶傳記裡，講到查抄揚子公司倉庫的過程時，並沒有前述所謂上海盧灣警察局查獲一家英商汽車公司，倉庫裡頭囤積的「屬於揚子公司的大批物資」。就連蔣經國的《滬濱日記》十月二日的內容裡，也沒說過倉庫裡又是汽車，又是大批違法物資的。蔣經國只是說：「前天發現的揚子公司倉庫裡面所囤積的貨物，都非日用品。」蔣經國寫到這裡時，還加註了一段話說：「而外面則擴大其事，使得此事不易處理，真是頭痛。」換言之，蔣經國本人，以及其手下王昇的書裡、日記裡，他們的說法都與某些人的回憶文章有著較大的出入。

究竟誰說的是真實情況？一說，英商公司的倉庫裡，抄出了大批屬於揚子公司的義大利菲雅特牌轎車，美國原裝的卡迪拉克轎車。一說「在揚子公司的倉庫裡，的確是查到了一批糖，但是，經過化驗，是作為醫藥用的化學糖，不是民生必需品的食糖，所以不能法辦揚子公司」。究其實，查抄的地點不同而已。楊天石引據的是，當年上海《正言報》十月二號發佈的新聞，當天《正言報》大標題印著：「豪門驚人囤積案，揚子公司倉庫被封」，副標題則是「新型汽車數近百輛，零件數百箱，西藥、呢絨，價值連城，何來巨額外匯，有關當局查究中」、「貨主孔令侃昨晚傳已赴京」等。這些論證說明孔令侃的揚子公司確實涉及了不法。但是，商民「不法」究竟是誰來認定？是報派認定？是人民公審？還是官廳說的算？抑或是法院依法審理算數？

但是，蔣經國為什麼不法辦孔令侃，不法辦揚子公司呢？照蔣經國的講法，他不是不辦，而是「於法無據」，因為，蔣經國走馬上任到上海管制經濟之初，的確下令全上海的商家，根據《實施取締日用重要物品囤積居奇辦法補充要點》這個命令，所有的商家都要呈報「物資總登記」，也就是商家要把他們的倉庫庫存的貨物，向政府機關照實申報，如果有人膽敢不報或者登記不實在的，就是違法。依法這些未登記的物資，不論是商品或是原料，一律可以依法沒收。

可是，早在上海實施經濟管制的第一天，孔令侃就命令揚子公司向上海市政府社會局，呈遞了一紙以英文書寫的庫存貨物單。換句話說，揚子公司依法申報了庫存貨單。這也就是蔣經國日記裡說的「在法律上講，揚子公司是站得住的。倘使此案發現在宣布物資總登記以前，那我一定要將其移送特種刑庭。總之，我必秉公處理，問心無愧。」

蔣經國之所以說他未法辦孔令侃是「問心無愧」，一個最根本的原因，孔令侃的揚子公司在法令上挑不出毛病來。儘管他的倉庫裡盡是一些進口汽車和各種舶來品，但是他都事前依法向上海市政府社會局申報登記在案了。蔣經國以經管督察員的身分，判定孔令侃和揚子公司不算違法，於是輿論大譁。

然而，孔令侃對蔣介石父子的蒙受社會輿論批評，確實負有道義上的責任。蔣經國上海打虎任務失敗，蔣經國無異為孔令侃揹了黑鍋，孔令侃更在道義上難辭其咎。孔令侃更為國府的大失民心，補上了最後一槍。這也難怪蔣介石在當年十一月的日記上憤憤然寫道：「最近軍事與經濟形勢皆瀕險惡之境，於是一般知識人士，尤以左派教授及報章評論，對政府詆毀汙衊無所不至，即黨報社論對余與經國，亦肆意攻訐，毫無顧忌，此全為孔令侃父子之所累也。」

干預蔣經國查案

實際上，從蔣經國日記看來，蔣經國打從一開始並沒有深究揚子公司案的意思，他所持的理由是「在法律上講，揚子公司是站得住的」。所以，蔣經國壓根也不曾想對孔令侃的人身有任何關押的念頭，也未曾想查扣揚子公司的貨物。人與貨，都沒意思動手。可是，兩件意外的插曲，卻迫使揚子公司案的馬蜂窩愈捅愈大。如此意外發展，恐怕也出乎蔣介石原先的意料之外。這兩件意外的插曲，其一是宋美齡突如其來的介入，增加了蔣經國處理此案的複雜性；另一件事是監察院的介入，更讓揚子公司案欲蓋彌彰，益發曝露了此案的敏感性。

我們著重來看看宋美齡在揚子公司事件爆發後，做了哪些動作。

根據賈亦斌回憶指出，宋美齡在中秋節那天，召來了蔣經國、孔令侃兩位表兄弟，宋美齡的意思大概希望兩人當面把事情搞清楚，大事化小，小事化無。照賈亦斌的說法，蔣經國當面要孔令侃「顧全大局」，孔令侃聽蔣經國說這句話，不禁火冒三丈，「你把我公司都查封了，怎麼還要我顧全大局。」孔令侃愈講愈冒火，甚至說出了「如果你要搞我揚子公司，那我就把你我兩家（蔣孔兩家）和宋家在美國的財產都公布了，我把一切事情都抖出來」。賈亦斌書中形容，宋美齡聽到兩兄弟這麼一來一往大吵出手，臉色為之慘白，手腳發抖不止。急忙打電話給在北平督師的蔣介石，要蔣介石兼程搭飛機南歸。

但是，我們如果證諸蔣氏父子的日記，發現事實真相恐怕並非如此。蔣經國中秋節這天的日記記載：「九月十七日，今天是中秋節。本來想回到杭州去同家人共渡佳節，並賞湖上之月，但是因為上海方面工作緊張，不能離開，所以只好在此照常工作。上午八時即到辦公室見了幾個大奸商和大銀行家，如周作民之類，這批人確實可以拿來一個一個的殺。但法律將我的手捆住了，倘使沒有法律的拘束，那麼，我一定可以發揮更大的效能。午前召開緊急的檢查會議，商討棉紗布出口以及金鈔的檢查問題。下午商討青年服務隊的組織工作。晚上在新衡家中吃鴨子，總算是過了節。」

講到這裡，大家一定看出了一些端倪和問題所在了。賈亦斌說宋美齡在中秋節那天，召來了蔣經國、孔令侃兩位表兄弟，談揚子公司的案子。可是，令人啼笑皆非的是，賈亦斌顯然弄錯了揚子公司案子爆發的日期和時間了。眾所週知，揚子公司案爆發於一九四八年的九月三十號，宋美齡怎麼會在那年中秋節，也就是九月十七日，早在揚子公司案沒發生之前，就未卜先知地召來蔣經國、孔令侃呢？

況且，我們應該也沒有忘記，就在中秋節後兩日，九月十九號這天，按照蔣介石日記的說法，當天晚間，蔣宋夫妻乘車到南京東郊散心兜風時，兩人約定要支持蔣經國在上海經濟管制，務必讓經國這趟任務立於不敗之地。九月十九恰在中秋節後兩天，蔣宋夫妻倆還信誓旦旦「要支持經國上海經管」，怎麼可能如賈亦斌所敘，宋美齡在中秋節那天召來經國和令侃二人會商揚子公司案解決方法？賈亦斌這段回憶明顯在時空上錯置了。但是，這是否足以印證，宋美齡不曾干預或者關說揚子公司案，為外甥開脫呢？

值得注意的是，賈亦斌提及的某些內容，可以說一定程度反映了當代中國民眾對蔣宋孔家族的質疑。例如，孔令侃那段對蔣經國威脅：「如果你要搞我揚子公司，那我就把你我兩家（蔣孔兩家）和宋家在美國的財產都公布了，我把一切事情都抖出來」，這段話，明顯意指蔣介石和宋美齡在美國有「財產」，孔令侃恐嚇要把蔣介石、宋美齡夫婦一塊給拖下了水。意在警告蔣經國，如果你逼我魚死網破，那麼我就把你蔣介石、宋美齡在美國存款的事情也統統抖落出來。

「蔣介石與宋美齡在美國存有巨款」，是孔令侃要脅的重點，而這正是一腳踩中了宋美齡的痛處。真有這麼回事嗎？

蔣宋孔家族在美國的「巨產」

實際上，蔣宋孔家族在國外置有巨產，這是抗戰以來，以迄近代以來十分流行的一個「說法」。它的源點，據「張公權檔案」指出，一九三九年十月十七日，日本侵華特務機關針對國民政府高級官員，在上海外國銀行的存款，曾經做過一份統計報告，此資料稱之為《登集團特報丙第一號——政府要人上海外國銀行預金（存款）調查表》。

根據上項資料，蔣介石存在上海外國銀行的存款金額為6639萬元法幣，約合美金809萬元。宋美齡的存款為3094萬法幣，約合美金377萬元。同樣資料顯示，宋子文有5230萬元法幣（美金637萬元）、孔祥熙有5214萬法幣（美金635萬元）、陳立夫2400萬元法幣（美金292萬元）。由於上述日本侵華軍閥所作之統計數字，是否符合事實？是否有其政治意圖蓄意誇大？並無可靠依據為之佐證，學界一般採取半信半疑立場。當年即便有上述金額之鉅款，一九四一年日本侵佔上海租界區之後，在該地之外國銀行均遭日寇非法佔領，銀行內之財產能不被日寇侵奪劫掠者幾稀矣。

根據傳媒報導，二〇〇三年十月宋美齡以一百零六歲高齡去世後，外甥女孔令儀等人清查宋美齡的遺產，餘額為美金現款十二萬元。這也是宋美齡此生僅有的遺產。可證外界原本對宋美齡與蔣家財產似乎產生了「過度聯想」，而最後結果卻令很多人「失望」了。如果純就現金數目而論，宋美齡的遺產區區十二萬美元，恐怕還遠不及現今海峽兩岸中產階級的銀行帳戶存款金額。

在孔宋家族當中，宋美齡可能也是最窮的一位。但說起窮，孔宋家族的另外兩位代表人物也不是太有錢。根據吳景平、郭岱君兩位教授合著之《宋子文與他的時代》書中介紹。宋子文的財產於一九六八年三月的統計，資產總計為美金134萬9299元，他太太張樂怡名下的財產為美金112萬5986元。這樣的財產水平，在美國根本也算不上富豪之家。據郭岱君教授接受新聞記者訪問，宋子文家族生活是否很奢華的詢問時，透露她不清楚宋家生活是否奢華，但她看宋子文家人的生活都很一般。他們即使來胡佛（史丹佛大學胡佛中心），請我們幫他們訂旅館都問多少錢，或比較哪一家較合算。可見宋家在宋子文物故之後，生活亦是一般小康之家的光景。

孔祥熙家族照日寇的說法，抗戰前後他們亦有美金635萬元的現金家產，但據喻亮著《孔祥熙》一書的敘述，一九五四年「第二屆國大代表召開前夕，國民黨有幾位老資格的中央委員，在蔣介石官邸聚餐，便中談到孔祥熙財產之事，當時，蔣介石就對他們懇切的說：『我對孔先生知道得最清楚，不錯，他過去是一個很有錢的人，本黨的革命運動最初時期，也曾經得到過他許多的幫助。可是，孔先生雖然善於理財，對於自己，他是一個最不會打算的人。假如我們說他現在連吃飯都成了問題，那未免是過甚其詞，但說到他現在的財產，我想是不會超過五十萬美元吧！』」

即便在一九五〇年代初期擁有五十萬美元資產，固然與當代絕大多數升斗小民相較，富裕不知凡幾，但在美國也算不得是什麼了不起的富豪之家。在今日，如此盞盞之數，更只堪稱之為一般小康之家而已。

我們再把主題拉回宋美齡究竟有沒有干預蔣經國法辦孔令侃這件事情上。儘管賈亦斌書中敘述的，宋美齡約蔣經國、孔令侃這兩個表兄弟中秋節見面的時間點，是有問題的，但並不能徹底否定宋美齡約兩位表兄弟見面「談判」的可能性。

作家江南著之《蔣經國傳》，則引證印度駐華大使潘迪華（K.M. Panikkar）的《旅華回憶》（*In Two Chinas, Memoir of a Diplomat*）的說法，指出揚子公司案爆發當天晚上，南京的蔣介石官邸正在舉行一場宴會，杯觥交錯之際，上海打來緊急電話，宋美齡接完電話之後，神色慌張，中途先行離席。第二天一早（十月一日）即從南京搭飛機前往上海。江南說：「經過宋美齡從中干預，此一醜聞，喧囂中外，不日，孔令侃飛美。」

可是查閱蔣經國十月一日及十月二日的日記，發現蔣經國這兩天忙得不可開交，日記裡也不曾提及宋美齡到上海之事。十月一日項下，蔣經國說：「上午本想去參觀工廠，後來始終因為事務太多，而不能離開辦公室，紗市場的負責人，亦來告急，可知一切都在動搖……今日是萬竹小學的校慶日，我去參加了一會兒。下午在金融俱樂部講話。」十月二日項下說：「前天發現的揚子公司倉庫裡面所囤積的貨物，都非日用品，而外面則擴大其事，使得此事不易處理，真是頭痛。上午在中央銀行討論紗米二問題，決定取消市場，消滅投機。下午參加物價審議會，以今天各市場情形來看，人心浮動，很像有衝破限價之勢，除發表嚴正的談話外，更嚴防可能發生之意外。」

日記裡惟一可能得空的時間，只有十月一號和二號的晚上，白天時間蔣經國基本上排滿了公務，不可能有機會和宋美齡、孔令侃等人會面。這兩天晚上做了些什麼事，未見蔣經國有所敘說。

楊天石教授引證了蔣介石日記及上海《大眾夜報》之報導，可以得知十月九號，是孔令侃揚子公司案最高潮的關鍵時間點。在十月九號這天的蔣介石日記上道：「對於孔令侃問題，反動派更借題發揮，強令為難，必欲陷其於罪，否則即謂經之包蔽，尤以宣鐵吾機關報專事攻訐為甚。余聲斥其妄，令其自動停刊。」同日，蔣介石日記又寫道：「經兒自錫來見，在美亭中敘談，聽取其上海經濟管制經過之報告。經濟本為複雜難理之事，而上海之難，更為全國一切萬惡鬼詐薈萃之地，其處理不易，可想而知。」

拿蔣介石的日記，和蔣經國日記來相互比對，發現兩人敘說的這兩天經過情況，基本上完全相符，並無相互矛盾或者不符事實之處。就以蔣介石日記說的「經兒自錫來見，在美亭中敘談」這句，前一天（十月八號）的蔣經國日記確實記載了：「十二時抵無錫。二時參加十一縣的經濟管制會議……天已將黑，而工人還是立在橋上等我，一見之後，就歡呼。我見此情景，內心十分難受，而且慚愧。眼淚亦想流出來。晚九時離錫，十二時抵申。」

十月九號，蔣經國見他父親的那天，據楊天石教授引上海《正言報》的報導，除了見蔣經國以外，還相繼會見了薛岳、宣鐵吾、吳國楨、吳開先等人，談論的焦點都是上海經濟管制之事。但是，蔣介石日記裡也記載了，召見上海市警察局局長宣鐵吾*，蔣介石發了一頓脾氣，因為上海市警察局辦的報紙《大眾夜報》，竟然跟著其他小報起舞，大肆報導揚子公司案。照蔣介石的說法，該報「專事攻訐為甚」，讓蔣介石火冒三

*按：宣鐵吾，黃埔一期畢業，曾任蔣介石貼身侍衛、侍衛長等職。

丈，「聲斥其妄」，對宣鐵吾痛罵一頓，罵宣鐵吾亂搞一通，並且命令把《大眾夜報》作出「令其自動停刊」之處份。宣鐵吾知道蔣介石正在氣頭上，便交代該報停刊一星期，一個禮拜之後再度復刊，蔣介石窮於應付國共戰局，怎可能天天盯著上海的報館看，宣鐵吾辦的這份小報得以混水摸魚，逃過關門大吉命運。

江南的《蔣經國傳》引用當年的新聞記者曹聚仁在「哀江南書」中的形容：「當宋美齡帶著大公子（孔令侃）去看蔣先生的時候，經國已經束手無策了」。作家江南認定揚子公司案由於宋美齡的橫加干預，「使經國受挫，已成不爭的事實」。江南並說，揚子公司這件事情掀開來之後，當事人孔令侃就「不日飛美」，跑到新大陸去和他的父母家人會合了。

孔令侃逃離了現場，可是事件尚未完全落幕。揚子公司案引爆不到一個星期，國府監察院迫於輿論，隨即展開調查。這麼一來，揚子公司的案子便如同水銀瀉地，到了欲罷不能的地步。如果讓監察院查個「水落石出」，那孔宋家族真面目揭露在世人面前，勢必只有崩解一途了。為了療傷止血，必須快刀斬亂麻，長痛不如短痛。蔣介石這時下令上海市長吳國楨接辦此案，最好是趕緊草草收場，千萬別讓監察院有插手空間。十月十八號，蔣介石給吳國楨去了一封信，信上說：

「關於揚子公司事，聞監察委員要將其開辦以來業務全部檢查，中以為依法而論，殊不合理，以該公司為商營而非政府機關，該院不應對商營事業無理取鬧。如果屬實，可囑令侃聘請律師進行法律解決，先詳討其監察委員此舉是否合法，是否有權，一面由律師正式宣告其不法行動，拒絕其檢查。並以此意約經國切商，勿使任何商民無辜受屈也。中正手啟。」

從蔣介石這封信的內容觀察，我們可以發現蔣介石意圖藉著他的權威去「圓掉」這個醜聞。一方面，從打擊囤積居奇的違法奸商而言，他的態度立場是和蔣經國一致的。但另方面，蔣介石必須顧及宋美齡和孔令侃的立場。所以，他既需要確保蔣經國在此事件中全身而退，再者他也必須讓孔令侃受的傷害達到最低限度，並且確保不致波及宋美齡，乃至孔宋家族。故而，蔣介石想到一個巧門，主張監察院只可以察查公部門，而不可無限上綱把公權力的手伸進商家私人企業，否則就是「無理取鬧」，孔令侃可以訴諸法律，拒絕監察院的檢查。蔣介石基於私念，自失身為國家領導人的立場，意圖保全親族。

吳國楨日後在他的口述回憶《從上海市長到台灣省主席——吳國楨口述回憶》裡，回顧此一事件時表示，揚子公司事發之後兩星期，吳國楨認為這事件就無異僵持在那裡，什麼也沒發生。蔣經國無能為力，不知該如何是好。因為任令蔣經國再怎麼孟浪，他心裡還是有一桿秤，他明白辦揚子公司這種案子，既是於法無據，又且會捅破國府貪污腐化的馬蜂窩，故而此刻之經國先生可說是倜處於進退維谷之境，不知下一步該怎麼處置。

稍微有點經濟學常識的人都明白，國府當年搞的那套「經濟管制」，根本是嚴重違反市場規律的「反動政策」。這一點，吳國楨早就對蔣介石提出過針砭警醒。吳國楨對蔣介石打電報要他出手相救，毫不意外，但也感頗為棘手。吳國楨說：「此後我突然接到蔣介石從北平發來的電報，電報裡說他已下令應由我處理此案。我回電說，從一開始我就向閣下說明過，我對此事不負責任，而且所有其他的案件也是別人處理的，我認為此案不應由我處理。三天後蔣夫人給我來長途電話，說委員長正在打另一份電報，命我直接處理此案，因此我最好還是照辦。」

蔣經國也明白吳國楨是反對那套「經濟管制」思路與作法的，所以，一九四八年九月五日的蔣經國日記裡，他提到吳國楨欲辭上海市長的事：「吳市長到南京去辭職，不曉得是不是因為他對於我的作法不滿意的原因。」而從國府的人事派系上觀察，吳國楨甚至很長一段時間被視為「夫人派」，是和宋美齡走得很近的一位國府官僚。而在吳國楨日後的英文回憶錄《夜來臨》裡，批判蔣介石、蔣經國父子：「還有就是他的兒子蔣經國。即使他沒有這個兒子，要完全說服蔣介石相信民主政治的明智與好處也是件不容易的事。但他身邊有了這麼一個成年後在蘇聯生活過十二年以上，具有共產黨員思維，尤其有王朝野心的兒子，那就更不可能了。」

吳國楨原本就對蔣經國的種種舉措與思維頗不以為然，所以才有想辭去上海市長的意圖，明顯的目的是要和蔣經國的強勢「經管」劃清界限，劃清彼此的責任歸屬，但被蔣介石制止並慰留。至今，又發生揚子公司事件，吳國楨自然更有理由推托。

一般看法認為，吳國楨說宋美齡致電要吳氏「直接處理此案」，這即是宋美齡介入孔令侃案的直接證據。

吳國楨和宋美齡的關係非常好，夫人的交代，吳國楨推辭不掉，再加上是蔣介石的意思，吳國楨只好硬著頭皮承接此案，並覆電蔣：「查此案前系由督導員辦事處徑飭警局辦理，奉鈞座電後，經與經國兄洽定三項辦法：（一）警局即日通知監察委員，檢查該公司業務全部超越警局，只能根據違反取締日用品囤積居奇條例之職權，警局前派會同查勘人員即日撤回；（二）該公司可以無當地行政人員在場為理由，拒絕查賬，不必正面與該委員等發生爭執；（三）監察委員熊在渭與天翼先生關係極深，職定訪天翼先生，請其轉達不作超越法律範圍之檢查。是否有當，敬請示遵。」

揚子實業公司事件爆發之後一個月，亦是蔣經國辭去上海經濟管制督導員職務之前五天，保密局呈給蔣介石一件密件公文，分析了蔣經國在上海經濟管制「打老虎」失利的原因，這份密報寫道：「滬市經濟管制失敗之內幕。青年黨《中華時報》發行人宋益清向曾琦報告稱，滬經濟管制之失敗，係政府既懲辦杜維屏破壞金融案於前，不應放縱孔令侃大量囤積於後，致使杜月笙極度不滿，將所能控制之工廠，均以原料缺乏為辭，逐漸停止開工，並促成黑市交易，搶購風潮，藉以報復。」

全國範圍的經濟管制，蔣經國上海「打老虎」實為眾所矚目之焦點，最後卻落得黯然收場，成為虎頭蛇尾的一局殘棋。國府經管政策宣告失敗，此固然與國內政經與內戰戰場形勢的江河日下，密不可分，也與國府內部激烈的派系鬥爭彼此激盪。上海民生經濟金融市場局面的糜爛失控，尤為國府一九四八年那場荒唐的經濟管制鬧劇土崩瓦解，一葉知秋的縮影。

第三節

錯估美國選情，得罪杜魯門

宋美齡為了挽救孔宋家族的顏面與利益，不惜藉著丈夫的權勢，橫加干預，但她何嘗想到國府正面臨一場山窮水盡的大變局。誠如唐朝詩人劉禹錫那首〈西塞山懷古〉說的：「王濬樓船下益州，金陵王氣黯然收。千尋鐵鎖沉江底，一片降幡出石頭。人世幾回傷往事，山形依舊枕寒流。今逢四海　家日，故壘蕭蕭蘆荻秋。」

蔣經國在那年十一月六號的日記記下這麼一段話：「昨日正式發表消息辭督導員職。自今日起已不再到中央銀行辦公。當我離開辦公處的時候，心中實有無限的感慨，幾欲流淚。傍晚步行到金融管理局向林崇鏞、李立俠辭行。望黃浦江上的晚景，覺得格外的悽慘。今日早晨，約行深、滄白、靈峰、仲平乘汽車作杭州之遊。中途經過閔行、乍浦、海寧，一路的風景雖美，但秋風紅葉，使人發生傷感。中午到達杭州，見文章兩兒，得敘天倫之樂，下午遊虎跑，晚在樓外樓宴客。」

可嘆蔣介石個人聲望在抗戰勝利之際臻於頂峰，也在抗戰勝利不到三年光陰，他原本如日中天的聲望瞬間跌到谷底。蔣介石國民政府失敗的經濟管制政策，錯誤的金融幣制改革，何嘗不是肇因於蔣介石在八年抗戰後，當全國軍民殷切期盼國家和平的時刻，惟獨蔣介石不知與民休養生息，為逞一己私憤而發動國共內戰。橫征暴斂，加劇民生痛苦。沉重浩大的戰費掏空了原本虛貧的國庫，迫使泱泱大國必須仰人鼻息，伸手向美國乞討軍經援助之施捨，國家尊嚴蕩然無存，蔣介石個人也難逃歷史審判之宿命。大陸時期之蔣介石可謂自取其辱、自取敗潰，他又夫復怪罪何人呢？

我們可以從一些名人回顧一九四八年、一九四九年之交，平民大眾的艱困生活，體會國府「王濬樓船下益州，金陵王氣黯然收」的敗亡景象與氛圍。

已故台北故宮博物院研究員，著名的古器物學及玉器專家那志良先生，在他的文章〈回首迢迢路〉*裡敘述一九四八年、一九四九年之交的京滬情景：「當時南京的情勢已經開始亂了，怎麼看出他亂法呢？一是物價，一是治安。南京街上的舖子有一幅對子：『目下一言為定，市價早晚不同』，是這時南京的最好寫照。那真是物價早晚不同，這物價隨時漲，根本就不定的。有人把這物價暴漲的責任都推到金圓券的發行上，其實是不對的。原因多著呢！商人自己為賺暴利，乘機哄抬物價就是一個原因。……說到買米，當時治安也真亂。到舖子裡買米，少了倒也好；多了，準有人搶你的。我先前還是自己買米，後來看看不行，就託了個海軍部的朋友幫忙，同海軍部一起買米，再由軍車順便送回家來，這才省得麻煩。」

著名已故廣播界聞人王大空，在他寫的〈不確定的年代〉文章裡，回憶一九四八年、一九四九年之交，那個僕僕亂世的市面情狀：「民國三十八年的一月，共產黨已經進入北平。在上海街上雖然沒有看見共產黨，但當時經濟混亂的情勢與社會不安的感覺，實在讓人有說不出的惶恐。那種惶恐，不是街頭有人示威，也不是政府軍隊不足或

*《離開大陸的那一天》，台北，久大文化出版。

警力不夠，而是一種『亂』。每天每種物價都有若干次的調整。早上買米和晚上買米，同樣是一斤，價錢卻貴了好幾倍。當時政府為了穩定物價，就採取『限價』措施，所有民生物品的價格，都有一定的標準。商人自有他取巧的方法。採行限價時，他就缺貨；一旦缺貨，有錢人不惜以高價買黑市的物品。如此惡性循環下去，『限價』供應的物品都缺貨，而黑市販賣的價格卻不斷上漲。整個經濟制度雖然控制在政府手中，可是政府所做的工作只能治標而不能治本，愈到後來，愈發不可收拾。」

台灣大陸工程公司已故負責人殷之浩在他寫的〈烽火煙塵遠〉*文章裡，回顧離開大陸之前，他目睹的混亂情狀：「離開大陸那一天，是三十七年十二月六日。離開大陸的前兩個星期，為了公事我去了一趟南京。平常從上海到南京的火車行程只要數小時，但是那一次卻坐了一整天，一路上車子不通，很多人為求上車擠來擠去，而且沿途買不到糧食。抗戰時期坐火車逃亡的景象再度浮現心頭，那次南京回來以後，我不得不加速進行離開大陸的計畫。」

從上面這些頗具代表性人物的描述中，可以略窺國府崩潰前夕首善之區的京滬地區，民生經濟與社會人心浮動不安的亂世徵候。底層社會如此，國府廟堂之上的官員，其實也早已向蔣介石提出黨國消亡，南京政府即將崩潰的嚴重警訊。

例如，大陸解放前在國民黨黨報《中央日報》擔任國會新聞採訪的名記者龔選舞，在他的《一九四九國府垮台前夕，龔選舞回憶錄》書裡提及：「即以勝利後呈現的接收『劫收』，『五子登科』（金子、房子、車子、女子、位子）的嚴重弊端而論，明智如

*殷之浩《離開大陸的那一天》，台北，久大文化出版。

蔣先生者當不致於一無所聞。及揚子、孚中套匯案起，國家的寶貝外匯百分之八十八都被兩家人套走了，蔣先生又豈能佯作不知。事實上，根據其時新任財政部長俞鴻鈞在參政會上所言，這件事『最高當局（指蔣氏）已命令財政經濟兩部會同調查』，調查結果也『已呈報最高當局』。換言之，這件大事，蔣先生不僅早已多有所聞，且在親自下令調查之後，收到了孔、宋果然大量違法套匯的調查報告。」

龔選舞在回憶錄裡秉筆直書，蔣介石對孔宋貪污之事，不僅是知道，而且很早就清楚情況，但蔣介石在心態上卻採取了一個很不恰當的態度，「他只希望把它壓下來，不想把它鬧大，如果因此而興大獄，反而會把事情搞得不能收拾。」

不容忽視的是，如果這事不是涉及孔宋家族，不是礙於宋美齡的情面，蔣介石又怎會「把它壓下來」呢？又怎會以私害公呢？誠如龔選舞所言，蔣介石當然「早已多有所聞」，而且對孔宋家族，尤其是孔家父子的惡形惡狀，他是洞若觀火的，所以才在一九四八年十一月四號日記裡寫下：「本日經國報告，孔令侃囤積居奇，見其貨單，痛憤之至，故今日情緒更覺抑鬱矣。」既然親見孔令侃倉庫的貨單，即便這些貨物「未必違法」，但身為官二代，如此不知檢點與克制，徒留外界攻訐之把柄，也難怪蔣介石進一步在日記裡痛斥道「此全為孔令侃父子之所累也」

究竟蔣介石於日記中形容宋美齡「身心疲憊，幾乎不能自制，昨夜精神反常」、「悲泣不置，彼稱為何國家陷入今日之悲境」這些情況，果真如顧維鈞提及的是「因為與蔣委員長發生了口角」？而諸如此類源自於美國白宮、國務院的「傳言」，又與蔣介石平日愛護妻子、忍讓妻子的既定形象，如何能兜攏起來？又這場猶如狂風暴雨般的夫妻口角衝突，蔣宋之間最後又是如何取得妥協與諒解？又是如何「床頭吵、床尾和」化干戈為玉帛？如果美國說法蔣宋「發生了口角」屬實，揚子公司事件難道絲毫不曾損及蔣宋的夫妻情分？果真如此，蔣宋又是如何辦到的？又宋美齡一九四八年十一月出訪美國，去國一年零三個月才再回到蔣介石身邊，是否仍有負氣出走的意涵？

再者，宋美齡急於在一九四八年十一月，國府命運急轉直下的當口，急迫之下臨時決定遠赴美國爭取援助，這股背後的力量，究竟是出自蔣介石的「埋怨」，是宋美齡自覺自發，自告奮勇的結果？抑或是蔣宋兩人共同的理性決定？固然，在一九四八年十一月宋美齡赴美訪問的當下，人們充滿疑惑，可是，只要稍微沉澱一段時日，答案自然浮現而出。

不可能的任務

龔選舞更提及一樁悲劇，這事與蔣介石頭號文膽陳布雷之死有關。坊間早有傳言，陳布雷為了孔家巨貪之事，忠言直諫，當場觸怒了蔣介石，蔣盛怒之下打了陳布雷一巴掌，陳布雷因為受此掌摑羞辱，憤而尋死云云。當然按常理判斷，蔣介石對身邊軍人固是十分嚴厲，但對侍從室之文人，向例是十分禮賢下士的。龔先生所謂：「猶憶撤守大陸之前，美援不來，財源枯竭，包括蔣主席親信的陳布雷先生在內，都曾建議蔣氏，謂他促請孔、宋捐輸，以紓國難，結果，就在忠貞的陳先生遭受苛責，一死上報之餘，護財重於救國的孔、宋兩家嚇得逃難赴美，把成億的錢財全都搬到了新大陸。」

蔣介石日記形容宋美齡「……身心疲憊，幾乎不能自制，昨夜精神反常」、「悲泣不置」等情狀，恐怕實際的情況，應該遠較蔣介石日記描述的情景嚴重不知凡幾。既然連蔣介石日記都坦承宋美齡精神狀態不穩，假使我們的臆測不錯的話，宋美齡在一九四八年十一月離國訪美之前這段時日（從十一月二十二、三號，一直到宋美齡十一月底離華赴美，長達一週時間），說不定夜夜都曾經出現「淒厲哭喊」、「精神異常」的場面也未可知。宋美齡的反應之所以如此劇烈，蔣介石不單單在日記裡，對孔宋家族的惡形惡狀有所指責，而且甚至在與宋美齡對話的言談之間，不經意把東北戰役潰敗的因素，間接歸咎於孔宋家族的貪腐，因此刺激了宋美齡，兩夫妻為此大吵一架。這幕場景，在當年國府江河日下，不可收拾的軍政局勢下，亦非不可能發生。

即便美國方面的情報誇大其詞，在三大戰役接連挫敗後，宋美齡或許不願見到黨國危殆，更不願見到蔣介石權位不保，自己的后冠光環消逝。也或許不希望蔣介石的垮台會歸咎於孔宋家族的貪墨，所以宋美齡竭盡心智，希望可以亡羊補牢，為黨國、為丈夫、為自己，克盡一份職責。所以她盡其可能的與她交情稱好的馬歇爾聯繫上。

董顯光日後寫下了他的目擊情況：「中國局勢日趨險惡。十一月二十六日，在總統官邸舉行會議的時候，蔣夫人忽下樓請總統離席有要事面商。後來總統告訴我，蔣夫人跟美國那時的國務卿馬歇爾在長途電話上講了話。蔣夫人知道馬歇爾因病即將入醫院，故打長途電話除致慰問之意外，表示私人意見願在他未入醫院以前趕赴華府有所面商，如荷同意，請勿掛斷電話，當就近取得總統核可後，立即答復。今馬歇爾表示歡迎，故急求總統同意，總統願促其成行。」

可以和董顯光回憶前後呼應的，而且亦有相當可信度的，是蔣介石機要祕書周宏濤所目擊的宋美齡決定出訪美國之全般經過。在汪士淳先生撰寫，周宏濤口述的《蔣公與我》書中，周宏濤述及，一九四八年十一月二十日，國府駐西雅圖領事館發回南京一封電報，稱美國西北工商界、學術界領袖組成的中國會，鑑於中國局勢嚴重，美國對遠東情形隔膜云云，邀請蔣夫人前往美國。周宏濤指出，他呈送這份電文給蔣公之後，幾天沒有下落。到二十七號早上，宋美齡的祕書游建文到辦公室找周宏濤，並悄悄告訴周宏濤，稱蔣夫人當天離開南京前往美國。

周宏濤認為，這個時候去美國實在不恰當，因為美國對我們很不友善，何況孔祥熙一家人才剛去美國，恐怕又會招致外界批評。擺在眼前的情況很清楚，宋美齡不再有這麼巨大的影響力，當下的美國與一九四二年的美國大大不同，不可能因為聽信她一個人的遊說，乾坤丕變。反而憑空招致外界物議，讓人把宋美齡與孔宋家族的貪腐聯想在一塊而已。游建文答覆周宏濤說，蔣夫人和美國方面通了電話，「愛國心促使她要排除萬難」，故而決定訪問美國。

周宏濤和董顯光的訊息相同，都說宋美齡打了越洋電話給美國國務卿馬歇爾，希望去美國當面說明與爭取，以扭轉逆勢。無論從什麼角度看，宋美齡根本是明知其不可為而為之。儘管董顯光早年的英文回憶錄，以及多年後出版的周宏濤口述之《蔣公與我》

一書，兩人在書中不約而同都說，宋美齡一九四八年十一月這趟赴美之行，是與馬歇爾通過越洋電話而作成的決定。儘管在馬歇爾的慨然應允之下，宋美齡很快得到答覆，美國方面將給予空中交通工具之妥善安排，正如同她先前幾次前往美國那樣，由美國政府提供軍用專機，專程到中國來接載她前往美國，表面上此一接待規格一如既往。但是，宋美齡一九四八年十一月的這次出訪美國，白宮與國務院對她明顯表現冷淡之外，還加上某種程度的不耐煩。

實際上，宋美齡這趟飛往美國搭乘的飛機，是馬歇爾在宋美齡請求下，憑著馬歇爾在美國軍方的特殊關係，以馬氏「私人上賓」的名義，交代美國海軍派遣一架專機作為她飛往美國的座機。宋美齡搭乘著這架美國海軍專機，滿懷著對馬歇爾的浪漫期待，於十一月二十八日從南京出發前往美國。

就在宋美齡出訪前三個多星期前，美國總統大選剛好結束。民主黨的候選人杜魯門當選連任。周宏濤也在回憶裡坦承，國府以蔣介石為核心的骨幹，在傅斯年的建議之下，國府在這次的美國大選中，選擇支持共和黨的候選人杜威（Dewey, John）。蔣介石當局此一押錯寶的選擇，鑄成了重大的錯誤，致使杜魯門對國府蔣介石當局心懷怨懟。

蔣介石、宋美齡夫婦會押錯寶，錯估美國選情，其實應與孔宋家族對美國局勢的集體判斷失準有關。顧維鈞大使在回憶錄裡披露，他在美國大選結果揭曉後五天，應邀前往紐約孔祥熙寓所作禮貌性拜訪，孔祥熙夫人也下樓參與了孔祥熙與顧維鈞的談話。孔夫人（宋藹齡）下樓時，孔祥熙剛好在與顧維鈞聊起大家判斷失準的美國大選結果，孔

「孔夫人一再強調她始終堅信杜魯門會獲勝。她說她打賭贏了」。顧維鈞研判孔夫人此言應是意味著她與孔祥熙打了賭，而孔祥熙看樣子原本是篤信杜威穩贏不輸。

而客居英美多年的顧維鈞也坦承：「我沒有料到杜威會失敗」。顧維鈞表示，這場選舉本來就是勢均力敵。顯然，國府涉外官僚和他的連襟的意見，促使蔣介石一股腦把黨國前程也押錯了對象，等到票開出來，杜威落選，蔣介石猶如遭逢晴天霹靂，而形勢已覆水難收。

一九四八年十一月宋美齡這趟美國之行，象徵著國府的第一個「亡國之兆」。從《顧維鈞回憶錄》等文獻記載中，更可以發現，早先蔣介石對孔祥熙「駐華盛頓私人代表」的出處政治安排，無異視國府駐美大使如無物，蔣介石此一「循私」安排，大大破壞了國府的對美外交體制，孔祥熙的職務猶如「太上大使」。而等到宋美齡於一九四八年十一月再次出訪美國之後，等於在美國又多了一位「太上外交部長」。

美國在二戰之後自視已成全球霸主，自視甚高，自然對國府的這套充滿人治色彩的「太上」外交體制不予買帳，連帶的，宋美齡這趟美國之行亦吃足了華府當局的閉門羹。周宏濤說：「杜魯門總統的待客之道和羅斯福可是不同。蔣夫人到美國之後，杜魯門很顯然地有意規避與冷落，就在她抵美沒多久，杜魯門五日來個海上休假之旅，等於避免和蔣夫人馬上見面；而與她有私交、成為她赴美主要交涉對象的馬歇爾，又正準備於七日住院開刀。」

為何在國府內憂外患之際前往美國訪問？宋美齡的對外說詞，固然冠冕堂皇，但明眼人一看即知她擺明是為了保丈夫之江山，故而不避艱難赴美遊說。可是才剛到美國一個星期，宋美齡就飽嘗處處碰壁的苦頭，盡嘗異邦人情冷暖。以宋美齡之聰慧敏銳，必然在動身出訪之前便已有心理準備。這趟美國之行，對宋美齡而言根本是「不可能的任務」，她卻「明知其不可為而為之」，以宋美齡之精明幹練竟仍勉力為之，所為何來？這一點，甚至連顧維鈞這位元老外交家都百思不得其解。

第二十一章

訪美受屈辱，蔣介石臨終托孤

一九四八年十二月十日下午五點半鐘，在白宮杜魯門總統的書房裡，表情陰鬱的美國杜魯門總統，以極其不禮貌的神情與口吻，跟等待這場會晤已經近十天的國府第一夫人宋美齡說：「如果不是你及時到達美國訪問，那麼美國政府已經作成決定，打算抽掉蔣介石腳下所站的那片地氈。」三十年後，宋美齡第一次披露這樁歷史公案，她告訴蔣經國：「我當時聽到這句話，困窘到無以復加！」

第一節
與杜魯門的祕密會談

顧維鈞由於長期客居西方出使英美，他固然對英美政治觀察深刻入微，但反而對國內政情因時空距離而略有隔膜，無法盡得宋美齡出訪美國決策過程的第一手訊息。所以，他針對宋美齡「知其不可為而為之」的美國之行，在回憶錄裡作出了若干點評，這些點評反而在訊息隔膜中顯現顧氏的隻眼獨具：

「蔣夫人訪問華盛頓的幕後原因是什麼？當時情況這樣不妙，而且經過我在華盛頓的聯繫、會談與試探以及在巴黎與南京的會談，我國政府對美國的觀點已十分清楚，蔣夫人為何在此最後時刻前來訪美？從官方的內部情報裡，我找不出明確的答案。這次訪問並未就其原委或理由與大使館商議。據我所知，這件事也未與外交部長商議或徵得他的同意。他只是被告知要派這樣一個使節。

「在正常情況下，派遣這樣一個使節，需要進行充分的商討，以考慮其得失利弊以及成功的可能或程度。但事實上，我只是在美國國務院宣布蔣夫人計劃訪美之前幾個小時，而且只是在她一九四八年十二月一日到達之前四天，才得知這次訪問的。我沒有機會就這次訪問是否適時或適當向我國政府表示我的意見。我只能表示最良好的祝願，和當她到達時在機場向她致意，並且只要有成功的可能，就盡力使她的訪問獲得成功。」

宋美齡的出訪美國，讓顧維鈞大感意外。李敖與汪榮祖兩位先生合著的《蔣介石評傳》則直指，一九四八年年底，南京政府已呈癱瘓之勢，蔣介石原想親自到美國求援，但杜魯門並不贊成邀請蔣介石前往美國，並引《顧維鈞回憶錄》杜魯門的評斷，直言「看不出此刻委員長怎能離開中國」，蔣介石分身乏術，所以才由宋美齡擔綱蔣介石的代表，到美國求援。

周宏濤以機要祕書的身分近身觀察指出：「那時白宮為中國局勢問題會議頻繁，對華外交的走向也進入緊要關頭」。但是，周宏濤的近身觀察認為，宋美齡出訪美國的目的與動機，是為了扭轉外交局勢「主動向蔣公提議」，而且是經過蔣介石的同意，「默默期待」宋美齡到美國，「能夠為國家前途開展一個新的局面」。

董顯光則以他親眼目擊的身分，在他爾後撰寫的英文回憶錄《董顯光自傳：一個中國農夫的自述》中，直白地道出了宋美齡出訪美國的決策過程，以及她與蔣介石決定出訪當天發生的種種經歷：「在會議未結束以前，蔣夫人召我赴另室說，她請求總統派我隨侍赴美，總統以我在國內負責事務重要不能容我分身卻其請。蔣夫人說，倘然我願同行，她可再請總統考慮核可。」誠如先前在一九四三年那一回，董顯光「隨侍」宋美齡出訪美國的諸多不愉快經歷，董顯光曾經多次私下向顧維鈞大使表達過，他對宋美齡行事風格，偏信偏聽孔令侃謬誤荒誕之建議與決策，任令孔令侃囂張跋扈目中無人的強烈不滿情緒。此刻，國府如江河日下的當口，宋美齡認為董顯光「疾風知勁草，板蕩識忠臣」，殊不知董顯光心裡早就對宋美齡的行事作風不敢領教，他今天之所以盡忠黨國，除了一己責任心驅動，此外也是基於對蔣介石這位昔日「門生」的點滴圖報，絕非貪圖黨國的一官半職。所以董顯光在回憶錄裡作了如下反應：「我感謝夫人倚重的盛情，但我應否離職赴美還得憑總統決定。」董顯光拿蔣介石作擋箭牌，委婉拒絕了宋美齡。

董顯光表示：「蔣夫人卒於十一月二十八日離上海，十二月一日抵華盛頓，由前中國駐日軍事代表團團長朱世民等隨侍同行。」

固然，董顯光並未跟隨宋美齡同行訪美，但他以中宣部副部長，爾後又任行憲後第一任行政院新聞局局長，每日接觸大量駐外使館傳回的外交祕電，與接收國內外通訊社重要電稿的身分背景，所以他手上也掌握了諸多第一手信息：「蔣夫人抵華盛頓後，跟馬歇爾在華德瑞特（Walter Reed）醫院晤談了好幾次。馬歇爾夫人招待蔣夫人住在他們離華府卅五哩的李斯堡（Leesburg, Va.）別墅裡九天。杜魯門總統夫婦在華府總統招待貴賓的勃蘭屋（Blair House）以茶會款待蔣夫人，同座有馬歇爾夫人與總統女兒馬格蘭（Margaret）。茶後，杜魯門與蔣夫人作了半小時的密談。事後白宮發表公告，說杜魯門總統同情地聽取蔣夫人的傾訴。可是此時共軍已推進至離南京以北一百哩的蚌埠了。」

顧維鈞則是直接從華盛頓探取各種情報訊息，根據自己的目擊親睹，在他的回憶錄裡作出了歸納性的描述：一九四八年十二月十一號*「六點過後不久，蔣蔭恩來電話，大概是從白宮打來的。他報告說，蔣夫人白宮之行已告結束，並已偕同馬歇爾夫人離去。當記者問她是否有好消息或者她是否將再次會見總統時，她說這要由總統來回答。她神色嚴峻，冷冷地一笑，給人的印象是會談沒有成就。」

顧維鈞接著說：「六點半，蔣蔭恩又來電話說，白宮副新聞祕書艾爾斯發布消息說：『總統說，蔣夫人陳述了中國的情況，他同情地予以傾聽。』記者問，總統是否將再次接見她，艾爾斯說：『無可奉告。』對這個消息，新聞報道補充道，下午五點開始用茶點，杜魯門小姐斟茶，總統及總統夫人接待了蔣夫人和馬歇爾夫人。沒有其他客人在場或被邀請。五點半，總統把蔣夫人領到他的書房裡去會談。」

筆者按：這一天應該是美國時間一九四八年十二月十一號，《顧維鈞回憶錄》裡並未清楚註明日期。

顧維鈞從他在美國外交舞台第一現場的信息掌握裡，得知的宋美齡會晤杜魯門的內情，僅止於從宋美齡表象上研判「她神色嚴峻，冷冷地一笑，給人的印象是會談沒有成就」，再者是透過「白宮副新聞祕書艾爾斯發布消息說：『總統說，蔣夫人陳述了中國的情況，他同情地予以傾聽。』」但是至於杜魯門作了什麼具體的答覆，白宮方面那時對外官方說法，只交代了杜魯門把宋美齡「領到他的書房裡去會談」，至於談話的內容是四個字：「無可奉告」。所以，個中真相是一團謎霧。

然而，從之後國府接到來自宋美齡致蔣介石的覆電裡，也並未詳細交代細緻深入的過程，但基本上可以看出宋美齡與杜魯門會談那一個小時（大約從當天下午五點半，杜魯門帶著宋美齡進書房兩人密談，到六點半鐘新聞祕書蔣蔭恩致電顧維鈞，杜魯門和宋美齡祕密會晤時間大約接近一個小時，但不到一小時），大致談話內容的梗概。

這份迄今仍庋藏在台北國史館檔案室的文件指出：

來電：華盛頓　夫人　真　民國三十七年十二月十一日四時十三分發

民國三十七年十二月十二日一時五十分收到

南京總統府。密介兄親鑒：下午與總統詳談中國局勢之嚴重，待援之急，及兄之種種困難後，彼大受感動，明瞭實情。表示甚傾佩，擬一俟馬卿稍好，能會客時，即親赴醫院商談援華宣言及辦法。彼態度極誠懇，看來美對我政策，經妹與馬卿兩度長談後，似有轉機。妹出總統官邸時，無數訪員爭相詢問談話結果，妹未作任何答復。因有表示反易誤事。近來報紙種種登載，多係臆測，請勿注意。馬卿用手術後，經過良好。但本日為第四天，反應稍重，極不適。馬夫人今晨初次到院探視，待其稍好，妹即前往，以便詳商一切。此次馬夫人處處相助，可稱無微不至。再者，在妹商洽中，所有往來電報，務請嚴守，並勿與他人商討，並請嚴令政府及外交人員，勿發表任何言論為要。

妹美

先前，當宋美齡出訪美國那幾天裡，國共內戰形勢極端不利於國府的階段，也正是美國方面與蔣介石當局雙方關係極度緊張的階段。美國釋放出來的政治訊息是，只要蔣介石在位的一天，美國將不會再予國府任何形式的援助。美援終止，意味著國府將無力再進行國共內戰。此刻國府的「選項」，既無法再戰，勢必只有選擇和談，或者以蔣介石下台為前提，請求美國即時恢復對國府的軍事援助。

蔣介石作出了一個此生十分屈辱的決定。一九四八年十二月五號，這也是宋美齡到訪之後的第五天。南京的電報到達了國府駐美國大使館，顧維鈞急著把這份電報轉交給宋美齡。顧大使的回憶說道：「晚上，人們到處尋找皮將軍。委員長給夫人打來一份電報，皮將軍是最適於送交電報的人。譯電自然由大使館辦理，電文是：『余有新計劃，詳情即將電告，為此，希推遲會見馬歇爾將軍。』第二天十二月五日，詳電來了。電文很長，文中敦促美國政府發表支持中國政府的聲明，並說，委員長願引退『讓賢』，我不確知蔣夫人在第二次會見馬歇爾時是否提到了這幾點。」

換言之，當宋美齡於十二月十號會見杜魯門當天，宋美齡已經十分明確把這份蔣介石電文的意思，清楚地而且原原本本向杜魯門作了轉達。而根據蔣介石的此一「讓賢」下野的「善意回應」，杜魯門是否有恢復美國對華援助的表示了呢？

更重要的，杜魯門把宋美齡帶進白宮總統的書房內，密談了近一個小時，那一個鐘頭裡邊，杜魯門究竟作何表示，雙方晤談的氣氛如何。再者，從宋美齡切身的角度而論，一九四八年十一月這趟訪美之行，她的真正目的究竟何在？在那個黨國處境艱危的情況下，她又在美國異邦遭逢了什麼樣的屈辱呢？一九四八年十二月十號那天的杜魯門、宋美齡密會的真實情況，這七十年來始終沒有一份官方文件去作詳細的舖陳與釐清。其實，遲至一九七八年三月二十六號，當事人之一的宋美齡才在時隔近三十年之後，向她的繼子透露了這段祕辛。

宋美齡從美國僑居地打了一通電報，給台北即將繼任領導人的蔣經國，揭露了一段埋藏在她心底三十年的重大祕密。她的原意，是要藉著揭露此一祕密，告訴蔣經國她是如何在國府阽危時刻，在美國異邦含辱忍垢。而這段令宋美齡深感為恥的痛苦記憶，是夾附在一大段雜蕪的文字當中，隱藏的幾句話。雖然只有短短的幾行字，卻是國府這位前第一夫人宋美齡，終身難以磨滅的屈辱印記：（據信，宋美齡在與蔣經國談及過往外交折衝往事時，曾經提及這段令她創巨深痛的記憶。）一九四八年十二月十日下午五點半鐘，在白宮杜魯門總統的書房裡，表情陰鬱的美國杜魯門總統，以極其不禮貌的神情與口吻，跟苦苦等待這場會晤已經近十天的國府第一夫人宋美齡說：「如果不是你及時到達美國訪問，那麼美國政府已經作成決定，打算抽掉蔣介石腳下所站的那片地氈。」三十年後，宋美齡第一次披露這樁歷史公案，她告訴蔣經國：「我當時聽到這句話，困窘到無以復加！」

台北總統府。密經國覽閱：三月二十一日來電當今中華民國雖局促一隅，賡續艱鉅之秋，汝既被徵召，不必惶恐愧汗，余曾顧慮者乃照憲法規定，行政院長對立法院負責，乃真正施政者，而總統惟形式上之元首耳。汝在行政院可多為人民國家做些事，借手於人終不如理想。歷任行政院長除父親自兼外，蒞台後陳副總統特殊情形之下，二次兼辦一段時間，餘者均感受困擾。

前秦祕書過紐約時，曾在原則上略言及之，當年父親在世，無論在贛剿匪時期，其深入匪區，均兼程接踵與共。以及西安事變抱入虎穴之心情，斡旋緩衝救父親脫險。抗戰時緬甸之行，日機圖襲我及父親座機未果，以及先後數次訪美之行，均於國家最危急之際，懷赤子之心，忍氣吞聲，苦口婆心，襄助父親。俾總理留下於我人之國民黨之不泯滅，余盡最大努力，擁最大之毅力，搶救狂瀾，今得以保持此一塊淨土，冀為復國之基地，杜羅門曾毫不客氣向我曰：若汝不來美，則美國策已有準備抽掉蔣某所站之地氈，當時聞之不由而窘。余提及此，憶及何種愛國相父從未稍後人一步。

至汝電中提及，父親病中，併拉余及汝之手，雖未再向汝提及此景此情，焉能或忘。近數月來多次夢及父親，三年駛逝，至今思之有為心酸。余為人有一原則，即永不強人以難，或盡可能不令人有此設想，或假想常以平易待人接物為宗，與家人共處和藹善慈為旨，希諸孫對我有此種想，則已足矣。今年居古稀，時以長江後浪前浪之至理以怡身心，此次得悉汝應召，亟盼在此段時期內，涓滴成就皆映及汝，不便稍有分色之感，以樹立簇新政府之箴信。他日如偶有確切須要時，余當襄助也。此祝康健。

母 三月二十四日

宋美齡在這封電報裡，至少透露了三件大的黨國祕聞。這當中最為勁爆的，莫過於美國總統杜魯門非常粗魯地當面羞辱宋美齡說，今天要不是衝著你親自來美國跟我們講情說項，我們美國政府早就想把你丈夫腳下踩著的那片地毯抽走了。這句話就是說，我杜某某早就想讓蔣介石下台滾蛋了，還好你來美國說情，我姑且手下留情。

其二，宋美齡藉著這封信告訴蔣經國，想當年我多次救你父親，多次與你父親同生死共患難，我從不以為苦，從不以為危險。例如，宋美齡數度到江西和蔣介石在剿共戰場前線，幾次面臨生死交關的場面。再例如，西安事變，在陝西張學良、楊虎城心跡不明，延安中共方面態度尚未明告南京方面之前，那個危急存亡之秋的關鍵時間點上，宋美齡義無反顧的前往西安，與叛軍折衝談判，抱著入虎穴之心情，終於化險為夷。還有抗戰中晚期，宋美齡與蔣介石搭軍機前往緬甸視察歸途遇日機突襲。乃至數次為了黨國，遠赴美國訪問奔走。在在都是冒著性命安危的風險，置死生於度外。

宋美齡告訴蔣經國，她出生入死的目的，無非是為了「盡最大努力，擁最大之毅力，搶救狂瀾，今得以保持此一塊淨土，冀為復國之基地」。

這封電報與蔣經國前面一封問候宋美齡的電報，又反覆透露與印證了一個蔣家的天大祕聞，也就是蔣介石的臨終托孤。宋美齡說的「父親病中，併拉余及汝之手，雖未再向汝提及此景此情，焉能或忘」。這段蔣家在台灣的祕辛，其實是蔣經國率先在與宋美齡聯繫的密電裡說出來的。在一九七八年三月二十六號，蔣經國從台北致電美國宋美齡，在密電文中向宋美齡述及了這段發生在一九七〇年代初期，蔣介石猶在世，但臥病在床的那段日子發生的事情。蔣經國給宋美齡的電文裡說：「父親病中，以大人之手加於兒子之手，叮囑必長如父親在日，此情此景，從無一刻敢忘於懷。」

蔣介石於一九七二年七月二十二日，因心臟病突發而昏迷。之後即住進專為蔣介石籌建之台北榮民總醫院總統病房。其間病情時好時壞，直到一九七三年十二月二十二日，聖誕節前夕宋美齡吵著要出院，回士林官邸過聖誕節。

這段期間，宋美齡本人也生了一場大病。據曾服務蔣介石侍從室侍從官、國家安全局副局長陳宗璀在他回憶錄《士林官邸三十年》中指出，蔣夫人於一九七四年七月二十四號，到台北榮民總醫院檢查身體，確定罹患了乳癌。六天後，宋美齡住進了總統病房：榮總六號病房，並於七月三十一號早上七點半，由美國專程趕來台灣的美國醫生漢貝斯主刀，旁邊並有中國籍的醫師盧光舜、俞瑞章、鄧述微等醫師協助。手術於上午十點二十分完成。開刀前後，蔣經國、孔令侃、孔令偉、王如琳（孔令偉的女祕書）、葛惠英（孔令侃的女祕書）都在場相陪。陳宗璀將軍的回憶錄裡描述，一九七三年中秋節當天，「月色甚佳，先生*坐輪椅至花園散步，並看月亮，享受人生餘暉，狀至悽迷。」陳將軍文中「狀至悽迷」這四字，把蔣介石晚年病中情境，刻劃得無比落寞。

就在蔣介石身體狀況仍未復原的這段時期裡，某日，蔣介石把大病初癒的宋美齡，任職行政院院長的蔣經國，兩人一塊叫到床前。蔣介石拉著宋美齡的手，放在蔣經國的手上。蔣介石對兩母子說：「以後我走了，你們要跟我活著時一樣，和睦相處。」意思希望宋美齡和蔣經國母慈子孝，親情融洽，不可稍有疏遠。

宋美齡非常清楚丈夫的意思，這無異等於是臨終託孤的意味。蔣介石知道自己餘命不多，宋美齡畢竟較諸自己年輕十來歲，未來的黨國大業，固然深信兒子經國可以承擔起重責大任，但黨國這付擔子，如果沒有像宋美齡這樣的長輩從旁輔佐，經國究竟在人生歷練方面仍舊不如宋美齡來得久經世故。

蔣經國深體個中三昧，所以，在一九七八年三月二十一號的這封密電裡，不諱言地告訴宋美齡：「今日乃兒最需要大人教誨，亦最需要大人左提右挈之時」、「願大人賜此孤臣孽子以最大之道德勇氣，使能不憂不懼」。

*按：指蔣介石。

第二節　馬歇爾與蔣介石的恩怨情仇

我們再把話題拉回到宋美齡一九七八年三月致蔣經國的這封電報，它的重點，除了回應蔣經國提及的蔣介石病中託孤的往事，其實揆諸宋美齡這封電報的重點，更在以一個黨國「美國通」的前輩身分，告誡蔣經國，與美國交往的前車之鑑，並且強調自己「愛國相父」，為了愛國家、幫贊丈夫而曾經作出的努力。

正因為宋美齡在一九四八年十二月十日，在她抵達美國之後苦候了十天後，與杜魯門總統總算見到了面，而與杜氏會談之後，拍發給蔣介石的電報裡說：「下午與總統詳談……，彼大受感動，……表示甚傾佩，……彼態度極誠懇，看來美對我政策，經妹與馬卿兩度長談後，似有轉機。妹出總統官邸時，無數訪員爭相詢問談話結果，妹未作任何答復。」宋美齡從白宮杜魯門總統辦公室步出會場時，照顧維鈞轉述美國新聞記者的形容稱宋美齡，「她神色嚴峻，冷冷地一笑，給人的印象是會談沒有成就。哪知宋美齡更在三十年後，大爆自己的內幕，揭露杜魯門當面羞辱她的話語。

而宋美齡在隔天拍發給蔣介石的電報裡，卻充斥著「報喜不報憂」，類似「彼大受感動」、「表示甚傾佩」、「彼態度極誠懇」、「看來美對我政策，經妹與馬卿兩度長談後，似有轉機」等明顯與事實不符的詞彙。可見，宋美齡也常常跟蔣介石扯「善意的謊言」。蔣介石也不是胡塗人，他心裡有數，這趟宋美齡去美國，也不至於會有什麼石破天驚的重大突破。

顧維鈞評說，認為蔣夫人一九四八年的這趟訪美之行的工作重點是馬歇爾，而非杜魯門。換句話說，蔣介石、宋美齡設定的遊說標的是馬歇爾，這恐怕是宋美齡個人的意見。因為眾所週知，一九四六年馬歇爾到中國調處國共問題過程裡邊，與蔣介石之間鬧得極不愉快，甚至可以說彼此之間餘憤未消。蔣介石心裡有數，即使宋美齡擺低姿態前往美國，恐怕很難談出個什麼結果來。

馬歇爾與蔣介石之間的恩怨情仇，盤根錯節。馬歇爾在中國調處期間的一樁小事，可以作為蔣介石與馬歇爾關係的一個客觀註腳。曾經擔任蔣介石侍從英文祕書，國府資深外交家沈昌煥，一九四六年的日記《沈昌煥日記：戰後第一年1946》裡，記載了一件趣事「九時在早餐席上聆馬歇爾將軍之高論達一小時。（一）他說世界上偉大的領袖因為才智超越常人，每易自用且不喜聽逆耳之忠言。例如：威爾遜總統即是自用之人，無人敢與他說直話，他亦不喜聽disagreeable things。羅施福亦甚自負，不易進言。有時，羅氏對某問題不同意，故作詼諧之語，手搖菸嘴，一笑了之。馬謂彼在此等情況下，必保持極度之嚴肅，使總統了解問題未解決，非可一笑了之也。某次，因渠直言相諫，總統竟一月未與接談。」

上述沈昌煥日記裡記載的馬歇爾的評說，台灣大學政治系教授石之瑜和東京大學社會科學研究所客座研究員蕭明禮認為，這段記載意味著馬歇爾利用言談之間諷刺羅斯福不易察納雅言，馬歇爾的真意似在批判蔣介石剛愎自用，只聽佞臣之語。學者認為此亦透露出蔣、馬裂痕擴大。

宋美齡和她的丈夫對馬歇爾的看法與信賴度，夫妻之間似是截然不同。而且，從宋美齡與蔣介石的函電中種種跡象顯示，宋美齡顯然有把雞蛋擺在同一個籃子裡的傾向。關於這一點，對英美政治有深刻認知的顧維鈞，在事後作出分析指出，「這就好像指望一位美國的國務卿能夠如同中國的委員長一樣，在美國貫徹其個人決定。但實際上，由於美國政治制度的性質，要做出重大決定必須以廣泛的支持為基礎，不僅要得到華盛頓和國會的大多數政治領袖的支持，而且要得到輿論的普遍支持。」

顧維鈞明顯質疑，蔣介石對美國的國情隔膜，對美國的決策過程存在誤解與幻想，甚至連少女時代留學美國的宋美齡，都存在著對「國務卿」個人的權力，存在著不切實際的過高期望，以致於為爾後的希望落空，預留了悲劇性伏筆。

然而，在馬歇爾住院開刀期間代理他擔任國務卿的洛維特，於杜魯門才對宋美齡說過那段「抽地毯」的經典名句之後不久，洛維特會晤一群美國新聞記者時透露，宋美齡於一九四八年十二月二十七日拜會過他，宋美齡向洛維特重申了國府對美國要求援助的意思。三天之後的另一場總統記者招待會上，又有記者詢問杜魯門，關於宋美齡可能繼續留在美國的新計劃，並進而追問杜魯門，是否再次會見宋美齡？杜魯門明顯露出了不悅表情，而且帶著生氣的口吻說：「我不知道她的計劃是什麼，而且我並不準備再見到宋美齡。」一九四九年元旦過後不久，宋美齡果然離開了令她傷心的華盛頓，轉往紐約。在那裡，她得以和孔家的近親重逢團圓。

蔣介石大概也從各種管道訊息來源中，得悉宋美齡在華府受到杜魯門當局冷遇奚落的情況，特地密電宋美齡，要她適時儘早返國。但爭強好勝的宋美齡，似乎並不就此罷休。她在被杜魯門當面言語羞辱要對蔣介石「抽地毯」之後兩天，在給蔣介石的密電裡，依舊信心堅定，非要得到援華的確切結果之後，才願意束裝返國。當然，在至今揭露的拍發給丈夫的電報裡，從未提過一個字關於杜魯門威脅的「抽掉蔣某所站之地氈」。

性格上向來是如此尊貴驕傲，向來是如此自視甚高的宋美齡，為什麼不敢在蔣介石面前說起「抽掉蔣某所站之地氈」，如此獨自隱忍，含憤忍垢，未置一詞，宋美齡究竟是著眼於什麼深不可測的原因呢？

雖然，宋美齡不忍心跟蔣介石透露片語隻字，絕口不提關於杜魯門極盡羞辱之能事的「抽掉蔣某所站之地氈」。但宋美齡畢竟還是在當年若干電報文件中，向蔣介石發紓了潛藏在她內心深處亟欲對丈夫親人傾瀉的民族自尊情懷。例如，這份拍發於一九四八年十二月十三日（即杜魯門羞辱宋美齡之後三天）的電報裡說：

南京總統府0密

介兄親鑒：元電敬悉。當此我國家危急之秋，妹來美交涉，明知事實困難，惟不得不以忍辱負重之決心，為國為兄盡最後之心力，故不能輕言即返。兄須知任何國家改變政策，絕非一二日內可能辦到。美當局對我政策，現正在漸漸好轉之時，故妹必須得到最後之答復，方能離美。否則將惹起美方更深之誤解，國內重大之恐慌。在此兩週內，請兄十分忍耐，妹絕不耽擱。一俟談得結果，當立即返國，慰兄望。至外傳種種，及所謂美方半官消息，因不明，現在內容純係臆測之辭，故兄萬不可輕信。郝富門離美時，妹尚未與馬及杜談話，故彼不知有改變政策之可能，其談話亦不必重視。此數日，妹確知杜總統正忙與各有關者商量，如何在國會未開會時，在法律許可之內，急助我兄。聞華北及津浦方面軍事吃緊，妹甚擔憂。此時最重要者，尤其首都南京。盼最近不致有何失利驚人消息也。

妹美

吾人綜觀宋美齡一九四八年終以迄一九五〇年初，這趟長達一年零三個月的赴美求援之旅，儘管外界眾說紛紜，宋美齡含憤忍垢，折節委屈，她有兩大根本目的。第一，為了拯救黨國之危亡而折節忍辱赴美求援；第二，為了挽救丈夫的政治生命，甚至挽救丈夫免於性命受威脅，而寧可受盡恥辱在所不惜。

畢竟是枕邊人，蔣介石縱使不在宋美齡身邊，但他明顯可以感受到妻子的沉痛與孤寂，儘管此刻的蔣介石所承受的軍事、政治、財政、外交各方面的壓力與打擊更為巨大沉重。蔣介石於這段期間，不斷函電交馳，催促宋美齡回國，回到他身邊，因為，北方軍事形勢兵敗如山倒的態勢，早已逼使他必須勇敢作出下野的決定。例如，十二月十三日，蔣介石即致電宋美齡說：「不論交涉有否成效，務望聖誕節回京暢敘。最近軍事尚無重大變化，惟平津方面不久或將吃緊，津浦路方面亦不能過於樂觀。如果軍事不利，則美方交涉更無希望，且將為人輕侮，不如速歸，兄近來身心甚不適也。兄中」。

繼而又在十二月二十六再電催宋美齡及早歸國，蔣介石從一項指標判斷宋美齡的遊說工作遇到了阻礙，電文說：「美國對購我之飛機，及已起運之武器，忽皆中途變掛，其態度殊不可測，詳情可問毛邦初與皮宗敢二同志。務望吾愛速回國，勿再延誤。前電諒達。兄中」。

蔣介石要宋美齡早點回國，最大原因是不希望宋美齡「為人輕侮」。這顯示蔣介石心裡有數，宋美齡滯留美國，只是徒留受人侮辱的把柄而已。何況蔣介石也從美國突然停運原定援助之軍火，據以認定，宋美齡留在美國已經起不了太大的作用。

第二十二章
巧扮雙面諜

一九四三年十一月的「開羅會議」，是中國從既往向來被國際社會輕蔑認知乃一弱國的國際地位，轉變為戰後「四強之一」的強國地位的轉捩點。無疑，在中國國家地位丕變的轉捩點上，宋美齡扮演靈魂人物的角色。一九四三年十一月二十六號，蔣介石在日記上寫下這麼一段話：「今日夫人自十一時往訪羅斯福，商談經濟問題以後，直至霍氏*離去，十小時間幾無一息之暇，且時時皆聚精會神，未能有一語之鬆弛，故至十時已疲累不堪，從未見其有如此情狀也。」之後不久，蔣介石又在日記裡寫下他對開羅會議的感言：「而內子為余傳譯與佈置，其協助之功，亦甚偉也。」一九四三年年底，蔣介石決定內舉不避親，他代表國民政府頒發了一枚「青天白日勛章」給宋美齡，表彰她對中國作出的宏遠貢獻。蔣夫人也是唯一獲頒「青天白日勛章」的女性。

*按：霍浦金斯。

第一節
勸蔣介石出亡

蔣介石恐怕從來不曾想像到，自己妻子竟然可以扮演這麼一個角色。這個角色，為他在黨國危在旦夕的危急存亡之秋，蒐集攸關黨國存亡絕續的「戰略情報」，而且極可能在蔣氏父子命在旦夕時，保全性命於亂世。「戰略情報」通常在一個國家內部，它屬於情報工作的最高階段，只有最高階的情報骨幹，才有能耐取得真正有價值的「戰略情報」。一九四八年年底，迄至一九五〇年底之交，在黨國「戰爭與和平」最為關鍵的年份，宋美齡「潛伏」在美國為蔣介石提供的「戰略情報」，一定程度地穩定了蔣介石的政權，更在黨國敗退台灣那個倉皇辭廟風雨飄搖的歲月，確保了蔣介石的性命安全，並且為蔣介石父子奠定了爾後在台灣東山再起，重新建立國府基業的磐石。雖然，宋美齡曾經為了保證達成上述目的，她也曾以暫時巧扮「雙重諜」，作為達成階段性目的的條件交換。憑她的智慧與努力，黨國與蔣氏父子都轉危為安，儘管如此，宋美齡建立的功業，從來不曾被人們或史家全面正視過。

一九四九年元月二十一日，蔣介石宣佈下野。辭去總統職務之後，蔣介石決心回到故鄉奉化溪口。這時，他仍以國民黨總裁的身分，繼續遙控指揮全國各地的黨政軍大員，運作黨國機制。所以，他被譏諷為全中國最忙的「閒人」。蔣介石下台以後，宋美齡在美國多次致電，關切丈夫的安全問題。例如，宋美齡從美國紐約發出的代號「箇」電報，電文裡面就直言關心蔣介石的切身安全維護問題：

介兄親鑒：

哿電悉。報載兄已於馬日返鄉小住，對兄之健康與安全，妹萬分憂慮，深信上帝決不會任共產主義在中國能夠成功，請勿忘兄之安全為第一原則，余等仍可繼續為國家努力奮鬥。此間並非無希望，且與多方人士已有聯絡，正在極力推動中。妹已另電經國，請兄日內同來加拿大，妹當在加候兄，會商一切。盼復，

妹美

這封電報裡，宋美齡傳達了兩個重要的信息，其一，告訴蔣介石要注意安全；其二，勸蔣介石出國。這是宋美齡在國共內戰極度不利階段，頭一回勸蔣介石出國暫避風頭。宋美齡其實在電報裡還有一句意在言外，透露出為人妻者的深切擔憂，這句話說「請勿忘兄之安全為第一原則，余等仍可繼續為國家努力奮鬥」。

因為，在宋美齡陪伴蔣介石度過二十三年的戰爭年代之中，宋美齡曾經親眼目睹過蔣介石身陷黨國最艱困時期，幾度有自戕身亡的意念。尤其是抗戰最艱難的時期，蔣介石兩度想一死以了餘生。美國史丹佛大學胡佛研究所資深研究員、台灣著名歷史學者郭岱君教授指出，從蔣介石日記記載中發現，抗戰期間曾有兩次企圖一死了之，最後蔣先

生都是依靠宗教禱告的力量，讓他最後安然度過這段人生低潮期。

其實，蔣介石在一九五〇年初，敗退台灣三個月內，幾次召集國民黨軍政幹部檢討大陸敗亡根本原因，一次內部講話中，蔣介石自爆內幕，說出自己曾經在國共內戰最後階段，強烈意念尋短的往事。這場以《軍人魂》為主題的講演，蔣介石是這麼講的：「當徐蚌會戰失敗之後，我就決定與共匪在京滬線上實行決戰。如果不幸而失敗，南京為首都所在地，我是國家元首，就決定以身殉國，死在南京，以盡我個人的責任。……當時有一般親友同志，窺見了我這盡職殉國的決心……因此時時怕我自殺，所以他們時時在暗中提防著。」

但是，蔣介石為何後來又放棄了「以身殉國」的念頭呢？據他自己那次講演裡的說法稱：「但當時有一部分意志不堅定的動搖份子，聽信共黨挑撥離間的謠言，一定要我去職下野，我在當時不得不離開這個我親自建立的首都，和總理陵墓所在之地的時候，……惟其中內心所不堪忍受的就是自感『今後我無死所了』！」

國共內戰失利，蔣介石主政之下，黨國前途瀕危，他要不羞憤自殺，要不遭逢意外不測，變生肘腋，死於非命。這些想像不到的情況，都是遠在美國的宋美齡擔心懸繫的。正如宋美齡懸念的，蔣介石的隨從人員也發覺了一些令人憂心的跡象。周宏濤在他的回憶錄《蔣公與我》書裡，就形容蔣公下野前的情景：「這幾天，蔣公異常沉默。我幾度為了呈遞公事而進入書房時，他通常是端坐著，頭往後靠著椅背，不發一言。目前的局勢對他的打擊極為沉重，心頭壓力之大，外人難以體會，他顯然在思索什麼，我猜想該是回憶國父行誼，想著過去幾年種種是非功過，推斷未來形勢的變化。」

顧維鈞在他的回憶錄裡，卻有著與眾不同，更教人吃驚的記載。國府駐美國採購處代表毛邦初的助理向惟萱，在毛邦初「貪污事件」引爆得沸沸揚揚的過程中，向惟萱跟顧維鈞透露了一些他從國民黨軍方傳來的「內幕消息」，其中有關國共內戰晚期，蔣介石一度企圖引彈自盡的傳聞。

向惟萱告訴顧維鈞：「周至柔*1是在一九四九年才開始成為蔣委員長親信的。在此之前，委員長似乎把他看得一文不值，經常加以訓斥。到一九四九年春天大陸失陷前夕，委員長已是眾叛親離，唯有周至柔和桂永清*2兩人始終效忠左右。委員長不止一次地打算自盡，是在他二人勸阻下才舍棄了絕念。當時蔣委員長四面楚歌，生命也經常處於危難之中，他不知何人可以信賴，何處可以安身。是周至柔派了一架飛機，把他從上海接到杭州，駐在筧橋空軍軍官學校，並由空軍學員組成衛隊日夜護衛。當時海軍總司令桂永清也表示，可以用艦艇把他送往安全處所，但乘船離開上海很難避人耳目，而如果在杭州登陸，則必將為陳儀*3所俘，因當時陳已倒向共軍。」

實際上，早在一九四八年十一月這趟美國之行的旅次途中，宋美齡對南京方面關於蔣介石將被迫不久其位的各種甚囂塵上的傳聞，憂心不已。首先，她最擔心的是蔣介石一旦下野之後，對他個人的切身安全的威脅。這一層顧慮，實則源自於民國時期惡劣殘酷的政治環境，許多失去權力的失意政客，在政敵侵迫報復之下，最後甚或付出血跡斑斑與身首異處的代價，這類案例不勝枚舉，這是久歷民國政治現實的宋美齡深為驚恐的

*1筆者按：周至柔曾任國府空軍總司令、參謀總長等職。
*2筆者按：桂永清曾任國府海軍總司令等職。
*3筆者按：陳儀時為國府浙江省主席。

夢魘。在十二年前的「西安事變」中，宋美齡隻身從叛軍的虎口救出了她的丈夫，她自然不希望這段歷史悲劇重演。而此刻的她，是否能有足夠籌碼再像十二年前在西安，奔赴火線勇敢救夫脫離虎穴，則大有疑問。

在宋美齡眼裡，「西安事變」的成功脫險，與事變主角蔣宋至友張學良能夠在最後關頭深明大義，幡然悔悟，有莫大關係。而一九四八年底的這個危機時刻，廟堂之上，舉國朝野，已不再有像張學良這樣夠義氣且又支持宋美齡的人物矣。是以令她不得凡事皆往壞處著想。其次，她深刻體認到，一旦她的丈夫從總統寶座走下權力舞台，國府與蔣宋孔家族勢將衍生一連串一發不可收拾的連鎖效應，此種連鎖效應最大的衝擊，自然首推對宋美齡切身利益的嚴重斲傷，這將使她頭上那頂第一夫人桂冠黯然無光。在美國旅次，宋美齡再三致電蔣介石本人與蔣經國，力陳蔣介石不該辭職下台的主張。

我們可以從宋美齡與蔣經國之間的函電互動中，管窺宋美齡揪心之痛、焦慮不安的情狀。一九四八年十二月二十七號，蔣經國密電宋美齡：「某方面企圖聯絡各方面擬迫父親下野，局勢之發展甚為嚴重，望大人能速返國共商決策，兒經國稟。」

接到這封電報之後，宋美齡急如星火，覆電蔣經國：「經國鑒：汝父親努力黨國多年艱苦，決不可輕言辭職不負責任。再者奉化絕非安全居住之所，免得受人暗算。廣東、台灣似較相宜。請轉告，美。*」

對丈夫失去權力的深切恐懼，讓宋美齡再三致電蔣介石、蔣經國父子，要蔣介石不計任何代價，不惜任何犧牲，決不能下野回鄉。一九四八年十二月二十八號，在函電交

*引自國史館編著之《蔣經國書信集：與宋美齡往來函電上集》。

馳之中，又一封給蔣經國的密電上，宋美齡告訴蔣經國：

汝父在京如不能維持則須赴台灣或廣州，決不能回鄉。總理革命數次失敗，而後竟得成功。我等為四萬萬人民及將來國民計算，只能抵抗到底，不惜任何犧牲。如下野回鄉，對內不能行使政權，對外不能代表國家，無法繼續革命，而對不起總理。故此舉余絕對反對，現在只能決心克復困難。馬卿今又由長途電話催杜總統借星期四記者招待會機會，表示對父好感，故此數日內務須忍耐一切，勿因不忠實份子而棄未竟之功。

宋美齡告訴蔣經國，她認為如果蔣介石要下野，隱居的地方也不該選擇浙江奉化老家。宋美齡憑她的直覺與訊息來源，認定浙江並不是安全的理想地點。從事後的一些跡象回溯宋美齡的這番見解，自亦不是沒有道理。一九四八年十一月，宋美齡在國內時，應該得到情報，得知浙江省主席陳儀，刻意釋放了一批人犯，這批人犯是浙江省警察保安處處長毛森，循線逮捕的一百多名地下黨工作人員和左派人士，此事毛森上報了蔣介石，宋美齡也知道這件事。所以，宋美齡直覺「奉化絕非安全居住之所」。

宋美齡還知道另外一件事，它就發生在蔣介石的核心週邊。這更是宋美齡警覺到危機的迫在眉睫。蔣介石的侍衛官樓文淵，在他日後的回憶文章中，回顧了一九四八年下半年一場發生於蔣介石侍衛隊的疑似叛變，與共產黨潛伏事件。樓文淵在文章裡說：「民國三十七年下半年，警衛大隊發生一件大事，部分人員出現忠誠問題，事後槍斃十幾個人。當時我們在總統府服務，事件起因於某些隊員不假離營，一開始以為他是想家，逃回家鄉，被抓回來審問後才發現，這些人已經左傾。（民國）三十八年，我們駐守在雪竇寺時，某天傍晚，俞濟時將軍特地上山召集部隊講話，拿出一些屍體的大照片，表示這些人因為思想動搖，忠誠有問題，去年底都已經接受『軍法處分』了。那時候沒什麼軍法程序，只要往上呈報，說這個人犯了什麼錯，該怎麼處理，就決定了。溪口附近山區都是土共，為了堅定部隊的思想與意志，俞濟時特地對我們進行教育，給我們看那些人被槍斃的照片，讓大家知道，思想動搖就是這個下場。」*

姑且不說蔣介石的侍衛人員裡頭有人心不穩的情事，就是與蔣介石關係密切的原浙江省主席陳儀，也因為密函策動京滬警備司令湯恩伯起義投共，反被湯恩伯向蔣介石密報，因而被免去浙江省主席之職，並於隔年被處決於台灣。

陳儀事件，宋美齡未必在第一時間得知內情，但蔣介石必然透過某種管道，讓宋美齡得知訊息。而宋美齡擔心的，正是類此對蔣介石存有異心的核心骨幹，採取突如其來行動，以迫切之危機威脅蔣介石的性命，在國府政局風雨飄搖的歲月，任何變生肘腋的事情，都有可能爆發。為了確保丈夫的生命安全，宋美齡顯然動了最壞打算的念頭。她想到世界上許多失意政客同樣會動的念頭：逃亡海外，隱遯於江海之間，浦逃到天涯海角。

蔣介石下野回鄉的第一天，在日後侍從室人員整理他的日記寫下的《事略稿本》中，在一九四九年的一月二十二號的條目之下，作了如下之記載：「蔣夫人自紐約來

*引自台灣中央研究院近代史研究所出版之《蔣中正總統侍從人員訪問紀錄下冊》。

電陳：聞公引退回鄉，深表關懷，公電復曰：『兄已安抵家鄉，諸事布置完妥，一切順利，心地安樂，如息重負，甚感上帝保佑能得如此良果，實出預期之上也。』」

在這則《事略稿本》之中，還刻意附錄了宋美齡的「箇電」稱，也就是前文提過的，宋美齡向蔣介石提議：「請兄日內同來加拿大，妹當在加候兄會商一切……。」那麼簡短的一通電報裡，似乎宋美齡也在暗示丈夫，除了透過馬歇爾爭取美國繼續馳援國府，萬不得已的情況下，也明示蔣介石應該謀求必要的海外退路。

但是，宋美齡的這番「好意」，被丈夫峻拒了。蔣介石在一封覆電中告訴妻子：「兄仍擬居鄉，不宜他往，望早駕回，面敘一切。兄中」。這也說明蔣介石自認固然已經「引退」，但他所謂「引退」和一般人的「辭職」的概念是大大不同的。在蔣介石的意念裡，「引退」只是暫時的權宜之計，是做給共產黨、做給美國人看，他的另外一種一石兩鳥的目的，是躲在幕後以國民黨總裁的身分繼續遙相指揮，而成敗之責理所當然代總統李宗仁必須一肩扛下。但宋美齡遠在美國，有些話不好隔海溝通，宋美齡既無法心領神會，當然就要不斷催宋美齡趕緊回國，方可「面敘一切」。

在致電蔣介石的同時，宋美齡明白丈夫總是固執己見，不易說服，她寄望蔣經國能和她合力說服蔣介石。因此，宋美齡又致電蔣經國，再三陳明她的看法。她開宗明義基於蔣介石切身的「健康與安全」，極力主張蔣經國應該勸他父親一同出國，暫住國外，到國外與她晤面會商一切。電文說：

南京。經國鑒：馬電悉。汝父此次返鄉，余對渠之康健與安全，甚為憂慮。只要父親之安全能保全，余等仍可繼續為國家努力奮鬥。因此間並非無希望，且與多方人士已有聯絡，正在積極推動中，希汝即日赴鄉婉勸父親，務必同來加拿大暫住。余當與汝等在加晤面，會商一切，盼速電復。

美

這時，宋美齡陸續透過與蔣經國的電報返往聯繫，不斷勸說蔣介石父子，應該遷地為良，還是離開國內，到國外暫避為宜。

一九四九年二月十六日，蔣介石又從溪口發了一封電報給宋美齡，內文說：「務望從速歸來，勿再留美，以完成兄之志願為要，否則恐兄之政策，反受阻礙矣！何日回？盼覆。兄中」。

顯然，宋美齡似乎有另一番自認高明的見解，不理會丈夫三催四請返國的電報，宋美齡又使出過去一貫使用的伎倆：以生病為滯外不歸之藉口。在一九四九年二月份兩封接踵而至的電報裡，宋美齡又拿她的病體作擋箭牌：

溪口（密）介兄親鑒：頃接銑電，心中甚為焦急與不安，恨不得立刻飛返。因此次來紐約經醫檢驗後，稍患有先母之疾，醫囑應立刻療治，以免不測，惟恐吾兄憂念，故未告知。若妹在紐約有礙兄之政策，則擬即日遷往僻靜之處繼續醫治。關於兄之政策，甚盼能命經國來美詳告，如何？盼復。

妹美

從種種跡象可以研判，蔣介石三番兩次致電宋美齡，催她回國「當面敘明一切」，是因為有些事情涉及蔣介石的全般策略與方案，這些策略與方案，不是在電報裡可以講清楚，也是不宜在電報裡「洩露天機」的，所以連番催她回國，而宋美齡卻依自己的見解，執意以自己的主觀，替蔣介石籌謀一切。我們可以這麼說，在一九四八年秋冬之際以迄一九四九年春節之交，蔣介石已經有心「另起爐灶」，把國府的重心遷往台灣、四川、或者雲南，與中共作最後階段之相持與決戰。宋美齡此時遠赴美國，縱然她此行對外說法是爭取美國奧援，但從她函電展露之觀點看來，她明顯認定即使國府大勢已呈糜爛，蔣介石亦不可輕言引退，如果引退則不如遷地為良，出國暫避為妙。

由於山海遠隔，即便函電交馳，有些複雜心緒或者軍國大計，蔣介石、宋美齡之間，實在亦不可能完全交流溝通清楚。所以，難免蔣介石、宋美齡彼此雙方各行其是，各說各話。這也是宋美齡一再勸說蔣介石父子出國「會商一切」，而蔣介石亦三番兩次催請宋美齡歸國「面敘一切」，彼此各有堅持，各有見解，以致從一九四八年十一月，以迄一九五〇年一月，長達一年三個月期間，夫妻終不得見。蔣介石做些什麼政策決定，很難以函電向宋美齡交代清楚。宋美齡在美國遊說的工作細節，也不便於函電中透露太多，以免事機不密，外洩於眾。

一九四八年十一月到一九五〇年一月，這一年三個月期間，蔣介石、宋美齡兩夫妻各人所作所為，固然大方向彼此均於函電中約略敘說。其實許多軍政祕事，諸如宋美齡尋求接觸美國軍政友人協助之事務，諸如蔣介石在國內引退前後之各種權謀舉措，彼此實在很難以函電敘說細節。例如：萬一國府在中國土地上完全崩潰敗亡，必要時商請美國友人協助蔣氏父子和宋美齡能順利脫離國內危難現場，在美國覓得政治庇護之安全處所。

蔣介石下令撤運國庫黃金，宣布引退

蔣介石的重要決策中，撤運國庫黃金，是宋美齡在事後才得知細節的一項典型案例。有關蔣氏祕密下令，運走原本貯藏在上海中央銀行金庫中的大量國庫黃金，這項祕密行動，國府軍政大員之中，當初知悉內情者包括蔣介石父子在內，不會超過四、五個人。蔣先生下達指令時，宋美齡已經出訪美國，所以她也並不知情。

根據顧維鈞在他的回憶錄中記載，與財金界關係密切的貝祖貽*一九四九年一月十八號到國府駐美國大使館造訪顧大使，兩人私下晤談，才道出的一幕祕聞。

蔣介石在一九四八年十二月上旬，下達指令給中央銀行總裁俞鴻鈞，要他把所有的國庫黃金限時撤運到台灣去。顧維鈞說，俞鴻鈞按照蔣介石的直接命令，開始祕密地把庫存黃金運往台灣，「沒有通知政府或財政部」，並且，「由於此事必須祕密進行，他們在偽裝下用海軍艦艇裝運這些黃金」啟運黃金的第一個晚上，深夜時分，有一位《字

*按：曾任國府中國銀行常務董事。

林西報》英國籍記者先生，在酒足飯飽之後，醉醺醺踉蹌步行，準備回報館撰寫新聞稿，發現外灘竟在三更半夜戒嚴，每個路口三步一崗五步一哨，站滿了荷槍實彈站崗的軍警。一時之間，如臨大敵，儼然又重回日軍攻佔上海租界區的戰爭年代。這位英國記者為這可怖景象大吃一驚，經過自己的詳細觀察與約略打聽，便寫了一篇報導，刊登在第二天出版的《字林西報》上，成為轟動世界的大事：國民政府正在撤運上海國庫裡的黃金，運送往不知名的南方目的地。

就在蔣介石差人搬運國庫黃金的過程中，蔣公走上了「引退」之路，他回到老家溪口隱遁，但仍在幕後指點江山。而美國這邊廂，宋美齡得到蔣介石的指令要她回國，她卻以各種各樣的理由，搪塞丈夫的三催四請。一九四九年一月十九日，距離蔣介石要宣佈「引退」還有兩天時間。顧維鈞在回憶錄裡述說了蔣介石派遣朱世明，國府派駐美國的軍事代表團團長，晤見宋美齡的情況。蔣介石可能已經派許多軍政幹部，趁著訪美之機，向宋美齡遞送了蔣介石好多次請她回國的信息，但宋美齡卻都棄之如馬耳東風，毫不理會。

大概是一月二十幾號前後，蔣介石已經回鄉隱遁，國府前駐墨西哥公使譚紹華告訴顧維鈞。據譚了解，朱世明「按蔣夫人的要求即將回國」。但此時的宋美齡顯然陷入一種左右為難的矛盾之中，宋美齡的真實內心是不希望此時此刻回中國，這位已經失去第一夫人后冠的貴婦，最後告訴朱世明，請他向蔣介石建議，她將暫時不回中國，希望由朱世明代表她回國，向蔣介石匯報美國的情況。顧維鈞作了他的推測，他說：「目前中國已到如此景況，我估計她無論如何也要留在美國過一段時間，以觀察局勢如何發展。」

但是，人們往往會以苟且偷安角度思忖那些在一九四九年「黨國」危亡之際，奔赴海外或者美國的國府黨政軍人士，包括宋美齡在內，許多人以異樣眼光看待他們。然而，宋美齡是如此蠅營狗苟、苟且偷安的人嗎？我們可以從宋美齡的一些函電，及類似顧維鈞這般職業外交官的冷眼旁觀中，得到比較理性的答案。

一九四九年二月十八日，宋美齡從美國致電蔣經國，電文裡表示：「經國鑒：今日國家到此地步，乃過去頭痛醫頭腳痛醫腳之弊病，今後黨國復興必須從基本工作著手相當時期。」

但接下來，宋美齡仍然申明她一貫的黨國應該依賴美國的觀點，來凸顯美國在「黨國」存亡問題上的重要性。宋美齡的電報裡說：「非有美國出面擁護汝父不可，故余雖抱病不甘屈服，應仍繼續與各方聯絡。昨已有共和黨議員五十一人聯名上書杜總統，要求援華。民主黨方面亦漸有好感表示……。」宋美齡並且藉著這份電報，向蔣氏父子說明她在美國三、四個月以來的「遊說成果」，她說：「……又美當局對於一切對華空軍器材之出口證自國內和談事起，即停止簽發。而昨日起已全部批准。足見美方對我態度確在好轉中。」說到這裡，宋美齡還要利用機會向蔣氏父子強調與凸顯孔宋家族在美國辦事能耐，宋美齡於電報裡強調：「此間姨丈、姨母均甚熱心協助。只須內部團結，不懼外患。」

這封電報的末尾，宋美齡仍再次提及，希望蔣經國能代表父親到美國，與她晤面，詳談一切情況，因為有些事情，不論是孔宋蔣家的家務事，或者黨國大計，大凡均是錯綜複雜，千絲萬縷，實在不是短短的函電所能夠表達清楚的。宋美齡說：「余對家甚掛念，國內情形不詳知，並此間情勢非函電可達，故希汝能來美面談一切任務。美。嘯*1」

我們可以從先前宋美齡給蔣氏父子的函電中，得知宋美齡已經不止一次要求蔣介石或者蔣經國到國外與她聚面，宋美齡再三作出這樣的請求，目的何在？是鼓勵或者希望蔣氏父子到國外避難、出亡，或者純粹只是考察與交流。或者誠如日後許多外界傳言中，眾口鑠金猜測的，宋美齡在美國積極爭取美國朝野力量支持，萬一黨國淪亡，可以為蔣氏父子尋求政治庇護的說法。但迄今人們並無任何宋美齡發出之直接文獻證據，可以據以評斷宋美齡籲請兩蔣父子出國會面的真實目的何在。

如此一來，這也更增添了這期間的神祕色彩與想像空間。

為了答覆宋美齡三番兩次函電交馳，要求蔣氏父子出國與宋美齡見面的要求，蔣經國極可能在蔣介石授意之下，給了宋美齡一封親筆密函*2。蔣經國的密函裡說道：「美國蔣夫人：日前隨父赴葛竹*3，在該處居留二天，頃奉電諭，敬悉一切。目前某方面力主對共謀和，對內改組內閣，並發動各省參議會要求李代總統正式改任為總統。美援之加強實為再起之必要條件。想大人在美之工作必能見效也。至兒來美一節，甚願有此一行，但父親一人居鄉，為父之安全見，實不忍遠行，但兒已將大人之意轉呈父親。當即

*1筆者按：電報代號。
*2引自國史館編著之《蔣經國書信集：與宋美齡往來函電 上集》。
*3按：葛竹係蔣母王太夫人故居所在地。

電稟。敬請保重玉體，並祝姨丈母安好。兒經國敬稟。」

蔣經國覆電，把不能到美國與宋美齡見面的原因說明，此後宋美齡再不曾提起要經國赴美之事。而宋美齡也一再函電申說，她暫時不能回國的原因，除了因為治病，也為了持續遊說美國支持國府蔣介石這一方，更因國內政局情況，因而暗示國內形勢發展有令她裹足不前之意。一九四九年三月七號，宋美齡發給蔣經國的密電表示：「余本擬月底病稍愈回國，但國內情況究竟如何？父計劃定否，盼即詳告。」同一封密電又說：「此間謠傳張治中等赴溪，係勸父將權柄交李，……並本黨同志亦有舉動請父出國，以便和談等等，此種謠傳是否屬實？」

宋美齡先前不斷要求蔣氏父子出國會面，卻屢屢被蔣氏父子以「居鄉安全」等理由拒絕。但是，嚴峻的國內形勢發展之下，包括李宗仁在內的政治對手，不斷施壓要求蔣介石出國，俾使蔣介石不再於幕前幕後干涉國內軍政大局。這種尷尬的情境，在蔣經國致宋美齡的一封密電中表露無遺。

蔣經國告訴宋美齡：「某方面*積極發動李之正位運動，並要求父親出國。……父親非至萬不得已，似不將離開溪口。」在如此緊張的時刻，我們發覺蔣介石很多生活用品，居然依舊是靠宋美齡從美國專程運送回國。蔣經國要求宋美齡：「父親所食用之奶粉與酒已用盡，請設法帶來若干。」

到了一九四九年三月中旬，算一算宋美齡離國赴美已有五個月時光。這期間，蔣介石之函電催返也不知有多少件數了，宋美齡可能也真被蔣介石催急了，終於在一九四九

*按：其實就是指的李宗仁及桂系方面。

年三月十二號這天，寫給蔣經國一封密電稱，在她到美國之後，此間的援華運動已經露出有成果的徵象，民主和共和兩黨上議員有五十人聯名提案到外交委員會。宋美齡指出，可是，這段期間蔣先生屢屢催促我回國，實在是因為「鑒於美援為重振之必要條件」，所以才沒回國。為了向蔣介石說明這陣子她在做些什麼事，以及光靠函電沒法子說清楚的各種錯綜複雜的事務與情感糾結，在蔣氏父子無法從國內脫身，宋美齡自己也不便於此刻返國的情況下，宋美齡特地派遣她的外甥孔令傑，來回跑一趟中國。

三月底，孔令傑啣宋美齡之命飛赴上海，輾轉前往溪口與蔣介石父子碰面。然而，蔣介石與孔令傑碰了面之後，似乎對宋美齡的意見仍然不贊同。從《事略稿本》可以清楚看到蔣介石此時的態度與觀點，與宋美齡完全不同。宋美齡堅持認為，赴美遊說愈來愈有希望，蔣介石則預見宋之遊說工作只是徒增其個人與國家之屈辱而已。

蔣介石在《事略稿本》留存的一九四九年三月二十五號之日記內容，顯現蔣宋之間意見的不一致：「朝課後，接見孔令傑甥，聽取其報告美國方面之近情，蓋彼奉夫人之命，由美國前來溪口謁公者也。公以美國政府始終堅持其錯誤之對華政策，故不願要求美援，以免有失我之人格，對於美方所謂以十五億美元援華之提案，亦覺不值重視也。」

三月二十六號，蔣介石的《事略稿本》裡又記下這麼一段話：「下午，接閱夫人致孔令傑甥之電，其意與公相左，仍擬繼續在美從事國民外交，公以美國當局對我成見甚深，徒勞無功，特電催夫人速回。」

綜而言之，宋美齡滯留美國期間，蔣介石不斷致函發電，要求宋美齡兼程返國，而宋美齡也以各種理由說明遷延不歸之原因，並且屢以美國關係已又有改善等類似言語安撫蔣介石，無奈的是，美國對國府的關係其實並未如宋美齡所言，有絲毫轉好之跡象。

在國內，有丈夫不斷催促。在美國，馬歇爾方面似乎也一再透過馬夫人，向宋美齡傳達強烈暗示，要宋美齡趁早離美返國。某些事實顯示，美國友人，甚至包括馬歇爾夫人在內，都似乎都已顯露出不歡迎她長住美國的態度。美國駐國府大使司徒雷登的私人顧問傅涇波就曾經告訴顧維鈞，馬歇爾夫人「曾用溫和而堅定的語氣暗示，建議蔣夫人回中國去」。但宋美齡卻始終不為所動，一如蔣介石在李宗仁等政治對手不斷「敦促」與施壓之下，始終不願離開自己的國家，直到共軍解放整個大陸。

蔣介石不願意離開祖國，宋美齡則情願滯留美國。

顧維鈞在回憶錄裡就提到，早在宋美齡會晤過杜魯門吃了一頓排頭之後不久，宋美齡的祕書游建文來拜訪顧維鈞，游建文說，他已經把顧維鈞轉達的某些接近馬歇爾家的美國友人，勸告宋美齡搬離馬歇爾在利斯堡的家的建議，告訴了宋美齡，她應該避免在那裡逗留到不受歡迎的時候。隔一天，宋美齡果然搬出了馬歇爾在利斯堡的家，遷居到她自己位於伍德蘭大道的住處。

宋美齡執意留在美國，蔣介石固然抱持不以為然的態度，即便宋美齡派了孔令傑遠從美國來到溪口，跟蔣介石作了詳細的匯報與溝通，一如《事略稿本》所陳述的，蔣介石的態度依舊是「以美國當局對我成見甚深，徒勞無功，特電催夫人速回」。但是，到了最後關頭，似乎又有了一些轉機，蔣介石最後還是被宋美齡說服了，同意宋美齡繼續留在美國。所以，當孔令傑揮別蔣介石父子當天，三月三十一號，蔣經國在給宋美齡的一份密電裡，透露了蔣介石最後同意宋美齡繼續留在美國的些許重點內容：「令傑弟遠道來此相敘數日，無任欣樂。傑弟已於今日赴申返美。（下面這行字被蔣經國刪去「詳情函已請其面呈一切矣」）……北平和談開始之時或即戰事再起之日。某方似已準備投降，吾人不得不有所準備。此時如能爭得美援，則局勢不難有所發展。詳情已托傑弟面呈一切矣。兒經國謹稟」。

再從四月一號的蔣經國致宋美齡密電，更凸顯了蔣介石最後妥協，聽任宋美齡繼續留美工作的重要因素。「據報共方之基本要求為一、組織由共黨所控制之聯合政府。……目前之主要工作為破壞聯合政府之成立。萬一成為事實，則必須使美國不承認此類政府。」

換言之，蔣介石與宋美齡之間的妥協，蔣介石最後贊同讓宋美齡繼續滯留美國不歸，最主要原因是在於以上兩點，亦即：一、繼續爭取美國援助國府蔣介石這一方的國府政權；二、遊說美國政府不要承認有共產黨支持的聯合政府。基於這兩個目的，蔣宋夫妻隔海最後取得了共識。

令宋美齡也無可奈何的是，夫妻之間好不容易透過函電交馳，透過孔令傑往返美國與大陸溪口之間穿梭奔波，這個讓宋美齡繼續待在美國遊說的共識，才達成不到一個星期，蔣介石又反悔了。四月十號，蔣介石命蔣經國發電報稱：「美國蔣夫人：密。目前局勢恐有重大變化，父意請大人返國共商大計。近日此間來往賓客甚多，工作較為忙碌。」

宋美齡此刻也被蔣介石不斷催逼之下，再也無法找理由拒絕回國了，只好回了蔣經國電報稱：「刪日為汝生辰，余未克趕回來殊為掛念，但不久即可家人團聚，惟望珍重為國努力，特電祝福。」這封電報是四月十四號發出的，發電之後，宋美齡可能開始施施然整裝打理回國之事。

蔣經國卻在四月二十四號發出急電一封給宋美齡稱：「匪軍於今晨佔領首都，兒等定日內乘軍艦離此，俟到達目的地後，再詳電報。對於父親之安全健康，兒自知留心，請勿遠念，並請大人保重玉体，兒經國」。

這封電報告知宋美齡，南京已為共軍攻克，蔣介石父子準備不日之內離開故鄉溪口，行程目的未定。所以，宋美齡大可因此而不必趕回國內了。這也可以說是共軍的凌厲攻勢，阻止了宋美齡這趟漫長美國之行惟一一次可以提早返國的計劃。緊接著南京解放之後，上海也在共軍的大包圍之中。江南水鄉陸陸續續有共軍疾急挺進的蹤跡，黨國江山變色的速度超乎人們想像。蔣介石父子亦成倉皇流離之民，乘著國府海軍兵艦「太康艦」，茫茫然漂移於滄莽江海之間，淒淒惶惶不知所終矣。

上海解放後，六月某日，顧維鈞會見宋美齡。在談了許多事情之後「談到中國的局勢，蔣夫人說，她和我都處於這樣的時刻：兩人都已對個人的榮譽聲望置之度外，關心的唯有國家利益。」

在一九四九年六月初的記載中，顧維鈞寫道：「……孔祥熙的新任命（這是在委員長引退以前提出的），並非只是他本人的願望，而且也是委員長和蔣夫人以及孔夫人的願望，用作完全脫離中國政府渠道、直接和祕密地與華盛頓政府保持接觸的一個必要步驟。」無疑，顧維鈞的這一觀察，很深刻而且務實地察覺出蔣介石在美國佈署的兩條線，一條是他自己的太太，一條是孔祥熙，目的正如顧維鈞所言，是為了「直接和祕密地與華盛頓政府保持接觸的一個必要步驟」，一如蔣介石本人隱遯溪口遙控國府軍政大計，完全如出一轍。

而蔣介石之所以三番兩次催宋美齡早點返國，無非是反映了蔣介石在一九四八年底迄至一九五〇年初之間，這一年三個月期間，既希望宋美齡留在美國作為他的眼線，又擔心宋美齡長期滯美不歸，一如兒童放風箏，既希盼風箏迎風高飛，又擔慮風箏斷了線，再也飛不回來的那種錯綜複雜，矛盾衝突，進退為難的心緒。

第二節 《中美關係白皮書》露身手

在蔣介石父子這邊廂，繼南京、上海相繼解放之後，接踵而至的，是宋美齡、孔祥熙一味討好爭取猶恐不及的美國「盟邦」，尚無任何成果之前，在國府最危急的當口，美國「朋友」又給了蔣介石暗中領導的國府致命的一擊：美國對華政策白皮書的發表。美國當局發表推諉中國政策失敗的對華政策白皮書，對國府而言，無異是一大致命重擊。然而，宋美齡在這時展現了她特殊能力的一面。

早在這份對國府充滿敵意的攻訐性文章正式出爐前四十餘天，宋美齡就得到了來自美國政府內部的消息通報。蔣介石這時大概總算明白，宋美齡堅持她留在美國作蔣介石的「內應」，擔任「蔣公頭號情報員」，是有宋美齡獨到的眼光與作用的。

宋美齡首先向蔣介石示警，美國當局會發表一份「對華政策書」*，宋美齡早在美國國務院正式發佈前一個半月，就向國內的蔣介石示警密報。宋美齡於一九四九年六月二十五號發出的第一份密電說：

介兄：國務院將發表對華政策書，其內容將一切失敗責任全歸於兄。惟恐發表後，赫斯脫系報拒派記者赴台，故盼兄能即日接見，以使抵消惡意攻擊。如何？盼復。妹美

宋美齡繼而又在一九四九年七月十八號，從美國紐約發給蔣介石的密電裡聲言：

*按：即日後震驚國府的「中美關係白皮書」。

對華白皮書一旦公佈，攻擊國民政府與國民黨之腐敗及貪污，我方應即否認，引証反辯，使彼等及各友邦可繼續呼籲人民援華反共。如兄採取堅強立場，則彼等願站一立場。如何？

盼復。妹美

美國國務院正式發佈這份所謂《中美關係白皮書》（*The China White Paper, originally United States Relations with China: With Special Reference to the Period 1944-1949*），則是在一九四九年的八月五號，換言之，宋美齡其實早在這份美國官方文件發表前一個半月，就已經向蔣介石示警。更巧妙的是，宋美齡還成功地預先從國務院取得了第一份《中美關係白皮書》謄本稿子，而幫助宋美齡取得這文件的便是宋美齡手下第一愛將黃仁霖將軍。在美國國務院正式發佈《中美關係白皮書》之前，蔣介石恐怕也尚未預期他的太太能像007電影裡的超級情報員那樣，能從「友邦」人士最嚴守公務機密，密不透風的美國國務院，取得第一手的《中美關係白皮書》謄本，這哪怕是國府派駐在美國的特務人員，也是連片語隻字都拿不到的情報訊息，但是，竟然由宋美齡幕後指點江山，黃仁霖台前與美國「友人」接頭，便輕而易舉的拿到了這份對國府殺傷力極大的《中美關係白皮書》複製件。

《黃仁霖回憶錄》裡，黃仁霖卻把在宋美齡指點江山之下，取得這份文件的艱巨任務，視之為「一件小事」。我們來看看黃仁霖怎麼敘說這段尋常之中，透露著幾多神祕與驚險的故事：「在這一個時期，另外還有一件小事，只有很少幾個人知道，那是我奉蔣公的命令，到美國去，做了一件旋風似的旅行。蔣夫人早已於三十七年十一月二十八日前往美國，要使美國政府能了解並支持我們所做的一切，並作最後的一次努力。七月二十五日我突然奉召去謁見在高雄的蔣公，見到他之後，他說，蔣夫人有信來，要我立即前往紐約，並接受她的指示。這似乎是一次短暫的行程，我不需要作太多的準備，同時亦沒有時間去做準備。

「趕到紐約時，大約是三十八年七月二十六日左右。蔣夫人告訴我，消息傳來，國務院所準備的白皮書，要說明他們所以要放棄中國的理由，對他們的這種行為要作一次公開的評議，這項文件馬上要發表了。她要我去對這件事加以調查，並設法取得第一手謄本，因為蔣公在文件正式發表之前，急切需要知道文件的內容。如果我能夠，經由各方的關係，把這件事拖延些時日，或者予以擱置，停止發表，那自然更好了。

「第二天，我就趕到華盛頓，拜訪白宮裡的一些朋友。當我將來訪原因說明之後，他很直率亦很權威的告訴我說，杜魯門總統已經批准把這項白皮書發表了。因此，已經無法可以使它拖延或者擱置。這項文件將在下星期中發表。至於文件內容，他亦只看到了一部分；但是他將收到一份校對的樣本，可以將這份樣本交給我。大約在二十九日下午四時，我收到了那份校對的樣本，便立即送呈蔣夫人，他命我次日立即返台，並將這份樣本送呈蔣公。同時，我亦把這一千零五十四頁的文件抄本，交回給蔣夫人，讓她自己來翻閱。

「三十日晚上十一點鐘我離開了紐約。那時沒有直飛台北的飛機，我必須在香港作一次停留，在旅館裡住上一晚，因為次晨即須離港，所以我不再去多費手腳，把我那唯一的一件行李帶回旅館來。那件行李是掛著我國中央航空公司的牌子，那時的中央航空公司還是懸掛我們的國旗在飛航的。為了小心謹慎起見，我把那件寶貴的文件，放在手提包內，帶往旅館。主要原因是因為它的重要性，但是亦因為我在飛機上，還沒有把這篇長篇大論的文章，全部讀完。第二天，我到中央航空公司行李房去領取那件行李時，一打開箱子，我很驚異發現，雖然其他每樣東西似乎還沒有動過（我新買的一對十四開金的克羅斯鋼筆依然還在），但是，五角大廈供給我的，用一個厚厚的封套裝著的一本剩餘軍用物資目錄，卻失蹤了。幸好這個文件並不是列為極機密的。我的提箱顯然已經被打開，並且亦已被搜過了。我感覺到一陣寒意由背脊上直流而下，我想，如果我不曾採取預防措施，那天晚上沒有把那本白皮書隨身攜帶的話，我便會白跑了這一趟美國了。

「結果，我在八月二日到達台北，同日中午以前，就把那項文件送呈蔣公。這份白皮書是八月四日在華盛頓正式發表的，我們對於這項文件的內容，卻在發表之前二天，就已經知道了。」

縱觀黃仁霖回憶這段史實時，他講得「太客氣了」，宋美齡早在這份白皮書起草的過程裡，就得知，而且是在六月下旬之前就向蔣介石密電示警了。

其實，宋美齡在向蔣介石示警的同時，蔣介石方面似乎也有新的一些動作，以因應國內外新的不利形勢的紛至沓來。顧維鈞在回憶錄裡揭露了一段祕辛，而這段祕辛應該與宋美齡不斷提供蔣氏來自美國的最新發展的情報有關。顧維鈞說：「七月九日和十日，廣播報道說，蔣委員長已去馬尼拉，將在碧瑤會晤菲律賓總統季里諾，討論簽訂太平洋公約，以便共同抵禦共黨的威脅。至於報道中提到的另一個問題，請求菲律賓允許中國在菲律賓領土上建立流亡政府，我聽了很難置信，而事實上，後來季里諾總統在廣播中發表聲明說，沒有一個負責的政府會加以拒絕，但是他不相信，蔣委員長會懷有這樣的想法。」

不可諱言，白皮書複製本的取得，是宋美齡在美國從事遊說過程中，為蔣介石取得某種「戰略情報」訊息的「牛刀小試」。

第三節

馬歇爾工作

人們瞭然於心，宋美齡一九四八年十一月這趟到美國的目標，就是去做她的「馬歇爾工作」。這項戰略任務目標，也是蔣介石和宋美齡在訪美前後，以及訪美過程中歷次函電裡面，隱隱然多次揭示的實情。在蔣介石和宋美齡的思維判斷裡，作「馬歇爾工作」，作美國國務卿的工作，遠比作美國總統杜魯門的工作來得更重要、更優先。原因無它，因為馬歇爾和蔣宋，尤其是宋美齡最有淵源關係。而其他的美國核心官員與蔣宋的淵源，都不及馬歇爾來得源遠流長，交情深厚。宋美齡充份運用馬歇爾這條極其重要的情報線索，讓她成為爾後兩三年取之不盡用之不竭的情報泉源。

不可諱言，雖然日後蔣介石在屢次與近親言談之間，及其私人日記中，對馬歇爾之中國政策種種舉措殊多憤懣怨恨，甚至引為國府敗亡之罪魁禍首。蔣介石的言談之間，固然對馬歇爾頗多抱怨與微詞，但是觀察他的字裡行間，卻仍然透露著另一種悔恨：沒有及早拉攏好馬歇爾的這個關係，未能及早誘使馬歇爾作出對國府友好的政策鋪排。所以，宋美齡一九四八年十一月底這趟美國之行，頗有蔣宋兩人協同一致（宋美齡之主觀意願尤強於蔣介石），對馬歇爾展開一場「亡羊補牢」之旅的意味。

例如一九四九年一月三十一日，蔣介石引退溪口十天後，在他的日記裡寫道：「此次革命剿匪之失敗，並非失敗於共匪，而乃失敗於俄史（史大林），亦非失敗於俄史，而實失敗於美馬（馬歇爾），蓋以馬歇爾誤聽俄共之宣傳與英國之中傷，對於其本國之利害與中國之存亡，以及太平洋之安危與全世界人類之禍福，皆置而不問，而唯以個人一時之愛惡，專洩其私憤，今後第三次世界大戰之悲劇，已不能免，馬歇爾實應負其全責也。而余之外交運用，因過信美國之能急公好義，致有今日之失敗，亦應引咎自責，然而對俄外交，則始終不變，我既定政策絕不授其以離間中傷之隙，而致交惡美英，故寧可受一時之失敗，而始終以信義為本，堅持到底，深信終有一日能貫徹方針也。去年春間，馬歇爾國務卿邀約夫人遊美，為其上賓，而未應約，及至年杪，以局勢危急，乃有赴美之行，此實違反余外交不忮不求之精神，思之可愧。」

眾所皆知，蔣介石的固執己見是出了名的。但蔣介石心目中，馬歇爾尤其是固執己見。而蔣介石內心深處對馬歇爾的既定成見，更是延續了大半輩子，記恨了大半輩子，而猶不改變。甚至到了國府從大陸敗退的十六年後，馬歇爾都已經死了六年了，蔣介石在台北陽明山與美國中央情報局特務頭子克萊恩會晤時，蔣介石言談之間還帶著幾分惱怒說：「今日亞洲之所以禍亂，要用如此龐大之力量，其禍根部種在二十年之前，由於當年馬歇爾忽視亞洲人的意見，一意孤行，而使我大陸淪於共匪之手的結果。」

蔣介石堅持己見認為國府在大陸之淪亡，馬歇爾要負很大的責任。而在一九四八年十一月的那個時空背景之當下，蔣宋兩夫婦卻都認為，馬歇爾是打開美國援華之門的惟一之「金鎖鑰」。假使爭取到了馬歇爾的友好關係，致使美援得以源源不絕來華，就無異拿到了打贏國共內戰的「金鑰匙」。證諸事實發展，蔣宋，尤其是宋美齡，此種一廂情願的單線思考，誤以為國府百疾叢生的病體單單靠著服用一帖「馬歇爾解藥」，就可以使得病入膏肓的國府，藥到病除，根本解決紛繁複雜的中國問題，無異是過於天真之想。

由於宋美齡一九四八年年底這趟美國之行，主要的工作的任務重點是馬歇爾，所以，與馬歇爾接近，極端看重馬歇爾可能對美國政府制定中國政策的影響力，進而為國府爭取美國援助。從馬歇爾身上下手，遂成為宋美齡此行的不二法門。宋美齡此行之所以敢孤注一擲，把賭注全置諸馬歇爾一人身上，當然與宋美齡與馬歇爾彼此關係不同，並與經年累月在馬歇爾及其夫人下的功夫有關。

宋美齡之所以有信心作好「馬歇爾工作」，實與她和馬歇爾關係之深遠有關。一九四三年，初識於首次官式訪問美國，當時宋美齡就知道馬歇爾和中國淵源很深。第一次世界大戰結束後，一九二四年間，馬歇爾奉美國軍方命令，派駐我國天津的美國軍營，隨行的還有他的第一任夫人伊莉莎白．卡特．科爾斯（Elizabeth Carter Coles）和岳母，她們暫時居住在美國大院裡（現榮華里）。伊莉莎白．卡特．科爾斯，暱稱莉莉，她並不曾與宋美齡及時結識，便於一九二七年病故。稍後馬歇爾續絃，娶凱薩琳．博伊斯．圖珀．布朗（Katherine Boyce Tupper）為妻。凱薩琳和宋美齡日後結為「閨蜜」，一度成為形影不離的手帕交。

由於馬歇爾早在一九二四年就到過中國，馬歇爾會講簡單道地的普通話，還帶著濃濃天津口音，他當時的職務，是美軍駐中國天津第十五步兵團團長。

宋美齡初識馬歇爾，由於馬歇爾當時的身分，只是羅斯福總統的隨員，因此並未有正式記錄顯示宋美齡曾與馬氏有正面交談的情景與內容。而蔣介石之初見馬歇爾，是在一九四三年十一月二十三號到二十六號，與宋美齡應邀前往埃及開羅，同美國、英國元首羅斯福、丘吉爾，舉行「開羅會議」。馬歇爾為羅斯福隨員之一。

宋美齡同馬歇爾密集互動，是在宋美齡一九四四年九、十月之交，白巴西輾轉前往美國入院治病，於美國紐約長老會醫院就診。在這趟訪美行程裡，宋美齡會晤了杜魯門總統，也曾經與馬歇爾面談。宋美齡自美返國之後，即促使蔣介石向馬歇爾發了一封邀請訪問中國的函電，這封以蔣介石名義發出的邀請函裡，蔣介石告訴馬歇爾說：「……內子告余，最近華盛頓與麾下晤談，麾下曾向之表示，麾下之興趣及關切，願協助實施一計畫，俾使中國獲得軍事援助。余企盼在不久之將來，麾下能來華一行。內子及余均將以麾下在舍下下榻為幸也。」斯時，馬歇爾的職務是美國陸軍參謀長。

宋美齡對類似馬歇爾這樣，在美國軍中具有關鍵性影響位置的高級官員，採取的手段方法，是遵循著五個步驟與要領。拉攏、討好、感動、維繫、運用。這五個步驟與要領，也是宋美齡在從事涉外交際工作中，極其細膩技巧的工作原則，此正足以彰顯宋美齡為人處世長袖善舞的一個面向。

我們如果留心宋美齡結交外國重要賓客的細節，便可以看見宋美齡她是怎樣以「拉攏、討好、感動、維繫、運用」循序漸進，而且極其細膩地完成她對外國關鍵人物的爭取與運用。宋美齡的拉攏、討好、感動、維繫、運用，五個步驟與要領，也完整傳授給包括「勵志社」這樣經常接觸外國貴賓的國府涉外機構。對應馬歇爾這樣在美國擁有關鍵影響力的權貴人物，宋美齡更是使出了長袖善舞的看家本領，對馬歇爾來華的數次旅行訪問，可以稱得上照拂得無微不至，侍候之有如國之上賓。

台北中國文化大學教授孫子和〈蔣宋美齡與馬歇爾使華及任國務卿期間之過從〉引證了大陸時期的《中央日報》一則報導〈由馬歇爾在「怡園」生活面透視其為人與處

世〉，這則報導中敘述，馬歇爾當天晚上下榻位於牛角沱街的怡園時，主人特地為他舉行了一場聖誕晚會。這裡平常是用來招待美軍官兵的場所。主人是行政院長宋子文，屬於他的官舍。美國特使威爾基也曾下榻此地。《中央日報》報導稱，當天晚上為了接待馬歇爾，宋美齡立刻把這裡佈置得獨具東方情調，屋子的正中央點燃了一對兩尺高的龍鳳花燭，馬歇爾對這種情調特別欣賞。在這個晚上的聖誕晚會裡，宋美齡特地選了一部電影「情書」，馬歇爾看得非常入戲。馬歇爾特別喜歡吃中國菜，每次宴會都期盼吃到中國菜。馬歇爾也很愛玫瑰花，當天晚上宋美齡特別送了好多玫瑰花，讓馬歇爾備感溫馨。上述《中央日報》報導的內容，乃是馬歇爾在一九四五年十一月間，訪問中國時期，國府當局在宋美齡主導下，極力拉攏馬歇爾，並且盡情做好馬歇爾關係的一個小過場。

宋美齡的得力愛將黃仁霖，在他的《黃仁霖回憶錄》裡，更有詳實的迎賓記載。黃仁霖就他所瞭解的馬歇爾，作了如下之評述：「民國三十四年十一月，喬治．克萊脫．馬歇爾將在他聲譽最高的時候，辭去了美國參謀總長的職位。當第二次世界大戰時，他負責執行歐洲和太平洋的全部作戰業務，一般人公認他是使第二次世界大戰獲勝的一位英雄。當他被杜魯門總統徵召充任他的特使，前來中國協調中共和國民黨的衝突時，那時他剛剛脫卸軍服，還只有兩個星期而已。」

黃仁霖敘述：「我給他的第一個印象是他的生日。那一晚，他接受委員長夫婦的邀請，參加一次小型的除夕晚會。只有十一、二位高級將領參加。在晚宴快要吃完最後一道菜，他們還正在討論國家大事時，我在燈光已很黯淡的餐廳裡，又把幾盞仍然亮著的燈關掉了。一個裝飾雅緻的蛋糕，上面插有六十五支明亮的蠟燭，適時由一個穿長袍的侍者捧了進來，安放在馬歇爾將軍的面前。同時有四重弦樂隊，隱藏在鄰近的房間內，適時奏出『生日快樂』樂章。所有參加晚宴的那些客人，本來都不知道，到此時始恍然大悟，今天是來參加馬歇爾的生日晚宴的。因此，大家起來敬酒，同致祝賀之忱。我成功的把一個除夕晚宴，瞬息之間，轉變成為一個生日晚會。當然，我這一手特技表演，沒有蔣夫人的事前允准是無法表演的。當我送將軍回到招待所去的時候，他看來是高興的，在車中他對我說：『我能看得出來是你的傑作，你簡直是無所不在。』」

宋美齡建議馬歇爾夫婦能跟她和蔣介石一塊，去江西著名的避暑勝地牯嶺，逃離令人難受的中國夏季。但卻被馬歇爾夫人婉拒了。起先宋美齡不清楚這中間到底是怎麼一回事。我們從黃仁霖的回憶錄裡得知，原來馬歇爾有兩名隨行上校副官，他們滿頭大汗跟著黃仁霖從牯嶺的山腳下，坐著搖搖晃晃的轎子上山之後，到了一幢大房子，兩位美軍上校看了看那幢大房子，牯嶺管理局的王姓局長，正帶領著一批工匠趕工整理這幢已經八年乏人照管的大房子。王局長告訴黃仁霖，這幢大宅子可以在十天之內整修完竣。兩位馬歇爾的上校隨員，向黃仁霖詢問房子維修進度時，黃仁霖還刻意放寬彈性，告訴那兩位上校，這幢房子估計可在兩週內完成整修，可以讓馬歇爾將軍夫婦如期住進來休假。

宋美齡原本以為黃仁霖把牯嶺的房舍修葺一新之後，馬歇爾夫婦應該就可以順理成章上牯嶺，如此一來，蔣宋兩夫婦便可以和馬歇爾兩夫婦在山上聚面。誰曉得那兩位美軍上校不知和馬夫人講了什麼話，等宋美齡從牯嶺掛長途電話到南京，和馬歇爾夫人連繫時，馬夫人竟不願上山，理由是馬歇爾不願意離開南京大久。後來，馬夫人經不住宋美齡一再推敲追問，才曉得她不想上牯嶺的原因，竟然就是出在那兩位上校，告訴馬夫人山上的居住條件不好，勸他們別上山。宋美齡一再在電話裡向馬歇爾夫人保證，她這次剛上牯嶺第一件事就是去驗收新房子，她看見馬歇爾夫婦要住的那幢渡假別墅，已經重新油漆粉刷，而且房子裡頭所有的傢俱，都是黃仁霖督辦備置的新傢俱，窗帘、草皮也都全部弄得整整齊齊，窗明几淨，看起來是非常理想的渡假小屋。宋美齡在電話裡再三說服，馬歇爾夫婦終於上了廬山。而且馬歇爾到過牯嶺之後，兩夫妻就愛上這個中國避暑勝地，光是那年的夏天，馬歇爾先後六次上牯嶺，每次去要離開時都依依不捨。

宋美齡為讓賓主盡歡，服侍好馬歇爾夫婦，對黃仁霖的工作要求十分嚴格，而黃將軍也總是不辱使命，達成宋美齡的各種目標。黃仁霖在回憶錄裡描寫，他為了安排馬歇爾夫婦能在牯嶺渡好假期，他無怨無悔細膩付出的種種情況：「（上牯嶺）路途雖然並不十分遙遠，但是這卻是一種複雜而不安的旅程。我們必須坐一小時的飛機由南京到九江，然後坐四十分鐘的汽車到牯嶺山腳底下。在那裡經常有許多轎子和轎夫，把你抬上這三千五百呎高的陡峻，那需要兩個多小時，才能爬上山巔。

「這些轎子由籐條和竹子製成，掛在兩根長竹杆上。一個普通體重的人，需要四個轎夫來抬他。體型沉重像我這樣身材的，則需要八個轎夫分兩班抬。被這些轎夫抬送時，事實上，你會覺得老像是半空中晃盪著，這自然會使人感覺到有些心驚膽戰的。山路是如此的窄狹，因此，如果迎面來了另一乘轎子的話，有一乘就必須在陡坡邊緣上，讓出一條道路來，使迎面而來的轎子可以擦身而過。尤其可怕的是在那些正直角形的轉彎地方，前面的那名轎夫已經轉了彎時，後面的那名轎夫，幾乎被拖到了山的轉角上，使你在下臨數千尺深淵的半空中，直覺得感到晃晃盪盪。另外一種不舒服的情形，那是當你的轎子正在奇陡的山坡上向上爬，或是直線的向下降落的時候，你會有從座椅上向外跌出去的感覺。事實上，這些轎夫腳步真是平穩，幾乎從來沒有出過任何意外。

「馬歇爾將軍上山時，又是我忙碌而重要的一天。跟往常一樣，我到九江去歡迎他，同時還有幾位江西省的官員及警備司令、警察局長、牯嶺王局長陪同著，一起去歡迎他，隨即坐車到牯嶺山腳，換乘轎子登山。就在此時，問題發生了，馬歇爾將軍說，他喜歡步行上山。我的體重有二百四十磅，對於爬山頗不習慣。雖然在打網球、排球和手球時，我的身手還是很矯健，但要去爬那些上牯嶺的陡坡，則真是興趣缺缺。我立即想到了很多理由，解釋我們應該坐轎上山。最後他同意了，我們就一起八乘轎上山，馬歇爾將軍和我的，各配備了八名轎夫。

「將軍對於住宅面臨的美麗風景，亦非常欣賞。在馬夫人陪同將軍巡視各房間時，他顯然感到非常喜歡，所以後來他對馬夫人說，他曾對那兩位上校切切實實的說了一頓。說一句公平話，將軍和夫人都不是習慣於奢侈華麗的生活的人。他們只過著簡單的生活。這裡的休憩式山莊，正適合他們的胃口。所以，他們向我和王局長道謝，為他們費了很多心力，佈置得如此完美。我真的有如釋重負之感。

「那年夏季，馬歇爾將軍曾六上牯嶺。每次他來，都由我到九江機場迎接，並陪同上山。在他下山回南京時，我也恭送如儀，這已成為委員長對我的一個固定命令了。雖然這段旅程很累人，但是我卻因為他的任務重要，還是樂於親自處理。將軍只六次上下牯嶺，而我卻需要上山下山共計十二次，再加上迎接馬夫人和另外陪伴兩位上校的兩次，在那年夏天，我為了馬歇爾將軍總計上下牯嶺竟達十四次之多。」

宋美齡結交外國朋友的手段總是能讓人感受到她溫暖而且掬其至誠的一種溫馨感，哪怕是一些生活瑣事，宋美齡也能為她認定「值得」付出的朋友做到細如纖髮的事情。例如，宋美齡明明知道馬歇爾夫婦只是來華作短期停留，為期四個月，她還細心地設想到應該為馬氏夫婦找一位能幹的女傭，服侍馬歇爾夫妻的日常生活。

黃仁霖便在他的回憶錄裡提及：「凱塞玲．馬歇爾夫人是一位優雅而慈祥的女士，她一點兒也沒有沾上華府高級社會人士的那種氣息。因為她的到來，在家庭侍役中加派了一位女傭，名叫王愛娜，在少數幾個慣於伺候外國女賓的女傭中，她是比較突出的一個。她不僅善於收拾房間，且能為馬歇爾夫人跑跑腿，做些小差使，例如陪她上美容院和上街採購。不久，她便成為馬夫人的朋友了。」

當然，儘管宋美齡無所不用其極地窮盡一切手段，窮盡各種巴結討好之能事，盡其全力作好對馬歇爾夫婦來華期間的所有生活照拂與服侍工作，宋美齡也的確掬其至誠，非常赤忱地與馬歇爾夫婦結交朋友，然而，仍然無法逆轉國府與美國之間無法改變的既定成見。這些既定成見，亦成為蔣介石與馬歇爾之間恩怨情仇、水火不容的死結。這些既定成見，早在抗戰晚期，國府與美國密切交往，並肩共同打擊法西斯倭寇的戰爭中，就已經日積月累了幾多矛盾與心結，甚至形成了難以化解的恩怨情仇。

在顧維鈞的回憶錄裡，我們也經常可以看到類似的關於蔣介石恚怨美國方面的各種記載。例如，一九四四年十月二十五日的條目下，顧維鈞就說：「陳光甫來拜訪我。他剛從重慶來到美國，代表中國就某些貸款問題進行談判。他與財政部長摩根索的關係非常好。他說，在離開重慶前，他晉見了委員長。委員長對他說，在同美國合作的過程中，中國已淪為一個奴隸，而且每況愈下。有時甚至連委員長本人也被視為盜賊。委員長讓陳將此情況告知美國財政部長摩根索。他對我說，簡言之，委員長對美國怒不可遏。」

在一九四四年九月，顧維鈞一次與孔祥熙及國府駐美國大使魏道明的談話中也提及：「我們擔心的主要問題仍然是華盛頓和重慶之間關係的惡化。孔祥熙……他又一次提到了中美關係令人不滿的狀況，並表示對未來感到不安。他問，中國怎能把整個軍隊指揮權交給史迪威呢？他又問，如果把中國共產黨人武裝起來，打敗日本後怎能不引起內戰呢？委員長十分氣惱，以致拒絕答覆羅斯福總統的信，只是請納爾遜通過赫爾利給羅斯福口頭答覆。」

這段文意，主要是指抗戰末期，國府與美國之間，為了史迪威是否取代蔣介石統領國府兵權的爭議焦點，引發「史迪威事件」。蔣介石怎麼能夠容忍為了獲得美國援助，而將中國的軍隊指揮大權交給美國將領（史迪威），不要說蔣介石這位出身軍旅的國府領導人不會同意，即便任何一個有尊嚴的主權國家領導人，都萬萬不會容許這種喪權辱國的情事發生在自己身上的。

蔣介石主政的國府與美國之間的「邦誼」，是一種原本就處於「先天不足，後天失調」相對艱困的情況。儘管宋美齡大力度的從事拉攏、討好馬歇爾的工作，但是，她仍然無法改變馬歇爾對她丈夫與國府的既定成見。事實上，在馬歇爾的心目中，這是「一碼歸一碼」，公事公辦，並不能以宋美齡與馬歇爾夫婦的私誼，妨害及改變馬歇爾個人對中國政策的既定立場與判斷。

大陸人民大學歷史系中國近現代史楊雨青教授的文章〈蔣介石為何對馬歇爾積怨成恨〉認為，馬歇爾稍早從美國陸軍部、駐華軍事和使館人員得來之情報，並且綜合了美國報刊諸多微詞的訊息之後的總體印象，不免對蔣介石存有許多負面看法，這些情報與消息來源「批評國民黨『腐敗、失職、混亂、搞錢、囤積、黑市、苛捐雜稅、言行不一、與敵人通商』等。」評說「馬歇爾甚至認為蔣介石和希特拉一樣，是一個『暴戾』、『凶險』的『專制魔王』。」

馬歇爾對蔣介石的心存偏見，就連黃仁霖這樣一位負責隨從事務的中國將領，在日常隨侍馬歇爾的過程中都看出了若干端倪，有時忍不住亦不免要為蔣介石據理力爭。黃仁霖說：「有關政治的任何事情，我從來絕口不提。只有在幾次極端的事例中，他誤會了我們領袖的意向時，我才會插口說一兩句話，糾正他的觀念。用這樣的做法，逐漸贏得他的信任。」

馬歇爾與蔣介石之間產生歧見與衝突，乃至彼此冰火難容，宋美齡雖然夾處兩者之間，窮盡各種方式，極力調和潤滑，也難以緩和兩個男人之間劍拔弩張的尷尬局面。

麻煩的是，蔣介石和馬歇爾這兩位領袖人物，不但出身背景天差地別，兩人思考邏輯方法南轅北轍，註定馬歇爾的調處徒勞無功。更令蔣介石不解的是，馬歇爾某些自認極富「創意」的構想，卻被蔣介石指斥為無異飲酖止渴。

例如楊雨青教授引證，馬歇爾建議將「國共軍隊混編，整編後無論陸海空軍，共產黨軍隊皆佔三分之一比例。對這一提議，蔣介石大為震驚，認為馬歇爾的方案『離奇萬分』，堅決不同意。」

另一個讓蔣介石對馬歇爾產生極度反感的，是馬歇爾提出的有關聯合政府的主張。蔣介石認為馬歇爾提出的所謂「臨時政府組織法」，也就是其聯合政府的構想，即便是「共黨本身亦所不敢提者」，沒想到卻由馬歇爾提出來了，這一點讓蔣介石大為震驚，認為一旦聽從馬歇爾的意見，「不僅誤事，適足以因此亡國也」。如此，也使得蔣介石對馬歇爾到中國調處國共爭端的「適格性」存在極大疑慮。因為，他以為馬歇爾「對我國內情形及共匪陰謀並不瞭解，恐誤大事。*」

事實上，即便國共之間對馬歇爾這個所謂「臨時政府組織法」，或者「聯合政府」的方案沒有異議，國共雙方對程序問題也始終爭執不下。照馬歇爾日後撰寫發表的《國共內戰與中美關係：馬歇爾使華祕密報告》，馬歇爾自己記載得很清楚，國民黨方面爭

*按：蔣介石在日記裡的評議是：「此為共黨不敢提者，要知客卿對他國政治之隔閡，若本身無定見，不僅誤事，且足以召亡國之禍也。」

辯說，統編共產黨的軍隊，必須在聯合政府成立之前。而共產黨方面則堅持必須先組成一個有共產黨發言權的聯合政府，再繼而談軍隊的統編問題。所以，馬歇爾提議的「聯合政府」計劃，根本就是一個異邦人士提出的完全不切合中國政治現實的天真空想。如此這般，無論宋美齡如何使出她的拉攏、討好、感動長袖善舞的交際手腕，也是無濟於事。夾處其間的宋美齡，可說是進退維谷，處處為難。

馬歇爾的調處失敗，不獨是馬歇爾個人政治生涯中的「失敗」，更是蔣介石在國共鬥爭政治盤算上的「失算」，亦且是宋美齡涉外交際工作上的一次重大「失利」。縱然如此，難能可貴的是，馬歇爾這趟不愉快不稱心的中國調處之旅，並未因此損傷了馬歇爾夫婦與宋美齡之間的私人情誼。馬歇爾固然和蔣介石之間幾幾乎快到撕破臉皮的地步，但與宋美齡的深厚友誼卻未受太大的創擊。這也為宋美齡預留了政治資本，讓她可以在一九四八年十一月，徐蚌會戰（淮海戰役）國民黨軍漸露敗績的危急情況下，宋美齡僅僅靠著一通越洋電話，便可以得到馬歇爾本人慨然應允，毫不猶豫地歡迎宋美齡前往美國訪問，而且還派遣軍用專機到中國接宋美齡前往美國。這亦可證，馬歇爾夫婦稱得上是宋美齡的真朋友。

蔣介石畢生最痛恨的兩個美國人，一個史迪威，一個馬歇爾，這兩個上個世紀中葉被美國視為「中國通」的當權人物，都給蔣介石及國府帶來歷史性巨大災難。如果說蔣介石書寫了民國史的最後篇章，這兩個美國人就是終結蔣先生民國史篇章，並且強行為蔣介石在史冊上劃下句號的「天敵」。

第四節

安全瓣

蔣介石恐怕想不到的是，宋美齡日後也不便與丈夫明說的是，在蔣介石丟失了大陸所有立足根據地之後，倉皇辭廟，告別祖先廬墓，甚至連台灣此一「復興基地」的前途，也尚在混沌未明的風雨飄搖時期，遠在美國未歸的宋美齡，遙見「國破山河在」，最終只有被迫孤注一擲，把她和丈夫兩人往後的切身安全委諸於馬歇爾，以及一幫她既往結交的「美國友人」。

我們可以從顧維鈞的筆下，見證到在一九四九年以至一九五〇年那些動盪不安的年份中，許多流離漂移到美國新大陸的國府豪門貴冑，倉皇無助，惶惶不安的一面。但相對的，我們更從顧維鈞衡平細緻而秉筆直書的回憶錄裡，見證到一個焦慮不安的宋美齡，與孔宋家族的眾多成員們的焦躁反應。我們也從蔣介石、蔣經國父子在若干年後，驚魂甫定，卻還餘悸猶存之際，他們如何採取必要的殺手鐧，去扼制防堵曾經普遍存在於國府上下，因人性趨吉避凶弱點形成的一股媚外歪風。

「（一九四九年六月）十九日我的侄子顧應昌（哈佛大學博士）來告訴我，他從他弟弟海昌口中得知，上海商會花了一千條金條才買動了湯恩伯將軍同意停止抵抗，將部隊撤出上海……顯然軍事形勢已經如此惡化，致使上海的居民和上海的社會領袖們感到繼續抵抗，只能給這個城市和人民造成更大的損害。」上海從國府掌握中丟失的此類傳言，顯然是蔣介石、蔣經國日記裡看不見的一種內幕敘說，雖然無人能證明其真偽，但這畢竟出自一位中國資深外交家的筆下。

而顧維鈞更清楚於事後檢視到蔣介石引退前在美國預作的舖排。「在重讀了關於我和李惟果談話的那則日記，以及有關那一段時間中國局勢的各節日記以後，我開始認識到，孔祥熙的新任命（這是在委員長引退以前提出的），並非只是他本人的願望，而且也是委員長和蔣夫人以及孔夫人的願望，用作完全脫離中國政府渠道。直接祕密地與華盛頓政府保持接觸的一個必要步驟。」而宋美齡在一九四八年十一月出訪美國，除了政治上的理由，是為了爭取美國援助，但正如宋子文和顧維鈞等涉美外交家們的言論，早在宋美齡訪美之前，國府就透過多重渠道在與美國政府交涉持續援華事宜，但是卡在美國當局對蔣介石的既定成見。換言之，不論有無宋美齡一九四八年底的那趟訪美之行，華府都不可能在國府兵敗如山倒的情況下，再浪擲美國納稅人的鈔票在中國這個無底洞裡。

在美國為蔣介石舖排退路

無疑，一九四八年這趟美國行，毋寧說宋美齡是到美國為國府爭取新的軍事援助如此單一的政治目的，不如說是多重的政治目的，她一則為了敦促美國持續趕運舊的軍事援助。二則明示華府當局，蔣介石在中國局勢中的積極正面價值。三則是強化與美國老友的聯繫工作，並進而交換條件、交流情報訊息，甚至為蔣介石的前景未雨綢繆。四則是為蔣介石在美國從事「堅壁清野」的工作，打擊李宗仁系統在美國積極佈署之外交網絡，為蔣介石日後之「復職」預作舖排。這些工作，在宋美齡心目中，相較於在國內挽救國府之危亡，更具有實質意義。

易言之，蔣介石如果是在國內與共產黨作最後之鬥爭，宋美齡就是在美國為蔣介石舖排退路。不可忽略的是，宋美齡這趟訪美之行，固然不再像過去高調張揚，但此行的成果則絕對是深遠而有意義的。宋美齡從一九四八年十一月迄至一九五〇年元月的這一年三個月中，絕對不惟是為了在美國苟且偷安，貪圖逸樂。在這段黨國存亡絕續，危如累卵的艱難歲月裡，宋美齡絕對是為了她的丈夫的安危、為東山再起，鴨子划水，暗地裡隱藏了好多伏筆。

但是，蔣介石和宋美齡的安排竟是如此隱晦，如此低調，導致連敏銳的資深外交家顧維鈞都是在半年之後才驚覺：「一月二十一日，委員長從總統職位上引退，這一步並非完全出於自己的選擇。肯定在總統的部屬中間普遍存在著要他有朝一日重登寶座的情緒。為此目的，在過渡階段，保持一條毋須通過使館或政府渠道來傳達信息的獨立線路，就是十分重要的了。」

所有可能妨害蔣介石東山再起的人、事、地、物都是宋美齡在美國要竭盡心力排除的。尤其值得注意的是，宋美齡在美國這一年三個月，無時無刻不在竭盡她的一切力量，善盡職守，沉默扮演好她「蔣介石的一號情報員」的角色。一些昔日宋美齡發出的密電可以得到充分之印證。例如，一九四九年六月十四號，宋美齡從美國發回國內給蔣介石的密電裡就說道：

介兄：（一）、據顧大使告甘（介侯）此次見馬並無結果（二）、封鎖共區港口，應天津等埠包括在內。至於置放水雷，是否須通知友邦，請研究之。（三）、據友告，美政府已有計劃凍結我國在美資產請注意。（四）、文兄來告克拉恩軍火事，請兄早為決定（五）、據美方密報，將來承認共匪事擬交聯合國定。（六）上海大美晚報及美商人，都要求美政府承認共匪，故此間工作，實不容易，文電事希能早日接見。（七）黃之活動應注意。

妹美

宋美齡這份電報至少透露幾個訊息，其一，對李宗仁派遣甘介侯在美國活動的全面監控，是宋美齡的工作任務之一。甘介侯是李宗仁派到美國的代表，負責代表李宗仁與美國政府接頭。其二，在天津等港埠安置水雷，這種事務涉及軍事部門及外交，這類情報，宋美齡也表示關切。其三，南京、上海相繼解放之後，國府十分在意美國下一步對中共方面可能的態度及決策，尤其對美政府是否將承認中共合法性，此刻是宋美齡工作聚焦。其四，蔣介石如果要東山再起，充足的資金勢所必要，蔣介石革命起家靠的就是宋美齡為他張羅資金調度，此刻國府阽危之際，宋美齡依舊在美國遙相側應，替蔣介石遙控指揮如何保住國府在美國的資財，以作日後徐圖再起之準備。

之後的兩個星期內，宋美齡又針對國府資金的問題，兩度密電蔣介石。六月二十七日的密電說：

介兄：聞美經濟援助二億七千五百萬元案，現尚有八千餘萬元未經使用。除有以一部份鑄造銀元之建議外，其餘我國尚未提出攸關使用計劃。此情形頗為美國會同情者所不解，對今後援華之討論，亦不無關係。可否轉告主管機關，從速擬具辦法進行。盼復。

妹美二十六日

在這份宋美齡密電的一角，蔣介石用紅藍鉛筆寫下這樣的批示：「據美友來函之意方式抄送徐可亭部長轉閻院長」蔣介石批示交代祕書人員如此處理「據美友來函之意方式」，明顯是為了預防讓宋美齡在美國為國府蒐集極機密情報曝光，而所預作的保密措施。換言之，在國府的內部作業系統裡面，由於蔣介石此時尚處於名義上的「引退之身」，名分上蔣介石已經不是總統，只不過他實際上猶在暗地裡操盤一切軍政要務。畢竟在軍政機構內部，仍有不少代總統李宗仁的眼線與人馬。為了確保宋美齡這個「蔣介石第一號情報員」情報來源的安全性，不讓宋美齡在美國的情報蒐集活動陷於「見光死」的窘境，所以對內的說法，全部以「美國朋友」的代號，稱呼宋美齡，以策安全。

而一九四九年七月七日的這則密電，亦再三印證，宋美齡仍是為蔣介石確保「金脈」的幕後大將之一，而宋美齡之所以滯留美國不歸的作用，從這份密電中展現無遺。即使歷經二十三年後，宋美齡仍然在扮演著蔣介石北伐時代「後勤總司令」的角色。只不過，此刻在複雜的國府美國關係中，宋美齡還需要巧扮「蔣介石第一號情報員」，為丈夫打探最新的情報訊息。又一則電文，也是告訴蔣介石關於援助國府款項事宜。內容說：

介兄：美參議院撥款委員會定明日討論ECA款項時，提出一萬萬元援助中國，能否通過正在設法中。

妹美

宋美齡的消息與情報管道是多元化的，但無疑馬歇爾仍是重要渠道之一，只有從馬歇爾這些人的身上，才可以獲取有利於國府的「戰略情報」。在宋美齡某次與顧維鈞大使的會晤談話裡，似乎不經意透露出一絲跡象。顧大使的回憶錄裡敘說：「（一九四九年）八月二十八日，我還在紐約時，曾去里弗代爾拜訪了蔣夫人。那次我把美國國會和政府對援華問題的態度，就我自己的印象大致地告訴了她，也談了印度、緬甸和黎巴嫩等國大使，對擬議中的太平洋聯盟所持的態度。她又告訴我，大約三個月後將發生重大事件，到那時我們就可以擺脫困境。她沒有具體說明是什麼事。在我的日記中是這樣寫的：可能是喬治．馬歇爾給了她什麼暗示。（她在阿迪龍達克的拉基特湖附近馬歇爾家中住了一個星期，最近剛回來。那所房子原來屬於摩根家族，現為范德比爾特家所有。）」

直至一九四九年九月二十八號，顧維鈞引述美國駐國府大使司徒雷登私人顧問傅涇波的話說：「馬歇爾雖然已經退休，但仍在幕後起著重大作用，特別是在對華政策方面。這話再一次肯定了我過去經常提到的事實。傳說，馬歇爾夫人曾用溫和而堅定的語氣暗示，建議蔣夫人回中國去。」

固然馬歇爾夫人多次「暗示」宋美齡該回國了，但馬歇爾夫人的這種「暗示」應該不致於是一種「逐客令」，事實上宋美齡並不再下榻在馬歇爾宅邸。除了馬歇爾夫人的「暗示」，蔣介石也不止幾十次催宋美齡返國。當國府在大陸的殘山剩水來日無多時，十月九號，蔣介石催宋美齡回國的電報再次傳來：「廣州已危，恐難久保，望愛從速回國。何日起程？盼復。兄。中」。顧維鈞在一周之後去見宋美齡時，她也告訴顧維鈞，「她不久將回國，因為她相信這會給美國人民以中國事業並未失敗的印象，而且也會長中國民眾的志氣。」

兩個半月多後，也就是一九四九年十二月二十九日。此刻，國府殘餘的軍政人員已經敗退到台灣。除了海南島、舟山群島，福建、浙江沿海的若干小島，大陸上各個主戰場的國共內戰基本結束，國民黨政權正式從中國大陸土地上消失。蔣介石派了中宣部副部長董顯光來到美國，帶來蔣介石致宋美齡的親筆信。蔣介石強制性要宋美齡兼程返國。顧維鈞使用的文句是「顯然委員長要她一定回去」。董顯光說，蔣介石派了一架飛機前往馬尼迎接宋美齡。

在一九四九年年底，一九五〇年即將來臨，解放軍橫掃千軍，鋒鏑直抵福建當面沿海，與台灣僅一衣帶水，正大肆征集閩浙地區大小船隻，準備萬船齊發，俟機渡海攻台，國府瀕臨全面淪亡的節骨眼上，情勢顯然對蔣介石相當不利，周宏濤在回憶錄《蔣公與我》中講得很直白：「那陣子混亂裡，各種影響人心的傳言紛至沓來，包括蔣公準備離台的謠言。」周宏濤引述的並非「謠言」，因為，美國方面的確存在很大的聲浪，徹底放棄蔣介石。

危機四伏的緊急情況，顧維鈞講的更露骨，他說有一群美國國會議員正在吵嚷著台灣的地位問題，參議員史密斯「他說，麥克阿瑟的權力可以擴大到包括台灣和整個東南亞地區。」顧維鈞附註說明：「史密斯一九四九年下半年的遠東之行，顯然使他相信這種想法是合理的。因為他在十月下旬回到美國時，曾分別向參議院外交委員會和艾奇遜建議，為了防止台灣落入共產黨之手，美國可以宣佈台灣在法律上仍然是日本的一部分，而且可以像行使對日本的占領權那樣占領台灣，以使之成為聯合國的托管地區。」

設若美國當局果真作出了激進的決策，派兵占領台灣。從中國人的觀點而言，那無異將是一場悲劇。當時的形勢，的確對中國，無論是國府或者共產黨方面，都是極端不利的。不管是從中國人的角度而言，或者從蔣介石的角度而言，八年抗戰付出的無比巨大之犧牲代價，如果連台灣重回中國版圖的果實都無從確保，那的確是愧對國家民族的莫大恥辱。周宏濤還敘說了一個更驚人的消息。「我從黃少谷那邊聽到一個消息說，蔣夫人已遣孔祥熙的女婿陳繼恩，自美國經香港抵台來見蔣公，勸蔣公赴瑞士『休養』。這是何應欽夫人在港晤見陳繼恩時，陳自己講的。何夫人把這件事告訴了丈夫，何應欽向黃少谷*求證，這才冒出傳言來了。陳繼恩是孔令儀的丈夫，孔令儀後來離婚後，再嫁駐美武官黃雄盛。」

不久，這事經香港一家報紙《工商日報》報導出去之後，周宏濤覺得此事對台灣的民心影響極壞，向蔣介石建議，是否應該在發布蔣夫人抵台的消息之同時，也要適度加以否認。蔣介石答覆說，這件事可以同黃少谷去商量一下該怎麼做。

周宏濤研判，宋美齡「也許真有此意」，從過往宋美齡自一九四九年蔣介石引退前後，一直以來，宋美齡在給丈夫的密電裡，多次要求丈夫到美國或者加拿大會合，此即明證。但是令周宏濤不解的是，從宋美齡離美返台之前的廣播談話，以及她在沿途公開講話顯示的反共救國態度，又傳出她帶話蔣介石赴瑞士休養，到底她的真意如何？真被她搞胡塗了。周宏濤說：「真的難以揣測她內心的想法究竟是如何」。

周宏濤當然「難以揣測」宋美齡的內心想法，因為第一夫人積累在內心世界有太多難以言宣的「祕密」，只有當宋美齡與蔣介石再度重逢，私底下才會傾訴私衷，將這些「祕密」毫無保留地抖落出來。周宏濤長期追隨在蔣介石身邊，他不像宋美齡在新大陸冷眼旁觀美國政客的種種鋪排，周宏濤也未曾像宋美齡那樣親臨虎穴，憑著白宮和國務

*按：黃少谷擔任總裁辦公室祕書室主任。

院的蛛絲馬跡敏感得知美國意欲排除蔣介石，甚至在台灣發動一場「倒蔣政變」的可能圖謀。所以，宋美齡必須「說一套、做一套」，以這樣的兩面手法，悄悄為確保蔣介石的生命安全預作佈署。在蔣介石性命攸關的此刻，宋美齡自然必須表面上談「反共救國」，私底下卻必須力勸蔣介石做好遠走國外的準備，以免到了變生肘腋，刀子架在脖子上的時候，束手就擒，任人宰割，那就懊悔莫及了。

然而，周宏濤的訊息和評論絕非無的放矢。《顧維鈞回憶錄》裡顧大使的親身見聞可以印證某些說法的值得深思。例如，一九五〇年七月下旬的某個星期一的下午，顧維鈞說：「宋子文來訪，我們照例交換了彼此的看法……。據宋說，蔣夫人最近為了家庭的事打電話給孔祥熙夫人，實際上是告訴她同第七艦隊斯特魯布爾上將進行的會談取得了成功。她還邀請孔祥熙和他（宋子文）回台灣。」顧維鈞還註解說明：「這是蔣夫人的一種善意暗示，我認為她的建議是想平息台灣興起的一股抨擊之風，說是孔、宋兩人僑居美國，安享他們貪污營私之所得，而台灣老百姓卻生活在水深火熱之中。」

可是，顧維鈞並未針對宋美齡與第七艦隊斯特魯布爾上將進行會談的內容，作任何進一步的深入闡述說明。因而無法據以研判宋美齡是就個人安危尋求美國第七艦隊的協助，或者是尋求美軍的「協防」能夠倖免隔海的解放軍渡海來攻。不得而知。

顧維鈞披露的有關宋美齡這段祕辛，其實只是道出了宋美齡在一九四八年至一九五〇年一月訪美期間，鋪排的眾多「安全瓣」的其中之一。歷經近三十年的國內外戰爭憂患，宋美齡非常清楚，要從當前這場國共內戰延續的混沌狀態中，全身而退（例如：避免在美國發動的一場不可捉摸的「倒蔣政變」中，身陷囹圄甚或性命不保），甚而協助她的丈夫徐圖再起（例如：夢想「第三次世界」突然爆發，美國協助國府重回大陸），只有廣泛尋求美國友人在安全上的義助。顧維鈞提起的，宋美齡與美國第七艦隊將領的「會談取得了成功」，這只是宋美齡預期的「多重保障」當中的一道保障防線而已。

鄭介民與白吉爾的協議

早在宋美齡接到蔣介石指令，令她一九五〇年一月無論如何都要趕回台灣，與蔣介石聚面之前，蔣介石方面的代表鄭介民中將，密訪美國，和美國海軍太平洋艦隊司令白吉爾將軍（Oscar C. Badger II）歷經多次祕密磋商之後，最後終於達成共識：美國當局在蔣介石當局允諾某些條件之下，願意低調且有限度地恢復部份軍援，以免撤退到台灣的國民黨軍，尤其是迫切需要軍用汽油的海、空軍，海軍艦艇及空軍飛機得以維持最起碼的運作能力。

鄭介民與白吉爾的密會，在達成協議之後，就算是宋美齡願意返台與蔣介石團聚的「第一重保障」。當鄭介民與白吉爾進行密會之前，曾經先奉命去晉見了紐約的宋美齡，一方面聽取宋美齡對密會談判策略的意見，一方面也無異給予宋美齡心理上施打強心針，敦促宋美齡至遲在一九五〇年一月中旬趕回台北。

這個被宋美齡視為台灣安全上「第一重保障」的協議，在一九四九年十一月十六日，鄭介民終於不辱使命，與白吉爾達成共識，這也為美國有限度低調恢復國府軍援，提供了有利條件。這次密會的談話重點摘要，鄭介民當即向蔣介石密電匯報美國方面的條件。這份名為〈鄭介民、白吉爾談話記錄〉簡單地說，可以歸納為幾個重點：美國方面要求中國*必須做到「改革台灣政治」、「必須台灣人民擁護政府，對政府有信心」，並且以具有美國留學背景之吳國楨，取代蔣介石之心腹愛將陳誠之台灣省主席職位。原因是白吉爾認為，「陳誠將軍之行政已經失敗，吳國楨先生在渝市及滬時對于糧食之分配，工人之就業，工業之復興，以及維持紀律而不用暴力，行政效率，皆有良好之表現。」

白吉爾傳達的恢復軍援的先決條件有兩個，一個是改革台政，一個是撤換省主席陳誠，吳國楨上台。如果蔣介石的台灣當局滿足了以上兩個基本要件，那麼美國方面便可以提供下面幾種援助內容：「一、派遣一支人數不超過三十人的『政治經濟顧問團』來台，協助台灣當局，計劃辦理工業、財政、商務、農業、行政諸事務。二、派遣一支非現役之軍官小組，每軍別約二十至三十人來台，協助台灣陸海空軍，策劃辦理補給計劃，軍隊行政，與訓練諸項業務。但這些非現役的軍官將不參加第一線作戰指揮，以上軍官內包括海軍陸戰隊退伍軍官四至五人，以協助中國訓練兩棲部隊，以作登陸攻防之用。」

蔣介石方面最在意的軍援物資，在前述條件滿足的前提下，美方承諾提供國府軍隊，下列之軍備援助：「陸軍方面，供給台灣孫立人部防衛軍六個師之裝備；海軍方面，供給海軍巡邏艦約十六艘；空軍方面，供給必要之零件材料及修理設備；此外，並

*按：指國府。

承諾供給少數之雷達站及軍用通信器材。」白吉爾同時強調，當前美國能夠提供的軍援物資「數量不多」但希望「求其切實有效」，而且「希望中國自力更生，自己發展生產力，增加戰力」。白吉爾也同時拒絕了李宗仁、白崇禧桂系方面，希望美國每月提供軍援五千五百萬美元，總額達二十億美元的要求。理由是金額大過龐大。

白吉爾與鄭介民密談過程中，美國方面的表現極為高姿態，白吉爾在會談中毫不掩飾其盛氣凌人的一面，不論是在言談之間，或者在會談正式記錄中，都作了如下之註記：「我方（即美國方面）願意盡力在法律通過之預算下，盡力協助，但必須中國方面表現自助，關于派遣之人員，可保証必為各方面最優秀之人士，但必須中國方面竭誠合作，彼等始願留台工作，若中國方面不誠意合作，到台五分鐘後，彼等即將回國。」

白吉爾的話講得很直白，如果蔣介石的國府當局不能誠意合作的話，甚至依舊和過去一樣固執己見，那麼美國方面不排除在五分鐘之內，撕毀這項援助承諾，終止一切援助，派駐在台灣的美國軍政人員將立即掉頭走人。

除了上述兩重保障之外（第七艦隊司令與白吉爾），宋美齡本身和馬歇爾之間建立的長期友誼，更在這段期間發揮了不可估量的作用。而馬歇爾與宋美齡之間的高度配合與默契，日後連顧維鈞、周宏濤，甚至於恐怕蔣介石本人都為之吃驚不已。宋美齡不斷深化和馬歇爾的配合力度，究其目的是否為了給黨國、給丈夫必要時機的「第三重」，也是決定性的保障呢?這是頗值得推敲的。如果換成任何人處在一九四九年、一九五〇年之交，那個風聲鶴唳草木皆兵，島內人心惶惶，局勢瞬息萬變，解放軍隨時渡海來攻，國府存亡朝不保夕，蔣氏父子不敢確知自己的性命是否可以安然度過危在旦夕的關鍵時分，換作任何人可能都會做一些類似的「通權達變」，換取緊急危難時分身家性命安全無虞的行動，哪怕這個行動在常人眼中，稍有逾越「分寸」之嫌。但正如《論語》裡邊說的「大德不踰閑，小德出入可也」，莫足怪也。

第五節

美國政府遙控策動「驅蔣」政變

宋美齡一九五〇年發生了一件事，「大德不踰閑，小德出入可也」，此事與美國派駐在日本的盟軍總帥麥克阿瑟有關，甚至有相當跡象顯示，宋美齡與馬歇爾之間的高度默契與合作關係，還與麥克阿瑟日後的突然去職垮台，都有密不可分的微妙聯結。而披露宋美齡這樁「大德不踰閑，小德出入可也」內幕的，有三個關鍵人物，一個是蔣介石最信賴的黨國文宣幹部董顯光，一個是蔣介石的機要祕書周宏濤，第三人是在美國手握華府各種重要情報訊息來源的顧維鈞大使。

此刻，筆者應該把董顯光、周宏濤和顧維鈞這三位參與或者見證過那段歷史的人，請到鎂光燈下，聚焦他們各自的講法，並且將三種說法交互比對。甚至在下一章，我們請出第四位「證人」蔣經國，一段間接而關鍵的談話，來作為本書的「一個總結」，同時亦作為我最終兩章為宋美齡冠上「蔣介石一號情報員」稱號的一個註腳。

我們不妨先從顧維鈞這條脈絡，敘述釐清。顧維鈞在回憶錄裡談到自己在一九五〇年七月十八日，他接到國府外交部長葉公超來自台北的越洋電話。葉公超傳達了蔣介石的指示，要顧維鈞回台灣參加一項為期兩週的會議。但顯然葉公超並未講清楚會議的性質何在。或者這就是國府當時的行事風格，凡事保密，但似乎又從來無法確保不洩密。

十二天後，當顧維鈞已經啟程從美國飛往台灣的途中，到達東京等候轉機前往台北時，顧維鈞得到了一個令他驚訝的消息，他敘述：「中國代表團的陳地球（延炯）對我說，大約在一個月前，蔣委員長曾經表示，想邀請麥克阿瑟訪問台北，以討論台灣的防務問題，以及台北和麥帥統率的美國軍事總部之間的聯絡問題。」

重點在顧維鈞回憶裡頭摘出的他自己的日記，那是他對麥克阿瑟在一九五〇年七月突然訪問台灣的動機觀察：「關於麥克阿瑟這次訪問的特殊使命，除了討論台灣的防務和聯絡工作外，還引起了我種種猜測，可能他要討論我方提供地面部隊，去南朝鮮協同作戰的落實問題，或甚至安排如果在朝鮮半島和釜山的美軍被迫撤退，將撤至台灣的事。特別因為在飛機上，有一位軍醫官勞倫斯．凱澤將軍曾對顧毓瑞說過，南朝鮮的局勢很危急，美軍有可能奉令撤退，不是撤退到日本，而是撤退到台灣，以俟最後反攻，收復朝鮮。」顧維鈞認為美軍從朝鮮半島撤退到台灣，這才是去台灣訪問晤見蔣介石的主因。但顧維鈞又在日記裡作了附帶說明：「看來，這並非不明智之舉。因日本尚在美國的軍事佔領之下，從美國聲譽和盟軍最高司令部的威望上著想，把敗軍之師開往日本，這是不足取的。」

但是，剛從大陸敗退台灣不到半年，還沒有真正站穩腳跟的蔣介石，卻把他的最後一絲希望寄託在麥克阿瑟的訪問台北的關門密會。顧維鈞道出了自己被蔣介石摒除於密會大門之外的有趣經過：「我抵達台北的當天早晨，就去謁見蔣委員長於總統府。那裡擠滿了中美兩國的官員，等待麥克阿瑟到來同委員長會談。實際上，我同蔣委員長在一起只有十分鐘左右，他說麥克阿瑟即來參加由他召開的一次軍事會議，參加會議的中美兩國的官員，就站在我們談話的屋外。我不知道會議將提出些什麼問題，也不知道要討論些什麼。當我同蔣委員長一起走出屋時，我們就站住了。麥克阿瑟剛剛到來，蔣委員長向他表示歡迎。我們三人站在一起交談了幾句，等候蔣夫人到來。她一露面，就向我歡迎致意。接著，蔣委員長引著麥克阿瑟步入會議廳。因我不在邀請之列，就離開了。

「關於這個可以明顯看到的重大機密，我有些迷惑不解。在麥克阿瑟到來之前，蔣委員長同我簡短的交談中，也未向我談起他們會談的目的。……我猜想，會談一定會包括台灣防務所需物資問題，以及同盟軍最高司令部和第七艦隊的聯絡工作。至於委員長想派遣三萬三千名中國軍隊去協助作戰一事，由於我於清晨已獲悉麥帥的答覆是否定的，我看當前的會議將不會討論這件事。」

顧維鈞這趟台灣之行兩個多月後，一九五〇年九月十七號，國府財政部長嚴家淦到美國訪問，顧維鈞特地請杜魯門總統夫人的老朋友，俄亥俄州的工業家卡爾．尼克斯和嚴家淦三個人一塊聚餐。但因為嚴家淦的飛機誤點，顧維鈞只好和尼克斯一塊去機場迎接嚴家淦，在前往機場的路上，尼克斯透露了一個有趣的訊息：自從麥克阿瑟訪問台灣之後，蔣介石顯得歡欣鼓舞，蔣先生好像從此之後已懂得如何和美國打交道了，對於取得美援，也是信心滿滿。

但是，尼克斯向顧維鈞講了一段悄悄話。據尼克斯得知，杜魯門在得知麥克阿瑟前往台灣訪問時，發了好大一頓脾氣，杜魯門當下告訴身邊的核心人士，要不是朝鮮半島眼前戰雲密佈，他一定會緊急召回麥克阿瑟，將他撤職查辦。尼克斯告訴顧維鈞，要是杜魯門果然下了這道人事命令，麥克阿瑟聞訊，必定當場昏倒。

顧維鈞秉持著資深外交家的理性原則，他不敢認定尼克斯提供的這則「故事」的真確性。但顧維鈞憑他的職業敏感，表明麥克阿瑟的這趟台北之行與蔣介石密會，必然沒有事前報備杜魯門總統，或者有與國務院打過招呼。此事惹惱杜魯門的可能性自是相當高的。

固然，美國總統布置了很多眼線在高階文武官員身邊，那麼究竟是誰向杜魯門通風報信，而這位眼線匯報給杜魯門的情報訊息，到底精細到什麼程度，顧維鈞也不得而知。

一九五〇年九月，這個月份，無論是對美國、對朝鮮，或者對正處在狂風暴雨邊緣的台灣，都是個極其詭異的月份。尤其是對蔣介石而言，九月，假使在南京，那是個多麼美好的金秋時節呀，而侷處在台灣這個燠熱，令人猶如置身熱蒸籠中的南方島嶼，尤其令蔣介石煩躁難耐。

然而，蔣介石的煩躁難耐不光是不習慣台灣的海島型氣候，他真正忍受不了的，是一種游疑不定，前途未卜的詭譎氛圍。身陷深重迷霧之中，從一九四八年底到眼下，已經兩年有奇。為了盡量消除眼前的盲區，蔣介石派出了無數眼線，為他蒐集攸關國府前景的戰略情報。除了宋美齡這個「蔣介石一號情報員」，自然還有教過蔣介石中學英文的「先生」董顯光，蔣委員長最信賴的心腹骨幹。二戰期間，董顯光經常奔走於中國與美國之間，他成為宋美齡之外，蔣介石最信任的另一雙「眼睛」。美國發表《中美關係白皮書》後，董顯光曾經奉蔣介石之命，祕密赴香港，與美國第七艦隊司令白吉爾海軍上將祕密會晤。在一九四九年夏季以後的兩年間，無官一身輕的董顯光仍被蔣介石委以重任，多次穿梭美國、歐洲及日本之間。董顯光說：「蔣總統在台灣，亟需了解世界各國的發展與對中國的態度。我盡量滿足他這種需要。」

特別是一九四九年年底，蔣介石再密令董顯光去了一趟美國。董顯光對外的說詞，自稱「我就在這個陰森森的國際氣氛中，奉命去考察美國一般民意對我的反應」。實際上，董顯光此行的任務，是要去打探虛實，徹底了解美國杜魯門政府，包括白宮、國務院和美國國會及朝野有力人士，特別是白宮與國務院，是否真的要放棄蔣介石。董顯光講的很含蓄：「例如英國正在作承認（中共）組織的準備，而美國在國務卿艾契遜領導之下，遠東政策尚在搖擺未定之天。許多跡象顯示，艾契遜跟太平洋關係協會的一班人，還在影響美國政府步武英國放棄中華民國。」

董顯光一九四九年年底這趟美國之行後，到一九五〇年五月二十五日，他又從歐洲輾轉再到美國訪問。在他日後寫的回憶錄裡，聲稱這趟美國之行結束時，「我逐漸發現華盛頓那一群手足無措者的態度已經有了好轉」。但顯然這份於一九七三年出版*的《董顯光自傳》有很大成份比例是，負有國際宣傳任務的文宣品的功能，所以內容仍存在諸多違心之論。反而在《顧維鈞回憶錄》和周宏濤的傳記裡，出現的那位董顯光，毋寧更像有血有肉的董顯光本尊的形骸與神貌。

董顯光察覺到台灣島內正有一股山雨欲來風滿樓的政治風暴正在醞釀，那是一場國府從未遭逢，由美國政府遙控策動，欲以推翻國府領導人蔣介石為目標的政變。不論這場政變的形式是軍事流血政變，或者只是一場溫和而不流血，旨在撤換蔣介石，將之驅趕出國府，驅逐出台灣島的柔性政變。不論以何種手段，殺害，驅趕，斥逐，撤換……總而言之，美國政府的目的就是要「驅蔣」，最起碼要改造國府的體質，換上一個美國指揮得動，而且表象上具備「民主特質」的頭面人物。故而，對美國陰謀略有所知、頗有所感的董顯光，在他結束歐美日本之行，於一九五〇年六月底回到台北，他的情緒極其複雜煩惱，而且顯現前所未見的憂心忡忡。

董顯光結束遠行，返回台灣以後，台灣進入一年最熱、最令人焦躁的兩個月份，一九五〇年的七、八兩個月，這期間，台北發生了許多奇特的事情，這些事情可能都和董顯光擔憂的那場如箭在弦的政變，有著直接間接的關聯。他從美國人那裡清楚意識

*按：其時，蔣介石已臥病。

到，蔣介石身邊兩個具有美國背景的文武官員，是美國積極培植爭取的人。將領是孫立人，文官是吳國楨。

替蔣介石的最大政敵做情報？

周宏濤在自傳中的記載，證實了董顯光的憂慮，以及確實存在的美國政變陰謀。而這些事，消息靈通如宋美齡者，她不可能從未聽聞。宋美齡此刻正想方設法，以她認為「最聰明、最穩妥」的辦法，為丈夫蔣介石化解這場深重而迫切的危機。令人好奇的是，宋美齡採取了什麼聰明穩妥的辦法呢？顧維鈞在回憶錄裡披露了一個至關重要的信息。他說：「一九五〇年九月十九日，《約紐郵報》（*New York Post*）的一則電訊，或多或少地說明了這個問題。我自己沒有收到可靠的消息，因而也就不能證實或否定它的可靠性。」

接著顧維鈞引述了《約紐郵報》的相關報導的摘要：

「由於一種絕非尋常的原因，馬歇爾將軍出人意表地被任命為國防部長一事，給台灣蔣介石的司令部當頭一棒，有如晴天霹靂。台北之所以如此驚慌失措，其原因是一年多來，前任國務卿收到許多揭露國民黨所作所為，和計劃要做的勾當的信件。這些信件並非來自別人，乃是蔣夫人本人。蔣委員長的這位夫人，在一九四八年訪美期間，同馬歇爾夫婦過從甚密，建立了熱烈友好的感情。當時，她曾企圖勸使杜魯門總統向正在土崩瓦解的國軍提供大規模援助，但徒勞而無功。蔣夫人曾在弗吉尼亞州的馬歇爾公館小住了幾個星期。

「由於蔣夫人寫信時毫無拘束，馬歇爾將軍對中國問題的各個方面，特別是麥克阿瑟將軍的所作所為，就都一清二楚，如何對付，自然成竹在胸。

「舉個例說，蔣夫人某次在信中，預示麥克阿瑟即將去台，同她丈夫研究台島防務。那時，五角大廈和國務院對麥克阿瑟這次命駕在即的台灣之行，卻還蒙在鼓裡。隨後蔣夫人馳函馬歇爾。該函長達三頁，單行打字，把麥克阿瑟和蔣介石的談話內容，一五一十，和盤托出。如此大事，麥克阿瑟竟然不對華府報告。殊不知馬歇爾早已洞悉一切，而且消息竟是來源於蔣夫人這等最高權威人士。這就是為什麼馬歇爾一經任命為國防部長，就使國民黨軍閥們陷入惶悚不安的原因。在以往和國民黨人打交道的經驗基礎上，馬歇爾現在又了解到他們想要幹什麼了，這要歸功於蔣夫人。」

顧維鈞是在一九五〇年的九月十九號看到這則報導。而周宏濤的回憶傳記裡的記載更進一步坐實了宋美齡洩露了蔣介石絕對機密的事實。身為蔣公的「頭號情報員」，雖然官方文書記載上從來沒有此一說法或者官銜，但是，從宋美齡與蔣介石自一九二七年十二月結褵以來，宋美齡一直自動自發地擔任蔣介石「最佳耳目」的工作。質言之，宋美齡長期以來承蔣介石之命辦事，宋美齡不為蔣介石打探情報，還能為誰效命？但是，當顧維鈞摘引的這段美國《約紐郵報》的報導（如果這則報道確切真實），與董顯光披露的一段祕辛，兩者之間不謀而合，那麼這不正就坐實了宋美齡這位「蔣公頭號情報員」，還在同一時間為美國國務卿馬歇爾做情報工作，不論宋美齡是以什麼條件作為

「double agent」（雙重間諜、雙面間諜）之交易，這都將是國府有史以來最聳動而令人不可思議的消息。

宋美齡把蔣介石與麥克阿瑟會談的內容，「該函長達三頁，單行打字，一五一十，和盤托出。」在做這個動作之前或者當下，宋美齡是否得到了蔣介石的應允或者默許？如果蔣介石事前知道太太把麥克阿瑟會談內容通報了馬歇爾，通報給這位被蔣介石在日記裡罵得體無完膚，怒責其為遺禍國府之禍首的美國當朝高官，假使蔣介石不但不加阻擋而且還首肯，蔣公的真實心態是什麼？

但是，依蔣介石耿介固執之個性，會同意宋美齡這麼做嗎？事前首肯的可能性有多大呢？設若蔣介石根本不曉得宋美齡在寫給馬歇爾的信裡，把麥克阿瑟在台北參加祕密軍事會議內容，一五一十，悉數通報馬歇爾，蔣介石一旦知道以後，難道會輕饒宋美齡這個背離他的舉動嗎？如果蔣介石被蒙在鼓裡，那宋美齡的行為豈不與雙重間諜、雙面間諜無異？是這樣子嗎？

宋美齡的此一動作，究竟有沒有蔣公的允准？這真是一個大謎團。

周宏濤的回憶傳記裡，是如何談起這事的呢？據周宏濤的意思，一九五〇年九月二號*1這天，周宏濤從董顯光那裡，得到了許多令人不愉快的消息，董顯光剛從美國日本走了一大圈回到台灣，稍早之前，董氏從美國政要口中得知了不少祕辛訊息，特別是美國有強烈意圖，籌劃以吳國楨取代蔣介石。台北總統府那天的氣壓特別低，傍晚下了班之後，沈昌煥約周宏濤到他家裡吃飯，邊吃邊聊，當天兩人心情都很凝重。晚上九點多鐘，董顯光忽然登門拜訪沈昌煥，三個人繼續在飯桌上談天。

董顯光的訊息都是剛從華盛頓聽到的一手新鮮消息，董說，美國人不願看到台灣落入共產黨手中，但是又不想陷入國府政治漩渦之中。所以，美國方面圖謀操弄台灣脫離中國大陸，意欲主導台灣成為一個由聯合國保證的「獨立國家」*2，在「政治上是近乎托管的方式」。所以，杜魯門才會宣佈第七艦隊維護「台灣的中立」。第七艦隊巡弋台海，這正是美國導演這齣戲的第一幕場景。

湊巧的是，三個人的話題談到這裡時，電話鈴聲響起，可能是一通重要電話，沈昌煥去隔壁房間接公務電話接了好一會，這讓董顯光有機會和周宏濤單獨聊往另一個更為敏感的話題。沈昌煥走出飯廳之後，董顯光臉上露出十分痛苦的表情。周宏濤的《蔣公與我》說：「董顯光顯然有些事不想講給他（沈昌煥）聽」。趁著沈去接電話時告訴周宏濤。董表示，按照美國官員的看法，吳國楨最得美國人的信任，照美國人安排的形勢發展下去，吳國楨會出來組織政府。如此一來，最困難而且尷尬的是，日後蔣先生的地位要怎麼安排？

從這段敘述裡看出，董顯光只差沒把「政變」兩字脫口而出。

彷彿一切都在往最悲觀的情況發展，董顯光難掩落寞地表情告訴周宏濤，蔣夫人跟他講，馬歇爾曾經答應她，在最危險的時候到美國去。周宏濤回憶傳記裡指出，說完這段話之後，兩人黯然靜默了好一陣子。

董顯光趁著沈昌煥還沒回到飯桌上的最後空檔說：「我聽說夫人已經把麥帥訪台的

*1按：根據日後解密檔案顯示，美國欲在台灣發動政變的最可能時機是六月。周宏濤記載的那年九月間緊張情況，實際上已略為好轉，並有逐步解除危機之跡象。
*2按：實際上成為完全受美國左右擺佈的傀儡政權。

詳情，用二十頁的信紙告訴了馬歇爾，她等於替總裁的最大政敵做情報。我們內在的矛盾與弱點，實在是今後最可怕的敵人！」

一如我們前邊在提及宋美齡初次官式訪問美國過程裡，宋美齡因為偏愛孔令侃，硬是把董顯光在宋美齡訪美代表團「祕書長」的榮譽職銜，硬生生地拔除，而由自己寵愛的年輕外甥取而代之。董顯光因而對宋美齡以私害公的作為，頗為不滿。此後，董顯光難免對宋美齡的所作所為總是戴著有色眼鏡看待。但是，不可諱言的是，董顯光向周宏濤透露的這個天大機密，絕對屬實。因為連顧維鈞在美國都看到了《紐約郵報》的報導。董顯光、顧維鈞兩人不約而同道出這段天大的祕密，萬萬不可能是隔海攜手和宋美齡「過不去」。

那天晚上，從沈昌煥的家裡辭別之後，周宏濤藉著送董顯光回寓所的路上，又聽到更多的祕辛。周宏濤的感慨是，董顯光那天說的宋美齡寫信給馬歇爾那件事，「話未免重了些」，但他感覺董顯光是一位罕見的謀國忠誠人才。周宏濤感慨的說，「那個晚上他一夜輾轉難眠。一個在蔣先生身邊二十多年的老幹部，看到如今之愁雲慘霧，能不興起感傷之情嗎？」

周宏濤認為，蔣夫人將麥帥訪台的情況透露給馬歇爾，「應該有她的考慮」。至於是什麼「考慮」，周宏濤未作臆測。只是說，宋美齡告訴董顯光，馬歇爾答應她一旦所謂「最危險的時刻」到來，「可以讓蔣公到美國去」，這應當是指萬一台灣都不保的最糟情勢下的最後一條路吧。

而我們合理的聯想，前述宋美齡曾與宋藹齡刻意於越洋電話中提及，她「同第七艦隊斯特魯布爾上將進行的會談取得了成功」，這是否意味著也是為日後萬一「最危險的時刻」到來的那一天，可以為她與蔣先生的「後路」作鋪墊呢？這應該是一個有趣的問題，但只有宋美齡自己知道答案。

約莫再過了十個月。一九五一年五月底某日，顧維鈞以理性的文氣寫道，董顯光沒有事前通知，就來到華府。董顯光告訴了顧維鈞好多事。其中之一，蔣夫人要董顯光在看到馬歇爾時記得告訴他，前兩個星期因為事忙，未能寫信給他，但會再寫信給馬歇爾。這似乎意味著，宋美齡過去大約每個月都通上一兩封信以上。此時，馬歇爾在華府「聖眷猶隆」，他又官拜國防部長。但再過一陣子，馬歇爾即將息影仕途。

董顯光此行另一項任務，是應蔣介石之命，向即將離開日本的麥克阿瑟，致上深深的關懷。蔣介石希望董顯光能見上麥克阿瑟一面，向他致上深切的慰問和同情。這是否意味著蔣介石對自己妻子寫萬言書向馬歇爾匯報麥帥與他密會內容的事，依舊是渾然不察呢？假使蔣介石渾然不知，蔣介石自然不會曉得，杜魯門撤麥克阿瑟的差事，他的妻子宋美齡在十個月前，也發揮了「臨門一腳」的功能，雖然這「臨門一腳」因為種種原因，杜魯門隱忍了大半年才對麥帥痛下殺手。

麥克阿瑟元帥的隨從副官邦克上校，對銜命而來的董顯光輕聲耳語：「麥帥不接見您閣下，對於貴我雙方都有好處的」。董顯光聞言，識趣而退。董會知趣而退，是因為他明白內情。的確，此刻見了麥帥，何異在麥帥傷口灑鹽，更對蔣介石加深內傷。

董顯光告訴顧維鈞，蔣介石原本的意思，是為了表達對麥帥的深切慰問，起先命令他的老同學張群代表他與董顯光連袂赴美，但張群似乎意識到這趟行程敏感多艱，而回絕了蔣介石的「好意」。

總而言之，宋美齡寫信向馬歇爾透露，麥克阿瑟來台密會蔣介石內容，從蔣公核心幕僚的角度而言，宋美齡確實不該「替總裁的最大政敵做情報」。

但是，周宏濤對此事及宋美齡，並未給予苛責，他在回憶傳記裡對此事的評論堪稱公允客觀，周宏濤說：「蔣夫人在西安事變奮不顧身地冒險赴難，此刻是整個中華民國可能覆滅之時，她卻有這樣的想法，我覺得當是與她受美國教育的背景有關……。」之所以未加苛責，主要還是因為周宏濤認定「蔣夫人把麥帥來台的情況透露給馬歇爾，應該有她的考慮。」

毋庸諱言，她最優先考慮的，應該還是確保蔣介石的切身安危，才出此下策。這個「下策」，似乎正是宋美齡不足為外人道的「條件交換」，以此來與美國當局「交換」確保蔣介石在危急時刻的人身安全。

蔣介石與國府誠實萬幸，美國在台灣策動「倒蔣政變」的悲劇性場景並未發生。宋美齡巧心安排的「安全瓣」只是「備而不用」。船過水無痕，歷史就這麼悄悄地翻開了下一頁。

總結

從蔣經國一次內部講話看雙面諜之謎

目前並無證據顯示，蔣介石當年是否得知，宋美齡曾經在一九五〇年，黨國最危險的那幾個月裡，將麥克阿瑟與蔣介石密會的全般內容，全盤透露給了馬歇爾，並且導致日後麥克阿瑟遭杜魯門撤換的主因之一。不論蔣介石知不知道宋密函馬的這回事，歷經一九四八年以迄一九五〇年代中期，六、七年間，黨國風雨飄搖，人心浮動的歲月，以蔣介石的智慧，早已把很多事情了悟得很通透。他必然也把這了悟通透的「哲理」，趁著蔣經國晨昏定省的機會，口授心傳給這位掌管國府台灣時期情報特務機關的長子。

「雙面間諜」一個也就夠了，一次也就算了，它不能積非成是，更不可以形成一種慣例或者常態。關於「雙面間諜」的對待與處理問題，蔣經國於一九五八年三月二十一號，以主管國內外情報治安最高首長的「國家安全會議」副祕書長身分，在台北國家安全局召集各個情治單位一級主管幹部會議的一次講話中，展露無遺。

筆者認為，經國先生的這次講話，正是對黨國盛行的「雙面間諜」作風，一次正本清源的政治宣示。因此，我們以他的這次講話，作為本書的一個結語。

「首先是工作人員觀念的問題，最近有好幾位同志說，外面有一種傳說：『新關係不如老關係，少關係不如多關係』。這兩句話如果仔細研究，實在是一種嚴重的觀念問題。俗話說兩面人，今天我們發現了兩面幹部，老實說：我們今天沒有老關係，沒有舊關係，沒有多面的關係。八年多以來，無論在石牌訓練，無論在任何集會，我曾經歷次說過，我們只有革命工作的關係，離開了革命工作的關係，而還在講舊關係，這種同志他必無前途可言。

「……第三個觀念上的錯誤是情報人員媚外的心理。我對這問題比什麼問題都擔心，情報人員出賣我們的情報給外國人，以前有一個人已經被槍斃。最近又有發現。同時最近我們在和外國人合作時，往往有一種不正常的心理，就是惟恐巴結不上外國人，凡是有一點可以向外國人討好的地方，就想向外國人討好。

「各位同志，要說危險的話，恐怕沒有比這種情形更危險的了。安全局曾經向各位講，任何人向外國人交往都報上來，任何情報報上來由安全局統一辦理。很多單位都不這樣做，自己以為和外國人交往，打出一個場面來和外國人發生關係就是他的光榮，這是什麼光榮？這不但是恥辱，並且是罪惡。老實說，同外國人無所謂合作，最多只是交換。任何國家如果放棄自己的立場而與外國談合作，談情報買賣，那是一個國家最大的恥辱。

「我們與友邦保持良好的關係，共同協調，聯合起來，這是應該做的，毫無疑問。但是決不容存有絲毫媚外心理，而喪失自己的立場。如果上上下下都是這種情形，結果人家是整體的，我們是分散的。人家以利益來引誘我們，我們上人家的鉤，這實在要不得。這三個錯誤的觀念，是我們必須提出來改正的。」

國家圖書館出版品預行編目(CIP)資料

宋美齡：蔣介石的一號情報員 / 王丰著. -- 一版. --
臺北市：商周出版：家庭傳媒城邦分公司發行,
2016.12
面； 公分. -- (漫遊歷史；15)
ISBN 978-986-477-159-2(平裝)

1.宋美齡 2.傳記

782.886 105022470

漫遊歷史015

宋美齡：蔣介石的一號情報員

作　　者／王丰
企劃選書／黃靖卉
責任編輯／彭子宸
特約主輯／陳錦昌

版　　權／黃淑敏、翁靜如
行銷業務／張媖茜、黃崇華
總 編 輯／黃靖卉
總 經 理／彭之琬
發 行 人／何飛鵬
法律顧問／台英國際商務法律事務所羅明通律師
出　　版／商周出版
台北市104民生東路二段141號9樓
電話：(02) 25007008　傳真：(02)25007759
blog：http://bwp25007008.pixnet.net/blog
E-mail：bwp.service@cite.com.tw
發　　行／英屬蓋曼群島商家庭傳媒股份有限公司城邦分公司
台北市中山區民生東路二段141號2樓
書虫客服服務專線：02-25007718；25007719
服務時間：週一至週五上午09:30-12:00；下午13:30-17:00
24小時傳真專線：02-25001990；25001991
劃撥帳號：19863813；戶名：書虫股份有限公司
讀者服務信箱：service@readingclub.com.tw
城邦讀書花園：www.cite.com.tw
香港發行所／城邦（香港）出版集團有限公司
香港灣仔駱克道193號東超商業中心1樓　E-mail:hkcite@biznetvigator.com
電話：(852) 25086231　傳真：(852) 25789337
馬新發行所／城邦(馬新)出版集團 Cite (M) Sdn Bhd
41, Jalan Radin Anum, Bandar Baru Sri Petaling,
57000 Kuala Lumpur, Malaysia.
Tel: (603) 90578822　Fax:(603) 90576622　E-mail:cite@cite.com.my

封面設計／張燕儀
排　　版／洪菁穗
印　　刷／韋懋印刷事業有限公司
經 銷 商／聯合發行股份有限公司
地址：新北市231新店區寶橋路235巷6弄6號2樓
電話：(02)2917-8022 傳真：(02)2911-0053

2016年12月22日一版一刷
ISBN 978-986-477-159-2　Printed in Taiwan

定價 480元

城邦讀書花園
www.cite.com.tw

請於此處用膠水黏貼

商周出版

讀者回函卡

感謝您購買我們出版的書籍！請費心填寫此回函卡，我們將不定期寄上城邦集團最新的出版訊息。

不定期好禮相贈！
立即加入：商周出版
Facebook 粉絲團

姓名：＿＿＿＿＿＿＿＿ 性別：□男 □女

生日：西元＿＿＿＿年＿＿＿＿月＿＿＿＿日

地址：＿＿＿＿＿＿＿＿

聯絡電話：＿＿＿＿＿＿＿＿ 傳真：＿＿＿＿＿＿＿＿

E-mail ：

學歷：□ 1. 小學 □ 2. 國中 □ 3. 高中 □ 4. 大學 □ 5. 研究所以上

職業：□ 1. 學生 □ 2. 軍公教 □ 3. 服務 □ 4. 金融 □ 5. 製造 □ 6. 資訊
□ 7. 傳播 □ 8. 自由業 □ 9. 農漁牧 □ 10. 家管 □ 11. 退休
□ 12. 其他＿＿＿＿＿＿＿＿

您從何種方式得知本書消息？
□ 1. 書店 □ 2. 網路 □ 3. 報紙 □ 4. 雜誌 □ 5. 廣播 □ 6. 電視
□ 7. 親友推薦 □ 8. 其他＿＿＿＿＿＿＿＿

您通常以何種方式購書？
□ 1. 書店 □ 2. 網路 □ 3. 傳真訂購 □ 4. 郵局劃撥 □ 5. 其他＿＿＿＿

您喜歡閱讀那些類別的書籍？
□ 1. 財經商業 □ 2. 自然科學 □ 3. 歷史 □ 4. 法律 □ 5. 文學
□ 6. 休閒旅遊 □ 7. 小說 □ 8. 人物傳記 □ 9. 生活、勵志 □ 10. 其他

對我們的建議：＿＿＿＿＿＿＿＿

【為提供訂購、行銷、客戶管理或其他合於營業登記項目或章程所定業務之目的，城邦出版人集團（即英屬蓋曼群島商家庭傳媒（股）公司城邦分公司、城邦文化事業（股）公司），於本集團之營運期間及地區內，將以電郵、傳真、電話、簡訊、郵寄或其他公告方式利用您提供之資料（資料類別：C001、C002、C003、C011 等）。利用對象除本集團外，亦可能包括相關服務的協力機構。如您有依個資法第三條或其他需服務之處，得致電本公司客服中心電話 02-25007718 請求協助。相關資料如為非必要項目，不提供亦不影響您的權益。】

1.C001 辨識個人者：如消費者之姓名、地址、電話、電子郵件等資訊。
2.C002 辨識財務者：如信用卡或轉帳帳戶資訊。
3.C003 政府資料中之辨識者：如身分證字號或護照號碼（外國人）。
4.C011 個人描述：如性別、國籍、出生年月日。

請於此處用膠水黏貼